Direito EMPRESARIAL

NA MEDIDA CERTA PARA CONCURSOS

ALESSANDRO SANCHEZ

Direito EMPRESARIAL

NA MEDIDA CERTA PARA CONCURSOS

3ª Edição
revista e atualizada

2025

EDITORA JusPODIVM
www.editorajuspodivm.com.br

EDITORA *Jus*PODIVM
www.editorajuspodivm.com.br

Rua Canuto Saraiva, 131 – Mooca – CEP: 03113-010 – São Paulo – São Paulo
Tel: (11) 3582.5757
• Contato: https://www.editorajuspodivm.com.br/central-de-relacionamento

Diagramação: Lupe Comunicação e Design (*lupecomunicacao@gmail.com*)

Capa: Ana Caquetti

S211d Sanchez, Alessandro
Direito Empresarial na Medida Certa para Concursos / Alessandro Sanchez – 3.ed., rev., atual. e ampl. - São Paulo: Editora JusPodivm, 2025.
432 p.

ISBN: 978-85-442-5556-8

1. Direito Empresarial. 2. Concurso Público. I. Sanchez, Alessandro. II. Título.

CDD 342.2

BIBLIOTECÁRIA RESPONSÁVEL

Ana Carolina Ribeiro Mois – CRB7 – RJ 007348/0

3.ª ed., *2.ª tir.:* jun./2025; *3.ª tir.:* out./2025.

PREFÁCIO

Ao longo de 42 anos no magistério superior, como titular de Direito Comercial, da Faculdade de Direito da Universidade Mackenzie, da qual fui diretor, a que acrescento vasta fonte bibliográfica e o exercício da magistratura, acumulei valiosa experiência que me confere, com certeza, o direito de afirmar que, além dos conhecimentos jurídicos indispensáveis, requisito fundamental ao professor e autor de livros jurídicos, é a **didática**, definida como a arte de ensinar.

São essas qualidades que fazem do professor Alessandro Sanchez mestre consagrado que nos brinda agora com o excelente livro *Direito Empresarial na Medida Certa*, em que aborda, em linguagem clara e vigorosa, um tema sempre atual, qual seja, o Direito de Empresa.

Com a experiência adquirida nas suas concorridas aulas ministradas nas Universidades São Francisco e São Judas, e ainda como coordenador da pós-graduação em Direito Empresarial da Rede LFG, e, atualmente no Estratégia Concursos, com várias obras jurídicas publicadas, dá a público seu novo livro em que traça o perfil institucional da empresa.

Para isso, põe em evidência verdadeiro histórico da empresa, buscando sua evolução e seu desdobramento, assinalando, outrossim, suas fases sucessivas, fixando-se na teoria da empresa, que, acertadamente, a consagra como organização econômica constituída por uma "pluralidade de pessoas ligadas entre si por uma soma de relações individuais de trabalho, formando um núcleo social organizado em função de um fim econômico comum, no qual se fundem os fins do empresário e de seus colaboradores para a obtenção de melhor resultado econômico na produção".

Das sociedades comerciais

Obra de amplitude, que aborda outros temas na multiplicidade variada da atividade empresarial, como, por exemplo, o comércio eletrônico, formulando inclusive sugestões para o aperfeiçoamento da respectiva legislação.

Relevo especial merecem as "proposições para agilidade de raciocínio", extremamente úteis para a fixação da matéria, de grande utilidade para acadêmicos e advogados.

O empresário é, da mesma forma, objeto de excelente abordagem, com gráficos profundamente educativos, sobretudo quando analisa concomitantemente a empresa individual de responsabilidade limitada. A microempresa e empresa de pequeno porte são da mesma forma objetos de circunstanciado exame, dando-se especial relevo às figuras dos prepostos.

Roteiro seguro enumera as obrigações específicas do empresário, o que amplia o alcance da obra, situando-a além do campo do direito, para abranger também economistas, administradores de empresa e contadores.

Não se olvidou do estabelecimento comercial, com detalhado estudo dos seus elementos corpóreos e incorpóreos. Tão cuidadoso é o autor que, extravazando o âmbito do Direito Empresarial, aborda, com inegável acerto, a controvertida questão da sucessão trabalhista no trespasse do estabelecimento ou sua alienação em recuperação judicial e falência.

Ponto relevante é aquele dedicado às sociedades comercias, sua classificação e a responsabilidade dos sócios.

Estudando as diversas espécies societárias, o autor indica em linguagem extremamente clara suas características e atos constitutivos do contrato social.

A estrutura da sociedade simples é dissecada pelo autor, que a classifica com acerto, em **sociedade simples pura e sociedade empresária simples**, esta última "estruturada segundo as regras dos tipos societários empresariais".

Detalhista, o autor ocupa-se da sociedade de advogados no conserto das sociedades, quando observa ser ela "classificada como sociedade simples, sem natureza empresarial, ainda que constitua elemento da organização, face a expressa proibição do estatuto da OAB em seu artigo 15".

Às sociedades empresárias, assim consideradas aquelas constituídas para o exercício da atividade mercantil, destina acurado estudo, abordando a sociedade em nome coletivo, em comandita simples e limitada, sobre esta última, examinando diversos aspectos práticos.

À sociedade anônima, por força da sua própria complexidade, em que se desponta o interesse público e sua finalidade social, o professor Alessandro Sanchez dedica todo título XI, tecendo detalhada análise de seus aspectos fundamentais.

Dos títulos de créditos

Os títulos de créditos têm papel de destaque na economia mundial. Com inequívoca propriedade, Tullio Ascarelli afirma que "a vida econômica moderna seria incompreensível sem a densa rede de títulos de créditos. Graças aos títulos de créditos pode o mundo moderno mobilizar as próprias riquezas; graças a eles o direito consegue vencer o espaço, transportando, com a maior facilidade, representados nesses títulos, bens distantes e materializando no presente, as possíveis riquezas futuras".

O inteiro progresso econômico, ampliando crédito, valoriza os títulos. Daí a preocupação louvável do professor Alessandro Sanchez, que dedica especial atenção aos títulos cambiais.

Dos contratos empresariais

Valiosa colaboração do autor é dada para o estudo e a compreensão dos contratos empresariais em que se destaca a evidência dada aos seus princípios. São abordados, com manifesta propriedade, a compra e venda empresarial, a alienação fiduciária em garantia, arrendamento mercantil, *factoring*, representação, distribuição, comissão e contrato mercantil, concessão mercantil, com acurada observação de que "o que caracteriza um contrato como empresarial é o fato de ter empresários nos dois polos da relação além de a finalidade ser aquela que se relaciona com as atividades de produção, comércio ou prestação de serviços mercantis".

Da propriedade industrial

O título XX aborda um minucioso estudo dedicado à propriedade industrial, "conjunto de direitos resultantes das concepções da inteligência humana que se manifestam ou produzem na esfera da indústria" na observação de Carvalho de Mendonça. Abrangendo as invenções, modelo de utilidade, desenhos industriais e marcas, o título em comento se constitui em roteiro seguro para a compreensão dos meios de proteção legal que resultam da inteligência humana e seus valores patrimoniais.

Dos direitos antitruste e regulação da concorrência

Sistema econômico, na expressão de Carl Laudauer, em obra clássica "pode ser definido como a soma total dos dispositivos pelos quais a preferência entre processos alternativos de atividade econômica é determinada e pelos quais as atividades individuais são coordenadas para a realização de tais objetivos".

A atividade econômica, no sistema capitalista, caracteriza-se pela liberdade contratual e concorrência, esta última essencial à existência de um mercado. A concorrência "é algo fundamental, uma vez que ela, além de possibilitar uma maior variedade de produtos e o aprimoramento na qualidade deles, contribui diretamente para a redução de preços. A concorrência revela-se como a essência da relação de equilíbrio entre a oferta e a procura", como observa Vicente Bagnoli.

A concorrência não é e não pode ser indiscriminada e antiética. Ao revés, como afirma o professor Alessandro Sanchez ao cuidar do tema, está sujeita a normas regulatórias a teor do que dispõe o art. 170 da CF/1988.

Neste livro, cuida o autor do tema relativo antitruste e regulação da concorrência com minuciosa dissertação, valorizando, assim, o seu trabalho.

Da falência

A falência é incontestavelmente um dos institutos mais complexos no campo do Direito. Na expressão de Carvalho de Mendonça, "a falência é um oceano para onde correm todos os rios". É o que observa o professor Alessandro Sanchez: "o juízo da falência é indivisível e competente para conhecer todas as ações sobre bens, interesses e negócios do falido. Dessa forma, todas essas ações irão convergir, após a instauração da execução consensual do devedor, para o juízo falimentar. Em virtude dessa característica, diz-se que o juízo da falência é universal. O instituto da falência não se restringe aos domínios do direito empresarial. Caminha também pelas áreas do direito público, tributário, internacional, penal, processual civil, direito civil e direito do trabalho. Em cada um deles vai buscar regras, preceitos e ensinamentos, tendo muitas vezes de modificá-los a fim de adaptá-los ao grande meio de execução coletiva que é falência".

Com essa preocupação didática, o que torna sua obra de fácil assimilação, o autor declina os elementos fundamentais do processo falimentar com gráficos extremamente objetivos, imprimido igualmente no estudo da **recuperação judicial**, de nítida feição contratual, firmada entre o devedor empresário e seus credores a ser satisfeita na forma estabelecida no respectivo plano.

Da liquidação das instituições financeiras e RACT

Paralelamente à falência e à recuperação judicial, cuida o autor da liquidação extrajudicial reservada às instituições financeiras, com considerações bem fundadas sobre a Lei 6.024, 13 de maio de 1974.

Em suma, *Direito Empresarial na Medida Certa* de autoria do professor Alessandro Sanchez é destinado à plena aceitação por juízes, advogados, economistas administradores de empresas, contadores e acadêmicos, e tantos quanto por força das respectivas profissões estejam diretamente vinculados à atividade empresarial.

Direito Empresarial reúne o conhecimento metafísico que envolve o estudo do ordenamento jurídico com orientação segura dos roteiros práticos indispensáveis à vida profissional.

Por isso, sem hesitação, o recomendamos.

Professor Amador Paes de Almeida

DEDICATÓRIA

Dedico este trabalho a mortais, com qualidades divinas, entendendo por divinas e por fé todas as qualidades que, além de raras, personificam o caráter, virtuosamente.

Aos meus avós **Paco** e **Dulce,** que me ensinaram a fé, o caráter e o amor, principalmente, o amor em seus divinos contornos.

À sensibilidade de minha esposa **Millena,** sem favor, de incomum a sua excelência em uma existência de grande espirituosidade. De princípios e valores irretocáveis. A que me fez compreender a grandiosidade da beleza e o seu exclusivo ambiente na alma, mente e coração.

Ao meu filho **João Miguel**, que me deu a honra de seu primeiro diálogo em vida. Chegou aos prantos e se acalmou tão logo ouviu a minha voz. Ensinou-me, num simples olhar, o sentido da vida.

À minha filha **Helena**, que nos oferece o seu sorriso doce, terno em sua mais nobre pureza. A sua alegria toma a conta da casa e de todos os ambientes por onde passa como num conto de fadas.

AGRADECIMENTOS

Aos meus amigos **Alex** e **Marcos**, amizades puras de infância, aquelas que se eternizam na alma.

Ao meu amigo **Rodrigo Rosas Fernandes**, que me concedeu a oportunidade de encontrar-me na vida. Após isso, não consegui mais me perder. A minha maior referência intelectual.

Aos meus amigos **Marcos Antônio Trigo e Amador Paes de Almeida** "*in memoriam*". A alegria dessa amizade estará sempre em meu coração.

Aos amigos **Alexandre Gialluca, Luiz Flávio Gomes** "in memoriam", **Vinicius Albuini** e **Cristiano Rodrigues**. Formamos um timaço, sobretudo na confiança e lealdade.

Ao amigo **André Luiz Paes de Almeida**. A presente obra inicia com o perfume da biblioteca do nobre Mestre Amador Paes de Almeida. Vejo os valores de pureza de alma e amizade passando de geração em geração e chegando a mim em forma de amizade.

Ao meus amigos **Nilson**, **Tina** e **Kendra**, que compartilham a preciosidade familiar.

Aos amigos **Roberta**, **Camila** e **Roberto**, meus padrinhos editoriais.

BREVE APRESENTAÇÃO DA OBRA

Olá! tudo bem? Talvez ainda não tenhamos tanta proximidade, mas acredito que a permissão para ajudá-lo nessa empreitada é algo de extrema delicadeza no trato. Estaremos muito próximos, espero contribuir adequadamente.

Antes de qualquer coisa, peço licença para uma breve apresentação: o meu nome é Alessandro Sanchez, sou Professor de Direito Empresarial, onde enfatizo as diversas carreiras jurídicas. Após um breve resumo sobre as metodologias utilizadas, contarei um pouco de minha trajetória em sala de aula.

Inicialmente, é válido considerar que compreendo a ânsia por um material de estudos de excelência. Desejo do fundo do meu coração, que você note a doação e transpiração. Este material precisa significar gotas de suor para chegar em suas mãos, exalando comprometimento, amor e conteúdo. Em nossas vidas, a cada minuto, cada segundo, algo apenas é considerado válido em nossas entranhas, quando feito com amor e dedicação. Conte com a minha integral responsabilidade! Eu prometo que este material vai lhe surpreender positivamente!

Em primeiro, enxergamos a necessidade de um estudo didático e bem focado nas temáticas gerais sobre a empresa, empresário, registro, nome empresarial e as sociedades no Código Civil. São temas extremamente úteis para a fixação da matéria e de grande utilidade para a compreensão de todos os demais temas. Um bom exemplo está nos contratos e títulos de crédito, cujo aprendizado exige a exata compreensão dos conceitos de empresa e empresário.

Note que para a temática do estabelecimento existe um entrecruzamento com os estudos das falências e as questões sobre a sucessão trabalhista e tributária. A dedicação às sociedades empresária, sua classificação e a responsabilidade dos sócios fazem toda a diferença para a compreensão do Direito Processual aplicado. Assim, seguimos estudando as diversas espécies societárias, suas características e o contrato social.

À sociedade anônima, por força da sua própria complexidade, dedicamos muitos apontamentos, tecendo detalhada análise de seus aspectos fundamentais. No tangente aos títulos de créditos e contratos empresariais, os princípios são estudados com exemplos facilitadores e gráficos de acompanhamento.

O tema da propriedade industrial também mereceu minucioso estudo dedicado às invenções, ao modelo de utilidade, aos desenhos industriais e às marcas, assim como a regulação da concorrência.

A falência está entre os institutos mais complexos no campo do Direito, pois o instituto da falência não se restringe aos domínios do Direito Empresarial. Caminha também pelas áreas do Direito Público, Tributário, Internacional, Penal, Processual Civil, Direito Civil e Direito do Trabalho. Estudamos a liquidação das instituições financeiras e RAET paralelamente à falência e à recuperação judicial, entre outras temáticas não menos importantes.

Que esta obra assegure um caminhar leve e bem delineado para contribuir com o propósito para o qual foi escrita para evoluirmos juntos e passarmos a um estágio mais elevado e confortável para as nossas vidas e de nossas famílias. Assim, que já possamos imaginar todo o bom e o melhor que o universo prepara para cada um de nós.

Alessandro Sanchez.

APRESENTAÇÃO PESSOAL

"Se estiver com o tempo corrido, pule essa parte. Compreenderei perfeitamente (!)"

Segue a um pouquinho de minha vida docente:

Ingressei na Universidade São Francisco aos 17 anos. Naquele momento nasceu uma enorme admiração por meus Professores. Pude notar que, aqueles que **lecionavam em grandes Cursos Preparatórios dominavam os recursos pedagógicos com autoridade legítima e didática impecável,** trazendo brilho nos olhos para o seu auditório. Nesse momento, já havia encontrado a necessária inspiração para a minha carreira.

A partir de então, pouco experiente, e com o tal brilho nos olhos, **decidi que ingressaria em uma carreira pública.** Iniciei a aquisição de livros e até uma pasta com os editais de concursos.

Amigo, sei que **muito do que estou falando reflete diretamente nas lutas que você teve. Acredito nas relações interpessoais.** Passaremos bastante tempo juntos, afinal, a leitura é fator de grande aproximação. Por esse motivo, tomei a liberdade de diminuir a distância, **fazendo com que você também lembre de suas lutas. Tudo isso fará muito sentido para você.**

Vamos lá (!) Lembro bem que trabalhava às madrugadas em uma instituição financeira e dormia 4 (quatro) horas no período da manhã para que houvesse tempo disponível para a realização dos estágios forenses.

No quarto ano de direito, o Professor Ricardo Cunha Chimenti, Juiz e Corregedor do Juizado Especial Cível, **passou-me para a área de treinamento dos conciliadores que lá iniciavam.** Um grande desafio! Naquele momento tudo começava a se definir.

No ano 2000 concluí a **graduação na Universidade São Francisco e pude também concluir a minha graduação na Escola de Bacharéis da Ordem dos Advogados do Brasil no** biênio de 1999-2000.

No ano de 2002, veio a conclusão da Pós-graduação, e em seguida **o ingresso no Mestrado e a aprovação no concurso para o cargo de Professor-Assistente** na Universidade São Francisco, onde estudei e passei grande parte de minha vida profissional.

No início de minha **carreira como Professor de Direito, mantive firme os estudos para concursos,** pois desejava me preparar enquanto ainda não tinha o período de experiência profissional para a inscrição. Naquele momento, **acreditava que a carreira pública era um pré-requisito para a docência, e de fato, estava disposto a preenchê-lo,** já que a sala de aula sempre foi vibrante em minhas veias.

Em meu primeiro concurso, estive muito próximo da nota de corte e tudo aquilo me empolgou muito. **Veio a amizade com o também Professor e Desembargador Raimundo Cerqueira Ally,** que pela primeira vez, jogou um balde de água fria em meu projeto. De fato, a magistratura não integrava a minha veia.

Chega um momento marcante. Como se fosse hoje, **lembro aquelas palavras:** "*Meu amigo, a minha carreira é a da Magistratura e aos 80 (oitenta) anos de idade ainda sinto o fervor no coração ao chegar ao tribunal, não é o seu caso.*" Explicou mais.

Ao continuar aquele papo assustador, explicou: "*Levo as minhas aulas aos alunos da graduação em sua companhia e devo dizer-lhe que, ao ver a sua preparação para a sala de aula, noto que conhece todas as bancas examinadoras e não apenas do certame que busca enfrentar.* **Noto também que, em sua preparação para subir até a sala dc aula, existe um brilho em seus olhos,** *que não se repete quando antecede os concursos, ou mesmo quando me visita no Tribunal.*" Ele sabia de tudo!

A partir de então, a pretensão é por uma conversa franca contigo. A ideia é de dividir o que considero a melhor reflexão de minha carreira profissional. Vamos lá.

"Se fechar os olhos por um instante e imaginar cumprindo os detalhes da carreira que projetou e o sorriso não abrir naturalmente, deixe esse projeto de lado." Pode parecer pesado meu amigo, mas explicarei.

No ano de 2007, **concluí uma extensão em Direito à Educação na Universidade de São Paulo – USP e iniciei a minha carreira como Professor de Carreiras Jurídicas e Concursos Públicos,** mais especificamente para a Magistratura do Trabalho em um curso especializado em Carreiras Trabalhistas. Fui convidado por um amigo, também Juiz do Trabalho e deixei bem claro: "Não vejo como esse projeto prosseguir, afinal, eu não sou uma referência para alunos da Magistratura".

Em seguida, respondeu-me: ***"Na verdade, somos juízes, você Professor, com boa experiência na militância Empresarial, então digo que vai dar certo".*** Foi uma experiência e tanto. Ainda hoje, encontro aqueles alunos daquela turma de mais de uma década, boa parte juízes do trabalho. Deus é bom conosco, o tempo todo.

Naquele momento de minha carreira tudo fazia sentido. Eu havia me preparado, durante a graduação, para lecionar em cursos preparatórios. Havia estudado técnicas didático-pedagógicas. Estava ansioso para colocar tudo em prática. **Em minha primeira aula, uma matéria pesada:** "*Debêntures e outros valores mobiliários*". **Imagine você!**

No dia seguinte, o Coordenador daquele Curso olhou em meus olhos e disse: "*Vou lhe oferecer aulas, em volume tal, que você não terá mais tempo para perder com uma carreira que não é a sua.*" **Digo mais.** "*O Professor Ally disse que você nasceu para fazer clarificar as mentes dos alunos*". Sinceramente, até hoje acho isso um exagero, mas gosto muito de saber que posso contribuir, ainda que em parte, para o sucesso de seu projeto de vida.

Atualmente, ao deparar-me com alunos daqueles tempos idos, noto um brilho no olhar, e isso clarifica a minha mente. Professores e Alunos, nascidos para que um traga clareza ao outro. **"Meu amigo, se nesse meio tempo você fecha os olhos e se**

vê exercendo proativamente a carreira que escolheu, não perca tempo fazendo coisas que não têm nada a ver com o seu projeto."

Hoje, digo de peito cheio: **"Sou muito feliz na carreira que integra parte do que eu sou".** No momento em que escrevo, estou em meu quarto período de expediente diário. Agradeço a Deus todos os dias.

Humildemente, **peço autorização para me tornar um facilitador nas disciplinas de Direito Empresarial para a carreira por você escolhida,** a sua carreira, aquilo que se mistura consigo mesmo e pulsa em suas veias. Vejo você seguindo para a prova com o coração fervendo, mas o racional equilibrado.

Nesse instante, e após fortes e firmes palavras, é natural que você queira conhecer um pouco de minha carreira como Professor de Carreiras Jurídicas e Concursos Públicos.

A minha entrada no mundo jurídico se deu no ano de 2002 com a conclusão de minha pós-graduação pela PUC-SP. Em seguida, o ingresso no **Mestrado da UNIMES-SP** com a intenção de estudar o Direito Econômico e Empresarial sob a ótica dos Direitos Fundamentais.

O meu **primeiro concurso docente** se deu no mesmo ano e fui aprovado em vaga única para lecionar Direito Empresarial e Teoria Geral do Direito na **Universidade São Francisco para a vaga de Professor-Assistente.** A banca foi presidida pelo Professor Rodrigo Rosas Fernandes.

A minha paixão, como você já sabe, sempre foi pelo ensino. Em cursos de graduação, lecionei também no Centro Universitário Salesiano, enfatizando o conteúdo de Falências e Recuperações de Empresas e na Universidade São Judas Tadeu em São Paulo, enfatizando o Direito Econômico e Societário.

Iniciei em um grande curso preparatório, no final da primeira década deste século **no Curso FMB – Flávio Monteiro de Barros.** Não poderia ser melhor. Tratava-se do primeiro curso preparatório que tinha por objetivo **a preparação de materiais para Concursos Públicos.**

No ano de 2011, **fui contratado como Professor exclusivo da Rede LFG de ensino – Luiz Flávio Gomes.** Naquele momento, o verdadeiro atestado para receber convites para palestras em Universidades de todo o país, legitimando o meu trabalho no mundo dos concursos públicos.

Em meu primeiro ano, poucas oportunidades na área de Concursos, afinal tratava-se de um gigante do mercado e era preciso encontrar o meu espaço. **No ano de 2013, comecei a galgar espaço nos Concursos Públicos no Curso preparatório para a Advocacia-Geral da União.** Em seguida, assumi a Coordenação da Pós-Graduação.

No ano de 2014, encerrava a minha atuação em Universidades para focar no ensino do Direito Empresarial para as carreiras da **Magistratura, Ministério Público, Procuradorias, Carreiras Fiscais e Policiais.**

No ano de 2019, fui contratado para lecionar no Estratégia Concursos. Inicialmente, assumi os cursos fiscais na disciplina de Direito Empresarial. Cresci muito com a diversidade de formação dos candidatos.

Atualmente, o foco de minha carreira tem sido o de lecionar na preparação para as diversas carreiras jurídicas em grandes cursos preparatórios do país. E, devo dizer que a redação da presente obra integra um dos momentos mais especiais de minha carreira.

Alessandro Sanchez.

Instagram: ProfAlessandroSanchez:
https://www.instagram.com/ProfAlessandroSanchez/
Canal do **YouTube** do Professor Alessandro Sanchez:
https://www.youtube.com/channel/alessandrosanchez
Telegram: https://t.me/ProfAlessandroSanchez

SUMÁRIO

1

EVOLUÇÃO DA EMPRESA

1. DO DIREITO COMERCIAL AO DIREITO EMPRESARIAL

Vamos estudar essa primeira parte com a ideia em mente que, sem uma breve compreensão da **origem e evolução do Direito Empresarial,** o estudo avança sem bases firmes. Você também perceberá mais adiante, que tais temas, ainda que mais básicos, são matéria de cobrança em concursos públicos.

A doutrina classifica a evolução do Direito Comercial, segundo o critério da aquisição da qualidade de comerciante em **três fases: subjetivista, objetivista e da teoria da empresa.**

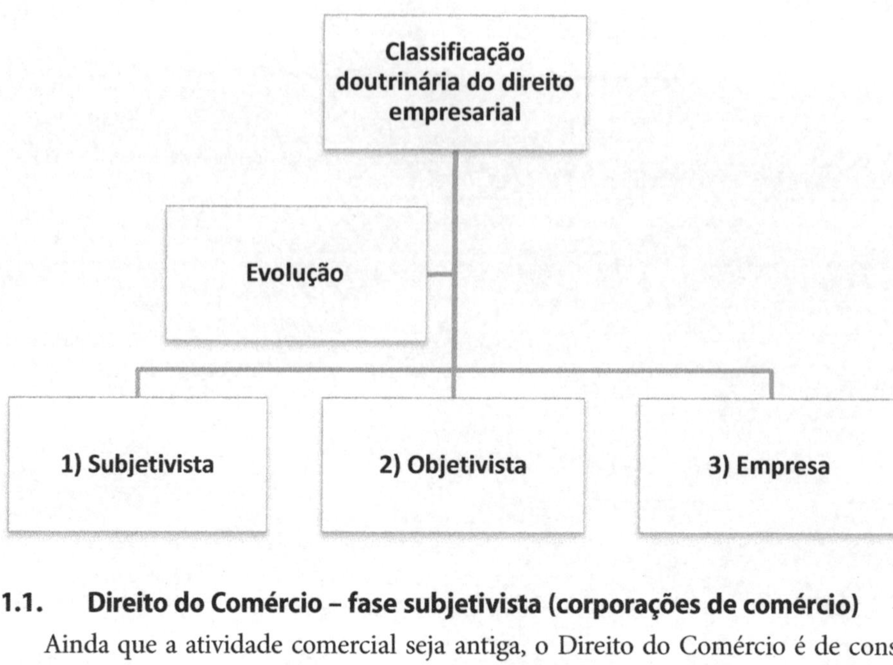

1.1. Direito do Comércio – fase subjetivista (corporações de comércio)

Ainda que a atividade comercial seja antiga, o Direito do Comércio é de construção recente, datando da **Idade Média, principalmente nos séculos XI em diante.**

Com a criação dos grandes centros comerciais na Europa, os chamados burgos, os mercadores (mais tarde denominados mercadores ou comerciantes) levavam suas mercadorias até esses centros para que pudessem negociar, sendo que tais profissionais eram registrados nas chamadas **Corporações de Comércio.**

As **Corporações de comércio** eram entidades que, além de **efetuarem o registro desses profissionais,** tinham por missão decidir as divergências negociais entre os comerciantes, cuja solução era dada pelos cônsules, funcionários pertencentes às corporações.

Esse conjunto de soluções acabou por **criar um arcabouço de regras, baseadas nos usos e costumes,** servindo para a regência da atividade mercantil.

Nessa fase, eram reputados comerciantes somente aqueles que praticavam atos de intermediação com o objetivo de lucro e que estivessem registrados nas Corporações. **O elemento identificador da qualidade de comerciante era o registro efetuado nas Corporações de Comércio.**

Essa fase do Direito Comercial se denominou **subjetivista,** uma vez que se sujeitavam ao regime jurídico comercial somente aquelas pessoas que faziam parte de **uma classe especial de profissionais,** sendo estes os comerciantes devidamente **registrados nas corporações.**

Em suma, essa fase é **apontada apenas para demonstrar o primeiro movimento de organização de regras jurídicas comerciais.** Nesta fase, o nosso país nem sequer estava nos planos de Portugal.

Vamos agora ao primeiro arcabouço de regras comerciais organizadas em um código.

1.2. Direito Comercial – fase objetivista (Teoria dos Atos de Comércio)

A princípio, o Direito Comercial surgiu como exigência do comércio para regulamentação de suas transações. No entanto, o Direito Comercial estendeu-se para outros pontos não englobados pelo conceito econômico de comércio.

Com os movimentos revolucionários deflagrados em **França**, especificamente em 1789, com a Revolução Francesa, buscou-se banir qualquer tratamento diferenciado entre as pessoas, prestigiando-se sobremaneira o **princípio da igualdade de todos os cidadãos.**

Com isso, **extinguiu-se a matrícula do comércio (sistema subjetivista)** que prestigiava certas pessoas registradas em determinado órgão de classe sem nenhuma exigência de requisitos objetivos.

A base do sistema francês foi o Código Comercial Napoleônico de 1807. No Código Comercial Francês, **o comerciante passaria a ser aquele que viesse a praticar determinados atos negociais, expressamente previstos objetivamente em lei (sistema objetivista),** com habitualidade e com o objetivo de lucro, seja a produção de bens ou mesmo o seu comércio.

Assim, a **lei regulamentou quais seriam os atos reputados "de comércio",** como no caso das empresas de produção, bancos, comércios em geral ou casas de espetáculos (teatros), sendo que aquele que praticasse tais atos sujeitavam-se ao regime jurídico comercial.

Enfim, **não importava mais para caracterizar o comerciante a sua matrícula em determinado órgão ou entidade, mas sim a característica da atividade que viesse a realizar,** isto é, a natureza de seus atos. O Código Comercial Brasileiro de 1850 seguiu tais padrões, como veremos a seguir.

1.2.1. Direito Comercial no Brasil (Teoria dos Atos de Comércio)

A nossa primeira grande codificação sobre o tema foi o Código Comercial Brasileiro. **O nosso país, à época, adotou um sistema misto** aos dois sistemas anteriormente mencionados, mas com prevalência do sistema objetivista Francês. **Observação:** Caso a prova questione acerca do sistema do Código Comercial Brasileiro, pode bancar que o sistema é de **matriz francesa.**

Segundo o art. 4.º do Código Comercial, era reputado comerciante, para fins de sujeitar-se ao regime jurídico comercial, **aquele que fosse matriculado no Tribunal de Comércio, e** fizesse da mercancia sua profissão habitual. Essa foi a herança do sistema subjetivista. Além da **matrícula,** exigia-se que houvesse uma **atividade característica de comércio, conforme previsão legal (teoria objetivista).**

Como o Código Comercial não previu que atividades se caracterizavam como de mercancia, logo em seguida à promulgação do Código Comercial, em 25 de julho de 1850 (Lei 556/1850), surgiu no mesmo ano, em 1850, o **Regulamento 737,** que disciplinou em seu **art. 19 quais eram os atos de comércio.**

Segundo o regulamento 737/1850, eram reputados **comerciantes todas as pessoas registradas nos Tribunais do Comércio que, com habitualidade e com fito de lucro, praticassem os seguintes atos:**

a) *compra e venda ou troca de bem móvel ou semovente, para sua revenda, por atacado ou varejo, industrializado ou não, ou para alugar o seu uso;*

b) *as operações de câmbio, banco e corretagem;*

c) *as empresas de fábricas, de comissões, de depósito, de expedição, consignação e transporte de mercadorias, de espetáculos públicos;*

d) *os seguros, fretamentos, riscos;*

e) *quaisquer contratos relativos ao comércio marítimo e à armação e expedição de navios.*

Posteriormente, com superveniente legislação, ainda se reputou **ato de comércio**: quaisquer atividades desenvolvidas por sociedades por ações (Lei 6.404/1976, art. 2.º, § 1.º); empresas de construção de imóveis (Lei 4.068/1962).

Atualmente, o Código Comercial/1850 está revogado para a nossa disciplina, mantendo-se apenas as suas disposições a respeito do Direito Marítimo.

RESUMO. EVOLUÇÃO DA EMPRESA

Na presente obra, escolhemos a classificação das fases do Direito Comercial que leva em conta 3 (três) momentos: Subjetivista, Objetivista e a da teoria da empresa.

Iniciaremos pela fase subjetivista, seja a das corporações de comércio. Tratavam-se de associações que registravam e organizavam os comerciantes. A grande crítica desse momento é a respeito de um critério pessoal para que o comerciante pudesse ser aceito a desempenhar a sua atividade comercial.

A segunda fase por nós anotada é a objetivista, já que passaram a existir critérios objetivos no Código de Napoleão para desempenhar a atividade comercial. Segundo o Código Comercial Francês, o comerciante se definia como o sujeito que, além da habitualidade e busca de lucro, realizava determinados atos intitulados "atos de comércio", como o próprio comércio, a indústria e navegação marítima.

Finalmente, com a edição do Código Civil de 2002, adota-se a teoria italiana da empresa.

2

DIREITO DE EMPRESA (LIVRO II – CÓDIGO CIVIL)

O Código Civil de 2002 (Livro II - Direito de Empresa), ao dispor em seu art. 966 que **"considera-se empresário quem exerce profissionalmente a atividade econômica organizada para a produção ou a circulação de bens e serviços"**, implantou no direito brasileiro a chamada teoria da empresa.

O **sistema empresarial** não coloca o seu foco no registro (*Corporações de Comércio*). Além disso, não há uma lista com atividades (*Atos de Comércio*). **A Empresa tem o seu foco na estrutura da atividade desenvolvida.** Temos o que se denomina **"sistema italiano"**, porquanto fora na Itália com o advento do Código Civil Italiano de 1942 que se adotou tal teoria.

O sistema Italiano da Empresa que é tratado pelo **Livro II de nosso Código Civil** a começar por seu **artigo 966 que conceitua a Empresa e o Empresário,** a seguir.

> **Art. 966, CÓDIGO CIVIL.** Considera-se empresário quem exerce **profissionalmente atividade econômica organizada** para a produção ou circulação de bens ou de serviços. (Destaque nosso).

1. ATIVIDADES EMPRESARIAIS

O código civil nos explica que **a Empresa** não deve ser compreendida como um local. O artigo 966 que inaugura o Direito de Empresa no Código Civil compreende na estrutura do que é uma empresa a própria atividade desenvolvida, sejam as **atividades de produção ou comércio de bens e/ou serviços,** como a seguir:

> **Livro II. Direito de Empresa.**
>
> **Art. 966, CÓDIGO CIVIL.** Considera-se empresário quem exerce profissionalmente atividade econômica organizada para a produção ou circulação de bens ou de serviços. **(Destaque nosso).**

Segue quadro explicativo:

***Vamos aos exemplos*! Bora, bora lá!**

Exemplo
Começarei com um exemplo bem popular. Vamos para o MC Donald's. Estamos diante de uma empresa/atividade de produção de alimentos, e isso, por si só, já significaria uma atividade empresarial, mas o MC Donald's vai mais longe. O restaurante também comercializa os alimentos, sem levar em conta que também produz e comercializa um serviço que se denomina "fast-food".

Sanchez, eu poderia dizer que qualquer atividade de produção ou de comércio, de qualquer modo, poderá ser considerada como Empresária? ***Não é bem assim!***

Além de produzir ou comercializar, **é necessário que isso tudo seja feito com o que consideramos elemento(s) de empresa.** O código civil exige os elementos da **organização, profissionalidade e busca de lucro.**

> **Art. 966.** Considera-se empresário quem exerce **profissionalmente atividade econômica organizada** para a produção ou a circulação de bens ou de serviços. **(GRIFOS NOSSOS)**

Vamos estudar os elementos de empresa no tópico a seguir.

2. ELEMENTO(S) DE EMPRESA

A **mera atividade de produção ou de comércio não é e não pode ser considerada empresária,** do contrário, qualquer pessoa que vendesse um automóvel usado ou produzisse o almoço do final de semana seria considerado empresário.

O ato de produção ou comércio devem conter os elementos presentes no quadro abaixo. *Quais requisitos são esses?* **Organização, Profissionalidade e Busca de Lucro.**

O primeiro e **mais importante elemento é a Organização,** como veremos a seguir.

2.1. Organização

O grande elemento caracterizador da empresa e do empresário é a organização. A profissão do empresário se caracteriza pela **organização dos fatores de produção e comércio,** quais sejam: **"A mão de obra (própria ou alheia), capital, insumos e tecnologia".**

"Trata-se do elemento que identifica a profissão do Empresário!"

Vamos aqui imaginar uma produtora de vídeos. Trata-se de uma estrutura que **depende** da boa alocação do **capital,** da aquisição de **insumos** (equipamentos para gravação, câmeras, computadores), **trabalhadores e a tecnologia.** Vamos entender agora a **tecnologia.**

A tecnologia não tem relação com eletrônica ou engenharia, mas a tecnologia utilizada pelo Empresário para exercer a sua atividade econômica.

Em conclusão, a **"ORGANIZAÇÃO"** nada mais é do que a expertise para **aplicar bem o capital, inclusive na aquisição de insumos, fazer uma boa direção dos trabalhadores e criar uma tecnologia para realizar uma boa entrega dos bens e serviços** aos seus destinatários.

"Gostou da explicação? Espero que sim, mas agora vai uma dica matadora."

A organização é o elemento mais importante, inclusive nas passagens em que o código civil utiliza a expressão **"ELEMENTO DE EMPRESA"** sem nenhuma conceituação considere, e sem medo de errar, que estamos diante do elemento **"ORGANIZAÇÃO"**.

Você vai perceber isso ao longo de seus estudos ainda neste material. *Sanchez, o código civil trata tais elementos como sinônimos?* **Exatamente isso**!

A ausência do elemento organização torna impossível retratar qualquer que seja a atividade realizada como empresária. Os outros dois requisitos são facilmente explicados, a seguir:

2.2. Profissionalidade

A atividade empresária **profissional é toda aquela exercida com pessoalidade e habitualidade.**

A **pessoalidade** nada mais é do que **a pessoal assunção de responsabilidade** pela atividade praticada pelo Empresário ou Sociedade Empresária. **A habitualidade é facilmente explicada pela frequência** na atividade empresarial praticada de forma reiterada e em nome próprio.

2.3. Busca de lucro

A atividade que visa ao lucro por intermédio da produção ou comercialização de bens, ou serviços. É sempre importante lembrar que basta o **objetivo de lucrar**, e não necessariamente o lucro propriamente dito, caso contrário, todas as empresas precisariam ser positivas para que assim fossem consideradas.

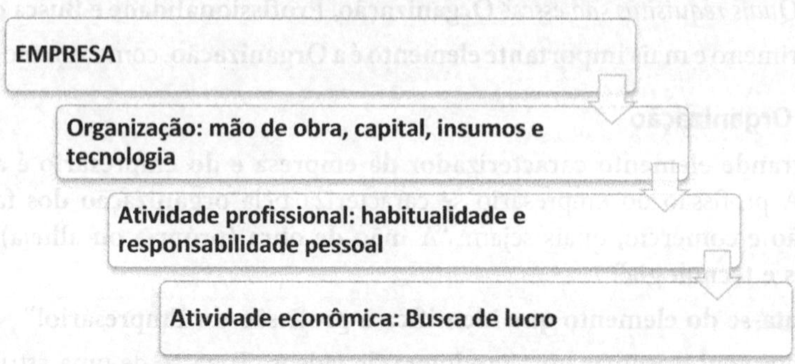

Entretanto, a falta do lucro não descaracteriza a atividade empresaria, pois o que caracteriza a atividade empresária é a finalidade lucrativa, e não, efetivamente, auferir lucro. Do contrário, em época de crise econômica, não iria sobrar um empresário.

3. A ATIVIDADE INTELECTUAL (EXCLUÍDA DA ATIVIDADE EMPRESARIAL)

A legislação não se contentou em trazer somente características a respeito de quem é o empresário, buscando também conceituar os que **não podem assim ser considerados**.

O parágrafo único do art. 966, CÓDIGO CIVIL traz as espécies intelectuais, classificando-as como as de **natureza científica (médico, contadores ou advogados), literária (escritores) ou artística (pintor de quadros)**.

> 966, CC. **Parágrafo único**. Não se considera empresário quem exerce profissão **intelectual, de natureza científica, literária ou artística**, ainda com o concurso de auxiliares ou colaboradores, salvo se o exercício da profissão constituir elemento de empresa. (**Destaque nosso**).

As atividades intelectuais são excluídas, em regra, já que tais atividades **não tem no elemento da organização um fator de grande relevância.** O principal fator de caracterização de um intelectual não é o seu talento na **"ORGANIZAÇÃO"** dos fatores de produção e comércio, mas o **talento "INTELECTUAL" artístico, literário ou científico.**

É importante ressaltar que o parágrafo único do art. 966, CÓDIGO CIVIL é no sentido de que em regra, **tais atividades não são consideradas empresárias, ainda que com o concurso de auxiliares ou colaboradores**, a título de exemplo, telefonistas, recepcionistas ou estagiários.

Exemplo:

O médico pediatra em seu consultório não desempenha uma atividade empresária, já que a organização é secundária e insuficiente para o conceito de empresa, ainda que tenha uma telefonista ou estagiários.

Por seu turno, o parágrafo único do art. 966 do mesmo Diploma traz as razões pela qual João não pode ser considerado empresário: (i) João exerce profissão intelectual de natureza artística de forma individual, não sendo sua atividade elemento de empresa; (ii) pois não organiza os fatores de produção (mão de obra, insumos, tecnologia e capital).

O notário/registrador atua de forma profissional, desenvolvendo atividade econômica organizada para circulação de serviços. Logo, pratica uma atividade empresarial. No entanto, para o STF, trata-se de atividade análoga à empresarial, com regime jurídico próprio.

3.1. Atividade Intelectual organizada (empresarial)

Agora vem a pergunta: *Sanchez, as atividades intelectuais no quadro abaixo, jamais serão consideradas empresárias?*

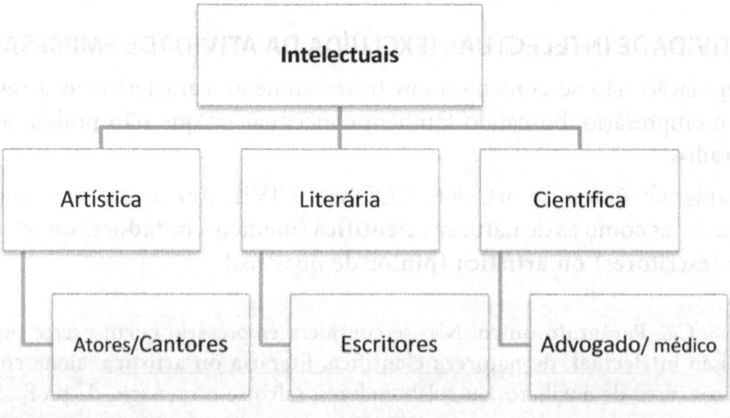

O parágrafo único do art. 966, CÓDIGO CIVIL compreende que, em regra, as atividades dispostas no quadro não são consideradas empresárias. No entanto, o mesmo dispositivo coloca uma ressalva: ***"...salvo quando o exercício da atividade constituir elemento de empresa"***.

O **elemento de empresa e a organização** são sinônimos. O que precisamos agora é visualizar exemplos em que a atividade é ao mesmo tempo intelectual e organizada. **Vamos a isso!**

Existem casos em que a **atividade é intelectual, mas organizada como uma empresa. É o exemplo de um Hospital ou uma Editora de livros jurídicos.**

Exemplo de n.º 1:

O médico que exerce a profissão intelectual de medicina pediátrica resolve locar um espaço maior, contratando diversos empregados da atividade-meio (limpeza e segurança) e da atividade-fim (médicos).

A sua atividade pessoal deixa de ser referência, para que agora a referência seja a própria estrutura empresária, já que transformou o seu consultório em uma clínica médica. A atividade intelectual foi absorvida pela estrutura empresarial organizada.

Sigamos para um exemplo mais preciso:

Exemplo de n.º 2:

O escritor que exerce a sua atividade pessoal literária com a ajuda de uma pessoa para a diagramação e correção ortográfica, em regra, não é considerado um empresário. No entanto, caso esse escritor comece a editar livros de outros autores, imprimi-los e vendê-los com a busca de lucro, estaremos diante de uma atividade intelectual organizada, logo, empresarial.

Conclusão: Considera-se empresarial toda atividade econômica organizada, econômica e profissional. **As atividades intelectuais, apenas serão consideradas empresárias, se houver a organização.**

3.2. Atividade intelectual do advogado

Advogado

A figura do advogado naturalmente exercente de atividade intelectual **não poderá** ser considerada empresária, ainda que o exercício da profissão seja absorvido pela empresa, já que consta **proibição objetiva no Estatuto do Advogado, seja a Lei n. 8.906/1994.**

4. REGISTRO "NÃO" É ELEMENTO DE EMPRESA?

Ainda antes de adentrar aos requisitos que devem integrar a atividade de produção ou comércio, **vamos tratar de um elemento que não é requisito, mas confunde muito os candidatos em certame**, seja a figura do registro empresarial.

Ainda que o código civil imponha ao empresário a **obrigação de inscrever-se no Registro Público de Empresas Mercantis da respectiva sede,** não condiciona o reconhecimento da qualidade de empresário ao prévio registro na Junta Comercial.

> **Art. 967.** É obrigatória a inscrição do empresário no Registro Público de Empresas Mercantis da respectiva sede, antes do início de sua atividade.

O registro representa uma das obrigações do empresário, mas **não é um elemento necessário para a qualificação de um sujeito como empresário.** O sujeito que não registra as suas atividades não deixa de ser considerado empresário. Será reputado um empresário irregular, sujeitando-se a uma série de sanções de natureza administrativa, civil e penal e até tributárias.

Chegamos a um momento muito relevante para os nossos estudos. Compartilho uma afirmação do fórum de dúvidas.

Sanchez, apenas para verificar se ficou claro: *"1) A empresa é uma atividade de produção ou comércio de bens, ou de serviços. 2) O registro não é elemento essencial para considerar alguém empresário ou não, basta a organização, profissionalidade e busca de lucro."*

"Exatamente! Vamos agora tratar do sujeito que pratica a empresa!"

RESUMO. DIREITO DE EMPRESA

1. ATIVIDADES EMPRESARIAIS

Segundo o Código Civil, o empresário é aquele que exerce de forma profissional, com fito de lucro e forma organizada para a produção ou comércio de bens ou serviços. No entanto, a simples produção ou comércio não configura, por si só, uma atividade empresarial. A **organização** é o principal elemento de empresa, indicando a capacidade de organizar os fatores de produção, como o trabalho, insumos e tecnologia.

A **profissionalidade** enseja executar os objetivos da empresa com habitualidade e pessoalidade. Finalmente, o último fator está na **busca ou intuito do lucro**.

2. ATIVIDADES INTELECTUAIS

O Código Civil além de estabelecer quem exerce a atividade empresarial, exclui determinadas atividades intelectuais, como as de natureza científica (médicos, contadores, advogados), literária (escritores) ou artística (pintores), do conceito de empresário. Em tais atividades a organização não tem papel predominante em sua atividade principal. As profissões intelectuais são definidas pelo próprio talento, seja artístico, literário ou científico, e não pela organização.

3. ATIVIDADES INTELECTUAIS COM ELEMENTO DE EMPRESA

O Código Civil também aborda o ato único. "*Mas, Sanchez, o que é ato único? Nesse caso, a atividade é intelectual e também organizada, como ocorre em hospitais*". E, nesse caso, a atividade será considerada empresarial.

3

EMPRESÁRIO

1. EMPRESÁRIO

Tal evolução inseriu na legislação de nosso país a relevância da **empresa como atividade econômica organizada** e o **empresário como aquele que a exerce.**

O Código Civil costuma utilizar a expressão **"Empresário" como um gênero** que comporta as espécies: Empresário Individual, e as sociedades.

> **Art. 966.** Considera-se empresário quem exerce profissionalmente atividade econômica organizada para a produção ou a circulação de bens ou de serviços.

Vale o alerta de que não é razoável chamar sócios de empresários, pois a empresa é uma **atividade explorada por uma pessoa natural (Empresário Individual) ou pessoa jurídica (Sociedades).**

> **ADVERTÊNCIA: Afaste de suas mentes a ideia** de que Silvio Santos, Antônio Ermírio de Moraes, Roberto Justus, João Doria ou Eike Batista são empresários, pois eles não são, muito embora sejam sócios de extrema relevância nas empresas em que são integrantes do quadro societário.

No Código Civil você não encontrará a expressão **"Empresário Individual"**, mas em provas de concursos, doutrina e jurisprudência, a expressão é corriqueira. **Vamos explicar!**

2. EMPRESÁRIO INDIVIDUAL

O empresário individual é aquele **que exerce a empresa, utilizando-se da personalidade jurídica de pessoa natural,** a mesma que adquiriu no nascimento com vida.

Estamos diante de uma pessoa natural que não pretende constituir uma Pessoa Jurídica para a empresa, pois não se importa que seus **bens pessoais e empresariais integrem o mesmo patrimônio. Nesse caso, a empresa faz parte de seu patrimônio pessoal.**

Empresário individual

- **Pratica a empresa utilizando a personalidade jurídica de pessoa natural;**
- **Confusão patrimonial;**
- **Responsabilidade pessoal;**

2.1. Capacidade para o exercício da empresa

Além do exercício profissional de atividade econômica organizada para produção e/ou circulação de bens e/ou serviços (art. 966, *caput*, CC), para caracterização do empresário ainda é preciso reunir 2 (dois) elementos (art. 972 do CC):

a) Capacidade civil **PLENA** e;

b) **AUSÊNCIA** de impedimento legal para o exercício da atividade empresarial.

O art. 972 do Código Civil dispõe que:

> Art. 972, CC: "podem exercer a atividade de empresário os que estiverem em pleno gozo da **capacidade civil** e não forem legalmente impedidos". **(DESTAQUE NOSSO).**

Para tanto, devemos nos socorrer do Código Civil, que, em seu art. 3.º, classifica os **absolutamente incapazes.** Nessa condição, estão os menores de 16 anos. **Diante disso, não poderão constituir empresa como Empresário Individual.**

Além disso, O art. 4.º do Código Civil classifica os relativamente incapazes como os maiores de 16 e menores de 18 anos; os ébrios habituais; os viciados em tóxicos ou aqueles que, por causa transitória ou permanente, não puderem exprimir a sua vontade, além dos pródigos. **Os relativamente incapazes também não poderão constituir empresa.**

Nada obstante a exigência de capacidade civil plena (art. 972 CC), estando o menor emancipado pode exercer atividade empresarial na condição de empresário individual:

> "Como sabido, o menor pode obter a capacidade PLENA antes de completar a idade legal pela emancipação, consoante a previsão contida no art. 5.º, parágrafo único, do Código Civil. Nos casos ali indicados, adquirindo a capacidade plena ele deixa de ser menor para os fins legais e, com isso, não sofre qualquer restrição para ser empresário." (Alfredo de Assis Gonçalves Neto)

O menor emancipado, antes de completar 18 anos, nos termos do art. 5.º, parágrafo único, do Código Civil, estará apto a exercer a atividade empresarial. A incapacidade cessará nos seguintes casos:

> I – pela concessão dos pais, ou de um deles na falta do outro, mediante instrumento público, independentemente de homologação judicial, ou por sentença do juiz, ouvido o tutor, se o menor tiver 16 anos completos;

> II – pelo casamento;
>
> III – pelo exercício de emprego público efetivo;
>
> IV – pela colação de grau em curso de ensino superior;
>
> V – pelo estabelecimento civil ou comercial, ou pela existência de relação de emprego, desde que, em função deles, o menor com 16 anos completos tenha economia própria.

O Estatuto da Pessoa com Deficiência, alterou recentemente, o sistema das incapacidades, existente nos artigos 3.º e 4.º do Código Civil. A alteração afastou o deficiente mental do rol das incapacidades. **A partir de então, ao menos por regra, aquele que possuir deficiência mental poderá iniciar empresa, por não ser considerado incapaz.**

Incapazes

- **Menores de 16 anos.**
- **Devem ser representados, sob pena de nulidade absouta de seus atos.**

Relativamente incapazes

- **Maiores de 16 e menores de 18 anos, os ébrios habituais, os viciados em tóxicos ou aqueles que, por causa transitória ou permanente, não puderem exprimir a sua vontade, os pródigos.**
- **Devem ser assistidos, sob pena de anulabilidade de seus atos.**

Menor emancipado

- **Estará apto a exercer a atividade empresarial.**

3. CONTINUIDADE DA EMPRESA POR INCAPAZ

Em razão do **princípio da preservação da empresa**, segundo o qual, em torno do funcionamento regular e desenvolvimento de cada atividade empresarial não gravitam apenas os interesses individuais dos empresários e empreendedores, mas também os metaindividuais de trabalhadores, consumidores e da sociedade como um todo, o incapaz pode CONTINUAR a atividade empresarial antes exercida por ELE ENQUANTO CAPAZ, por SEUS PAIS ou pelo AUTOR DE HERANÇA, desde que (art. 974 do CC):

O art. 974 do Código Civil admite que o incapaz, devidamente representado ou assistido, **continue a exercer a atividade empresarial** em duas situações:

> **Art. 974.** Poderá o incapaz, por meio de representante ou devidamente assistido, continuar a empresa antes exercida por ele enquanto capaz, por seus pais ou pelo autor de herança.

Incapacidade superveniente

- **Quando a incapacidade surge depois do início do exercício da atividade empresarial, momento em que a capacidade era plena, como o empresário que contrai doença mental e fica impedido.**

O **incapaz poderá continuar a exercer a atividade empresarial** por meio de um representante ou devidamente assistido, segundo o disposto no **art. 974, § 1.º**, do Código Civil. Neste caso, será necessária uma **autorização judicial, cabendo ao juiz avaliar os riscos da empresa e a conveniência de continuá-la.**

O juiz considerará a função social da empresa, analisando critérios como a importância da produção para a economia legal e o número de empregados para preservar a fonte de produção e manutenção do emprego dos trabalhadores. **Essa autorização poderá ser revogada a qualquer momento.**

> **Art. 974, §1º, CC.** "Nos casos deste artigo, precederá autorização judicial, após exame das circunstâncias e dos riscos da empresa, bem como da conveniência em continuá-la, podendo a autorização ser revogada pelo juiz, ouvidos os pais, tutores ou representantes legais do menor ou do interdito, sem prejuízo dos direitos adquiridos por terceiros.

Além da autorização judicial, **deverá o juiz separar os bens que o incapaz possuía, no momento da interdição, ou da sucessão,** destinados ao exercício da atividade empresarial. O objetivo é diminuir os riscos para o incapaz.

Os bens pessoais do incapaz que já se encontravam integralizados na empresa, continuam na empresa e **os bens pessoais que estão fora da empresa, deverão continuar fora já que o titular também é considerado incapaz de tomar decisões nesse sentido.**

> "Art. 974, § 2º, CC. Não ficam sujeitos ao resultado da empresa os bens que o incapaz já possuía, ao tempo da sucessão ou da interdição, desde que estranhos ao acervo daquela, devendo tais fatos constar do alvará que conceder a autorização."

A previsão do art. 974, § 2º, do CC, refere-se a um patrimônio afetado conforme ensina a doutrina de Gustavo Tepedino:

> "Tal proteção legal dirigida ao patrimônio do incapaz leva à conclusão de que, neste caso, o legislador adotou, para a limitação de responsabilidade do incapaz devidamente autorizado, a figura do PATRIMÔNIO DE AFETAÇÃO ou patrimônio em separado."

Ainda, segundo o código civil, o Registro Público de Empresas Mercantis, a cargo das juntas comerciais, **deverá registrar contratos ou alterações contratuais**

da sociedade que envolva sócio incapaz, desde que atendidos, conjuntamente, os seguintes pressupostos:

> **Art. 974, §3. o, CC [...]**
>
> I – o sócio incapaz não pode exercer a administração da sociedade;
>
> II – o capital deve ser totalmente integralizado;
>
> III – o sócio relativamente incapaz deve ser assistido e o absolutamente incapaz deve ser representado por seus representantes legais.

Se o **representante ou o assistente for pessoa legalmente impedida, de exercer atividade empresarial, como é o caso já explicitado do servidor público deverá nomear um ou mais gerentes** para o exercício da função com a aprovação do juiz (art. 975 do Código Civil).

Podemos representar dessa forma:

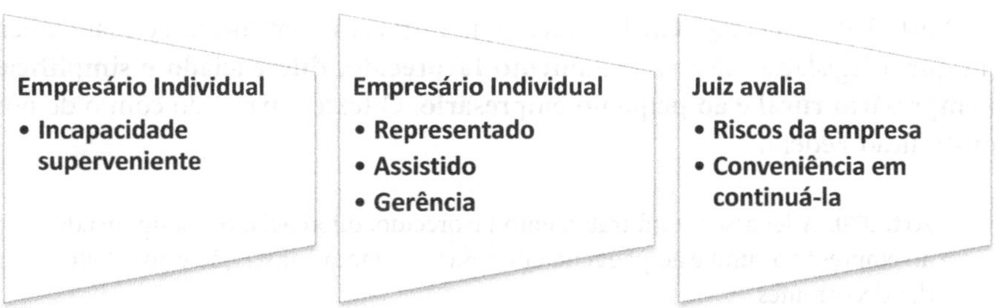

4. LIBERDADE DE IMPEDIMENTOS PARA O EXERCÍCIO DA EMPRESA

O art. 973 do Código Civil estabelece que "**a pessoa legalmente impedida** de exercer atividade própria de empresário, se a exercer, responderá pelas obrigações contraídas".

Uma hipótese que costuma frequentar a prova tem relação com o fato de que o ato praticado pelo impedido é válido e gostaria que você ficasse **atento para essa informação. Neste caso, se o impedido adquirir mercadorias, o ato em si não será considerado nulo.**

Os impedidos estão entre **aqueles que exercem funções consideradas incompatíveis com a empresa.** Os falidos e condenados por determinados crimes também são considerados impedidos.

Os casos de impedimento encontram-se em diversas leis esparsas. Podemos citar os **servidores públicos na lei 8.112/90; assim como os militares do Exército, Marinha ou Aeronáutica em seus estatutos específicos;** bem como os **auxiliares do empresário e o falido não reabilitado.**

De tempos em tempos, alunos pedem uma lista para que em provas e concursos encontrem maior facilidade ao solucionar "*cases*" que participem figuras impedidas, **já que as proibições estão elencadas em diversas legislações,** como o próprio Código Civil, a nossa Carta Magna e leis extravagantes.

O rol abaixo foi criado levando em conta as questões das principais bancas examinadoras (***CEBRASPE, FCC, FGV, VUNESP E FEPESE***). Chegamos nos seguintes exemplos:

a) a CF traz o impedimento dos **deputados e senadores**, desde a posse no art. 54, II, a;
b) **falido** (art. 102 da Lei 11.101/2005);
c) **os que incorrerem na prática dos crimes conforme o §1.º do art. 1.011 do Código Civil**, exemplificando prevaricação, concussão, peculato, crimes contra a economia popular, crimes contra o sistema financeiro, defesa da concorrência, crimes falimentares, entre outros;
d) **membros do Poder Executivo, Militares, Magistrados, entre outros, conforme seus estatutos.**

5. PEQUENOS EMPRESÁRIOS

O art. 970 do Código Civil oferece uma disposição em forma de mandamento para que a legislação ofereça **tratamento favorecido, diferenciado e simplificado ao empresário rural e ao pequeno empresário.** O texto é parecido com o de nossa Constituição Federal.

> **Art. 970.** A lei assegurará tratamento favorecido, diferenciado e simplificado ao empresário rural e ao pequeno empresário, quanto à inscrição e aos efeitos daí decorrentes.

A **inovação do código civil é trazer a ideia de tratamento favorecido, diferenciado e simplificado ao empresário rural**, pois os pequenos empresários já haviam sido inclusive definidos pela constituição federal, como segue:

> **Art. 179.** A União, os Estados, o Distrito Federal e os Municípios dispensarão às microempresas e às empresas de pequeno porte, assim definidas em lei, tratamento jurídico diferenciado, visando a incentivá-las pela simplificação de suas obrigações administrativas, tributárias, previdenciárias e creditícias, ou pela eliminação ou redução destas por meio de lei.

Embora o Código Civil faça menção ao pequeno empresário em dois artigos (arts. 970 e § 2º do 1.179), o diploma civil **não** indica quem é "*pequeno empresário*", conceito trazido pelo art. 68 da Lei Complementar nº 123/06.

> "**Art. 68 da Lei Complementar nº 123/06.** Considera-se pequeno empresário, para efeito de aplicação do disposto nos arts. 970 e 1.179 da Lei nº 10.406, de 10 de janeiro de 2002 (Código Civil), o **empresário individual** caracterizado como **microempresa** na forma desta Lei Complementar que aufira **receita bruta anual até o limite previsto no § 1º do art. 18-A [R$81.000,00 (oitenta e um mil reais)]**."

> **Art. 18-A, §1º da lei complementar 123/06.** Para os efeitos desta Lei Complementar, considera-se MEI quem tenha auferido receita bruta, no ano-calendário anterior, de até R$ 81.000,00 (oitenta e um mil reais), que seja optante pelo Simples Nacional e que não esteja impedido de optar pela sistemática prevista neste artigo, e seja empresário individual que se enquadre na definição do art. 966 da Lei nº 10.406, de 10 de janeiro de 2002 (Código Civil), ou o empreendedor que exerça: **(Redação dada pela Lei Complementar nº 188, de 2021)**

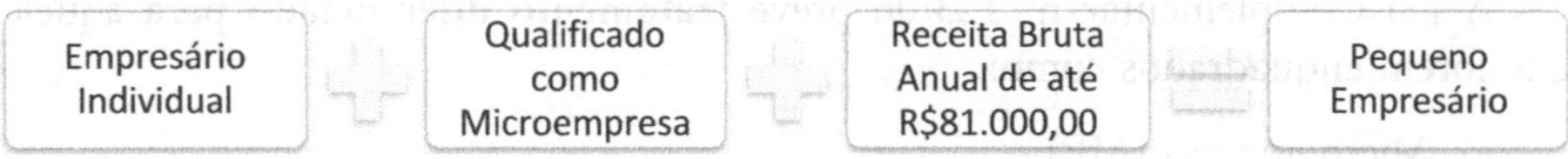

Ao que diz respeito a obrigação de se registrar na junta comercial há divergência em razão de no Projeto do Código das Obrigações de 1965 e no próprio Projeto Inicial do Código Civil de 2002 existir dispensa do registro ao pequeno empresário. No entanto, na versão definitiva do Código Civil de 2002 não consta tal dispensa, de maneira que prevalece a sua obrigatoriedade.

5.1. Microempresas e empresas de pequeno porte

A lei complementar 123/06 compreende como **microempresários** todos os empresários individuais, Sociedades Limitadas ou até Sociedades Simples que se movimentem de acordo com uma **receita bruta anual não superior a R$ 360.000,00** (trezentos e sessenta mil reais) e que requeiram o tratamento perante o órgão competente.

A mesma legislação citada no parágrafo anterior, reconhece como **Empresários de Pequeno Porte** aqueles que se movimentem de acordo **com uma receita bruta anual de até 4.800.000,00 (quatro milhões e oitocentos mil reais).**

É de extrema importância esclarecer que **o termo empresa é utilizado pelo legislador constitucional e infraconstitucional de modo impróprio**, já que tal tratamento diferenciado, é também atribuído aos exercentes de outras atividades econômicas não empresárias, como é o caso do intelectual de modo individual ou por intermédio de uma sociedade simples.

Importa delimitar-se, segundo a própria **Lei complementar n.º 123/2006**, qual o conceito de microempresas e de empresas de pequeno porte:

Lei Complementar n. 123/06 - Receita Bruta Anual	
ME	**Igual ou Inferior a R$ 360.000,00**
EPP	**Superior a R$ 360.000,00 até R$ 4.800.000,00**

Ainda no raciocínio das microempresas e empresas de pequeno porte, o tratamento especial se deu para a **simplificação de rotinas tributárias, acesso a crédito, assim como benefícios para que o poder público fosse obrigado a contratar preferencialmente as micro e pequenas empresas.**

> **ADVERTÊNCIA**: Os empresários individuais, Sociedades no código civil podem se valer dos benefícios desde que se classifiquem de acordo com a legislação estudada, sendo que **as sociedades anônimas não integram esse rol.**

A Lei Complementar nº 123/06 prevê **tratamento diferenciado** para aqueles que forem enquadrados como:

a) Microempresa (ME);
b) Empresa de Pequeno Porte (EPP);
c) Microempreendedor Individual (MEI) e;
d) Pequeno Empresário.

5.2. MEI – Microempreendedor Individual

Vale considerar, que de existência um pouco mais recente, temos o **microempreendedor individual,** incentivando a regularização da vida do **empresário que não tenha uma receita bruta anual superior a R$ 81.000,00 (oitenta e um mil reais),** para oferecer acesso a crédito e tratamento fiscal, diferenciados.

Além do reduzido faturamento frisado no parágrafo anterior, para tal tratamento é necessário o cumprimento dos seguintes **requisitos:**

> 1 – seja optante pelo Simples Nacional – adesão voluntária ao sistema simplificado de arrecadação de tributos;
> 2 – exerça tão somente atividades constantes da Resolução CGSN – Comitê Gestor de Tributação das Microempresas e Empresas de Pequeno Porte;
> III – possua um único estabelecimento;
> IV – não seja empresário individual em outra atividade, nem seja sócio ou administrador de sociedade ou que seja constituído na forma de startup;
> V – contrate, no máximo, um empregado que receba exclusivamente 1 (um) salário mínimo ou o piso salarial da categoria profissional.

O microempreendedor individual deverá ser empresário individual, não sendo possível o tratamento favorecido, diferenciado e simplificado do legislador a um empresário que tenha se constituído na forma de Sociedades Empresárias.

O Código Civil contribui com o microempreendedor na medida que **simplifica o processo de abertura de empresa, inscrição, alteração e baixa do microempreendedor, inclusive para a previsão preferencial para o trâmite.**

Ainda como parte da simplificação, o **§5.º do artigo 968 do Código Civil** prevê a dispensa de determinadas exigências diretamente relacionadas pelas informações prestadas com as devidas comprovações como a **dispensa do uso da firma com assinatura autografa, capital, requerimentos e demais assinaturas.**

6. EMPRESÁRIO CASADO

O código civil **estabeleceu algumas regras para o Empresário casado**, já que o próprio casamento, a separação ou o ato de reconciliação mudam a forma como os bens são dispostos perante a empresa.

A primeira regra de que tratou o código civil tem maior relação com a figura da sociedade empresária do que o empresário individual em si, já que **desautoriza que cônjuges sejam sócios caso o regime adotado seja o da comunhão universal dos bens e tudo tem uma explicação.**

> **Art. 977.** Faculta-se aos cônjuges contratar sociedade, entre si ou com terceiros, desde que não tenham casado no regime da comunhão universal de bens, ou no da separação obrigatória.

A sociedade deve nascer da união de capital, e **no caso dos cônjuges casados no regime da comunhão universal, os bens do casal se confundem, o que descaracteriza os objetivos da sociedade segundo o legislador.**

Além disso, o CÓDIGO CIVIL também impede os cônjuges que estejam casados no regime da separação obrigatória de bens de constituir sociedade.

> **Acrescente importante consideração ao seu estudo.** A ideia do legislador teve o condão de acompanhar determinada regra de direito de família, já que marido e mulher na situação em que um dos cônjuges é considerado idoso, deveria manter separação patrimonial. Nesse caso, não poderiam unir capital para a constituição de uma sociedade. Em vista do **tema 1236 de repercussão geral do STF**, caso haja manifestação de vontade das partes por escritura pública, passa a ser possível a sociedade entre cônjuges no regime de separação obrigatória de bens.

Ainda, vale ressaltar que o art. 978 do Código Civil esclarece que o **empresário regularmente inscrito pode alienar ou gravar de ônus real o imóvel incorporado à empresa.**

> **Art. 978.** O empresário casado pode, sem necessidade de outorga conjugal, qualquer que seja o regime de bens, alienar os imóveis que integrem o patrimônio da empresa ou gravá-los de ônus real.

No entanto, apesar de **não existir nenhum requisito no art. 978 do Código Civil**, os **JURISTAS INTEGRANTES DA JORNADA DE DIREITO COMERCIAL**, sob a justificativa de fornecer maior segurança às relações patrimoniais entre os cônjuges e entre o empresário casado e os que com ele contratarem, editaram o enunciado nº 6, alterado, posteriormente, pelo enunciado nº 58:

> "O empresário individual casado é o destinatário da norma do art. 978 do CCB e não depende da outorga conjugal para alienar ou gravar de ônus real o imóvel utilizado no exercício da empresa, desde que exista prévia averbação de autorização conjugal à conferência do imóvel ao patrimônio empresarial no cartório de registro de imóveis, com a consequente averbação do ato à margem

de sua inscrição no registro público de empresas mercantis." (Enunciado nº 58 da II Jornada de Direito Comercial)

É sempre importante deixar claro que os enunciados de jornadas não possuem nenhuma vinculação jurisprudencial. O conteúdo tem valor doutrinário. A legislação não exige tal averbação. Assim, em provas objetivas, vale considerar o conteúdo do texto legal. Assim, a legislação é bastante clara ao reconhecer a hipótese de venda do imóvel da empresa, independentemente de outorga conjugal.

Sanchez, manda uma palhinha sobre outorga conjugal e ônus real? **Claro que sim!** O dispositivo visa explicar que **o Empresário(a) não precisa de autorização do cônjuge para transferir o imóvel ou os imóveis da empresa, ou mesmo colocar o bem como garantia de um financiamento.**

Ressalte-se que a **jurisprudência de nossos tribunais encontra dificuldade para a pacificação da questão**, como a seguir:

APELAÇÃO CÍVEL. PROMESSA DE COMPRA E VENDA. AÇÃO ORDINÁRIA DE OBRIGAÇÃO DE FAZER. PROCESSUAL CIVIL. JULGAMENTO ANTECIPADO. REQUERIMENTO EXPRESSO DA PARTE – Não pode a parte que solicitou o julgamento antecipado da lide postular, em apelação, a desconstituição da sentença que lhe foi desfavorável, para fim de oportunizar-lhe a produção de provas. Precedentes no Egrégio STJ. OUTORGA DE ESCRITURA DEFINITIVA. IMPOSSIBILIDADE. ALIENAÇÃO DE BEM IMÓVEL SEM O CONSENTIMENTO DA MULHER. HIPÓTESE OPE LEGIS – Não pode o marido, sem o consentimento da mulher, alienar o bem imóvel comum ao casal, à luz do que estabelece o art. 1.647 do atual Código Civil. Situação que obstaculiza a pretensão à outorga de escritura definitiva do bem imóvel. CONSENTIMENTO EXPRESSO DO CÔNJUGE. NECESSIDADE – Não se satisfaz a norma substancial civil com a presunção de que a esposa tenha dado o consentimento, o qual há que vir expresso. PRELIMINAR REJEITADA. NEGADO PROVIMENTO AO APELO. Apelação Cível Nº 70008745663. Relator: Pedro Celso Dal Pra.

No julgado acima, se verifica uma decisão que rejeita a existência do art. 978, CC. Por outro lado, ainda que a predominância esteja nas decisões no sentido da desnecessidade de outorga conjugal, não temos a pacificidade da matéria. Assim, **segue um exemplo de julgado que legitima o art. 978, CC**, como segue:

EMENTA. DIREITO CIVIL. EMPREENDIMENTO DE EDIFICAÇÕES. EMPRESÁRIO INDIVIDUAL. OUTORGA CONJUGAL DESNECESSIDADE – ARTIGO 978 DO CÓDIGO CIVIL. INCORPORADOR. PROVIDÊNCIAS PRELIMINARES. EXCEÇÃO DO PACTO NÃO CUMPRIDO. 1. O empresário individual casado não necessita da outorga conjugal para alienar bens imóveis que integram o patrimônio da empresa e muito menos ainda para exigir judicialmente o cumprimento de contrato de compra e venda – inteligência do artigo 978 do Código Civil em vigor. Preliminar rejeitada. AC: 10433110000646001. Relator: Sebastião Pereira de Souza.

Em vista da não pacificação da questão, a sugestão é para que trate a questão em provas objetivas de acordo com o texto da lei. Em provas subjetivas, vale ressaltar o seu conhecimento acerca da polêmica e estabelecer uma opinião embasada.

Em busca de fornecer auxílio, considero que o art. 978, CC, signifique uma exceção à regra presente no art. 1647, CC. Desse modo, o empresário individual casado não precisa da outorga conjugal para alienar os bens imóveis que integrem a empresa. Vale dizer, que a tese que exige a averbação, ainda que pudesse trazer maior segurança jurídica, tem valor meramente doutrinário, o que a torna bastante vulnerável.

Empresário Casado → **SEM** necessidade de outorga conjugal → **QUALQUER** que seja o regime de bens → Pode alienar os imóveis que integrem o patrimônio da empresa ou gravá-los de ônus real

7. EXERCÍCIO DE ATIVIDADE RURAL E FUTEBOLÍSTICA

O exercente de atividade rural **poderá requerer a sua inscrição no Registro Público de Empresas Mercantis da respectiva sede,** caso em que, depois de inscrito, ficará equiparado, para todos os efeitos, ao empresário sujeito a registro.

O texto do **art. 971, Código Civil**, ao utilizar a expressão **"poderá" faz claro que o exercente de atividade rural poderá optar pela forma empresarial ou não**, seja de forma individual ou societária.

> **Art. 971.** O empresário, cuja atividade rural constitua sua principal profissão, pode, observadas as formalidades de que tratam o art. 968 e seus parágrafos, requerer inscrição no Registro Público de Empresas Mercantis da respectiva sede, caso em que, depois de inscrito, ficará equiparado, para todos os efeitos, ao empresário sujeito a registro.

Importante ressaltar recente alteração legislativa sobre a atividade futebolística, incluindo o parágrafo único no art. 971, CC, a seguir:

> **Parágrafo único.** Aplica-se o disposto no caput deste artigo à associação que desenvolva atividade futebolística em caráter habitual e profissional, caso em que, com a inscrição, será considerada empresária, para todos os efeitos. **(incluído pela lei nº 14.193 de 2021)**.

Nesse caso, os futebolistas que, outrora, estavam organizados em associações, mas que se organizavam de modo muito próximo a uma empresa, agora passam a ser considerados empresários, desde que presentes a habitualidade e profissionalidade, independentemente da busca de lucro.

Enfim, as associações não possuem caráter lucrativo. Desse modo, podemos concluir que a habitualidade e profissionalidade são suficientes para atrair a percepção de empresarialidade para os clubes de futebol.

Assim, em regra, **aquele que exerce atividade econômica rural não está sujeito ao regime jurídico empresarial, salvo se expressamente fizer opção,** mediante registro na Junta Comercial (onde se registram os empresários). A mesma regra se aplica para o exercente de atividade rural de modo societário, conforme **art. 984, Código Civil**, a seguir:

Art. 984. A sociedade que tenha por objeto o exercício de atividade própria de empresário rural e seja constituída, ou transformada, de acordo com um dos tipos de sociedade empresária, pode, com as formalidades do art. 968, requerer inscrição no Registro Público de Empresas Mercantis da sua sede, caso em que, depois de inscrita, ficará equiparada, para todos os efeitos, à sociedade empresária.

RESUMO. EMPRESÁRIO

1. EMPRESÁRIO

O empresário é aquele que exerce profissionalmente uma atividade organizada, com fito de lucro para a produção ou comércio de bens ou serviços. O sócio não pode ser confundido com o empresário. O empresário é a própria pessoa natural (empresário individual) ou jurídica (sociedade) que exerce a empresa.

2. EMPRESÁRIO INDIVIDUAL

Assim, o empresário individual é a pessoa natural que exerce atividade empresarial utilizando a própria personalidade jurídica de pessoa natural e sem a constituição de uma pessoa jurídica separada. Neste caso, temos que tanto o patrimônio pessoal como o empresarial estão integrados na mesma personalidade, não havendo distinção entre os bens da empresa e os bens particulares. O empresário deve exercer a empresa com capacidade civil e não estar legalmente impedido.

4

ESTABELECIMENTO EMPRESARIAL

1. CONCEITO

Trata-se do **complexo de bens reunidos para o desenvolvimento da atividade empresarial.** O estabelecimento como um todo possui um valor econômico próprio, distinto do valor dos bens que o compõem. É sinônimo de fundo de comércio.

Muito antes da definição legal trazida pelo Código Civil de 2002 (art. 1.142), **OSCAR BARRETO FILHO** já conceituava o estabelecimento empresarial como:

> "(...) complexo de bens, materiais e imateriais, que constituem o instrumento utilizado pelo comerciante para a exploração da atividade mercantil."

O **Código Civil brasileiro, em seu art. 1.142**, conceitua estabelecimento empresarial como "(...) **todo complexo de bens organizado, para exercício da empresa**, por empresário, ou por sociedade empresária".

Por fim, vale destacar as outras denominações do estabelecimento empresarial:

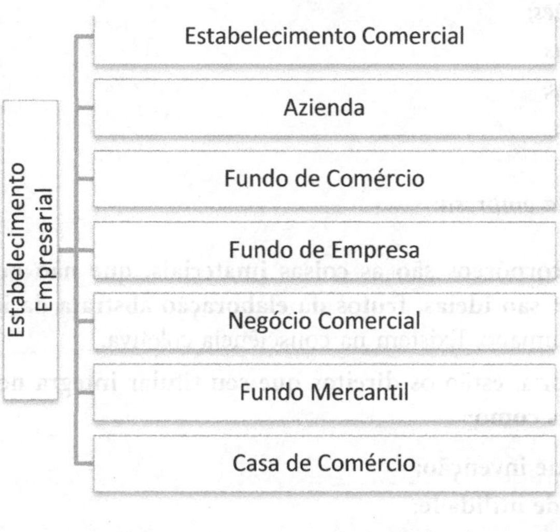

2. NATUREZA JURÍDICA DO ESTABELECIMENTO EMPRESARIAL

Antes de apontar as diversas correntes, vamos diferenciar universalidade de fato da de direito conforme **SYLVIO MARCONDES:**

UNIVERSALIDADE DE FATO	UNIVERSALIDADE DE DIREITO
a) um conjunto de coisas autônomas, simples ou compostas, materiais ou imateriais; b) formado pela vontade do sujeito (portanto, uma relação infinita em sua variedade); e c) para uma destinação unitária.	a) um complexo de relações jurídicas ativas e passivas; b) formado por força de lei (portanto, uma relação de número fechado); e c) para unificação das mesmas relações.
Exemplos: biblioteca, galeria de quadros ou um automóvel.	Exemplos: herança, massa falida.

Voltando à natureza jurídica do estabelecimento empresarial, há divergência doutrinária, mas prevalece que se trata de uma **UNIVERSALIDADE DE FATO.** Enfim, segundo o código civil essa reunião de bens **constitui uma universalidade de fato,** um conjunto de bens que se mantêm unidos, destinados a um fim, por vontade e determinação de seu titular.

É válido ressaltar que o código civil considera uma universalidade de fato a reunião de bens por um particular. O **estabelecimento nada mais é do que a reunião dos bens da empresa por um Empresário** (particular).

3. ELEMENTOS

Estabelecimento empresarial é composto por **bens de duas categorias: corpóreos e incorpóreos.** Os **bens corpóreos** são aqueles que se caracterizam por ocupar espaço no mundo exterior, dentre eles podemos destacar:

a) mercadorias;
b) instalações;
c) máquinas
d) utensílios;
e) dinheiro;
f) veículos;
g) imóvel da empresa;

Os **bens incorpóreos são as coisas imateriais, que não ocupam espaço no mundo exterior, são ideias, frutos da elaboração abstrata da inteligência** ou do conhecimento humano. Existem na consciência coletiva.

Nessa categoria, **estão os direitos que seu titular integra no estabelecimento empresarial, tais como:**

a) patente de invenção;
b) modelo de utilidade;

c) marcas;
d) desenhos industriais;
f) ponto;
g) título do estabelecimento;
h) perfis de redes sociais.

> **OBSERVAÇÃO IMPORTANTE:** O nome empresarial integra o estabelecimento, mas não pode ser alienado, pois é personalíssimo. O nome empresarial não pode ser objeto de alienação, pois integra os direitos de personalidade, conforme o art. 1.164, CÓDIGO CIVIL.

Apenas para ilustrar a questão, note que **a expressão GAMA ARTIGOS ELÉTRICOS LTDA representa o Nome Empresarial e identifica a pessoa jurídica,** a própria sociedade empresária que não poderá ser alienado em um contrato que transfere o estabelecimento.

O **título do estabelecimento, a título de exemplo "CASA GAMA", poderá ser alienado,** pois estamos diante de um elemento que identifica a empresa e não o empresário, não sendo considerado nome empresarial para fins de alienação.

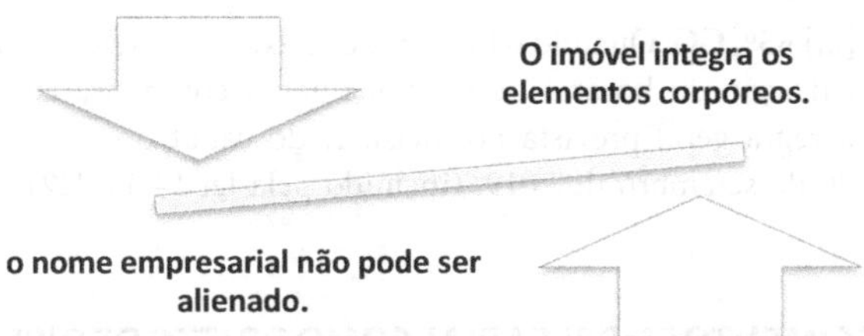

> **ADVERTÊNCIA:** O estabelecimento não se confunde com o local onde se exerce a atividade empresarial. Como já mencionado, o estabelecimento tem direta relação com o conjunto de bens para desenvolvimento da atividade empresarial. O local onde a atividade é exercida pode se elevar a condição de ponto empresarial, mas esse estudo perfaz o estudo das locações empresariais.

Em vista da advertência acima, vale considerar que o legislador passou a acreditar na importância de fazer constar essa expressão no próprio texto do código civil, por intermédio da medida provisória 1.085/2021, incluindo o parágrafo 1º no artigo 1.142, CC, a seguir:

> **Art. 1.142 [...] §1º, CC.** O estabelecimento não se confunde com o local onde se exerce a atividade empresarial, que poderá ser físico ou virtual.

4. ESTABELECIMENTO VIRTUAL

A lei 14.382/22, inclui o estabelecimento virtual no cenário legislativo. Assim, o sítio eletrônico (site) – quando organizado para o exercício da atividade de compra e venda de mercadorias ou a prestação de serviços ou as duas atividades – apresenta as mesmas características do estabelecimento empresarial, como no §1º, art. 1.142, CC, a seguir:

> **Art. 1.142 [...] §1º, CC.** O estabelecimento não se confunde com o local onde se exerce a atividade empresarial, que poderá ser físico ou virtual.

A dúvida que se apressaria a estabelecer, acerca do endereço adotado pelo empresário, acaba sanada no §2º, art. 1.142, CC, que adota o sistema de multidomicílio do empresário:

> **Art. 1.142 [...] §2º, CC.** Quando o local onde se exerce a atividade empresarial for virtual, o endereço informado para fins de registro poderá ser, conforme o caso, o endereço do empresário individual ou de um dos sócios da sociedade empresária. (Incluído pela Lei n.º 14.382/22).

Por fim, o §3º, art. 1.142, CC, vem para afirmar o que a jurisprudência de nossos tribunais já havia consolidado, acerca do município estabelecer o horário de funcionamento da empresa.

> **Art. 1.142 [...] §3º, CC.** Quando o local onde se exerce a atividade empresarial for físico, a fixação do horário de funcionamento competirá ao Município, observada a regra geral prevista no inciso II do caput do art. 3º da Lei nº 13.874, de 20 de setembro de 2019. (incluído pela lei 14.382/22).

5. O ESTABELECIMENTO EMPRESARIAL COMO OBJETO DE DIREITOS PESSOAIS OU REAIS

OSCAR BARRETO FILHO afirma que embora seja possível o exercício do direito de propriedade sobre alguns dos elementos singulares do estabelecimento empresarial (ex.: móveis; imóvel), sobre a unidade do estabelecimento empresarial o empresário pode exercer direitos obrigacionais/pessoais, e não direito real.

Por conseguinte, **OSCAR BARRETO FILHO** afirma que o empresário **NÃO** é proprietário do estabelecimento, mas sim seu titular.

6. ESTABELECIMENTO EMPRESARIAL X PATRIMÔNIO DO EMPRESÁRIO

Embora o estabelecimento empresarial possa fazer parte do patrimônio do empresário, com este (patrimônio) **NÃO** se confunde.

O patrimônio é considerado todo o complexo de direitos e obrigações de uma pessoa (física ou jurídica), suscetível de avaliação econômica. Ao passo que o estabelecimento é apenas um complexo de bens organizado para exercício da atividade empresarial.

7. ATRIBUTOS (AVIAMENTOS)

O **estabelecimento se organiza para a obtenção de resultados para o empresário ou sociedade empresária** em vista da exploração de atividade econômica. Os seus elementos materiais e imateriais são essenciais para isso. De outro lado, determinados **atributos/qualidades também são essenciais.**

O estabelecimento empresarial, enquanto articulado para o exercício da atividade empresarial, possui um **SOBREVALOR** em relação à soma dos valores individuais dos bens (corpóreos e incorpóreos) que o compõem, relacionado a uma **potencialidade lucrativa (potencial de lucratividade da atividade empresária).**

Atenção para as outras denominações do termo aviamento, como lembra **FRAN MARTINS**:

> "Alguns autores o denominam de luvas ou chaves, termos especialmente empregados para a valorização do ponto comercial."

Os atributos que ressaltamos acima são: **(A) Organização"; e, (B) A boa administração".** Tais atributos agregam valor para o estabelecimento, mas não são considerados elementos, já que não tem valor separado do estabelecimento. A doutrina lhe deu nome, é o que se denomina **aviamento.**

Aviamento objetivo: Neste caso, quando a capacidade decorrer da boa localização e da **"ORGANIZAÇÃO"** dos bens, estamos diante do aviamento objetivo, pois leva em conta bens objetivamente considerados.

Aviamento subjetivo: Caso a capacidade de obtenção de lucros esteja relacionada a **"ADMINISTRAÇÃO" do empresário e/ou de seus administradores**, então estamos diante do aviamento subjetivo, já que relacionados a um aspecto pessoal.

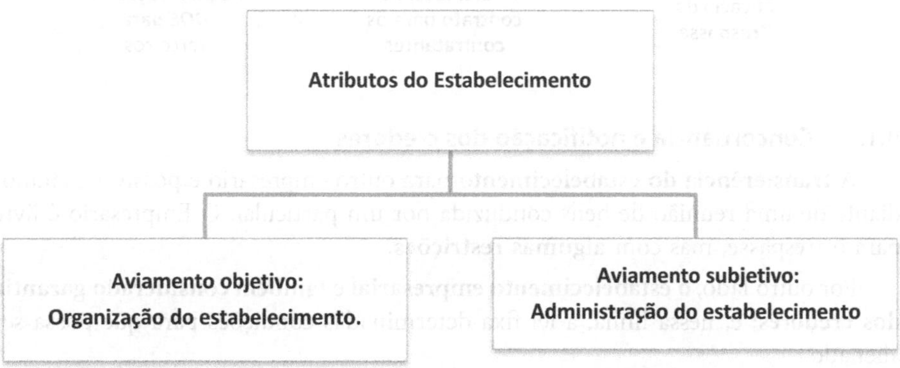

A prova da existência de aviamento é a presença de clientela significativa. **A clientela e o aviamento (capacidade de captação de negócios) estão relacionados entre si e não têm existência separada do estabelecimento.** A clientela também constitui um atributo do estabelecimento.

Clientela e freguesia: A **doutrina entende por clientela a capacidade de captar negócios,** o que no caso de uma academia de ginástica e musculação, seria a capacidade de conseguir clientes em vista de sua boa localização, organização e gestão, por isso a relação entre clientela e aviamento. **A freguesia são os clientes solidificados,** como os alunos já matriculados na academia.

Finalmente, vale dizer que é possível a **penhora do estabelecimento empresarial, já que a matéria foi pacificada pela súmula de jurisprudência de n.º 451, STJ.**

Além disso, o **Enunciado 488 do CJF, cita a Súmula 451 do STJ**, para **incluir a penhora do website e de outros intangíveis relacionados com o comércio eletrônico.**

> **Enunciado 488:** Admite-se a penhora do website e de outros intangíveis relacionados com o comércio eletrônico.

8. TRESPASSE

O trespasse **significa a alienação do estabelecimento empresarial titularizado pelo empresário,** razão pela qual tem livre disponibilidade sobre a sua universalidade de fato. A transferência para outro empresário é possível de acordo com o **artigo 1.143 do Código Civil**, com algumas restrições que serão tratadas adiante.

> Pode o estabelecimento ser objeto unitário de direitos e de negócios jurídicos, translativos ou constitutivos, que sejam compatíveis com a sua natureza.
>
> O nosso Código Civil em seu art. 1144, prevê que para a **eficácia do trespasse quanto a terceiros, é necessário a averbação do respectivo contrato** que tenha por objeto tal alienação no **registro público de empresas mercantis** à margem da inscrição do empresário ou sociedade empresária, com a publicação na imprensa oficial.

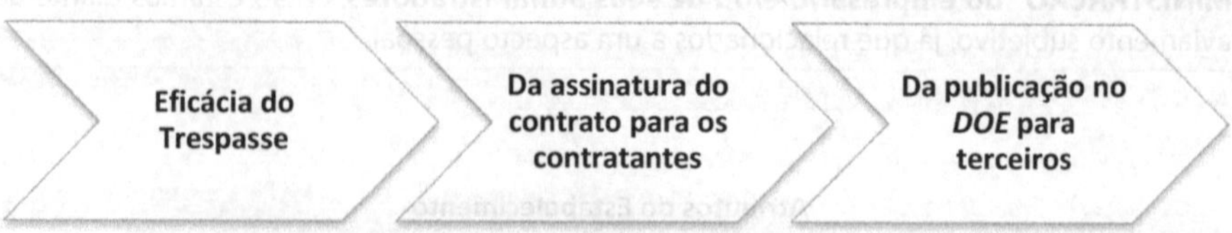

8.1. Concordância e notificação dos credores

A **transferência do estabelecimento** para outro empresário é possível. Estamos diante de uma reunião de bens conduzida por um particular. O Empresário é livre para o trespasse, mas com **algumas restrições.**

Por outro lado, **o estabelecimento empresarial é também considerado garantia dos credores;** e, nessa linha, a lei fixa determinadas condições para que possa ser alienado.

O legislador, no art. 1.145 do Código Civil, fixa como condição a **concordância expressa ou tácita de todos os credores do empresário ou o pagamento de todos os credores, como a seguir:**

1) No caso de **trespasse integral,** o mais perguntado pelos certames, situação em que são transferidos todos os bens da empresa para outro titular, é necessário a notificação dos credores.
2) Por outro lado, se o **trespasse for parcial**, a alienação do estabelecimento empresarial não precisará de concordância dos credores, caso **restem bens suficientes para cumprir com as obrigações contraídas. Vamos a um exemplo!**

Exemplo:

Imagine comigo o caso em que se **transfere o ponto empresarial e o título do estabelecimento (título na fachada da empresa) de uma academia de ginástica e musculação, mas sem a transferência dos bens móveis** que, se suficientes para o pagamento dos credores, se amolda na situação acima e afasta a necessidade de notificar os credores.

No caso de **notificação dos credores, considera-se o aceite tácito** acerca da alienação se o credor não se manifestar contrariamente no prazo de 30 dias do recebimento da notificação.

Se o alienante assim não proceder, **deixando de colher a anuência dos credores ou deixando de notificá-los, o trespasse será considerado irregular.**

Se tal formalidade não for cumprida, a consequência será altamente prejudicial ao adquirente, pois ele poderá perder o estabelecimento, em favor da coletividade dos credores, caso o alienante venha a ter a sua falência decretada (art. 129, VI, da Lei nº 11.101/05).

Além disso, essa forma de alienação configura ato de falência, permitindo a decretação de falência do alienante:

> "**Art. 94 Lei nº 11.101/05**. Será decretada a falência do devedor que:
> (...) **III** – pratica qualquer dos seguintes atos, exceto se fizer parte de plano de recuperação judicial:
>
> (...) **c)** transfere estabelecimento a terceiro, credor ou não, sem o consentimento de todos os credores e sem ficar com bens suficientes para solver seu passivo; (...)."

O trespasse irregular é ato de falência e ineficácia → Art. 94, III, Lei nº 11.101/2005.

9. RESPONSABILIDADE DOS CONTRATANTES NO TRESPASSE

Sobre o que diz **respeito aos débitos anteriores a transferência,** vale dizer que o adquirente será o novo responsável pelo seu pagamento.

O devedor anterior (aquele que vendeu a empresa), será responsável solidário se estes **débitos estiverem regularmente contabilizados** por determinado período.

É o que dispõe o **Art. 1.146 do CÓDIGO CIVIL:**

"O adquirente do estabelecimento responde pelo pagamento dos débitos anteriores à transferência, desde que regularmente contabilizados, continuando o devedor primitivo solidariamente obrigado pelo prazo de um ano, a partir, quanto aos créditos vencidos, da publicação, e, quanto aos outros, da data do vencimento".

***Débitos vencidos*:** Devedor Primitivo ficara solidário por um ano, **contados dos débitos já vencidos ou de sua publicação.** Logo, no caso de débitos já vencidos o devedor primário fica vinculado solidariamente até completar um ano da publicação na imprensa oficial.

***Débitos vincendos*:** Devedor Primitivo ficara solidário por um ano, **contados da data do vencimento de cada uma das obrigações futuras.** Em vista dos débitos que ainda estão para vencer, a responsabilidade começa a ser contada da data de vencimento.

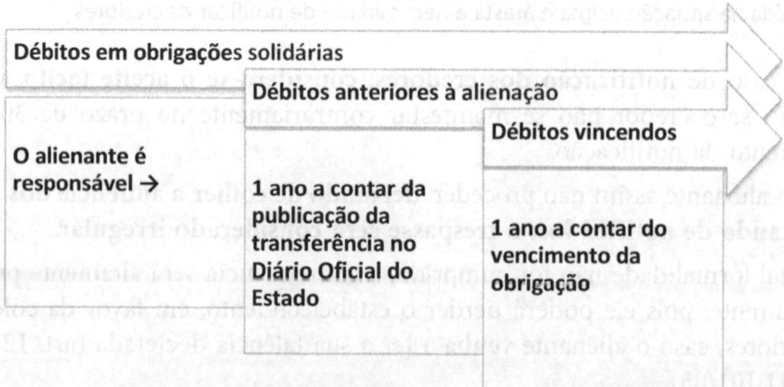

9.1. Responsabilidade em relação aos créditos tributários

O Direito Tributário trata o tema com regras que lhe são próprias. O **caput do art. 133 do Código Tributário Nacional** trata **estabelecimento e fundo de comércio como sinônimos.** No mesmo dispositivo determina a responsabilidade em seus **incisos I e II,** a seguir:

> **Art. 133.** A pessoa natural ou jurídica de direito privado que adquirir de outra, por qualquer título, **fundo de comércio ou estabelecimento comercial, industrial ou profissional**, e continuar a respectiva exploração, sob a mesma ou outra razão social ou sob firma ou nome individual, responde pelos tributos, relativos ao fundo ou estabelecimento adquirido, devidos até a data do ato:
> **I – integralmente, se o alienante cessar a exploração do comércio, indústria ou atividade; (DESTAQUE NOSSO).**

A responsabilidade será **integral do adquirente caso o alienante cesse as suas atividades** ou retome as suas atividades apenas após 6 (seis) meses.

> **Art. 133. [...]**
>
> **II – subsidiariamente com o alienante**, se este prosseguir na exploração ou iniciar dentro de seis meses a contar da data da alienação, nova atividade no mesmo ou em outro ramo de comércio, indústria ou profissão. **(DESTAQUE NOSSO).**

Caso o **alienante continue explorando as suas atividades dentro do prazo de seis meses** a contar da alienação do estabelecimento devidamente averbado no órgão competente e publicado no DOE – Diário Oficial do Estado, **a responsabilidade será subsidiária.**

A **subsidiariedade** significará a tentativa de **responsabilizar o patrimônio do alienante por débitos fiscais, e após** esgotados todos os meios possíveis, **prosseguir no patrimônio do adquirente.**

9.2. Responsabilidade em relação aos créditos trabalhistas

A Consolidação das leis do trabalho é no sentido de que **a alienação do estabelecimento não afete os contratos dos empregados,** que se mantém vigentes.

A responsabilidade pelas dívidas trabalhistas **será exclusiva do sucessor e apenas haverá solidariedade em casos de fraude.** É importante ressaltar que a solidariedade se explica como a possibilidade de avançar no patrimônio do alienante ou adquirente independentemente de ordem.

> **Art. 448-A.** Caracterizada a sucessão empresarial ou de empregadores prevista nos arts. 10 e 448 desta Consolidação, as obrigações trabalhistas, inclusive as contraídas à época em que os empregados trabalhavam para a empresa sucedida, são de responsabilidade do sucessor.

Em regra, a sucessão trabalhista transfere para o sucessor (adquirente do estabelecimento empresarial) a **EXCLUSIVA** responsabilidade pelo adimplemento das verbas trabalhistas contraídas pelo sucedido (alienante do estabelecimento empresarial), não podendo se presumir a solidariedade ou subsidiariedade do sucedido, diante da regra especial do art. 448 da CLT.

Apesar disso, em casos excepcionais, é possível o reconhecimento da responsabilidade **SOLIDÁRIA** ou subsidiária do sucedido, como por exemplo no caso de trespasse a adquirente que, notoriamente, não possui ativo para quitar as dívidas trabalhistas. Aplicando-se, nessa situação, o art. 9º da CLT:

> "**Art. 9º da CLT**. Serão nulos de pleno direito os atos praticados com o objetivo de desvirtuar, impedir ou fraudar a aplicação dos preceitos contidos na presente Consolidação."

9.3. Trespasse na recuperação de empresas ou falência

Agora vamos falar dos **créditos trabalhistas em vista de uma alienação do estabelecimento durante o processo de falências ou recuperação judicial** que faz efeitos nas esferas fiscal e trabalhista, conforme determinação do **inciso II, art. 141 da Lei 11.101/05:**

> **Art. 141**. Na alienação conjunta ou separada de ativos, inclusive da empresa ou de suas filiais, promovida sob qualquer das modalidades de que trata o art. 142: **(Redação dada pela Lei nº 14.112, de 2020)**
>
> **II** – o objeto da alienação estará livre de qualquer ônus e não haverá sucessão do arrematante nas obrigações do devedor, inclusive as de natureza tributária, as derivadas da legislação do trabalho e as decorrentes de acidentes de trabalho.

Havia discussão em vista de a **alienação do estabelecimento ser realizada em recuperação judicial,** pois o **art. 60, parágrafo único, da Lei 11.101/2005** não trazia previsão legal que enfatizasse as dívidas trabalhistas, somente mencionando as dívidas fiscais:

> **Art. 60. [...]**
>
> **Parágrafo único.** O objeto da alienação estará livre de qualquer ônus e não haverá sucessão do arrematante nas obrigações do devedor de qualquer natureza, **incluídas, mas não exclusivamente, as de natureza ambiental, regulatória, administrativa, penal, anticorrupção, tributária e trabalhista**, observado o disposto no § 1º do art. 141 desta Lei. **(GRIFO NOSSO).**
>
> **(Redação dada pela Lei nº 14.112, de 2020).**

10. SUB-ROGAÇÃO DOS CONTRATOS

É válido destacar que a **sub-rogação neste caso perfaz a transmissão dos contratos vinculados ao estabelecimento empresarial**, como o caso de contratos de fornecimento de mercadorias ou locação.

A **sub-rogação do adquirente nos contratos de exploração** atinentes ao estabelecimento adquirido é efeito do contrato de trespasse, segundo o **art. 1.148, CÓDIGO CIVIL, desde que não possuam caráter pessoal.** Os terceiros tem o prazo de 90 (noventa) dias para a rescisão contratual.

Por conta disso, embora não integrem o estabelecimento empresarial, o Código Civil (art. 1.148) estabelece que, salvo disposição em contrário, o adquirente se sub-roga nos contratos estipulados para exploração do estabelecimento, se não forem personalíssimos:

> "**Art. 1.148 do CC.** Salvo disposição em contrário, a transferência importa a sub-rogação do adquirente nos contratos estipulados **para exploração do estabelecimento, se não tiverem caráter pessoal**, podendo os terceiros rescindir o contrato em noventa dias a contar da publicação da transferência, se ocorrer **JUSTA CAUSA**, ressalvada, neste caso, a responsabilidade do alienante."

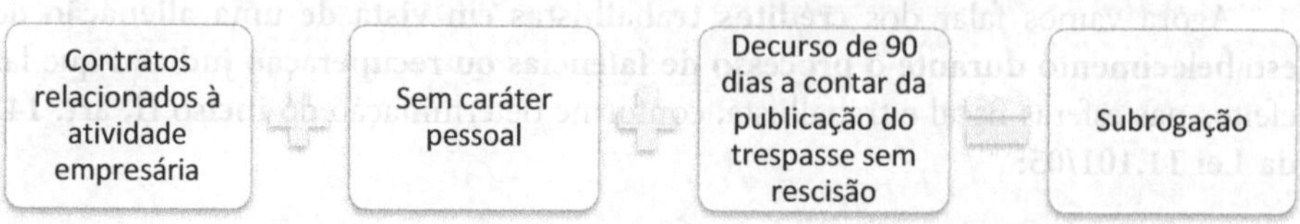

Exemplo:

A cessão de uso de marca é um ótimo exemplo de contrato pessoal e a lei esclarece que tais contratos não se transmitem automaticamente.

Aliás, a **jurisprudência vem se fixando para que a locação se transfira automaticamente,** pois o trespasse poderia se tornar desinteressante ao adquirente que não puder se fixar no endereço em que aquela determinada empresa já fixou bases de clientela e freguesia.

Porém, embora a jurisprudencia venha fixando a importancia do trespasse do contrato de locação, ainda não é automático.

11. CLÁUSULA DE NÃO CONCORRÊNCIA

O **artigo 1.147 do Código Civil** determina que **o alienante de estabelecimento empresarial não pode, salvo cláusula contratual em sentido contrário, fazer concorrência com o adquirente** pelo prazo de cinco anos, como a seguir:

> "Não havendo autorização expressa, o alienante do estabelecimento não pode fazer concorrência ao adquirente, nos cinco anos subsequentes à transferência."

A proibição de o alienante do estabelecimento concorrer com o adquirente antes de decorridos cinco anos da operação de trespasse é uma prática que visa coibir a prática de concorrência desleal. **O objetivo é evitar o desvio de freguesia e clientela.**

Conforme entendimento do **STJ**, que apontou para observância do prazo máximo de 5 (cinco) anos em um precedente, não é possível que o trespasse preveja clausula de não restabelecimento por período indeterminado.

Entretanto, no acórdão mencionado acima, embora tenha sido reconhecida a abusividade do período indeterminado, não houve um afastamento peremptório da possibilidade de aumento do prazo de 5 (cinco) anos.

Nessa senda, os **JURISTAS DAS JORNADAS DE DIREITO CIVIL** parecem ter reconhecido a possibilidade de alargamento deste prazo, sem afastar a atuação do Poder Judiciário quando abusivo:

> "A ampliação do prazo de 5 (cinco) anos de proibição de concorrência pelo alienante ao adquirente do estabelecimento, ainda que convencionada no exercício da autonomia da vontade, pode ser revista judicialmente, se abusiva." (**Enunciado nº 490 da V Jornada de Direito Civil**)

12. TRANSFERÊNCIA DOS CRÉDITOS

A alienação do estabelecimento não provoca apenas a transferência das dívidas, mas também **a transferência dos créditos e isso logo a partir do momento da publicação no DOE – Diário Oficial do Estado.**

A regra é parte integrante do **art. 1.149 do Código Civil** que **no caso de cessão dos créditos exonera o devedor que pagar o cedente de boa-fé,** o que significa que o adquirente do estabelecimento deve avisar os devedores para que paguem diretamente a ele, do contrário, poderá ficar com um baita prejuízo.

RESUMO. ESTABELECIMENTO EMPRESARIAL

O estabelecimento empresarial é definido como o conjunto de bens materiais e imateriais organizados pelo empresário ou sociedade empresária para a realização de sua atividade. Advertência: O nome empresarial não pode ser alienado.

O que não podemos confundir é o estabelecimento com o local onde se exerce a atividade, já que o estabelecimento se relaciona com os bens. A disciplina é estudada de modo específico, principalmente em vista do contrato de trespasse que nada mais é do que a alienação do estabelecimento empresarial titularizado pelo empresário.

A eficácia no trespasse está relacionada com o registro à margem da inscrição do empresário, que além de ser averbado, deve ser publicado na imprensa oficial. Ainda, caso não restem bens para suprir as obrigações, necessário a notificação dos credores para que consintam num prazo de 30 dias.

No entanto, o estabelecimento empresarial também serve como garantia dos credores. Por isso, o Código Civil, em seu artigo 1.145, estabelece que a alienação só será válida se todos os credores concordarem expressamente ou se forem pagos. Se os credores forem notificados e não se manifestarem em até 30 dias, considera-se a concordância tácita. Caso contrário, o trespasse será considerado irregular.

O Código Civil estipula, finalmente, que o alienante do estabelecimento não pode fazer concorrência com o adquirente por cinco anos após a transferência. No caso de usufruto ou arrendamento, a proibição dura todo o tempo do contrato.

5

MICROEMPRESAS E EMPRESAS DE PEQUENO PORTE

O **Estatuto da microempresa e empresa de pequeno porte (Lei Complementar 123/06) nasceu com o intuito de impulsionar o empreendedorismo.** A ideia é oferecer um tratamento diferenciado, simplificado e favorecido. A legislação simplifica rotinas tributárias, acesso a crédito, assim como benefícios para que o poder público seja obrigado a contratar preferencialmente as micro e pequenas empresas.

O **alicerce é a constituição federal** que consagrou em várias de suas passagens, a necessidade de um tratamento diferenciado e que trouxesse benefícios para as microempresas e empresas de pequeno porte:

> **Art. 170.** A ordem econômica, fundada na valorização do trabalho humano e na livre iniciativa, tem por fim assegurar a todos existência digna, conforme os ditames da justiça social, observados os seguintes princípios:
>
> **IX** – tratamento favorecido para as empresas de pequeno porte constituídas sob as leis brasileiras e que tenham sua sede e administração no País.

A **Lei Complementar 123/2006** enquadra a **microempresa** naquela cuja receita bruta anual seja igual ou inferior a R$ 360.000,00; e empresas de pequeno porte naquelas em que o faturamento supera R$ 360.000,00, mas sem ultrapassar R$ 4.800.000,00.

A **receita bruta anual corresponde ao produto da venda de bens ou serviços nas operações de conta própria,** ao preço dos serviços prestados e ao resultado nas operações em conta alheia, excluídas as vendas canceladas.

A **lei complementar nº 123/2006** permite a participação de **Empresários Individuais, Sociedades empresárias** e também as **sociedades simples. O termo microempresa é utilizado de modo impróprio,** já que o tratamento diferenciado é também atribuído às sociedade simples.

LC - 123/06 - Receita Bruta Anual	
ME	Igual ou Inferior a R$ 360.000,00
EPP	Superior a R$ 360.000,00 e igual a R$ 4.800.000,00

1. EXCLUSÕES AO REGIME DO TRATAMENTO DIFERENCIADO

O **legislador visou proteger as atividades que tivessem por característica não somente um faturamento menor**, mas também aquelas envolvidas em atividades de pequena complexidade.

Algumas **atividades mais complexas foram excluídas, conforme art. 3º, §4º e incisos da lei complementar 123/06,** principalmente as que exigem fiscalização diferenciada. Além disso, eliminou mecanismos em que a somatória das atividades dos sócios, administradores, empresários, sociedades e sujeitos envolvidos na proteção pudessem burlar a lei.

As exclusões são as seguintes:

- pessoa jurídica que tenha por sócio outra pessoa jurídica: Caso a sociedade tenha como sócio uma pessoa jurídica ou participe de outra pessoa jurídica, não se justifica o tratamento diferenciado, pois há uma complexidade maior na estrutura da atividade.
- pessoa jurídica que tenha sede no exterior: Estão excluídas do regime diferenciado as pessoas jurídicas que sejam filiais, sucursais, agencias ou representações no país de pessoa jurídica com sede no exterior. O motivo é a evidência de uma estrutura complexa.
- sociedade que tenha sócio que seja inscrito como empresário individual ou sociedade enquadrada no tratamento diferenciado, já que não temos mecanismos legais adequados para separar a atividade das duas sociedades de que o sócio faça parte.
- sociedade em que o sócio participe como titular de mais de 10% do capital de outra sociedade: A participação superior a 10% do capital é essencial. Caso o percentual seja menor, temos a simples participação, que não justifica a desqualificação do enquadramento.
- pessoa jurídica na qual o titular ou sócio seja administrador de sociedade cuja receita somada ultrapasse os limites de enquadramento: A pessoa jurídica em que o titular ou sócio seja administrador ou equiparado de outra sociedade, cuja receita extrapole os limites de enquadramento, está excluído. A condição de administrador de outra sociedade evidencia a participação importante nas atividades da empresa, o que poderia representar fraude ao regime de enquadramento.

Não se admite o enquadramento como microempresa ou empresa de pequeno porte das sociedades que exerçam atividade de banco mercantil de investimentos e de desenvolvimento, de caixa econômica, de sociedade de crédito financiamento e investimento ou de crédito imobiliário, de corretora ou distribuidora de títulos, valores mobiliários e cambio, de empresa de arrendamento mercantil, de seguros privados e capitalização ou de previdência complementar.

Ainda, estão excluídas as cooperativas, salvo as cooperativas de consumo. As sociedades por ações são excluídas, obviamente, por sua estrutura complexa, que dispensa proteção diferenciada da microempresa e empresa de pequeno porte.

Finalmente, não poderá se beneficiar do tratamento jurídico diferenciado a pessoa jurídica cujos titulares ou sócios guardem, cumulativamente, com o contratante do serviço, relação de pessoalidade, subordinação e habitualidade, características essas de relação de emprego.

Neste tópico, trataremos dos **benefícios** do tratamento diferenciado.

Inicialmente, diga-se que o tratamento tributário diferenciado **possibilita a unificação de tributos e contribuições devidas ao beneficiado.**

Além da unificação, temos também a simplificação dos recolhimentos. Trata-se da criação do **Sistema Simples Nacional, reunindo o Imposto de Renda, as Contribuições Sociais (PIS, COFINS, CSLL), os Impostos sobre Produtos Industrializados (IPI), os Impostos sobre Operações Relativas à Circulação de Mercadorias (ICMS), o Imposto sobre Serviços de Qualquer Natureza (ISS) e a contribuição previdenciária patronal.**

O tratamento também dispensa o beneficiado do pagamento de determinadas contribuições instituídas pela União, como é o caso das contribuições para as entidades privadas, como o SESI e o SENAI.

Parece-nos importante ressaltar a isenção do imposto de renda em vista dos valores distribuídos aos titulares ou sócios da microempresa ou empresa de pequeno porte. Contudo, não há isenção para o que for correspondente a pró-labore, aluguéis ou serviços prestados, conforme art. 14, Lei complementar.

O tratamento se estende às relações de trabalho, licitações, além de tratamento favorecido no acesso ao crédito e à justiça.

O benefício se estende à **facilitação da inscrição no registro público de empresas mercantis ou registro civil das pessoas jurídicas.** As alterações poderão ser realizadas independentemente de apresentação de certidões negativas de débitos tributários.

2. MICROEMPREENDEDOR INDIVIDUAL – MEI

A criação dessa categoria visou regularizar a vida do pequeno empresário e dar acesso a crédito diferenciado. Considera-se nesta espécie o **Microempreendedor Individual que tenha receita bruta anual não superior a R$ 81.000,00.**

Além do reduzido faturamento frisado no parágrafo anterior, o **arts. 18-A, §1º e §4º**, incisos da lei complementar 123/06, entende que **para tal tratamento é necessário o cumprimento dos seguintes requisitos:**

- Seja optante pelo Simples Nacional – adesão voluntária ao sistema simplificado de arrecadação de tributos;
- Seja empresário individual e titularize um único estabelecimento;

- Não seja empresário individual em outra atividade, nem seja sócio ou administrador de sociedade" e não seja constituído na forma de startup.
- Contrate, no máximo, um empregado que receba exclusivamente 1 (um) salário mínimo ou o piso salarial da categoria profissional.

3. LICITAÇÕES

A comprovação da regularidade fiscal e trabalhista das microempresas e empresas de pequeno porte somente será exigida quando da assinatura do contrato, conforme art. 42, LC 123/06. Aliás, haverá preferência como critério de desempate. Inclusive, deverão apresentar toda a documentação exigida para efeito de comprovação de regularidade fiscal e trabalhista, mesmo que apresente alguma restrição.

OBSERVAÇÃO: Entende-se por empate aquelas situações em que as propostas apresentadas pelas microempresas e empresas de pequeno porte sejam iguais ou até 10% (dez por cento) superiores à proposta mais bem classificada, segundo art. 44, §1º, LC 123/06.

No que diz respeito às compras públicas, enquanto não sobrevier legislação estadual, municipal ou regulamento específico de cada órgão mais favorável à microempresa e empresa de pequeno porte, aplica-se a legislação federal.

4. DA SIMPLIFICAÇÃO DAS RELAÇÕES DE TRABALHO

As microempresas e as empresas de pequeno porte serão estimuladas pelo poder público e pelos Serviços Sociais Autônomos a formar consórcios para acesso a serviços especializados em segurança e medicina do trabalho, segundo art. 51 e incisos, lei complementar 123/06.

As microempresas e as empresas de pequeno porte **são dispensadas:**

I – da afixação de Quadro de Trabalho em suas dependências;

II – da anotação das férias dos empregados nos respectivos livros ou fichas de registro;

III – de empregar e matricular seus aprendizes nos cursos dos Serviços Nacionais de Aprendizagem;

IV – da posse do livro intitulado "Inspeção do Trabalho"; e

V – de comunicar ao Ministério do Trabalho e Emprego a concessão de férias coletivas.

É facultado ao empregador microempresário ou de empresa de pequeno porte fazer-se substituir ou ser **representado perante a Justiça do Trabalho por terceiros que conheçam dos fatos,** ainda que não possuam vínculo trabalhista ou societário.

5. DO ESTÍMULO AO CRÉDITO E À CAPITALIZAÇÃO

O Poder Executivo federal proporá, sempre que necessário, **medidas no sentido de melhorar o acesso das microempresas e empresas de pequeno porte aos mercados de crédito e de capitais, segundo manda o art. 1º e incisos, LC 123/06.**

O objetivo é a **redução do custo de transação**, a elevação da eficiência a locativa, o incentivo ao ambiente concorrencial e a qualidade do conjunto informacional, em especial o acesso e portabilidade das informações cadastrais relativas ao crédito.

Poderá ser instituído Sistema Nacional de Garantias de Crédito pelo Poder Executivo, com o objetivo de facilitar o acesso das microempresas e empresas de pequeno porte a crédito e demais serviços das instituições financeiras, o qual, na forma de regulamento, proporcionará a elas tratamento diferenciado, favorecido e simplificado, sem prejuízo de atendimento a outros públicos-alvo.

Os fundos garantidores de risco de crédito empresarial que possuam participação da União na composição do seu capital atenderão, sempre que possível, as operações de crédito que envolvam microempresas e empresas de pequeno porte.

5.1. Das responsabilidades do Banco Central do Brasil

O Banco Central do Brasil disponibilizará dados e informações das instituições financeiras integrantes do Sistema Financeiro Nacional, inclusive por meio do Sistema de Informações de Crédito – SCR, de modo **a ampliar o acesso ao crédito para microempresas e empresas de pequeno porte e fomentar a competição bancária,** segundo art. 62, Lei Complementar 123/06.

Esta determinação alcança a disponibilização de dados e informações específicas relativas ao histórico de relacionamento bancário e creditício das microempresas e das empresas de pequeno porte, apenas aos próprios titulares.

O Banco Central do Brasil poderá garantir o acesso simplificado, favorecido e diferenciado dos dados e informações constantes aos seus respectivos interessados, podendo optar por realizá-lo por meio das instituições financeiras com as quais o próprio cliente tenha relacionamento.

6. STARTUPS

> **Art. 4º** São enquadradas como startups as organizações empresariais ou societárias, nascentes ou em operação recente, cuja atuação caracteriza-se pela inovação aplicada a modelo de negócios ou a produtos ou serviços ofertados.

As startups desenvolvem **suas inovações em condições de incerteza que requerem experimentos e validações constantes,** inclusive mediante comercialização experimental provisória, antes de procederem à comercialização plena e à obtenção de receita. Os requisitos mais importantes para a sua caracterização é temporal, já que precisam ser de **operação recente**, além de trazer **inovação.**

Assim, os empresários individuais, as sociedades empresárias, cooperativas e até as sociedades simples são elegíveis para o enquadramento nessa modalidade de tratamento especial, além dos requisitos do art. 4º, §1º e incisos, lei complementar 182/21 (Marco Legal das Startups), a seguir:

> **Art. 4º, §1º, LC 182/21.**
>
> I – com receita bruta de até R$ 16.000.000,00 (dezesseis milhões de reais) no ano-calendário anterior ou de R$ 1.333.334,00 (um milhão, trezentos e trinta e três mil trezentos e trinta e quatro reais) multiplicado pelo número de meses de atividade no ano-calendário anterior, quando inferior a 12 (doze) meses, independentemente da forma societária adotada;
>
> II – com até 10 (dez) anos de inscrição no Cadastro Nacional da Pessoa Jurídica (CNPJ) da Secretaria Especial da Receita Federal do Brasil do Ministério da Economia; e
>
> III – que atendam a um dos seguintes requisitos, no mínimo:
>
> **a)** declaração em seu ato constitutivo ou alterador e utilização de modelos de negócios inovadores para a geração de produtos ou serviços, nos termos do inciso IV do caput do art. 2º da Lei nº 10.973, de 2 de dezembro de 2004; ou
>
> **b)** enquadramento no regime especial Inova Simples, nos termos do art. 65-A da Lei Complementar nº 123, de 14 de dezembro de 2006.

Assim, as startups poderão admitir aporte de capital por pessoa física ou jurídica, que poderá resultar ou não em participação no capital social da startup, a depender da modalidade de investimento escolhida pelas partes, conforme **Art. 5º, Lei Complementar 182/21.**

O investidor que realizar o aporte de capital não será considerado sócio, acionista, gerente ou administrador, assim como não responderá por dívidas da empresa, recuperação judicial ou na hipótese de desconsideração da personalidade jurídica.

Além disso, as empresas que possuem obrigações de investimento de pesquisa, ficam autorizadas a cumprir os seus compromissos com aporte de recursos em startups. Ressalte-se que a Comissão de Valores Mobiliários estabelecerá as regras para aporte de capital.

6.1. Investimento-anjo

O Investimento Anjo é efetuado por pessoas naturais ou pessoas jurídicas em empresas tratadas no mercado como "*startups*". O art. 61-A, Lei Complementar 123/06 em seu §2º explica que a regulação se dará pela Comissão de Valores Mobiliários.

> **QUEM É O INVESTIDOR-ANJO:**
>
> O investidor-anjo, trata-se, em geral de executivos e profissionais liberais experientes que funcionam como mentores para o empreendedor e rede de relacionamentos, além dos recursos financeiros. Não tem posição executiva na empresa, assim como não é considerado sócio ou gerente. Nas deliberações a sua função é meramente consultiva.

Ao **final de cada período, o investidor-anjo fará jus à remuneração correspondente aos resultados distribuídos** A remuneração será estipulada conforme contrato de participação.

O investidor-anjo somente poderá **exercer o direito de resgate depois de decorridos, no mínimo, dois anos do aporte de capital**, ou prazo superior estabelecido no contrato de participação, e seus haveres serão pagos na forma do artigo 1.031 Código Civil, não podendo ultrapassar o valor investido devidamente corrigido.

> Art. 61-A [...]
>
> §4º O investidor-anjo:
>
> I – não será considerado sócio nem terá qualquer direito a gerência ou a voto na administração da empresa, resguardada a possibilidade de participação nas deliberações em caráter estritamente consultivo, conforme pactuação contratual;
>
> II – não responderá por qualquer dívida da empresa, inclusive em recuperação judicial, não se aplicando a ele o artigo 50 da Lei no 10.406, de 10 de janeiro de 2002 – Código Civil;
>
> III – será remunerado por seus aportes, nos termos do contrato de participação, pelo prazo máximo de sete anos

OBSERVAÇÃO: Para fins de enquadramento da sociedade como microempresa ou empresa de pequeno porte, os valores de capital aportado não são considerados receitas da sociedade.

A transferência da titularidade do aporte para terceiro alheio à sociedade dependerá do consentimento dos sócios, salvo estipulação contratual expressa em contrário.

O **Ministério da Fazenda poderá regulamentar a tributação sobre retirada do capital investido.**

6.2. Do apoio à inovação e do Inova Simples

O Inova Simples é criado como regime especial simplificado que concede às iniciativas empresariais de caráter incremental ou disruptivo que se autodeclarem como empresas de inovação tratamento diferenciado com vistas a estimular sua criação, formalização, desenvolvimento e consolidação como agentes indutores de avanços tecnológicos e da geração de emprego e renda, conforme art. 65-A, Lei Complementar 123/06.

A União, os Estados, o Distrito Federal e os Municípios, manterão **programas específicos para as microempresas e para as empresas de pequeno porte,** inclusive quando estas revestirem a forma de incubadoras, observando-se o seguinte:

1. **As condições de acesso serão diferenciadas, favorecidas e simplificadas;**
2. **O montante disponível e suas condições de acesso deverão ser expressos nos respectivos orçamentos e amplamente divulgados.**

Considera-se **startup a empresa de caráter inovador** que visa a aperfeiçoar sistemas, métodos ou modelos de negócio, de produção, de serviços ou de produtos, os quais, quando já existentes, caracterizam startups de natureza incremental, ou, quando relacionados à criação de algo totalmente novo, caracterizam startups de natureza disjuntiva.

O tratamento diferenciado consiste na **fixação de rito sumário (simplificado) para abertura e fechamento de empresas sob o regime do Inova Simples**, que se dará de forma simplificada e automática. O ambiente digital em sítio eletrônico oficial do governo federal (REDESIM), por meio da utilização de formulário digital próprio, intitulado Inova Simples.

Os **titulares de empresa submetida ao regime do Inova Simples** preencherão cadastro básico com as seguintes informações:

I – qualificação civil, domicílio e CPF;
II – descrição do escopo da intenção empresarial inovadora, que utilize modelos de negócios inovadores para a geração de produtos ou serviços, e definição do nome empresarial, que conterá a expressão;
III – auto declaração, sob as penas da lei, de que o funcionamento da empresa submetida ao regime do Inova Simples não produzirá poluição, barulho e aglomeração de tráfego de veículos, para fins de caracterizar baixo grau de risco, nos termos do § 4º do artigo 6º desta Lei Complementar;
IV – definição do local da sede, que poderá ser comercial, residencial ou de uso misto, sempre que não proibido pela legislação municipal ou distrital, admitindo-se a possibilidade de sua instalação em locais onde funcionam parques tecnológicos, instituições de ensino, empresas juniores, incubadoras, aceleradoras e espaços compartilhados de trabalho na forma decoworking; e
V – em caráter facultativo, a existência de apoio ou validação de instituto técnico, científico ou acadêmico, público ou privado, bem como de incubadoras, aceleradoras e instituições de ensino, nos parques tecnológicos e afins.

Realizado o correto preenchimento das informações, será gerado automaticamente número de **CNPJ específico, em nome da denominação da empresa Inova Simples.**

A empresa deverá abrir, imediatamente, conta bancária de pessoa jurídica, para fins de captação e integralização de capital, proveniente de aporte próprio de seus titulares ou de investidor domiciliado no exterior, de linha de crédito público ou privado e de outras fontes previstas em lei.

É permitida a comercialização experimental do serviço ou produto até o limite fixado para o MEI. Na eventualidade de não lograr êxito no desenvolvimento do escopo pretendido, a baixa do CNPJ será automática, mediante procedimento de auto declaração no portal da Redesim.

RESUMO. MICROEMPRESAS E EMPRESAS DE PEQUENO PORTE

Os microempresários são compreendidos na gama de todos os empresários individuais, Sociedades empresárias ou até Sociedades Simples que se movimentem de acordo com uma receita bruta anual não superior a R$ 360.000,00 (trezentos e sessenta mil reais) e que requeiram o tratamento diferenciado perante o órgão competente. Já os empresários de Pequeno Porte são todos aqueles que se movimentem de acordo com uma receita bruta anual de até 4.800.000,00 (quatro milhões e oitocentos mil reais).

MEI – MICROEMPREENDEDOR INDIVIDUAL

Recentemente, tivemos a criação da figura do microempreendedor individual, incentivando a regularização da vida do empresário que não tenha uma receita bruta anual superior a R$ 81.000,00 (oitenta e um mil reais), para oferecer acesso a crédito e tratamento fiscal, diferenciados. O microempreendedor individual deverá necessariamente ser empresário individual. Essa modalidade não se aplica aos tipos societários.

6

NOME EMPRESARIAL

O **Nome Empresarial é a identificação do próprio empresário ou da sociedade empresária em seu ato constitutivo.** O nome que segue representado na fachada da empresa é o que chamamos de título do estabelecimento. Assim, estudaremos o próprio **Nome Empresarial** a partir de então.

Vamos a um exemplo!

O nome empresarial pode ser "Marsil Atacadista de Doces Ltda" e o título do estabelecimento o nome que consta da fachada da empresa, ainda como exemplo, "Marsil". (elemento fantasia).

O Código civil nos ensina **duas espécies de Nome Empresarial, a seguir:**

A Firma, representada pelo nome ou parte do nome pessoal de seu titular que geralmente acompanha as espécies em que temos a responsabilidade pessoal do titular ou sócios. Exemplo: Amânsio Terror artigos íntimos. O nome da atividade é facultativo.

A Denominação, representada por uma abstração como identificação. Exemplo: Gama projetos eletrônicos – LTDA. Acompanha a atividade e o tipo empresarial. A denominação pode ser utilizada apenas pela sociedade limitada, sociedade anônima e comandita por ações.

O **Nome Empresarial engloba também a identificação das sociedades simples, associações e fundações.** Tais espécies não são consideradas empresárias, possuem um "*Nome de Pessoa Jurídica*" e o legislador resolveu fazer uma equiparação.

Vale ressaltar que o **nome empresarial não pode ser alienado,** porém havendo permissão contratual é possível ao adquirente utilizar o nome do alienante, precedido do seu próprio, com a qualificação de sucessor:

> **Art. 1.164.** O nome empresarial não pode ser objeto de alienação.
>
> Parágrafo único. O adquirente de estabelecimento, por ato entre vivos, pode, se o contrato o permitir, usar o nome do alienante, precedido do seu próprio, com a qualificação de sucessor.

1. FIRMA DO EMPRESÁRIO INDIVIDUAL

Sendo caso de **empresário individual, este deve adotar firma constituída por seu nome, completo ou abreviado,** aditando-lhe, se quiser, designação mais precisa da sua pessoa ou do gênero de atividade.

> **Art. 1.156.** O empresário opera sob firma constituída por seu nome, completo ou abreviado, aditando-lhe, se quiser, designação mais precisa da sua pessoa ou do gênero de atividade.

O Empresário Individual poderá utilizar uma designação mais precisa de seu nome, além de se utilizar da atividade por ele desenvolvida no conjunto do nome empresarial.

2. FIRMA SOCIAL DAS SOCIEDADES MENORES

As sociedades menores são as menos utilizadas e de forma absoluta possui ao menos um sócio com responsabilidade ilimitada. Assim, tem a aplicação a regra em que se houver **ao menos um sócio com responsabilidade ilimitada operará sob firma social,** na qual somente os nomes daqueles poderão figurar.

É possível a utilização da atividade e do tipo societário. Para a formação do nome basta três elementos:

1. Identificação de ao menos parte do nome de um dos titulares;
2. Atividade;
3. Tipo societário.

A firma social será composta por nomes pessoais dos titulares, e ao final, será possível utilizar a expressão "e companhia".

Exemplos

Exemplo (1). Sociedade em nome coletivo: Nessa espécie todos os sócios respondem com os bens pessoais. A firma é obrigatória, como a seguir: "Mauricio e Mauricio bijouterias em nome coletivo".

Exemplo (2). Sociedade em nome coletivo. Mauricio & Cia.

Exemplo (3). Sociedade em comandita simples. Nesse caso, parte dos sócios tem responsabilidade ilimitada, sejam os comanditários. O nome de uns, alguns ou todos os comanditados deve(m) compor a firma social. "Neves & Rocha artigos masculinos em comandita simples "ou" "Neves, da Rocha & Companhia.

Aqueles que figurarem com o nome pessoal da firma da sociedade responderão de forma solidária e ilimitada.

No **caso de falecimento do sócio, ou de exclusão ou retirada** o seu nome deverá ser retirado da denominação:

> Art. 1.165. O nome de sócio que vier a falecer, for excluído ou se retirar, não pode ser conservado na firma social.

3. FIRMA OU DENOMINAÇÃO DAS LIMITADAS

Caso estejamos diante de uma **sociedade limitada poderá adotar firma ou denominação, integradas pela palavra final "limitada" ou a sua abreviatura.**

> Art. 1.158. Pode a sociedade limitada adotar firma ou denominação, integradas pela palavra final "limitada" ou a sua abreviatura.

Exemplos
Exemplo (1). Sociedade Limitada. Uso de firma. "Sanchez, Antunes e Silva Atacadista Ltda" e o título do estabelecimento, qual seja o nome que consta da fachada da empresa, ainda como exemplo, "Doces Marsil". (elemento fantasia).
Exemplo (2). Sociedade limitada. Uso de denominação. "Marsil Atacadista de Doces Ltda" e o título do estabelecimento o nome que consta da fachada da empresa, ainda como exemplo, "Doces Marsil". (elemento fantasia).

1) **A firma** será composta com o nome de um ou mais sócios, desde que pessoas físicas, de modo indicativo da relação social.
2) **A denominação deve designar o objeto da sociedade**, sendo permitido nela figurar o nome de um ou mais sócios.
3) **A omissão da palavra "limitada" determina a responsabilidade solidária e ilimitada dos administradores** que assim empregarem a firma ou a denominação da sociedade.

4. DENOMINAÇÃO DAS SOCIEDADES POR AÇÕES

A **sociedade anônima** opera exclusivamente sob denominação, integrada pelas expressões "sociedade anônima" ou "companhia", por extenso ou abreviadamente, facultada a designação do objeto social, conforme art. 1.160 do Código Civil. **(Redação da lei nº 14.382/22)**

Exemplos
Exemplo (1). Sociedade Anônima. Expressão Sociedade Anônima: Bradesco S/A.
Exemplo (2). Sociedade Anônima. Expressão Companhia: "*Companhia Brasileira de Distribuição.*"

A **Comandita por ações** pode adotar firma ou denominação. Em sequência, deverá aditar a expressão "Comandita por Ações", facultada a designação do objeto social, conforme art. 1.161 do Código Civil. **(Redação da lei nº 14.382/22)**

5. PROTEÇÃO DO NOME EMPRESARIAL

A **proteção do Nome Empresarial virá por intermédio do registro empresarial que o torna de uso exclusivo da empresa nos limites do Estado**, como a seguir:

> Art. 1.166. A inscrição do empresário, ou dos atos constitutivos das pessoas jurídicas, ou as respectivas averbações, no registro próprio, asseguram o uso exclusivo do nome nos limites do respectivo Estado.

A proteção para todo o **território nacional se dá com o registro em todos os Estados ou conforme a Lei 8.934/94.**

RESUMO. NOME EMPRESARIAL

O Nome Empresarial é o que identifica o próprio empresário ou a sociedade empresária em seu ato constitutivo, seja requerimento empresário ou contrato social. O nome que segue representado na fachada da empresa é o que chamamos de título do estabelecimento. O Código Civil nos ensina duas espécies de Nome Empresarial: A firma e a denominação. A firma é aplicada para os empresários individuais e também para as sociedades que tenham sócios de responsabilidade ilimitada. Já a denominação exige limitação de responsabilidade. No caso das anônimas a denominação é a única forma possível.

7

REGISTRO EMPRESARIAL

A finalidade do registro público, obviamente, é **levar ao conhecimento do público em geral** e, sobretudo, daqueles que tiverem relações de negócios com o empresário todo e qualquer fato que lhes possa interessar, relativos à sua vida profissional e financeira.

Assim, da mesma forma que se exige da pessoa natural o registro de seu nascimento, bem como dos atos mais importantes de sua vida civil, como o casamento e a morte, a fim de determinar o término de sua personalidade. **O empresário ou a sociedade empresária registra o seu início, os seus atos mais importantes,** como uma alteração de capital, bem como a sua extinção, determinando após a decretação da falência, por exemplo, o fim de sua personalidade empresarial.

O registro não é elemento essencial para que alguém seja considerado empresário. Caso o empresário não registre a sua atividade, estaremos diante de um empresário irregular. Nesse caso, **o registro tem natureza meramente declaratória,** já que apenas declara publicamente algo que de fato já existia, seja a condição de empresário.

Existem situações no Direito Empresarial que exigem não registro, como é o caso do Empresário Rural. Nessa situação, o registro terá natureza constitutiva, já que antes do registro o empresário rural não era considerado empresário.

Os **efeitos negativos decorrentes da falta de registro são diversos.** Podemos citar a impossibilidade de manter contabilidade geral, tratamento tributário mais rigoroso e, inclusive, a desvantagem da não utilização de determinados benefícios legais, como é o caso das hipóteses de recuperação de empresas em crise trazidas pela Lei 11.101/2005.

> Art. 967. É obrigatória a inscrição do empresário no Registro Público de Empresas Mercantis da respectiva sede, antes do início de sua atividade.

No entanto, a depender da espécie de empresário, há efeitos diferentes decorrentes do registro:

Espécies de empresário	Empresário individual	Sociedade Empresária
Efeito do Registro	Atividade empresarial regular.	Atividade empresarial regular e aquisição de personalidade jurídica (art. 985 CC).

Nessa linha, esclarece GUSTAVO TEPEDINO:

Enquanto o empresário individual deve registrar-se antes do início de sua atividade empresarial (art. 967 do CC); a sociedade deve registrar-se em até 30 (trinta) dias após sua constituição (art. 998, caput, do CC), leia-se após a assinatura do contrato/estatuto social:

> "Art. 967 do CC. É obrigatória a inscrição do empresário [individual] no Registro Público de Empresas Mercantis [leia-se: Junta Comercial] da respectiva sede, antes do início de sua atividade."
>
> "Art. 998, caput, do CC. Nos trinta dias subsequentes à sua constituição, a sociedade deverá requerer a inscrição do contrato social no Registro Civil das Pessoas Jurídicas do local de sua sede."
>
> "Art. 1.151, § 1º, do CC. Os documentos necessários ao registro deverão ser apresentados no prazo de trinta dias, contado da lavratura dos atos respectivos."

No entanto, ambos (empresário individual e sociedade) devem apresentar a documentação necessária à Junta Comercial (ou Cartório de Registro Civil de Pessoas Jurídicas, caso se trate de uma sociedade não empresária) no prazo de 30 (trinta) dias da lavratura "dos atos respectivos", ou seja: (a) da data da declaração/requerimento de inscrição (art. 968 CC) para o empresário individual e; (b) da data do contrato ou estatuto social (art. 997 CC) de Pessoas Jurídicas para as sociedades:

Destaca-se, por fim, que a obrigatoriedade da inscrição NÃO se aplica ao profissional/produtor rural (art. 971 CC), visto que esse indivíduo tem a faculdade de registrar-se a Junta Comercial.

1. ÓRGÃOS REGISTRAIS

O **registro público de empresas mercantis** e atividades afins que têm por finalidade dar garantia, publicidade, autenticidade, segurança e eficácia aos atos jurídicos das empresas mercantis, submetidos a registro. Vamos aos principais órgãos registrais.

1.1. Departamento de Registro Empresarial e Integração – DREI

O Departamento de Registro Empresarial e Integração – **DREI é um órgão público com função de organizar e supervisionar, no plano técnico,** as Juntas Estaduais responsáveis pelo registro em si.

O Departamento também estabelece normas e diretrizes, além de solucionar dúvidas na interpretação das leis e cadastrar empresas nacionais e estrangeiras em funcionamento no País.

1.2. Juntas Estaduais

As Juntas Estaduais são órgãos subordinados administrativamente ao governo das Unidades Federativas (Estados) a que pertencem, já que cada uma das Unidades de nossa Federação contará com um órgão dessa natureza e se subordinará, administrativamente, ao DREI (Departamento de Registro Empresarial e Integração), órgão tratado no tópico anterior.

As Juntas são compostas dos seguintes órgãos:

1) Presidência, órgão de direção e representação;
2) Plenário, órgão máximo e de deliberação, composto de, no mínimo, onze e, no máximo, vinte e três vogais;
3) Turmas, órgãos deliberativos inferiores;
4) Secretaria-Geral, órgão administrativo; e
5) Procuradoria, órgão de fiscalização e de consulta jurídica.

A **Junta Estadual é o órgão de registro do empresário individual, e das sociedades empresárias.**

As **sociedades simples** terão seus atos constitutivos registrados no **Cartório do Registro Civil das Pessoas Jurídicas.**

1.2.1. Atos registrais

Os principais e mais importantes atos registrais são:

1) A **Matrícula** refere-se à obrigatoriedade de registro de alguns auxiliares do comércio, como leiloeiros, tradutores públicos e intérpretes comerciais, administradores de armazéns gerais e trapicheiros (administradores de pequenos armazéns portuários).

2) O **Arquivamento** refere-se ao registro, feito pelos empresários, de documentos relativos a constituição, alteração, dissolução, incorporação, fusão, cisão, transformação e extinção de sociedades empresárias, cooperativas e firmas individuais, dos atos relativos a consórcios ou grupos de sociedades, bem como de atos concernentes a empresas estrangeiras no país ou mesmo as declarações de microempresa.

   As **proibições de arquivamento** estão previstas no art. 35 da Lei 8.934/1994, com regulamentação pelo art. 53 do Decreto 1.800/1996, sempre no sentido de ausência de prescrições legais, com matérias contrárias à lei, ordem pública e bons costumes, ou, ainda, na situação de o titular ou administrador incorrer em determinados crimes não condizentes com tais atividades ou ausência de determinados requisitos legais.

   Tais atos constitutivos somente podem ser arquivados mediante assinatura de advogado.

3) A **Autenticação** objetiva dotar de credibilidade os instrumentos de escrituração, inclusive os livros empresariais de empresário unipessoal, sociedades empresárias, sociedades cooperativas, entre outras formas que estejam sujeitas a escrituração.

1.2.2. *Processo decisório nas juntas*

As juntas comerciais se utilizam de **decisões singulares** (Presidente, Consultor ou Vogal) e **decisões colegiadas.**

As **decisões singulares** funcionam principalmente para os **atos próprios do Registro Público de Empresas Mercantis.** Os vogais e servidores habilitados a proferir decisões singulares serão designados pelo presidente da junta comercial.

As **decisões colegiadas** atendem:

I – o arquivamento:

a) dos atos de constituição de sociedades anônimas e dos atos referentes à transformação, incorporação, fusão e cisão de empresas mercantis;

c) dos atos de constituição e alterações de consórcio e de grupo de sociedades,

II – o julgamento do recurso previsto nesta lei.

2. CONSEQUÊNCIAS DA IRREGULARIDADE REGISTRAL

A irregularidade do empresário faz que ele não possa usufruir dos benefícios que lhe são reservados, trazendo certas restrições a seguir identificadas:

Principais efeitos:
A Lei de Recuperação de Empresas e Falências prescreve que o empresário que não comprova sua qualidade de empresário regular não possui legitimidade ativa para instaurar pedido de falência de outro empresário, pois necessita juntar certidão da junta estadual que comprove a regularidade de suas atividades, nos termos do art. 97, § 1.º, da Lei 11.101/2005;
O empresário irregular não possui legitimidade ativa para pedido de recuperação de empresas, nos termos do art. 1.º da Lei 11.101/2005;
O empresário irregular não poderá ter seus livros empresariais autenticados no registro das empresas mercantis, uma vez que não possui inscrição na junta estadual.

Caso a sociedade empresária esteja irregular, o sócio passa a ter responsabilidade ilimitada pelas obrigações da sociedade. Destacam-se, ainda, outros efeitos secundários do exercício empresarial sem o necessário registro na Junta Comercial:

Efeitos secundários:
O empresário irregular não poderá participar de licitação pública;
Não poderá registrar-se no CNPJ, no Estado e no Município – sujeitando-se às sanções previstas nas leis tributárias;
Ausência de matrícula junto ao INSS, o que acarreta pena de multa.

3. NATUREZA JURÍDICA DO REGISTRO DO EMPRESÁRIO NA JUNTA COMERCIAL

Em regra, tem natureza declaratória, pois o empresário qualificação como tal quando desempenha profissionalmente atividade econômica organizada para circulação ou produção de bens e serviços. No entanto, em relação ao empresário rural, há natureza constitutiva, pois, a partir do registro, o produtor rural passa a integrar o regime jurídico empresarial. Por fim, em relação à sociedade empresária, o registro tem natureza constitutiva, porque cria uma pessoa jurídica.

À exceção do empresário rural, a falta de registro não afasta a condição de empresário, pois esse ato tem apenas natureza declaratória!

4. DISPENSA DO REGISTRO PRÉVIO

Os **profissionais que desempenham atividade econômica organizada rural (produtor rural)**. Estes, se quiserem, podem requerer o registro na Junta Comercial. E, a partir do registro, submetem-se ao mesmo regime jurídico do empresário.

> "**Art. 971 CC.** O empresário, cuja atividade rural constitua sua principal profissão, **PODE**, observadas as formalidades de que tratam o art. 968 e seus parágrafos, requerer inscrição no Registro Público de Empresas Mercantis da respectiva sede, caso em que, depois de inscrito, ficará equiparado, para todos os efeitos, ao empresário sujeito a registro."

O registro possui efeitos ex nunc ou ex tunc?

Vejamos os artigos que dispõe sobre a retroatividade dos efeitos do registro na Junta Comercial:

> "**Art. 36 da Lei nº 8.934/94.** Os documentos referidos no inciso II do art. 32 [documentos relativos à constituição de empresários, sociedades empresárias e cooperativas] deverão ser apresentados a arquivamento na junta, dentro de 30 (trinta) dias contados de sua **ASSINATURA**, a cuja **data [da assinatura]** retroagirão os efeitos do arquivamento, conforme art. 33; fora desse prazo, o arquivamento só terá eficácia a partir do **despacho que o conceder**."

> "Art. 1.151 CC. (...)
>
> § 1º Os documentos necessários ao registro deverão ser apresentados no prazo de trinta dias, contado da lavratura dos atos respectivos.
>
> § 2º Requerido além do prazo previsto neste artigo [trinta dias contados da lavratura], o registro somente produzirá efeito a partir da data de sua concessão."

Importante destacar, contudo, que tais efeitos são analisados entre o empresário e terceiros não participantes do ato (art. 1.154 CC), pois entre as partes contratantes os efeitos independem de registro:

> "Levados a registro fora do prazo de trinta dias contados de sua elaboração, os documentos só produzem efeitos perante terceiros a partir da data em que aquele for concedido. Mas, entre as partes que o elaboraram, os efeitos independem do registro e, por isso, produzem-se desde logo, mesmo que

> haja descumprimento do prazo e mesmo que não ocorra o registro em tempo algum." (Alfredo de Assis Gonçalves)

O registro do profissional que desempenha atividade econômica organizada rural tem efeitos *ex nunc*, habilitando-o para o regime jurídico do empresário a partir do registro (e não desde o início de sua atividade econômica rural).

RESUMO. REGISTRO EMPRESARIAL

O registro público tem o objetivo de levar ao conhecimento do público em geral todo fato empresarial que lhes possa interessar, principalmente os relativos à sua vida profissional e financeira.

O registro não é um requisito para que alguém seja considerado empresário. O empresário sem registro será considerado um empresário irregular.

O registro público de empresas mercantis é também um órgão do poder executivo federal. Ele trabalha com outros órgãos e departamentos sob sua égide. Um dos mais importantes é o **DREI - Departamento de Registro Empresarial e Integração** que tem a função de organizar e supervisionar, no plano técnico, as Juntas Estaduais responsáveis pelo registro em si, estabelecendo normas e diretrizes. As **Juntas Estaduais** são órgãos subordinados administrativamente aos Estados. Os atos constitutivos das sociedades simples devem ser registrados no **Cartório do Registro Civil das Pessoas Jurídicas - RCPJ.**

Atos registrais.

Os principais e mais importantes atos registrais são: **1) Matrícula** que se refere ao registro de alguns auxiliares do comércio, como leiloeiros, tradutores públicos e intérpretes comerciais, administradores de armazéns gerais e trapicheiros (administradores de pequenos armazéns portuários); **2) Arquivamento:** Refere-se ao registro, feito por empresários e sociedades empresárias, de documentos relativos a constituição, alteração, dissolução, transformações societárias e outros atos tipicamente empresariais. Os atos constitutivos empresariais somente podem ser arquivados mediante assinatura de advogado. **3) Autenticação:** A ideia é que o registro possa dotar de credibilidade os instrumentos de escrituração, inclusive os livros empresariais de empresário unipessoal, sociedades empresárias, sociedades cooperativas, entre outras formas que estejam sujeitas a escrituração.

8

ESCRITURAÇÃO

Após analisar o registro empresarial, analisaremos as duas outras obrigações do empresário: a de **escriturar os livros empresariais** e a de levantar anualmente **o balanço patrimonial.**

> Art. 1.179. O empresário e a sociedade empresária são obrigados a seguir um sistema de contabilidade, mecanizado ou não, com base na escrituração uniforme de seus livros, em correspondência com a documentação respectiva, e a levantar anualmente o balanço patrimonial e o de resultado econômico.

A **escrituração está para o empresário como a bússola está para os navegantes.** Caso a bússola não esteja por perto não poderá se orientar em seus negócios, e o naufrágio da falência seria inevitável.

Além da função organizadora da atividade dos empresários, a escrituração atende ao interesse público, pois detém a **serventia de fiscalização das atividades desenvolvidas** e nele registradas.

1. CARACTERÍSTICAS ESSENCIAIS DA ESCRITURAÇÃO

1.1. Sigilosidade

O **art. 1.190 do Código Civil** concede o direito ao empresário ou à sociedade empresária de **manter sigilo dos seus livros empresariais,** de modo que nenhuma autoridade, juiz ou tribunal, sob qualquer pretexto, poderá fazer ou ordenar diligências sem previsão legal. Em regra, a exibição deverá ser parcial. O objetivo é de proteger os segredos do negócio.

A **exibição integral será possível apenas no casos expressos em lei,** como é o diante da dos conflitos que envolvam sucessão, comunhão ou sociedade, administração ou gestão a conta de outrem, assim como em caso de falência, conforme **artigo 1.191 do Código Civil.**

Vale observar que **o juiz pode motivar a exibição em questões de natureza fiscal**, inclusive por força do que determina o art. 195 do Código Tributário Nacional.

> Art. 195. Para os efeitos da legislação tributária, não têm aplicação quaisquer disposições legais excludentes ou limitativas do direito de examinar mercadorias, livros, arquivos, documentos, papéis e efeitos comerciais ou fiscais, dos comerciantes industriais ou produtores, ou da obrigação destes de exibi-los.

O código Civil age em consonância com o Código Tributário Nacional com texto no sentido de que tais **restrições não se aplicam às autoridades fiscais**, como, por exemplo, a Receita Federal e o INSS, tudo conforme o art. 1.193 do Código Civil, a seguir:

> Art. 1.193. As restrições estabelecidas neste Capítulo ao exame da escrituração, em parte ou por inteiro, não se aplicam às autoridades fazendárias, no exercício da fiscalização do pagamento de impostos, nos termos estritos das respectivas leis especiais.

Ainda em vista da **sigilosidade, a Súmula 439 do STF adverte para que se dê preferência à exibição parcial dos livros** no que se relacionar com as partes envolvidas no conflito, deixando a exibição integral para excepcionalidades.

A **Súmula 439 do STF**, apresenta-se literalmente transcrita, a seguir:

> Estão sujeitos à fiscalização tributária ou previdenciária quaisquer livros comerciais, limitado o exame aos pontos objeto de investigação.

Vale também a citação da **Súmula 260 do STF:**

> O exame dos Livros Comerciais, em ação judicial, fica limitado às transações entre os litigantes.

1.2. Fidelidade

A **escrituração infiel aos documentos contábeis gera responsabilização** não somente do empresário e administradores, mas principalmente do contabilista responsável em vista de preposição.

A fidelidade tem o seu sentido voltado para que **tais documentos correspondam à realidade que se apresenta.** O fundamento desse princípio está no art. 1.183 do Código Civil a seguir:

> "A escrituração será feita em idioma e moeda corrente nacionais e em forma contábil, por ordem cronológica de dia, mês e ano, sem intervalos em branco, nem entrelinhas, borrões, rasuras, emendas ou transportes para as margens."

De fato, **para que a escrituração de livros empresariais possa ser considerada regular, alguns requisitos devem ser observados.** Esses requisitos classificam-se de duas formas.

1) O **modo** pelo qual são preenchidos os livros empresariais, uma vez que estes **devem obedecer aos preceitos da ciência contábil,** como já citado neste tema.

2) a **segurança** que deve ser dada à escrituração dos livros empresariais. São formalidades que **definem a responsabilidade pela escrituração – identificando o empresário e o seu contador** – e que, em tese, podem dificultar alterações nos lançamentos feitos.

> Art. 1.182. Sem prejuízo do disposto no art. 1.174, a escrituração ficará sob a responsabilidade de contabilista legalmente habilitado, salvo se nenhum houver na localidade.

A escrituração somente é **considerada regular se todos os requisitos de modo de preenchimento e de segurança** quanto à escrituração dos livros empresariais **forem observados,** caso contrário, diz-se que a escrituração é irregular. As consequências estão mais adiante.

A uniformidade temporal denota a essencialidade de se manter a **escrituração uniforme,** no que concerne aos métodos contábeis, oferecendo ordem e padrão.

SIGILOSIDADE

- **Limita a atuação do magistrado à exibição integral dos livros e documentos de escrituração**
- **Súmula 439 do STF, "Estão sujeitos à fiscalização tributária ou previdenciária quaisquer livros comerciais, limitado o exame aos pontos da investigação"**

FIDELIDADE

- **Documentos devem corresponder à realidade que se apresenta**
- **Preenchimento deve obedecer aos preceitos da ciência contábil**
- **Formalidades para dar segurança: termo de abertura, termo de encerramento e autenticação da Junta Estadual**

UNIFORMIDADE TEMPORAL

- **Manutenção da escrituração uniforme**
- **Decorre do princípio da fidelidade**

2. ESPÉCIES DE LIVROS A ESCRITURAR

1) **Livros obrigatórios:** são aqueles cuja escrituração é imposta ao empresário, pois sua ausência implica sanções. Os livros obrigatórios podem ser:

- **Livros obrigatórios comuns:** são livros de escrituração obrigatória a todos os empresários. Atualmente, no Brasil, existe apenas um livro obrigatório comum: o Diário, por força do art. 1.180 do Código Civil. Independentemente do tipo de sociedade adotado ou do ramo de atividade que explora, todos os empresários devem escriturar o livro Diário.

> Art. 1.180. Além dos demais livros exigidos por lei, é indispensável o Diário, que pode ser substituído por fichas no caso de escrituração mecanizada ou eletrônica.

- **Livros obrigatórios especiais:** a escrituração desses livros é imposta apenas a uma determinada categoria de empresários. Tem-se como exemplo o **Livro de Registro de Duplicatas**, obrigatório apenas para os empresários que emitem duplicatas, conforme o art. 19 da Lei 5.474/1968.

> Art. 19. A adoção do regime de vendas de que trata o art. 2.º desta Lei obriga o vendedor a ter e a escriturar o Livro de Registro de Duplicatas.

- **Livros facultativos:** tais livros são escriturados para que o empresário possa melhor orientar-se e controlar seus negócios. Sua ausência não implica qualquer sanção.

Exemplo

Livro-caixa ou livro de contas bancárias e outras que podem ser criados livremente pelo Empresário.

Contudo, a opção do livro pelo empresário gera a mesma responsabilidade relacionada com os livros obrigatórios.

- **Livros fiscais:** ao contrário de todos os outros, não têm a função de auxiliar o empresário na administração de sua empresa, nem são de interesse dos sócios, acionistas ou credores. Esses livros servem de orientação para o Fisco e são regidos por legislação específica.

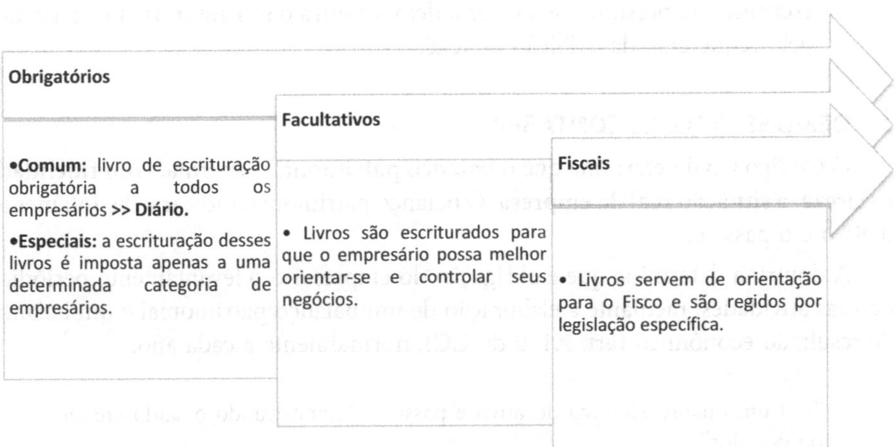

3. ESCRITURAÇÃO DAS MICROEMPRESAS E EMPRESAS DE PEQUENO PORTE

As microempresas e empresas de pequeno porte possuem tratamento diferenciado, favorecido e simplificado. Para essas modalidades, permanece a obrigatoriedade da escrituração, porém de forma simplificada.

Em 1996, foi **instituído o programa SIMPLES (Sistema Integrado de Impostos e Contribuições das Microempresas e Empresas de Pequeno Porte).**

O empresário e o microempresário optantes do SIMPLES **não estão obrigados à escrituração do Diário,** entretanto devem manter os livros-caixa, com registro de toda a movimentação financeira, inclusive bancária, e o Registro de Inventário, com a relação do estoque existente ao término de cada ano.

> "**Art. 1.179 CC.** O empresário e a sociedade empresária são obrigados a seguir um sistema de contabilidade, mecanizado ou não, com base na escrituração uniforme de seus livros, em correspondência com a documentação respectiva, e a levantar anualmente o balanço patrimonial e o de resultado econômico.

4. IRREGULARIDADE DOS LIVROS EMPRESARIAIS

A irregularidade ou a ausência de livros empresariais implica efeitos civis e penais:

Consequências da irregularidade dos livros

1. Não poderá propor ação de exigir contas para requerer falência de outro empresário com base em atos de falência;
2. Não poderá valer-se da eficácia probatória que possuem os livros empresariais, nos termos do art. 418 do Código de Processo Civil, trazendo para os livros uma presunção de veracidade em relação a outros documentos do processo;
3. Não poderá propor recuperação de empresas;
4. Se requerida a exibição dos livros empresariais, e o empresário não os possuir, ou possuí-los sem serem observados os requisitos de modo e segurança de escrituração, presumir-se-ão verdadeiros contra o seu autor os fatos relatados pelo requerente da exibição judicial.

5. DEMONSTRAÇÕES CONTÁBEIS

O Código Civil determina que o **balanço patrimonial exprima, com fidelidade e clareza, a situação real da empresa.** O balanço patrimonial indicará, distintamente, o ativo e o passivo.

A doutrina determina que é obrigação do empresário o levantamento periódico de suas atividades, mediante a elaboração de um balanço patrimonial e um balanço de resultado econômico (art. 1.179 do CC), normalmente a cada ano.

> "(...) um quadro sinótico do ativo e passivo, demonstrando o saldo credor ou devedor."

O balanço de resultado econômico, ou demonstração da conta de lucros e perdas, acompanhará o balanço patrimonial e **dele constarão crédito e débito, na forma da lei especial,** como dispõe o art. 1.189 do mesmo Código.

Do balanço constarão todos os bens, mercadorias, dinheiros e créditos, bem como dívidas e obrigações passivas. É um **prognóstico preciso do andamento dos negócios e condição elementar para a obtenção de favores legais**, dentre os quais o da recuperação de empresas.

6. ESCRITURAÇÃO

Após analisar o registro empresarial, analisaremos as duas outras obrigações do empresário: a de **escriturar os livros empresariais** e a de levantar anualmente **o balanço patrimonial.**

6.1. Características Essenciais da Escrituração

6.1.1. Sigilosidade

O **art. 1.190 do Código Civil** concede o direito ao empresário ou à sociedade empresária de **manter sigilo dos seus livros empresariais,** de modo que nenhuma autoridade, juiz ou tribunal, sob qualquer pretexto, poderá fazer ou ordenar diligências sem previsão legal. Em regra, a exibição deverá ser parcial. O objetivo é de proteger os segredos do negócio.

A **exibição integral será possível apenas no casos expressos em lei,** como é o diante da dos conflitos que envolvam sucessão, comunhão ou sociedade, administração ou gestão a conta de outrem, assim como em caso de falência, conforme **artigo 1.191 do Código Civil.**

6.1.2. Fidelidade

A **escrituração infiel aos documentos contábeis gera responsabilização** não somente do empresário e administradores, mas principalmente do contabilista responsável em vista de preposição.

A fidelidade tem o seu sentido voltado para que **tais documentos correspondam à realidade que se apresenta.** O fundamento desse princípio está no art. 1.183 do Código Civil a seguir:

7. ESPÉCIES DE LIVROS A ESCRITURAR

Livros obrigatórios: são aqueles cuja escrituração é imposta ao empresário, pois sua ausência implica sanções. Os livros obrigatórios podem ser:

Livros obrigatórios comuns: são livros de escrituração obrigatória a todos os empresários. Atualmente, no Brasil, existe apenas um livro obrigatório comum: o Diário, por força do art. 1.180 do Código Civil. Independentemente do tipo de sociedade adotado ou do ramo de atividade que explora, todos os empresários devem escriturar o livro Diário.

Livros obrigatórios especiais: a escrituração desses livros é imposta apenas a uma determinada categoria de empresários. Tem-se como exemplo o **Livro de Registro de Duplicatas,** obrigatório apenas para os empresários que emitem duplicatas, conforme o art. 19 da Lei 5.474/1968.

Livros facultativos: tais livros são escriturados para que o empresário possa melhor orientar-se e controlar seus negócios. Sua ausência não implica qualquer sanção.

Livros fiscais: ao contrário de todos os outros, não têm a função de auxiliar o empresário na administração de sua empresa, nem são de interesse dos sócios, acionistas ou credores. Esses livros servem de orientação para o Fisco e são regidos por legislação específica.

RESUMO. ESCRITURAÇÃO

As demais obrigações do empresário são a de escriturar os livros empresariais e a de levantar anualmente o balanço patrimonial. As características da escrituração são: Sigilosidade, fidelidade e uniformização. Os **Livros obrigatórios**: são aqueles cuja escrituração é imposta ao empresário e podem ser **comuns**, como o livro diário que é obrigatório para todos os empresários, ou **especiais** que são impostos a determinadas categorias de empresários, como o livro de duplicatas. Finalmente, temos os livros facultativos que são escolhidos pelo próprio empresário para que possa melhor orientar-se e controlar seus negócios.

9

DOS PREPOSTOS, GERENTE E CONTABILISTA

1. DOS PREPOSTOS

Como o próprio nome já diz, o preposto é aquele que foi "pré" "posto" diante daquela situação, ou seja, foi **escolhido anteriormente para realizar determinada atividade.**

Podemos conceituar o preposto como sendo a **pessoa devidamente nomeada para representar a empresa em seus atos.**

O preposto **pode ter vínculo empregatício ou não com a empresa,** e pode ser um colaborador permanente ou temporário.

Existem algumas regras a serem seguidas na **relação entre preposto e a empresa:**

> Art. 1.169. O preposto não pode, sem autorização escrita, fazer-se substituir no desempenho da preposição, sob pena de responder pessoalmente pelos atos do substituto e pelas obrigações por ele contraídas.

Assim, fica evidente que **o preposto não pode delegar suas atividades para terceiros**, se o fizer, este responderá por tudo aquilo que o terceiro fizer de forma indevida. Contudo, havendo previa autorização por escrito a delegação será permitida.

> Art. 1.170. O preposto, salvo autorização expressa, não pode negociar por conta própria ou de terceiro, nem participar, embora indiretamente, de operação do mesmo gênero da que lhe foi cometida, sob pena de responder por perdas e danos e de serem retidos pelo preponente os lucros da operação.

Conforme o **artigo supra citado, a atuação do preposto é exclusiva**, ele não pode fazer negócios por contra própria, entretanto, se o fizer responderá por perdas e danos causados e terá que dar o lucro do negócio ao preponente.

Outro ponto de destaque, é que se ao **preposto for entregue papel, bem ou valor, sem que haja feito a recusa do seu recebimento, ele se tornará responsável por aquilo que lhe foi entregue,** salvo no caso de existir lei autorizando o preposto, dentro do prazo, reclamar sobre a entrega.

> Art. 1.171. Considera-se perfeita a entrega de papéis, bens ou valores ao preposto, encarregado pelo preponente, se os recebeu sem protesto, salvo nos casos em que haja prazo para reclamação.

2. DO GERENTE

O gerente não deve ser confundido com o sócio administrador, uma vez que este deve ser nomeado no contrato ou no estatuto para exercer a administração da sociedade, já ao **gerente incumbe a gestão do dia a dia da empresa.**

De acordo com o art. 1.172 do Código Civil, os gerentes são os prepostos permanentes no exercício da empresa (atividade empresarial), na sede desta, ou em sucursal, filial ou agência, e:

a) o gerente pode praticar todos os atos de administração ordinária dentro da área de atuação que lhe foi atribuída pelo empresário (art. 1.173, caput, CC);
b) as limitações contidas na outorga de poderes aos gerentes, para serem opostas a terceiros, dependem do arquivamento e averbação do instrumento na Junta Comercial, salvo se provado serem conhecidas da pessoa que tratou com o gerente (art. 1.174, caput, CC);
c) o empresário (preponente) responde com o gerente pelos atos que este (gerente/preposto) praticar em seu próprio nome, mas à conta do empresário (art. 1.175 CC);
d) o gerente detém legitimidade processual para atuar em nome do empresário (art. 1.176 CC).

3. CARACTERÍSTICAS

Trata-se de um **preposto permanente no gerenciamento da empresa, seja em sua sede ou em suas filiais ou agencias.**

Autorizado a praticar todos os atos: O gerente está autorizado a praticar todos os atos que entender necessário ao exercício dos poderes que lhe delegaram, salvo se houver disposição legal impondo autorização com poderes especiais.

4. PODERES E RESPONSABILIDADE

(1) Poderes Limitados: só se consideram válidas as limitações impostas diante de terceiros que tratarem com ele após averbado e arquivado o instrumento de sua nomeação no registro da empresa na junta comercial, se for o caso.

> Art. 1.174. As limitações contidas na outorga de poderes, para serem opostas a terceiros, dependem do arquivamento e averbação do instrumento no Registro Público de Empresas Mercantis, salvo se provado serem conhecidas da pessoa que tratou com o gerente.

*(2) **Responsabilidade Concorrente:*** em vista dos atos por ele praticados dentro dos limites de seus poderes, ou que haja praticado em nome do preponente e ainda em relação aos atos que praticou em seu nome mas sob responsabilidade do preponente, e que, notadamente, responderá em conjunto com o preponente.

> Art. 1.175. O preponente responde com o gerente pelos atos que este pratique em seu próprio nome, mas à conta daquele.

*(3) **Comparecimento Judicial:*** O gerente está autorizado a comparecer perante a justiça em nome do preponente, pelas obrigações devidas do exercício de sua função como preposto.

> Art. 1.176. O gerente pode estar em juízo em nome do preponente, pelas obrigações resultantes do exercício da sua função.

5. DO CONTABILISTA

O contador e o técnico de contabilidade ou, simplesmente, **contabilista**, conforme denomina o Código Civil, é o profissional inscrito no Conselho Regional de Contabilidade.

Em razão da obrigatoriedade da manutenção da escrituração e dos levantamentos contábeis periódicos, o contabilista tem grande importância na atividade empresarial.

O contabilista, por exercer representatividade da empresa, **também é considerado seu preposto.** Deste modo, é necessário que o empresário tenha um profissional de contabilidade de confiança dos administradores da empresa. Além disso, é necessário uma noção da matéria para acompanhar o trabalho do contabilista.

6. OUTROS AUXILIARES

Como vimos, durante o exercício da atividade empresarial, o empresário irá lançar mão de auxiliares e colaboradores, aos quais a legislação civilista denominou prepostos.

Os "outros auxiliares" são auxiliares independentes, que se ligam ao empresário por meio dos chamados contratos de colaboração.

E o traço característico desses contratos de colaboração é a articulação dos esforços empresariais dos contratantes direcionada à criação de mercado para determinados produtos que um deles fabrica ou comercializa (fornecedor) e o outro (colaborador) ajuda a escoar, fazendo-os chegar aos compradores.

6.1. Características do contrato de preposição

Ao analisar as características abaixo, lembre-se que o preposto tem legitimidade para representar o empresário, o que, por si só, já exige uma relação pessoal e de extrema confiança:

a) **RELAÇÃO PERSONALÍSSIMA**: por conta da confiança da relação de preposição, os encargos dela decorrentes devem ser exercidos pessoalmente pelo preposto, salvo se houver autorização em sentido contrário pelo preponente;
b) **VINCULAÇÃO DO PREPONENTE**: o preposto pode substituir o empresário em determinados atos, de modo que quando o preposto atua dentro dos limites dos seus poderes, quem fica vinculado é o preponente (empresário);
c) **DEVER DE LEALDADE**: o preposto é uma pessoa de confiança do empresário, de maneira que acaba tendo acesso a informações privilegiadas. Em função da relação de confiança que deve pautar a relação de preposição, é certo que o preposto deve agir de forma leal, não agindo de qualquer maneira que possa prejudicar o preponente. Diante desse dever de lealdade, o Código Civil estabelece, em seu art. 1.170, a proibição de concorrência ao empresário por parte do preposto.

> "**Art. 1.170 do CC.** O preposto, salvo autorização expressa, não pode negociar por conta própria ou de terceiro, nem participar, embora indiretamente, de operação do mesmo gênero da que lhe foi cometida, sob pena de responder por perdas e danos e de serem retidos pelo preponente os lucros da operação."

Os **prepostos vinculados ao empresário por meio de um contrato de trabalho sob a espécie contrato de preposição,** que constitui contrato autônomo e que reúne elementos típicos do contrato de mandato e da locação de serviços. A dependência do preposto para com o proponente uma característica essencial da preposição, haja vista que há uma subordinação hierárquica do preposto em relação ao empresário.

Os assentos lançados nos livros ou fichas, pelo preponente, serão **considerados como se fosse realizado pelo próprio preponente.** É natural que a legislação não prestigiaria a má-fé, senão vejamos:

> Art. 1.177. Os assentos lançados nos livros ou fichas do preponente, por qualquer dos prepostos encarregados de sua escrituração, produzem, salvo se houver procedido de má-fé, os mesmos efeitos como se o fossem por aquele.

O preposto tem o parágrafo único do art. 1.177 do Código Civil, para **definir a sua responsabilidade pelos atos culposos perante o preponente, e, solidariamente, com o preponente pelos atos dolosos praticados contra terceiros.**

> Parágrafo único. No exercício de suas funções, os prepostos são pessoalmente responsáveis, perante os preponentes, pelos atos culposos; e, perante terceiros, solidariamente com o preponente, pelos atos dolosos.

Vale ressaltar, a **obrigação do preponente, pelos atos realizados no ambiente da empresa.** Estamos diante da aplicação da teoria da aparência.

A teoria da aparência visa presumir que o preponente tem responsabilidade pelas **ocorrências no ambiente de sua empresa,** ainda que, não tenha autorizado por escrito. A pessoa que contrata com quem esteja no ambiente da empresa **tem a aparência de que está contratando com alguém responsável pelo negócio.**

O parágrafo único do artigo 1.178 do Código Civil **é para definir que o preponente apenas responderá, pelos atos praticados fora do estabelecimento,** na forma do contrato de preposição. Neste caso, não temos a aplicação da teoria da aparência.

RESUMO. DOS PREPOSTOS, GERENTE E CONTABILISTA

O **preposto** é a pessoa nomeada para representar a empresa em seus atos. O preposto pode ter vínculo empregatício ou não, e pode ser um colaborador permanente ou temporário. O **gerente** se incumbe da gestão quotidiana da empresa. Os gerentes são prepostos permanentes no exercício da empresa. Finalmente, temos o **contabilista**, qual seja o profissional inscrito no Conselho Regional de Contabilidade. Em razão da obrigatoriedade da manutenção da escrituração e dos levantamentos contábeis periódicos, o contabilista tem grande importância.

10

SOCIEDADES

1. CONCEITO DE SOCIEDADE

A palavra sociedade originou-se do latim "societas", que significa uma "associação amistosa com outros". **Em sentido amplo, podemos considerar a sociedade como uma reunião de indivíduos, nações, povos, entre outros.** Um grupo de pessoas que têm as mesmas tradições e cultura, localizados no mesmo espaço e tempo.

Assim, o que caracteriza a sociedade é a partilha de interesses entre os membros e as preocupações mútuas direcionadas a um objetivo comum.

As pessoas jurídicas podem ser de direito público ou privado. Entre as pessoas de direito público interno estão a União, estados, Distrito Federal, Territórios, municípios, empresas públicas, autarquias e outras criadas por lei; e entre as externas estão os Estados estrangeiros e organismos internacionais.

O Código Civil, em seu **artigo 44**, relaciona as pessoas jurídicas de direito privado. As sociedades figuram ao lado das Associações – que não tem finalidade econômica, as fundações, organizações religiosas e partidos políticos, senão vejamos.

> ***Art. 44. São pessoas jurídicas de direito privado:***
>
> ***I – as associações;***
>
> ***II – as sociedades;***
>
> ***III – as fundações.***
>
> ***IV – as organizações religiosas;***
>
> ***V – os partidos políticos.***

- **Pessoa jurídica**
  - **Direito Público:** União, Estados, Distrito Federal, Territórios, Municípios, empresas públicas, autarquias e outras criadas por lei.
  - **Direito Privado:** associações, fundações, sociedades, entidades religiosas e partidos políticos.

Chegamos a seguinte afirmação: A sociedade é uma pessoa jurídica de direito privado! Sanchez, Quais os efeitos disso? **Bora, bora lá!** A lei confere às sociedades, **personalidade jurídica.** Assim, a sociedade torna-se capaz de direitos e deveres.

Nesse caso, assim como você eu, ao nascermos, adquirimos personalidade jurídica para direitos (herança) e obrigações, no caso do tributo adquirido por herança, a sociedade também terá direitos e obrigações em seu próprio nome. **As sociedades não se confundem com as pessoas de seus sócios.**

Nasce, em regra, de um **contrato** em que vislumbra a **união de pessoas e capital com interesses convergentes** para o exercício de determinada **atividade econômica**, conceituada no **art. 981 do Código Civil**, que dispõe:

> "celebram contrato de sociedade as pessoas que reciprocamente se obrigam a contribuir, com bens ou serviços, para o exercício da atividade econômica e a partilha, entre si, dos resultados. Parágrafo único. A atividade pode restringir-se à realização de um ou mais negócios determinados."

O contrato pode ser tácito ou expresso. **O contrato tácito, nasce da situação em que as partes, nem sequer, verbalizam, mas começam a praticar uma atividade conjunta**, a título de exemplo, como no caso de dois irmãos que vendem roupas de forma ambulante e irregular.

Ainda assim, o contrato poderá ser expresso de forma escrita ou verbal. Assim, para que exista uma sociedade empresária, **em regra, deve haver uma pluralidade de sócios,** porém, temos casos de sociedade unipessoal em nossa legislação. Trataremos mais adiante.

2. SOCIEDADE DE PROPÓSITO ESPECÍFICO

Prevista no parágrafo único do art. 981 do Código Civil, a sociedade de propósito específico é uma sociedade empresária cuja atividade é bastante restrita, podendo em alguns casos ter prazo de existência determinado ou vinculado a um determinado objetivo.

O **parágrafo único do art. 981 do Código Civil** oferece essa possibilidade, que terá personalidade jurídica e servirá à consecução de negócio específico. O que o legislador fez foi ofertar essa possibilidade na legislação civil.

3. SOCIEDADES EMPRESÁRIAS E SOCIEDADES SIMPLES

As regras acima, pertencentes ao **artigo 981 do Código Civil**, aplicam-se, às sociedades simples (não empresárias) ou empresárias.

Vale dizer, são regras aplicadas para as sociedades personalizadas, por terem seus atos constitutivos levados a registro, ou ainda, as despersonalizadas, aquelas que não tem personalidade jurídica, a título de exemplo, por não ter registrado os seus atos constitutivos.

Vamos falar de tudo disso!

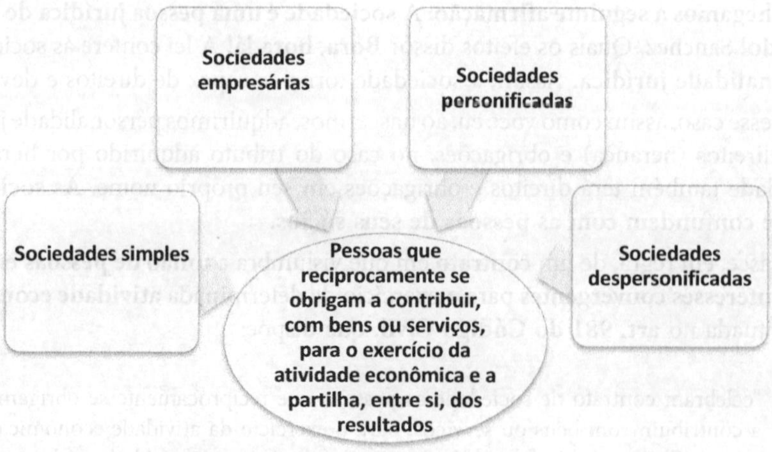

As Sociedades Empresárias, como você já imagina, são aquelas que praticam a atividade de empresa. Inclusive, podemos relembrar que, o conceito de empresa, aprendido na aula anterior, nos ajudará com esse próximo conceito.

Assim, estabelece o **art. 982 do Código Civil:**

Art. 982. Salvo as exceções expressas, considera-se empresária a sociedade que tem por objeto o exercício de atividade própria de empresário sujeito a registro (art. 967); e, simples, as demais.

Assim, caso haja uma união de pessoas e capital para constituir uma sociedade, com a intenção de praticar a atividade de produção de sapatos ou o comércio de celulares de modo organizado, estamos diante de uma sociedade empresária, combinando os **artigos 966 e 982 do Código Civil.**

É válido ressaltar, que as sociedades anônimas, inclusive as abertas, dependentes de autorização para funcionar e estudadas em capítulo específico, sempre serão consideradas empresárias, por força do **parágrafo único do mesmo artigo 982 do Código Civil**, em comento.

O dispositivo acima, exaustivamente cobrado em provas para as carreiras fiscais, nos oferece um conceito bastante simples, vale o trocadilho, determinando que todas as sociedades não empresariais, serão consideradas, Sociedades Simples. Simples assim!

Art. 982. Salvo as exceções expressas, considera-se empresária a sociedade que tem por objeto o exercício de atividade própria de empresário sujeito a registro (art. 967); e, simples, as demais.

Sanchez, pode oferecer alguns exemplos de sociedades não empresárias? É claro que sim!

As sociedades de intelectuais, outrora, estudadas no parágrafo único do código civil, não são consideradas empresárias, como é o caso das sociedades de médicos, engenheiros, ou mesmo as sociedades de Advogados. Aliás, o **parágrafo único do artigo 982 do Código Civil,** acrescenta as sociedades cooperativas.

4. CLASSIFICAÇÃO E ESPÉCIES DE SOCIEDADES

A pergunta que fica agora é: Quais as espécies de Sociedades? Quais as espécies de sociedades sem personalidade jurídica? Quais são as que tem personalidade jurídica? Quais as modalidades de sociedades empresariais? Vamos responder tudo isso!

O Código Civil possibilita a criação das sociedades descritas em seus **arts. 986 a 996**, as denominadas sociedades não personificadas, conforme o caso da Sociedade em Comum e a Sociedade em Conta de participação.

Além disso, ao seguir a ordem do código civil, temos as Sociedades Simples, presentes nos **artigos 997 a 1.038 do Código Civil**. Já sabemos que são as sociedades não empresariais. Essa espécie é muito importante, como você logo vai perceber, em seu capítulo específico.

Entre as modalidades empresariais, presentes nos **artigos 1.039 a 1.092 do Código Civil**, temos a **Sociedade em nome coletivo (responsabilidade ilimitada); as sociedades em comandita simples (responsabilidade mista) e as sociedades limitadas, com responsabilidade conforme o nome.**

As sociedades cooperativas estão descritas nos **artigos 1.093 a 1.096,** e por fim, as sociedades coligadas, sendo esse rol taxativo.

Quanto às sociedades empresárias, estas deverão adotar algum dos cinco tipos societários previstos nos **arts. 1.039 a 1.092.**

5. PERSONALIDADE JURÍDICA

A aquisição da personalidade jurídica ocorre com a inscrição do ato constitutivo (contrato social ou estatuto social), no órgão competente. É o que preconizam os **arts. 45, 985 e 1.150 do Código Civil.** Todos no mesmo sentido, ainda que em passagens distintas, como segue:

> "**Art. 45.** Começa a existência legal das pessoas jurídicas de direito privado com a inscrição do ato constitutivo no respectivo registro, precedida, quando necessário, de autorização ou aprovação do Poder Executivo, averbando-se no registro todas as alterações por que passar o ato constitutivo."

"**Art. 985.** A sociedade adquire personalidade jurídica com a inscrição, no registro próprio e na forma da lei, dos seus atos constitutivos."

"**Art. 1.150.** O empresário e a sociedade empresária vinculam-se ao Registro Público de Empresas Mercantis a cargo das Juntas Comerciais, e a sociedade simples ao Registro Civil das Pessoas Jurídicas, o qual deverá obedecer às normas fixadas para aquele registro, se a sociedade simples adotar um dos tipos de sociedade empresária."

Antes do registro não há personalidade jurídica de Pessoa Jurídica, portanto, não há existência legal da sociedade enquanto pessoa jurídica.

5.1. Efeitos da personalidade jurídica

A titularidade de direitos e deveres, decorrentes da personalização jurídica, confere à sociedade os seguintes efeitos:

a) é capaz para o exercício de direitos e para contrair obrigações;
b) pode figurar no polo ativo ou passivo de uma relação jurídica, salvo aquelas privativas de pessoas naturais ou aquelas em que haja proibição legal;
c) tem nome próprio;
d) tem domicílio próprio, denominado sede social, distinto do domicílio dos sócios;
e) tem patrimônio próprio, distinto e inconfundível com o patrimônio particular dos seus sócios, resultando daí que: se algo é devido à sociedade, não é devido aos sócios individualmente; se a sociedade deve algo, não é esta devida pelos sócios, mesmo nos casos em que estes respondem pelas dívidas da sociedade, uma vez que a responsabilidade dos sócios é subsidiária (art. 1.024), isto é, primeiro a sociedade responde com seu patrimônio e, na falta deste, aí sim os sócios responderão com seu patrimônio individual. Assim, quem deve é a sociedade e não o sócio, sendo que tão somente o sócio poderá responder pela dívida da sociedade (subsidiariamente), porém a dívida continua sendo da sociedade.

RESUMO. SOCIEDADES

A sociedade nasce de um contrato em que vislumbra a união de pessoas e capital com interesses convergentes para o exercício de determinada atividade econômica e pode ser tácito ou expresso, seja na forma escrita ou verbal. Ainda que tenhamos sociedades unipessoais em nosso país, a regra é que haja pluripessoalidade.

O Código Civil possibilita a criação de diversos tipos de sociedades. Temos, a princípio, as despersonificadas e as personificadas ou personalizadas. Entre as despersonificadas estão a Sociedade em Comum e a Sociedade em Conta de participação.

Entre as personificadas, temos as Sociedades Simples, que atende a todos os tipos não empresariais. Entre as modalidades empresariais, temos a Sociedade em nome coletivo (responsabilidade ilimitada); as sociedades em comandita simples (responsabilidade mista) e as sociedades limitadas.

11

SOCIEDADES EM COMUM

A Sociedade em Comum é sinônimo de irregularidade. **O art. 986, CC, as considera entre aquelas sociedades que não tenham levado o ato constitutivo a registro no órgão competente.**

Ainda por analogia e por faltar disposição legal sobre o tema, as sociedades que, nem sequer, tenham contrato escrito também se encaixam no perfil acima.

> **Art. 986.** Enquanto não inscritos os atos constitutivos, reger-se-á a sociedade, exceto por ações em organização, pelo disposto neste Capítulo, observadas, subsidiariamente e no que com ele forem compatíveis, as normas da sociedade simples.

Os **JURISTAS DA III E IV JORNADA DE DIREITO CIVIL** ainda destacam que se inclui no conceito de sociedade em comum (na espécie sociedade irregular) aquela pessoa jurídica que realiza o registro (na Junta Comercial ou no Registro Civil de Pessoas Jurídicas) desobedecendo as normas legais:

> "O art. 986 deve ser interpretado em sintonia com os arts. 985 e 1.150, de modo a ser considerada em comum a sociedade que não tiver seu ato constitutivo inscrito no registro próprio ou [realiza o registro] em desacordo com as normas legais previstas para esse registro (art. 1.150), ressalvadas as hipóteses de registros efetuados de boa-fé." **(Enunciado nº 209 da III Jornada de Direito Civil)**
>
> "A falta de registro do contrato social (irregularidade originária – art. 998) ou de alteração contratual versando sobre matéria referida no art. 997 (irregularidade superveniente – art. 999, parágrafo único) conduz à aplicação das regras da sociedade em comum (art. 986)." **(Enunciado nº 383 da IV Jornada de Direito Civil)**

No entanto, os **JURISTAS DA IV JORNADA DE DIREITO CIVIL** destacam que a inobservância do art. 2.031 do Código Civil não transforma a sociedade personificada em sociedade em comum:

> "**Art. 2.031 CC.** As associações, sociedades e fundações, constituídas na forma das leis anteriores, bem como os empresários, deverão se adaptar às disposições deste Código até 11 de janeiro de 2007."
>
> "Ainda que não promovida a adequação do contrato social no prazo previsto no art. 2.031 do Código Civil, as sociedades não perdem a personalidade jurídica adquirida antes de seu advento." (**Enunciado nº 394 da IV Jornada de Direito Civil**)

Sempre bom lembrar que o registro não é condição de existência das sociedades, mas condição para aquisição da personalidade jurídica.

Entre as **sociedades em comum** estão:

a) aquelas que existem apenas de fato, por não terem sequer contrato escrito;
b) as que possuem contrato escrito não registrado no órgão competente; ou
c) aquelas que, mesmo registradas, passaram por uma substancial mudança em suas cláusulas essenciais, previstas no art. 997, CC, como a que aponta mudança de endereço, não tendo levado a registro tais modificações.

1. PATRIMÔNIO

A sociedade em comum foi descrita no **art. 986 do Código Civil**, como aquela que não tem os seus atos constitutivos registrados no órgão competente. Em vista disso, sabemos que a prova de sua existência é dificil. **A prova da existência de seu patrimônio também é um assunto a parte.**

Neste caso, como a sociedade não tem registro, e muito menos, personalidade jurídica, **não será possível, por questão de ordem lógica, que a sociedade tenha bens em seu nome.** Aliás, a sociedade não poderá abrir uma conta-corrente ou obter um CNPJ.

Imagine o caso de um sócio de uma sociedade que pratica a atividade de "*PET SHOP*", e que, em seu próprio nome, de pessoa natural, possua uma casa, um carro e uma conta bancária com R$ 100.00,00 (Cem mil reais). Imagine ainda, que **o carro é utilizado para as compras da empresa. Neste caso, o bem está afetado pela empresa.**

Assim, todo **o patrimônio que esteja em nome dos sócios, mas esteja afetado pela empresa, será considerado patrimônio especial.** Seus bens e dívidas sociais, **constituem patrimônio especial,** segundo o **art. 988 do CC**, do qual seus sócios são titulares em comum.

> "**Art. 988.** Os bens e dívidas sociais constituem patrimônio especial, do qual os sócios são titulares em comum."

A título de exemplo, imaginemos que um sócio adquiriu um carro para que a empresa faça as suas entregas, e o tenha feito em seu próprio nome. **Nesse caso, ainda que formalmente o veículo faça parte de sua esfera de bens e direitos, será considerado como patrimônio especial** e servirá para pagamento de obrigações eventualmente contraídas pela sociedade.

2. RESPONSABILIDADE DOS SÓCIOS

A **responsabilidade dos sócios perante as obrigações sociais será ilimitada e solidária,** sendo que, nesse caso, os bens dos sócios responderão apenas após a execução os bens da sociedade, conforme **artigo 990 do Código Civil**, a seguir.

> **Art. 990.** Todos os sócios respondem solidária e ilimitadamente pelas obrigações sociais, excluído do benefício de ordem, previsto no art. 1.024, aquele que contratou pela sociedade.

Note, que o **art. 990 do Código Civil,** faz referência ao **artigo 1.024** do mesmo diploma, que existe **justamente para explicar a ilimitação de responsabilidade.**

> **Art. 1.024.** Os bens particulares dos sócios não podem ser executados por dívidas da sociedade, senão depois de executados os bens sociais.

O dispositivo acima explica o conceito de ilimitação, como segue a explicação. No caso de dívidas da sociedade, **os bens sociais (patrimônio especial) devem responder em primeiro lugar,** para que, apenas após isso, haja a responsabilização do patrimônio pessoal dos sócios.

Buscando uma melhor elucidação da matéria, a não limitação de responsabilidade perante terceiros, nos traz o raciocínio de que **a sociedade responderá em primeiro lugar por obrigações contraídas, utilizando do patrimônio especial.**

Vamos ao exemplo dos sócios Aristides e Mefistófeles, a seguir:

- **Sócio (1) Aristides.** Possui um carro, que utilizará para buscar os animais de estimação em casa, para a tosa e o banho, gerando conforto para os clientes. O carro está afetado pela atividade empresarial, inclusive pelo fato de ter servido como a contribuição de Aristides para a sociedade. Além disso, possui uma conta bancária particular, com positivo saldo no valor de R$ 200.000,00.
- **Sócio (2) Mefistófeles.** Possui uma casa, utilizada para a empresa que pratica a confecção de roupas. A casa correspondeu à contribuição de Mefistófeles para a sociedade. A casa está afetada pela atividade empresarial. Além disso, possui uma conta bancária no valor de R$ 100.000,00.

Neste caso, podemos dizer que o carro em nome de Aristides e a casa em nome de Mefistófeles, afetados pela atividade empresarial, são considerados bens sociais (patrimônio especial), e que caso haja uma dívida com terceiro, o carro e a casa serão primeira e diretamente responsabilizados, para que, somente após isso, seja possível a execução das contas bancárias particulares dos sócios.

O dispositivo, um dos mais cobrados em provas de concursos, deixa claro a responsabilidade ilimitada. **Assim, bens da sociedade (Afetados/Patrimônio especial), respondem em primeiro lugar, e apenas após isso, os bens particulares.**

Temos a exata ideia da responsabilidade ilimitada. A pergunta que fica! *Sanchez, já sabemos o que é ilimitação, mas o que é responsabilidade solidária*? Uma vez mais, transcrevemos o **art. 990 do Código Civil.**

> **Art. 990.** Todos os sócios respondem solidária e ilimitadamente pelas obrigações sociais, excluído do benefício de ordem, previsto no art. 1.024, aquele que contratou pela sociedade.

Após o esgotamento das tentativas de cobrar a dívida por intermédio dos bens sociais, ocorre o avanço no patrimônio particular dos **sócios, que, entre si, respondem solidariamente.** A solidariedade significa, que **a dívida toda pode de ser cobrada de qualquer um dos sócios, independentemente de ordem.**

Neste caso, você pode perguntar: *Sanchez, o sócio que pagou a dívida toda, poderá cobrar a parte que é proporcional à participaçao do outro ou outros sócios?* Sim, é o que se denomina "Direito de Regresso".

A conclusão deste tópico, segue para explicar que, em primeiro lugar, é necesssário cobrar os bens da sociedade, para que, apenas por último, o patrimônio particular dos sócios seja alcançado, solidariamente.

Para a exata compreensão do tema, ainda é necessário preocupar-se com o sócio contratante. **Utilizaremos, uma vez mais, O exemplo de Aristides e Mefistófeles, sócios da Sociedade Peloponeso LTDA,** que não teve os seus atos constitutivos levados a registro.

Nesse momento, além de sócio, **Aristides será o sócio responsável pelas contratações,** inclusive, a aquisição dos bens para reposição do estoque, contratação de funcionários, entre outras coisas mais.

Você notará, que após aprender a responsabilidade dos sócios na sociedade em comum, nada mais será temido. Pode confiar!

3. RESPONSABILIDADE DOS SÓCIOS E O SÓCIO CONTRATANTE

A **responsabilidade dos sócios perante as obrigações sociais será ilimitada e solidária,** sendo que, neste caso, os bens dos sócios responderão apenas após a execução os bens da sociedade, conforme **artigo 990 do Código Civil**, relembremos, a seguir.

> **Art. 990.** Todos os sócios respondem solidária e ilimitadamente pelas obrigações sociais, excluído do benefício de ordem, previsto no art. 1.024, aquele que contratou pela sociedade.

Ocorre que, o mesmo **artigo 990 do Código Civil**, explica que o **sócio contratante será excluído do benefício de ordem. A sua primeira pergunta é**: *Quem é o sócio contratante?* Vamos para a resposta, a seguir.

Trata-se do **sócio que realiza determinado ato em nome da sociedade,** como é o caso do sócio que realiza a reposição das mercadorias de estoque, como a reposição da ração no"*PET SHOP*" de nosso exemplo. No ato de aquisição das mercadorias, este sócio será considerado o contratante.

A partir do momento que você já sabe quem é o sócio contratante, **surge uma outra pergunta**: *O que é benefício de ordem*? **Meu amigo, essa é mais tranquila do**

que aparenta. As respostas a seguir, fornecerão tudo de que precisamos para explicar essa parte tão cobrada nos concursos.

Caso você esteja sendo cobrado, pense comigo, ter **o direito de ficar por último na ordem de cobrança, é um benefício. Sim, o benefício é ficar por último na ordem de cobrança!**

Assim, os sócios, em vista de seus patrimônios particulares, possuem o benefício de serem cobrados, apenas após o esgotamento de todas as tentativas de avançar no patrimônio da sociedade. **Esse é exatamente o conceito de responsabilidade ilimitada** previsto no **art. 1.024 do Código Civil, citado pelo artigo 990**, como uma vez mais trascrevemos.

> **Art. 990.** Todos os sócios respondem solidária e ilimitadamente pelas obrigações sociais, excluído do benefício de ordem, previsto no art. 1.024, aquele que contratou pela sociedade.

O final do artigo em comento, é para explicar que **o sócio que contrata em nome da sociedade perde o benefício de ordem,** logo, responderá na mesma ordem dos bens sociais, como explicaremos mais.

De acordo com o dispositivo, no caso de uma dívida com terceiro, **em primeiro lugar, estará o patrimônio da sociedade e do sócio contratante, solidariamente.** O único patrimônio preservado, o único patrimônio que estará em último lugar, de fato, é do outro sócio, que em nosso exemplo é o sócio Mefistófeles.

O exemplo nos acompanhará para que não reste qualquer dúvida!

- **Sócio (1) Aristides.** Possui um carro, que utilizará para buscar os animais de estimação em casa, para a tosa e o banho, gerando conforto para os clientes. O carro está afetado pela atividade empresarial, inclusive pelo fato de ter servido como a contribuição de Aristides para a sociedade. Além disso, possui uma conta bancária particular, com positivo saldo no valor de R$ 200.000,00. **ADVERTÊNCIA: Aristides é o sócio contratante!**
- **Sócio (2) Mefistófeles.** Possui uma casa, utilizada para a empresa que pratica a confecção de roupas. A casa correspondeu à contribuição de Mefistófeles para a sociedade. A casa está afetada pela atividade empresarial. Além disso, possui uma conta bancária no valor de R$ 100.000,00.

No caso do exemplo, podemos dizer, agora definitivamente que **o carro em nome de Aristides e a casa em nome de Mefistófeles, que são considerados como patrimônio especial serão diretamente executados, assim como também, a conta bancária de Aristides, sócio contratante.** Os bens de Mefistófeles, serão executados em último lugar, repiso, após todos os anteriores.

Meu amigo, a responsabilidade de explicar essa matéria é grande, pois **noto que o aprendizado deste tema, gera uma enorme segurança para quem se debruça no Direito Societário.**

De acordo com o dispositivo, no caso de uma dívida com terceiro, **em primeiro lugar, estará o patrimônio da sociedade e do sócio contratante, solidariamente.** O único patrimônio preservado, o único patrimônio que estará em último lugar, de fato, é do outro sócio, que em nosso exemplo é o sócio Mefistófeles.

Os pactos limitando poderes aos sócios administradores, como por exemplo, a limitação do poder para que determinado sócio não efetue compras, **apenas valerão para terceiros que conheçam o pacto, do contrário, não haverá nenhuma obrigação** ou responsabilidade para quem contratar com a sociedade em comum, conforme o **art. 989 do Código Civil**, a seguir.

> **Art. 989.** Os bens sociais respondem pelos atos de gestão praticados por qualquer dos sócios, salvo pacto expresso limitativo de poderes, que somente terá eficácia contra o terceiro que o conheça ou deva conhecer.

Nesse caso, **a sociedade poderá se eximir da responsabilidade**, já que fará prova, a título de exemplo, que o seu administrador não tinha poderes para transacionar em nome da sociedade a aquisição de mercadorias com terceiros. Assim, o terceiro e administrador podem demandar em juízo, mas a sociedade estará protegida.

Finalmente, **se o pacto que limita poderes ao administrador não for conhecido pelo terceiro, este não será, de forma alguma, prejudicado,** e a sociedade, responderá pelo ato.

4. CONSEQUÊNCIAS DA IRREGULARIDADE REGISTRAL

A irregularidade do empresário **faz com que ele não possa usufruir dos benefícios que lhe são reservados,** trazendo certas restrições a seguir identificadas:

1. A Lei de Recuperação de Empresas e Falências prescreve que o empresário que não comprova sua qualidade de empresário regular não possui legitimidade ativa para instaurar pedido de falência de outro empresário, pois necessita juntar certidão da junta estadual que comprove a regularidade de suas atividades, nos termos do art. 97, § 1º, da Lei 11.101/2005;
2. **O empresário irregular não possui legitimidade ativa para pedido de recuperação de empresas, nos termos do art. 1º da Lei 11.101/2005;**
3. **O empresário irregular não poderá ter seus livros empresariais autenticados no registro das empresas mercantis, uma vez que não possui inscrição na junta estadual.**
4. **O empresário irregular não poderá participar de licitação pública.**
5. **Não poderá registrar-se no CNPJ, no Estado e no Município – sujeitando-se às sanções previstas nas leis tributárias.**
6. **Ausência de matrícula junto ao INSS, o que acarreta pena de multa.**

RESUMO. SOCIEDADES EM COMUM

A Sociedade em Comum engloba a irregularidade registral, assim como as empresas que nem sequer possuem contrato escrito. A legislação considera como o tipo adequado para todas as sociedades que não tenham levado o ato constitutivo a registro no órgão competente. Assim, por analogia e por faltar disposição legal sobre o tema, as sociedades que, nem sequer, tenham contrato escrito também se encaixam no perfil acima.

Nessa modalidade, em vista de sua condição, a responsabilidade dos sócios perante as obrigações sociais será ilimitada e solidária. Os bens dos sócios responderão apenas após a execução os bens da sociedade, já que estamos diante da ilimitação de responsabilidade.

É importante considerar que o sócio contratante perde o benefício de ordem. Trata-se do sócio que realiza determinado ato em nome da sociedade, este sócio será considerado o contratante.

Assim, os sócios, em vista de seus patrimônios particulares, possuem o benefício de serem cobrados, apenas após o esgotamento de todas as tentativas de avançar no patrimônio da sociedade. Esse é exatamente o conceito de responsabilidade ilimitada.

O final do artigo em comento, é para explicar que o sócio que contrata em nome da sociedade perde o benefício de ordem, logo, responderá na mesma ordem dos bens sociais, como explicaremos mais.

De acordo com o dispositivo, no caso de uma dívida com terceiro, em primeiro lugar, estará o patrimônio da sociedade e do sócio contratante, solidariamente.

12

SOCIEDADES EM CONTA DE PARTICIPAÇÃO

Outra espécie de **sociedade não personificada** é a sociedade em conta de participação (**arts. 991 a 996**). **Essa sociedade não é irregular.** Trata-se de **um empreendimento que figura sob o nome, responsabilidade e personalidade jurídica** de uma pessoa natural ou pessoa jurídica, que se **denominará Sócio Ostensivo.** Por essa razão, não há irregularidade, mas explicaremos melhor.

No Brasil, não é novidade do Código Civil de 2002. Sua existência era admitida já no Código Comercial de 1850 (art. 325), em que se previa a existência de duas classes de sócios: ostensivos e ocultos (participante), o que foi mantido pelo novo Diploma Civil.

Imagine que **uma pessoa jurídica** qualquer denominada Alpha Ltda.**, pode criar sob o seu nome, responsabilidade e personalidade três hotéis em cidades diferentes,** sendo cada um deles um empreendimento, e todos em nome da mesma pessoa jurídica.

Com a compreensão dessa introdução, fica mais fácil entender o conceito que buscamos explicar. **Agora imagine que, em um desses hotéis/empreendimentos, a pessoa jurídica que o administra queira ter sócios investidores.** Nesse caso, o contrato havido entre a pessoa jurídica e os investidores se denomina **Conta de Participação.**

Assim, **a Conta de Participação nada mais é do que um empreendimento regular**, por estar em nome de uma pessoa natural ou jurídica que empresta o seu nome e personalidade, assumindo toda a responsabilidade pelo mesmo empreendimento. **Esse sócio se chamará ostensivo e os investidores serão os participantes.**

1. CATEGORIAS DE SÓCIOS

Uma **sociedade oculta,** para tanto, não possui firma social e seu contrato não pode ser arquivado na Junta Estadual.

Essa **sociedade possui duas categorias de sócios: o sócio ostensivo, que responde e contrata pela sociedade,** possuindo responsabilidade solidária e ilimitada pelas obrigações sociais; e o **sócio participante, mero investidor** que não figura em nome da sociedade, razão pela qual possui responsabilidade limitada apenas ao que investiu.

É importante considerar que a **contribuição das duas categorias de sócios constituirá patrimônio especial da sociedade em conta de participação,** assim como já tratamos a hipótese a respeito da sociedade em comum.

Caso a conta de participação tenha o seu ato constitutivo levado a registro, de qualquer maneira o ato não será considerado para oferecer personalidade jurídica própria de empresário.

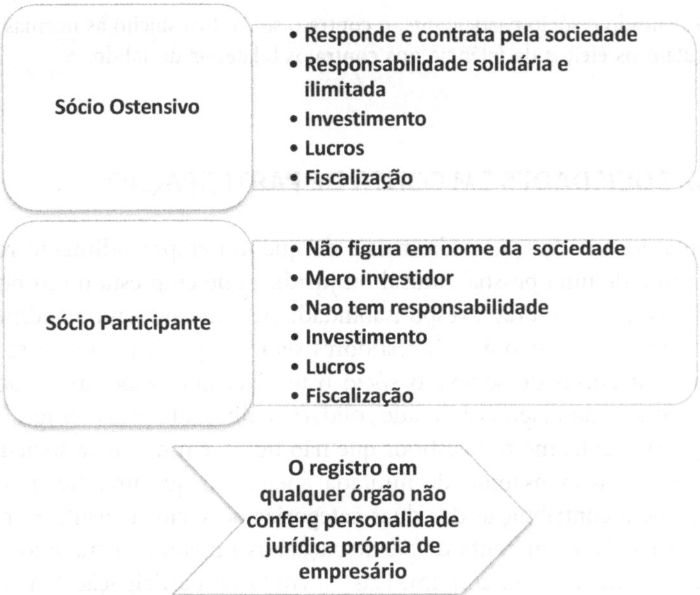

2. DISSOLUÇÃO DE LIQUIDAÇÃO DA CONTA DE PARTICIPAÇÃO

A sociedade em conta de participação, por regra contida no **art. 996 do CC,** tem **a sua liquidação regida pela prestação de contas,** assim, o sócio participante deverá ajuizar ação de exigir contas, com base no **art. 550 do CPC,** especificando detalhadamente as razões para que haja a prestação de contas, situação em que o autor poderá contestar no prazo de 15 dias.

A decisão judicial apurará o saldo, se houve, para constituir título executivo em favor do autor da ação, caso nessa fase do processo o pagamento não seja espontâneo.

3. FALÊNCIA DOS SÓCIOS

Como a sociedade figura sob a responsabilidade do sócio ostensivo e em seu nome, seja ele pessoa natural ou jurídica, **a sua falência implica a dissolução da própria sociedade,** sendo que os participantes serão considerados quirografários no processo falimentar.

Já a falência do **sócio participante implica a necessidade de liquidação de sua parte para pagamento de seus credores, tudo** conforme a regra contida no **art. 994 e parágrafos.**

Art. 994. A contribuição do sócio participante constitui, com a do sócio ostensivo, patrimônio especial, objeto da conta de participação relativa aos negócios sociais.

§ 1º A especialização patrimonial somente produz efeitos em relação aos sócios.

§ 2º A falência do sócio ostensivo acarreta a dissolução da sociedade e a liquidação da respectiva conta, cujo saldo constituirá crédito quirografário.

§ 3º Falindo o sócio participante, o contrato social fica sujeito às normas que regulam os efeitos da falência nos contratos bilaterais do falido.

RESUMO. SOCIEDADES EM CONTA DE PARTICIPAÇÃO

A Conta de Participação nada mais é do que um empreendimento regular, por estar em nome de uma pessoa natural ou jurídica que empresta o seu nome e personalidade, assumindo toda a responsabilidade pelo mesmo empreendimento. Esse sócio se chamará ostensivo e os investidores serão os participantes. Essa sociedade possui duas categorias de sócios: o sócio ostensivo, que responde e contrata pela sociedade, possuindo responsabilidade solidária e ilimitada pelas obrigações sociais; e o sócio participante, mero investidor que não figura em nome da sociedade, razão pela qual possui responsabilidade limitada apenas ao que investiu. É importante considerar que a contribuição das duas categorias de sócios constituirá patrimônio especial da sociedade em conta de participação, assim como já tratamos a hipótese a respeito da sociedade em comum. Caso a conta de participação tenha o seu ato constitutivo levado a registro, de qualquer maneira o ato não será considerado para oferecer personalidade jurídica própria de empresário.

13

SOCIEDADES SIMPLES

As sociedades simples **são constituídas por intermédio de contrato.** Trata-se da união de esforços para o desenvolvimento de atividades não empresariais, como é o caso das sociedades de intelectuais, já que em regra, a sua atividade não é organizada.

O Código Civil, em seu **artigo 982**, classifica como "Simples" todas as sociedades que não se enquadrem no conceito de empresa, exarado no caput de seu **artigo 966**. Assim, a **sociedade simples abrange todas as atividades não empresariais.**

É o caso, por exemplo, das atividades desenvolvidas por **um grupo de cantores que costuma se apresentar em formaturas, ou uma sociedade de médicos.**

A **sociedade de advogados é um bom exemplo de sociedade simples**, muito embora tratada pela legislação ético-profissional, nos **artigos 16 e 17 da Lei 8.906/1994, assim como as Sociedades Cooperativas, também tratada em legislação especial,** seja a **Lei 5.764/71.**

1. ESPÉCIES

A sociedade simples, segundo o **art. 983 do CC, poderá constituir-se pelas normas que lhe são próprias,** referindo-se aos **arts. 997 a 1.038 do Código Civil.** No caso, estaremos diante da Sociedade Simples "pura".

A expressão "sociedade simples pura", significa que todos os problemas acerca desse tipo de sociedade, **serão solucionados, exclusivamente, pelos artigos que lhe são próprios,** sem interferência de regras de nenhuma outra sociedade.

Além disso, as sociedades simples puras, no que tange a sua responsabilidade, **são reguladas pela responsabilidade ilimitada, consoante o artigo 1.024 do Código Civil.** A responsabilidade ilimitada implica em responsabilização dos bens da sociedade, para que, somente após isso, haja a responsabilização do patrimônio particular de seus sócios.

O **art. 983 do Código Civil, ademais, aceita que a sociedade simples sejam constituídas por um dos tipos societários próprios da empresa,** arrolados nos **arts. 1.039 a 1.092 do Código Civil.** *Sanchez, nesse caso poderíamos ter uma Sociedade Simples em Nome Coletivo ou uma Sociedade Simples Limitada*? **Exatamente isso!**

Nesse grupo, estão as **Sociedades Simples tipificadas,** pois não se descaracterizam, continuando com a sua natureza não empresarial, portanto, além de sua natureza de Sociedades Simples, poderão utilizar-se das regras de sociedades limitadas.

As sociedades simples em nome coletivo, seguem as especificidades dos arts. 1.039 a 1.044 do Código Civil.

As sociedades simples em comandita simples, os arts. 1.045 a 1.051.

As sociedades simples limitadas respeitarão as particularidades dispostas nos arts. 1.052 a 1.087 do mesmo Código, sempre que lhes sejam aplicáveis.

Vamos a mais um exemplo de Sociedade Simples!

No caso de uma Sociedade de Médicos, sabemos estar diante de uma Sociedade não empresária, mas **essa sociedade poderá se valer das regras de responsabilidade limitada próprias das sociedades empresárias.**

O **art. 984 do Código Civil, ainda determina que a sociedade que tenha por objeto o exercício de atividade própria de empresário rural,** caso requeira inscrição no Registro Público de Empresas Mercantis da sua sede, caso em que, depois de inscrita, ficará equiparada, para todos os efeitos, à sociedade empresária.

A **sociedade simples poderá assumir seis formas específicas,** sendo que, no primeiro caso, temos uma sociedade simples pura, no segundo caso, uma sociedade simples irregular, além da possibilidade de estruturar-se segundo as regras dos tipos societários empresariais, e, finalmente as cooperativas, a seguir:

a) Sociedade simples pura – (artigos 997-1038, CC);
b) **Sociedade simples em comum** – (artigos 986-990, CC);
c) **Sociedade simples em nome coletivo** – (Artigos 1.039-1.044, CC);
d) **Sociedade simples em comandita Simples** – (Artigos 1.045-1.051, CC);
e) **Sociedade simples limitada** – (Artigos 1.052-1087, CC);
f) **Sociedade cooperativa** – (1.093-1.096, CC) e Lei 5.764/71.

2. CONSTITUIÇÃO DAS SOCIEDADES

Para que haja **regularidade e se adquira personalidade jurídica, a sociedade deve arquivar seus atos constitutivos no registro competente**, que, no caso das sociedades simples, é o **cartório de registro civil das pessoas jurídicas,** nos 30 dias subsequentes a sua constituição.

Art. 998. Nos trinta dias subsequentes à sua constituição, a sociedade deverá requerer a inscrição do contrato social no Registro Civil das Pessoas Jurídicas do local de sua sede.

§ 1º O pedido de inscrição será acompanhado do instrumento autenticado do contrato, e, se algum sócio nele houver sido representado por procurador, o da respectiva procuração, bem como, se for o caso, da prova de autorização da autoridade competente.

O **contrato social tem a condição de demonstrar todos os detalhes mais básicos da vida societária** no que tange a capital, sede, forma, responsabilidade, etc. **O registro é exigido para dar publicidade acerca da sociedade,** assegurando o conhecimento de elementos essenciais de sua vida quotidiana para que terceiros saibam com quem e em quais condições estão negociando.

Os sócios podem optar pelas cláusulas conforme as suas vontades, desde que não sejam ilícitas ou proibidas, como no exemplo de uma cláusula em que os sócios devem exercer as suas atividades exclusivamente na sociedade de que façam parte, mas existem as denominadas cláusulas essenciais.

As **cláusulas essenciais são obrigatórias,** e devem ser constituídas mediante contrato escrito, particular, confeccionado pelas próprias partes, ou público, com auxílio de uma tabelionato, sob pena de a sociedade ser considerada irregular. **O artigo 997 do Código Civil as elenca:**

> Art. 997. A sociedade constitui-se mediante contrato escrito, particular ou público, que, além de cláusulas estipuladas pelas partes, mencionará:
>
> **I – nome, nacionalidade, estado civil, profissão e residência dos sócios, se pessoas naturais, e a firma ou a denominação, nacionalidade e sede dos sócios, se jurídicas;**
>
> **II – denominação, objeto, sede e prazo da sociedade;**
>
> **III – capital da sociedade, expresso em moeda corrente, podendo compreender qualquer espécie de bens, suscetíveis de avaliação pecuniária;**
>
> **IV – a quota de cada sócio no capital social, e o modo de realizá-la;**
>
> **V – as prestações a que se obriga o sócio, cuja contribuição consista em serviços;**
>
> **VI – as pessoas naturais incumbidas da administração da sociedade, e seus poderes e atribuições;**
>
> **VII – a participação de cada sócio nos lucros e nas perdas;**
>
> **VIII – se os sócios respondem, ou não, subsidiariamente, pelas obrigações sociais.**

O **contrato social arquivado no órgão de registro** faz com que ninguém possa alegar que desconhecia as básicas informações da sociedade, lembrando que, a título de exemplo, **se um determinado sócio não tem poderes para contratar pela sociedade, essa limitação deve constar no contrato.**

> **Parágrafo único.** É ineficaz em relação a terceiros qualquer pacto separado, contrário ao disposto no instrumento do contrato.

O terceiro com quem a sociedade contrata também terá responsabilidade por não transacionar com sócio que, eventualmente, não esteja autorizado, a não ser que a limitação não conste do ato constitutivo, **pois o que não está no contrato social jamais poderá ser oposto a terceiros.**

As respectivas alterações contratuais conforme artigo 999 do Código Civil, bem como a **instituição de sucursais, filiais ou agências devem levar registro próprio**, e nesse registro, deve constar a cópia da inscrição da sede. Naturalmente, no local de registro de origem, é necessário informar e averbar a documentação da filial. Os órgão registrais das duas localidades, ficarão completos, conforme disposição abaixo.

> **Art. 1.000.** A sociedade simples que instituir sucursal, filial ou agência na circunscrição de outro Registro Civil das Pessoas Jurídicas, neste deverá também inscrevê-la, com a prova da inscrição originária.
>
> **Parágrafo único.** Em qualquer caso, a constituição da sucursal, filial ou agência deverá ser averbada no Registro Civil da respectiva sede.

3. CONTRATO DE SOCIEDADE

A sociedade, em regra, **nasce da vontade de ao menos dois sócios unirem seus esforços** e capital para organizar uma atividade econômica, empresarial ou não.

Para tanto, **o contrato social tem o condão de formalizar essa união de vontades** e, por meio de suas cláusulas, firmar o compromisso de cada um dos envolvidos e esclarecer a respeito de **elementos essenciais para a contratação.**

O artigo 997 do Código Civil, elenca as cláusulas obrigatórias do contrato social, como é o caso do nome pelo qual a sociedade irá se identificar e o estabelecimento de suas relações perante o mercado, capital, divisão das quotas, percepção de lucros por parte dos sócios, responsabilidade perante as obrigações contraídas pela sociedade e outros temas.

"Trataremos adiante, cada uma das cláusulas essenciais!"

3.1. Elementos básicos do contrato social

O **contrato social trará cláusulas separadas por temas, sendo algumas obrigatórias,** conforme consta do **art. 997 e incisos do Código Civil,** que, muito embora, a princípio, possam parecer aplicáveis apenas às **sociedades simples, são aplicadas, subsidiariamente, às sociedades empresárias,** como é o caso da Comandita Simples ou mesmo das Limitadas.

Dentre as **cláusulas obrigatórias, algumas têm o condão de trazer informações simples,** como a qualificação dos sócios, a denominação (nome) da sociedade, atividade praticada, esede e prazo de duração, se será determinado ou se a sociedade existirá sem prazo determinado, como é o caso dos dois primeiros incisos do artigo 997.

> **Art. 997.** A sociedade constitui-se mediante contrato escrito, particular ou público, que, além de cláusulas estipuladas pelas partes, mencionará:
>
> I - nome, nacionalidade, estado civil, profissão e residência dos sócios, se pessoas naturais, e a firma ou a denominação, nacionalidade e sede dos sócios, se jurídicas;
>
> II - denominação, objeto, sede e prazo da sociedade;

3.2. Capital, quotas e participação dos sócios nos lucros e perdas

O capital social é elemento de extrema importância em face da sua possível vinculação com futura limitação da responsabilidade. Como nas demais sociedades, **poderá ser integralizado com qualquer bem suscetível de avaliação em dinheiro ou com serviços.**

Os **incisos III e IV do art. 997 do Código Civil, cuidam do capital da sociedade e da sua divisão em quotas sociais.**

> **Art. 997.** A sociedade constitui-se mediante contrato escrito, particular ou público, que, além de cláusulas estipuladas pelas partes, mencionará:
>
> III – capital da sociedade, expresso em moeda corrente, podendo compreender qualquer espécie de bens, suscetíveis de avaliação pecuniária;
>
> IV – a quota de cada sócio no capital social, e o modo de realizá-la;

As quotas sociais representam mera divisão do capital social. Trata-se de uma forma de facilitar negócios que envolvam divisão do mesmo capital, seja uma cessão de quotas ou apuração de haveres.

As quotas podem ser iguais ou desiguais, significando que um sócio pode ter uma quota no valor de R$ 1,00 e o outro, uma quota no valor de R$ 10,00, muito embora seja o mais usual que os sócios tenham quotas iguais.

Além disso, **as quotas são unas não sendo possível o seu fracionamento político,** a título de exemplo, não pode um sócio escolher utilizar uma parte de suas quotas para votar favoravelmente a determinado quesito em uma reunião ou assembleia e a outra parte para votar de modo desfavorável.

As quotas **são também indivisíveis, não sendo possível dividi-las após sua valoração no contrato de sociedade,** o que pode ser demonstrado com o exemplo do sócio, que entendeu por melhor estabelecer a sua quota em R$ 1,00 e não pode agora transferir apenas R$ 0,50 de modo autônomo para outro sujeito.

3.2.1. Condomínio de quotas

No caso acima, seria possível que **ambos se unissem em um condomínio de quotas,** significando que aquela quota terá mais de um titular de modo solidário e um deles seria o representante para facilitar a administração.

3.2.2. Sócios de serviços

O **inciso V do art. 997 do CC** trata do sócio que contribui com serviços. É importante esclarecer, desde o princípio, que **as sociedades limitadas, as mais utilizadas, não comportam sócios que contribuam com serviços** para a formação do capital.

> **Art. 997.** A sociedade constitui-se mediante contrato escrito, particular ou público, que, além de cláusulas estipuladas pelas partes, mencionará:
>
> V – as prestações a que se obriga o sócio, cuja contribuição consista em serviços;

No caso das **sociedades simples, a hipótese encontra respaldo, mas as modalidade limitadas não aceitam essa espécie.** Estamos diante do sócio que ao invés de contribuir com capital, faz a sua contribuição com a própria prestação de serviços, ou com capital e prestação de serviços, como no caso de uma sociedade de médicos.

O **sócio de serviços deve especificar no contrato de sociedade o valor de sua hora, o número de horas prestadas,** bem como a representação de sua prestação para o capital da sociedade de modo detalhado.

O inciso VII do mesmo artigo **é no sentido de que não podemos ter um sócio que apenas lucre sem que, proporcionalmente, participe das perdas.** Logo, é importante, de modo proporcional, frisar a participação do sócio também de modo negativo.

> **Art. 997.** A sociedade constitui-se mediante contrato escrito, particular ou público, que, além de cláusulas estipuladas pelas partes, mencionará:
>
> **VII** – a participação de cada sócio nos lucros e nas perdas;

3.3. Administração da sociedade

O **inciso VI do supracitado art. 997 do CC** adentra a discussão da administração da sociedade que, a princípio, **pode se dar por pessoas naturais**, sócios ou não sócios.

> **Art. 997.** A sociedade constitui-se mediante contrato escrito, particular ou público, que, além de cláusulas estipuladas pelas partes, mencionará:
>
> **VI** – as pessoas naturais incumbidas da administração da sociedade, e seus poderes e atribuições;

A sociedade não pode tomar atos por si mesma, pois, independentemente de sua natureza jurídica, é certo que não se trata de um ente natural e que **precisa de uma pessoa natural para tomar atos em seu nome.**

3.4. Responsabilidade dos sócios

A responsabilidade dos sócios da sociedade simples será equivalente ao tipo escolhido. Inicialmente, é bom fazer claro que, caso estejamos diante de uma **sociedade simples irregular, seguirá as bases da sociedade em comum.**

Caso estejamos diante de uma **sociedade simples pura, a responsabilidade será ilimitada, assim** como, poderá escolher uma das modalidades empresariais: ***Nome Coletivo, Comandita Simples ou Limitadas.***

O **inciso VIII do art. 997 do CC** dita a necessidade de expressar se os **sócios respondem ou não com o seu patrimônio particular pelas dívidas da sociedade.**

> **Art. 997.** A sociedade constitui-se mediante contrato escrito, particular ou público, que, além de cláusulas estipuladas pelas partes, mencionará:
>
> **VIII** – se os sócios respondem, ou não, subsidiariamente, pelas obrigações sociais.

É o caso de estabelecer cláusula contratual para determinar **a responsabilidade dos sócios perante terceiros, se limitada, mista ou ilimitada.**

Além disso, é necessário preocupar-se com a responsabilidade dos sócios entre si. **Caso seja uma sociedade simples pura, os sócios poderão optar por solidariedade ou subsidiariedade.** Na solidariedade, os sócios respondem independentemente de ordem. Na subsidiariedade, a responsabilidade é proporcional, consoante o **artigo 1.023 do Código Civil.**

Caso a forma escolhida tenha sido, uma das **modalidades empresariais, a responsabilidade dos sócios entre si, será solidária.**

As **cláusulas são classificadas em essenciais e acidentais.** As essenciais importam na própria validade do contrato social, sendo condição para o registro do contrato. Estão previstas no **art. 997 do Código Civil. As cláusulas acidentais são aquelas que poderão ou não existir, dependendo da vontade dos contratantes em estipulá-las.**

4. RESPONSABILIDADE DO EX-SÓCIO

A responsabilidade do ex-sócio é disciplinada pelo art. 1.032 do CC:

> "**Art. 1.032 do CC**. A retirada, exclusão ou morte do sócio, não o exime, ou a seus herdeiros, da responsabilidade pelas obrigações sociais anteriores, **até dois anos** após averbada a resolução da sociedade; nem nos dois primeiros casos, pelas posteriores e em igual prazo, enquanto não se requerer a averbação."

5. DIREITOS E OBRIGAÇÕES DOS SÓCIOS

Os sócios são considerados obrigados em relação a cada uma das cláusulas do contrato, a partir do acordo de vontades. **Caso o contrato seja escrito, a partir da data da assinatura e não do registro ou averbação no órgão competente**, conforme **art. 1.001 do Código Civil**, a seguir.

> **Art. 1.001**. As obrigações dos sócios começam imediatamente com o contrato, se este não fixar outra data, e terminam quando, liquidada a sociedade, se extinguirem as responsabilidades sociais.

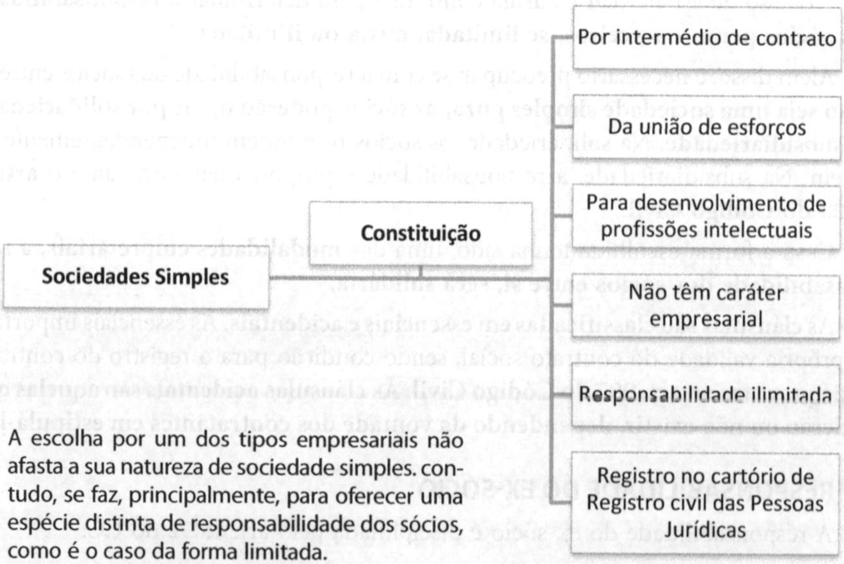

A extinção de suas obrigações, se dá após liquidada a sociedade, e, **publicada a extinção no Diário Oficial do Estado correspondente.**

A exclusão de determinado sócio do quadro societário, se dará apenas com deliberação por consenso unânime, conforme **artigo 1.002 do Código Civil.**

> **Art. 1.002.** O sócio não pode ser substituído no exercício das suas funções, sem o consentimento dos demais sócios, expresso em modificação do contrato social.

Os sócios podem transferir as suas quotas, seja uma parte, ou todas, mas isso também exigirá consenso dos demais sócios. Caso seja aprovada a transferência, e ainda que a cessão seja integral, **o sócio retirante continua obrigado perante a sociedade por até 2 (dois) anos a contar da publicação da modificação do contrato no Diário Oficial do Estado.**

> **Art. 1.003.** A cessão total ou parcial de quota, sem a correspondente modificação do contrato social com o consentimento dos demais sócios, não terá eficácia quanto a estes e à sociedade.
>
> **Parágrafo único.** Até dois anos depois de averbada a modificação do contrato, responde o cedente solidariamente com o cessionário, perante a sociedade e terceiros, pelas obrigações que tinha como sócio.

O sócio que não paga a parte que se comprometeu perante a sociedade, **é considerado sócio remisso. Essa conduta pode trazer a exclusão do sócio do quadro societário,** extrajudicialmente, após estar atrasado com os pagamentos por mais de 30 (trinta) dias após ter sido notificado de sua moratória.

> **Art. 1.004.** Os sócios são obrigados, na forma e prazo previstos, às contribuições estabelecidas no contrato social, e aquele que deixar de fazê-lo, nos trinta dias seguintes ao da notificação pela sociedade, responderá perante esta pelo dano emergente da mora.

Em vista da mora, o sócio ou os sócios que remanescem na sociedade, **podem optar por reduzir-lhe a quota, caso tenha pagado ao menos uma parte, ou ajuizar ação cobrando as perdas e danos,** situação em que o pagamento faz com que o sócio permaneça no quadro societário.

> **Parágrafo único.** Verificada a mora, poderá a maioria dos demais sócios preferir, à indenização, a exclusão do sócio remisso, ou reduzir-lhe a quota ao montante já realizado, aplicando-se, em ambos os casos, o disposto no § 1º do art. 1.031.

O sócio que contribua com serviços, **não poderá fazer concorrência à sociedade simples que integra,** havendo um caráter pessoal nesse tipo de contratação, sob pena de ser privado de seus lucros ou ainda sofrer a exclusão da sociedade.

> **Art. 1.006.** O sócio, cuja contribuição consista em serviços, não pode, salvo convenção em contrário, empregar-se em atividade estranha à sociedade, sob pena de ser privado de seus lucros e dela excluído.

Os **artigos 1.007 e 1.008 do Código Civil** existem justamente para que não haja um sócio que apenas tenha direitos, ou pior, que tenha apenas obrigações.

O dispositivo a seguir citado, apenas demonstra o óbvio, pois **o sócio de serviços tem a sua contribuição variável, e neste caso, responderá de acordo com a média do valor de suas quotas,** lembrando que o valor de suas horas prestadas estarão especificados em contrato.

> **Art. 1.007.** Salvo estipulação em contrário, o sócio participa dos lucros e das perdas, na proporção das respectivas quotas, mas aquele, cuja contribuição consiste em serviços, somente participa dos lucros na proporção da média do valor das quotas.
>
> **Art. 1.008.** É nula a estipulação contratual que exclua qualquer sócio de participar dos lucros e das perdas.

Note, que os dispositivos anteriores, e também o **artigo 1.009 do Código Civil, demonstram preocupação com posturas fraudulentas,** como seria o caso de manter um sócio apenas com obrigações, ou mesmo a distribuição fictícia de lucros para burlar a proporção exigida pelo **art. 1.009 do Código Civil.**

> **Art. 1.009.** A distribuição de lucros ilícitos ou fictícios acarreta responsabilidade solidária dos administradores que a realizarem e dos sócios que os receberem, conhecendo ou devendo conhecer-lhes a ilegitimidade.

A conduta atrai responsabilidade solidária para os administradores que se envolvam em atos fraudulentos, e dos sócios, que eventualmente, tenham do ato se beneficiado. A expressão que indica conhecendo ou devendo conhecer-lhes merece pontual explicação.

A expressão "*devendo conhecer-lhes*", mostra que os sócios responderão mesmo que não tenham conhecimento da fraude. Tudo isso demonstra o dever de vigilância dos sócios acerca de atos eventualmente fraudulentos tomados na sociedade. **Os sócios responderão ainda que não tenham conhecimento da fraude em vista da culpa "in vigilando".**

6. ADMINISTRAÇÃO

O estudo deste capítulo, não pode se dar por uma simples leitura nos dispositivos de lei, muito menos seguindo a ordem do código civil. Assim, organizei cada artigo de lei, de forma que pudesse ganhar uma lógica para o seu estudo. **Espero muito que goste!**

O Código Civil buscou estabelecer que **o administrador, além de conhecimento e capacidade de gestão, deve ter, no exercício de suas funções, o cuidado e a diligência** que todo homem probo empregaria na administração de seus próprios negócios.

> **Art. 1.011.** O administrador da sociedade deverá ter, no exercício de suas funções, o cuidado e a diligência que todo homem ativo e probo costuma empregar na administração de seus próprios negócios.

O administrador haverá de comprovar, **qualificação para o exercício das atividades e não incorrer em qualquer dos impedimentos legais,** conforme dispositivo a seguir comentado.

Os impedimentos legais para a administração, estão dispostos no **§ 1.º do art. 1.011 do Código Civil,** que enumera aqueles que estão **legalmente impedidos de exercer a administração:**

> **§ 1º** Não podem ser administradores, além das pessoas impedidas por lei especial, os condenados a pena que vede, ainda que temporariamente, o acesso a cargos públicos; ou por crime falimentar, de prevaricação, peita ou suborno, concussão, peculato; ou contra a economia popular, contra o sistema financeiro nacional, contra as normas de defesa da concorrência, contra as relações de consumo, a fé pública ou a propriedade, enquanto perdurarem os efeitos da condenação.

A tabela abaixo, organiza o dispositivo acima!

a) pessoas impedidas por leis especiais, a exemplo de funcionários públicos, governadores e juízes;

b) os condenados a pena que vede, ainda que temporariamente, o acesso a cargos públicos;

c) os condenados por crimes falimentares; de prevaricação; peita ou suborno; concussão e peculato, enquanto perdurarem os efeitos da condenação;
d) os condenados por crimes contra a economia popular; contra o sistema financeiro nacional; contra as normas de defesa da concorrência; contra as relações de consumo, a fé pública ou a propriedade, enquanto perdurarem os efeitos da condenação.

6.1. Nomeação dos administradores

A **Administração da sociedade pode se dar por sócios ou não sócios,** porém, se o contrato nada dispuser a respeito, os sócios são presumidos administradores com poderes isolados, o que significa a desnecessidade de assinatura conjunta.

> **Art. 1.013.** A administração da sociedade, nada dispondo o contrato social, compete separadamente a cada um dos sócios.

A formalização **poderá ser feita originariamente, no próprio contrato, por meio de alteração contratual ou pela ata de reunião/assembleia** que deliberar a sua escolha.

Assim, afora a nomeação no próprio contrato social, **a lei faculta que o administrador seja nomeado em dois momentos:**

a) no ato de constituição da sociedade, em que o contrato deve mencionar as pessoas incumbidas da administração e os poderes a ela atribuídos;
b) em momento posterior, por instrumento em separado, que deverá ser averbado à margem da inscrição da sociedade.

Há uma sensível diferença entre a **nomeação no contrato social** ou ato separado. Caso o administrador tenha sido nomeado no próprio contrato social, os atos por ele praticados em nome da sociedade, são irrevogáveis.

> **Art. 1.019.** São irrevogáveis os poderes do sócio investido na administração por cláusula expressa do contrato social, salvo justa causa, reconhecida judicialmente, a pedido de qualquer dos sócios.

Caso a investidura se dê por ato separado, é possível a revogação, nos seguintes termos.

> **Art. 1.019. [...]**
> **Parágrafo único.** São revogáveis, a qualquer tempo, os poderes conferidos a sócio por ato separado, ou a quem não seja sócio.

É importante esclarecer, que o administrador não poderá fazer-se substituir no exercício de suas funções:

Art. 1.018. Ao administrador é vedado fazer-se substituir no exercício de suas funções, sendo-lhe facultado, nos limites de seus poderes, constituir mandatários da sociedade, especificados no instrumento os atos e operações que poderão praticar.

6.2. Obrigações e responsabilidade dos administradores

O artigo 1.022 do Código Civil, apresenta-se no capítulo das relações com terceiros, mas transita pelos dois capítulos, já que **retrata o administrador como a figura que procede em nome da sociedade.**

Entendemos **haver pertinência com o presente tema para incluirmos nessa parte de nossa aula, a seguir.** A assunção de atos em nome da sociedade traz uma série de deveres e responsabilidades ao administrador.

Art. 1.022. A sociedade adquire direitos, assume obrigações e procede judicialmente, por meio de administradores com poderes especiais, ou, não os havendo, por intermédio de qualquer administrador.

Em regra, **os administradores poderão praticar todos os atos de gestão em nome da sociedade.** O **caput do art. 1.015 do Código Civil**, demonstra o cuidado de esclarecer que a venda do imóvel da empresa não integra a atividade empresarial.

"No silêncio do contrato, os administradores podem praticar todos os atos pertinentes à gestão da sociedade; não constituindo objeto social, a oneração ou a venda de bens imóveis depende do que a maioria dos sócios decidir".

Entre tais deveres, o Administrador deve ter cuidado e diligência em suas funções, o que compreende consultar os demais sócios para atos que não sejam cotidianos, pois o **§2º, artigo 1.013 do Código Civil,** responsabiliza o administrador que sabe estar agindo em desacordo com a maioria dos sócios, **mas também responsabiliza aquele que deveria questionar se os demais sócios concordariam ou não com o ato.**

Art. 1.013. [...]

§ 2º Responde por perdas e danos perante a sociedade o administrador que realizar operações, sabendo ou devendo saber que estava agindo em desacordo com a maioria.

É natural que **o administrador poderá agir nos casos urgentes,** do contrário, a omissão poderia ocasionar dano irreparável ou grave para a sociedade, como no artigo 1014, CC.

Art. 1.014. Nos atos de competência conjunta de vários administradores, torna-se necessário o concurso de todos, salvo nos casos urgentes, em que a omissão ou retardo das providências possa ocasionar dano irreparável ou grave.

Além disso, é válido pontuar, que os **administradores respondem solidariamente perante a sociedade e os terceiros prejudicados, por culpa no desempenho de suas funções,** conforme **artigo 1.016 do do Código Civil.**

> **Art. 1.016.** Os administradores respondem solidariamente perante a sociedade e os terceiros prejudicados, por culpa no desempenho de suas funções.

O presente tópico é para as obrigações e o **artigo 1.017 do Código Civil,** não faz de modo diferente, ao atuar com equilibrada força e precisão para **responsabilizar o administrador que aplica créditos ou bens sociais em seu proveito,** determinando inclusive ressarcimento pelas perdas e danos, o que, naturalmente, engloba os lucros cessantes.

> **Art. 1.017.** O administrador que, sem consentimento escrito dos sócios, aplicar créditos ou bens sociais em proveito próprio ou de terceiros, terá de restituí-los à sociedade, ou pagar o equivalente, com todos os lucros resultantes, e, se houver prejuízo, por ele também responderá.

Além de tudo o que já conversamos, **é obrigação do administrador, prestar contas aos sócios,** justificando a sua administração por intermédio de inventário e balanço.

> **Art. 1.020.** Os administradores são obrigados a prestar aos sócios contas justificadas de sua administração, e apresentar-lhes o inventário anualmente, bem como o balanço patrimonial e o de resultado econômico.

Outrossim, **é obrigação do administrador, exibir os livros empresariais aos sócios,** bem como o estado da caixa e carteira de clientes da sociedade.

> **Art. 1.021.** Salvo estipulação que determine época própria, o sócio pode, a qualquer tempo, examinar os livros e documentos, e o estado da caixa e da carteira da sociedade.

7. DAS RELAÇÕES COM TERCEIROS E RESPONSABILIDADE DOS SÓCIOS

Caso não haja nenhuma escolha no contrato social, o entendimento é de que a sociedade simples é pura, aplicando a regra do **art. 1.024 do Código Civil,** portanto, responderá de forma ilimitada.

> **Art. 1.024.** Os bens particulares dos sócios não podem ser executados por dívidas da sociedade, senão depois de executados os bens sociais.

O **artigo 1.023 do Código Civil** deve ser explicado em seguida, pois **se realmente for necessário avançar no patrimônio pessoal dos sócios, a responsabilidade dos**

sócios entre si, será proporcional aos lucros e perdas, e será solidária, apenas se houver cláusula expressa.

> **Art. 1.023.** Se os bens da sociedade não lhe cobrirem as dívidas, respondem os sócios pelo saldo, na proporção em que participem das perdas sociais, salvo cláusula de responsabilidade solidária.

Enfim, sabemos que é possível que outro sócio, ou **outros sócios, passem a integrar a sociedade, e nesse caso, será responsabilizado, caso necessário, pelas dívidas anteriores.**

> **Art. 1.025.** O sócio, admitido em sociedade já constituída, não se exime das dívidas sociais anteriores à admissão.

O capítulo é para tratar as relações com terceiros. Os sócios também possuem relações pessoas e contraem dívidas particulares. Nesse caso, o **código civil esclarece a possibilidade de penhora dos lucros do sócio devedor.**

> **Art. 1.026.** O credor particular de sócio pode, na insuficiência de outros bens do devedor, fazer recair a execução sobre o que a este couber nos lucros da sociedade, ou na parte que lhe tocar em liquidação.

Situação	Dispositivo
Responsabilidade solidária com a sociedade simples	*"**Art. 1.012 CC**. O administrador, nomeado por instrumento em separado, deve averbá-lo à margem da inscrição da sociedade, e, pelos atos que praticar, antes de requerer a averbação, responde pessoal e solidariamente com a sociedade."*
Responsabilidade perante a sociedade simples	*"**Art. 1.013, § 2º, CC**. Responde por perdas e danos perante a sociedade o administrador que realizar operações, sabendo ou devendo saber que estava agindo em desacordo com a maioria."*
Responsabilidade solidária com a sociedade simples	*"**Art. 1.016 do CC**. Os administradores respondem solidariamente perante a sociedade e os terceiros prejudicados, por culpa no desempenho de suas funções."*
Responsabilidade perante a sociedade simples	*"**Art. 1.017, caput, CC**. O administrador que, sem consentimento escrito dos sócios, aplicar créditos ou bens sociais em proveito próprio ou de terceiros, terá de restituí-los à sociedade, ou pagar o equivalente, com todos os lucros resultantes, e, se houver prejuízo, por ele também responderá."*

8. DIREITOS DO CÔNJUGE SEPARADO E DOS HERDEIROS DO CÔNJUGE FALECIDO

> "**Art. 1.027 do CC**. Os herdeiros do cônjuge de sócio, ou o cônjuge do que se separou judicialmente, não podem exigir desde logo a parte que lhes couber na quota social, mas concorrer à divisão periódica dos lucros, até que se liquide a sociedade."

O dispositivo prevê duas situações diversas:

a) No caso de morte do cônjuge de um sócio, os herdeiros do cônjuge não podem exigir desde logo a parte que lhes couber na quota social, devendo concorrer à divisão periódica dos lucros, até que se liquide a sociedade;

b) Em caso de separação, ex-cônjuge do sócio não podem exigir desde logo a parte que lhes couber na quota social, devendo concorrer à divisão periódica dos lucros, até que se liquide a sociedade.

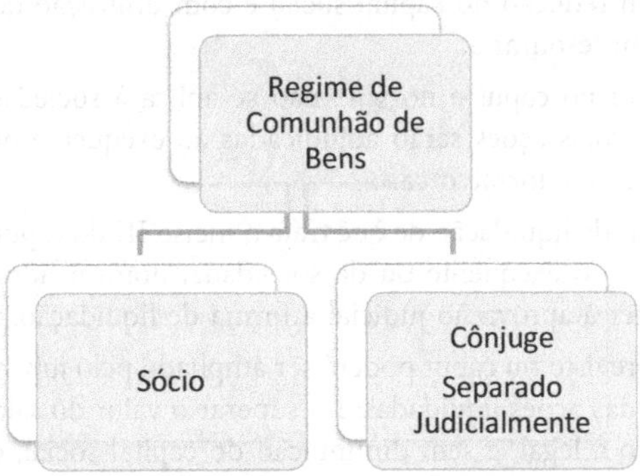

Em síntese, o cônjuge que se separou judicialmente de um sócio e os herdeiros do cônjuge de um sócio **<u>não</u>** se tornam proprietários das quotas, mas apenas titulares do direito à participação nos lucros e no acervo social.

Por fim, não confundam a previsão do art. 1.027 do Código Civil com a do art. 1.028 do mesmo diploma, pois neste último caso se trata dos herdeiros do próprio sócio.

> "**Art. 1.028 do CC.** No caso de morte de sócio, liquidar-se-á sua quota, salvo:
>
> I - se o contrato dispuser diferentemente;
>
> II - se os sócios remanescentes optarem pela dissolução da sociedade;
>
> III - se, por acordo com os herdeiros, regular-se a substituição do sócio falecido."

9. PENHORA DE QUOTAS

A sociedade simples é uma sociedade de pessoas, de modo que a qualidade pessoal do sócio é muito relevante para o fim social, não sendo livre a entrada de novos sócios.

Por conta disso, soa estranho que a quota de um sócio possa ser penhorada e alienada judicialmente, havendo a aquisição por um terceiro, que ingressa na sociedade.

O **CPC**, por sua vez, embora mantenha a possibilidade de penhora das quotas, apresenta uma nova solução para o conflito de interesses:

> "**Art. 861 do CPC.** Penhoradas as quotas ou as ações de sócio em sociedade simples ou empresária, o juiz assinará prazo razoável, não superior a 3 (três) meses, para que a sociedade:

I – apresente balanço especial, na forma da lei;

II – ofereça as quotas ou as ações aos demais sócios, observado o direito de preferência legal ou contratual;

III – não havendo interesse dos sócios na aquisição das ações, proceda à liquidação das quotas ou das ações, depositando em juízo o valor apurado, em dinheiro.

§ 1º Para evitar a liquidação das quotas ou das ações, a sociedade poderá adquiri-las sem redução do capital social e com utilização de reservas, para manutenção em tesouraria.

§ 2º O disposto no caput e no § 1º não se aplica à sociedade anônima de capital aberto, cujas ações serão adjudicadas ao exequente ou alienadas em bolsa de valores, conforme o caso.

§ 3º Para os fins da liquidação de que trata o inciso III do caput, o juiz poderá, a requerimento do exequente ou da sociedade, nomear administrador, que deverá submeter à aprovação judicial a forma de liquidação.

§ 4º O prazo previsto no caput poderá ser ampliado pelo juiz, se o pagamento das quotas ou das ações liquidadas: I – superar o valor do saldo de lucros ou reservas, exceto a legal, e sem diminuição do capital social, ou por doação; ou II – colocar em risco a estabilidade financeira da sociedade simples ou empresária.

§ 5º Caso não haja interesse dos demais sócios no exercício de direito de preferência, não ocorra a aquisição das quotas ou das ações pela sociedade e a liquidação do inciso III do caput seja excessivamente onerosa para a sociedade, o juiz poderá determinar o leilão judicial das quotas ou das ações."

Em resumo, havendo penhora de quotas, podem ocorrer 3 (três) desfechos, sucessivamente:

a) os próprios sócios fazerem a aquisição delas, nos termos do art. 861, inciso II, do CPC;

b) caso os sócios não as adquiram, a própria sociedade pode fazê-lo, nos termos do art. 861, § 1º e;

c) caso nem os sócios nem a sociedade adquiram as quotas, elas serão postas à venda em leilão judicial.

10. RESOLUÇÃO DA SOCIEDADE EM RELAÇÃO A UM SÓCIO (DISSOLUÇÃO PARCIAL DE SOCIEDADE)

Além da cessão de quotas, os sócios podem sair (ou ser excluídos) da sociedade sem afetar sua existência. Nessa situação, ocorre a chamada dissolução **parcial**.

Falando em dissolução, **cuidado** para não confundir a dissolução parcial (arts. 1.028/1.032 do CC), a que o Código Civil nomeou de *"Resolução da Sociedade em Relação a um Sócio"*, com a dissolução total (arts. 1.033/1.038 do CC), fase inicial da extinção total da sociedade.

Dissolução Parcial (Resolução da Sociedade em Relação a um Sócio)	Dissolução Total
Sociedade resolver-se apenas em relação a um sócio, mantendo sua existência.	Trata-se do 1º procedimento para extinção total da pessoa jurídica. Em seguida, há liquidação e, ao final, extinção.

De qualquer forma, a resolução do contrato societário relativamente a um sócio pode ter lugar nos casos de **morte**, **exclusão** e **exercício do direito de retirada**:

Para não esquecer:

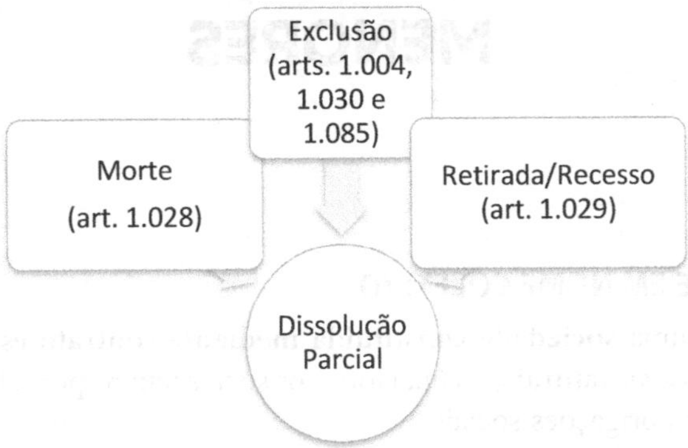

RESUMO. SOCIEDADES SIMPLES

Aqui estão todas as sociedades que não se enquadrem no conceito de empresa. A sociedade simples abrange todas as atividades não empresariais, como no caso das atividades desenvolvidas por um grupo de cantores que costuma se apresentar em formaturas, ou uma sociedade de médicos. A sociedade de advogados é um outro bom exemplo de sociedade simples, assim como as Sociedades Cooperativas.

A sociedade simples poderá ser pura ou tipificada. A sociedade simples pura poderá constituir-se pelas normas que lhe são próprias. No caso, estaremos diante da Sociedade Simples "pura". São reguladas pela responsabilidade ilimitada. A responsabilidade ilimitada implica em responsabilização dos bens da sociedade, para que, somente após isso, haja a responsabilização do patrimônio particular de seus sócios.

As sociedades simples podem ser constituídas por um dos tipos societários próprios da empresa. Nesse caso poderíamos ter uma Sociedade Simples Limitada.

14

SOCIEDADES EMPRESARIAIS MENORES

1. SOCIEDADE EM NOME COLETIVO

Trata-se de uma **sociedade constituída mediante contrato escrito e formada somente por pessoas naturais,** na qual todos os sócios têm responsabilidade solidária e ilimitada pelas obrigações sociais.

> **Art. 1.039.** Somente pessoas físicas podem tomar parte na sociedade em nome coletivo, respondendo todos os sócios, solidária e ilimitadamente, pelas obrigações sociais.

Por conta desse pressuposto da confiança, sua administração compete exclusivamente aos seus sócios:

> "**Art. 1.042 do CC**. A administração da sociedade compete exclusivamente a sócios, sendo o uso da firma, nos limites do contrato, privativo dos que tenham os necessários poderes."

Caso haja omissão legislativa o capítulo antecedente, e que deve ser utilizado como regra de subsidiariedade é o da Sociedade Simples, já estudada por nós.

> **Art. 1.040.** A sociedade em nome coletivo se rege pelas normas deste Capítulo e, no que seja omisso, pelas do Capítulo antecedente.

Somente **sócios podem administrar a sociedade,** cujo contrato deve prever os limites de seus poderes de gestão, não sendo, portanto, permitida a figura do administrador não sócio.

> **Art. 1.042.** A administração da sociedade compete exclusivamente a sócios, sendo o uso da firma, nos limites do contrato, privativo dos que tenham os necessários poderes.

Esse tipo societário **não aceita pessoas jurídicas como sócios.** Esse tipo societário não evoluiu na jurisprudência devido ao pouco uso que se faz na prática a partir da entrada das limitadas em nosso ordenamento jurídico no início do século XX.

As **quotas dos sócios** na sociedade em nome coletivo, sendo a sociedade por tempo indeterminado, **não são sujeitas à liquidação para pagamento de dívidas particulares dos sócios.** Este é talvez o único atrativo para a constituição de uma sociedade em nome coletivo, haja vista que, estando as quotas livres de liquidação em decorrência de dívidas pessoais dos sócios.

1.1. Responsabilidade dos sócios

Na sociedade em nome coletivo, todos os sócios têm responsabilidade subsidiária, solidária e ilimitada pelas obrigações sociais, sem nenhuma possibilidade de alteração dessa responsabilidade perante terceiros.

> "**Art. 1.039, caput, CC.** Somente pessoas físicas podem tomar parte na sociedade em nome coletivo, respondendo todos os sócios, solidária e ilimitadamente, pelas obrigações sociais."
>
> **parágrafo único, do CC.** Sem prejuízo da responsabilidade perante terceiros, podem os sócios, no ato constitutivo, ou por unânime convenção posterior, limitar entre si a responsabilidade de cada um."

Essa limitação entre si não afeta os credores, mas garante àquele que pagou a mais o direito de regresso e até mesmo possível denunciação da lide dentro de um processo (art. 125, II, CPC).

> "Essa responsabilidade dos sócios perante terceiros é inderrogável pelas partes, as quais podem, todavia, estabelecer, nas relações internas da sociedade, uma eventual limitação de responsabilidade de algum sócio (art. 1.039, parágrafo único). Assim, pode-se estipular que determinado sócio só terá responsabilidade até o valor de R $ 1.000,00 (um mil reais), o que só vale nas relações internas entre os sócios, para os ajustes posteriores. Perante terceiros, a responsabilidade é sempre subsidiária, solidária e ilimitada."

1.2. Credores do sócio

Em regra, o credor de sociedade em nome coletivo, na ausência de outros bens executáveis, deve aguardar a liquidação da sociedade e a apuração de haveres devidos ao devedor para, então, executá-los, com exceção das hipóteses previstas no parágrafo único do art. 1.043 do Código Civil:

> "**Art. 1.043 do CC.** O credor particular de sócio não pode, antes de dissolver-se a sociedade, pretender a liquidação da quota do devedor.
>
> **Parágrafo único.** Poderá fazê-lo quando: I – a sociedade houver sido prorrogada tacitamente; II – tendo ocorrido prorrogação contratual, for acolhida judicialmente oposição do credor, levantada no prazo de noventa dias, contado da publicação do ato dilatório."

2. SOCIEDADE EM COMANDITA SIMPLES

Como destacado, embora mantida pelo Código Civil, tal sociedade praticamente inexiste nas relações empresariais atuais, mas:

> "(...) é tida como a mais antiga forma de sociedade e se caracteriza pela existência de dois tipos de sócios, que exercem papéis diferentes para a vida da sociedade. Sem a presença dos dois tipos de sócios, não se justifica a sociedade em comandita simples, tanto que a ausência de um dos tipos de sócio por mais de 180 dias, apesar da subsistência da pluralidade de sócios da outra categoria, gera a dissolução da sociedade (art. 1.051, II, do Código Civil)."

No que tange à sua origem, está ligada ao comércio marítimo do mar Mediterrâneo, derivando do chamado contrato de *commenda* ou empréstimo marítimo.

2.1. Espécies de sócios

Nesse tipo societário há **duas espécies de sócios**:

> **Art. 1.045.** Na sociedade em comandita simples tomam parte sócios de duas categorias: os comanditados, pessoas físicas, responsáveis solidária e ilimitadamente pelas obrigações sociais; e os comanditários, obrigados somente pelo valor de sua quota.
>
> **Parágrafo único.** O contrato deve discriminar os comanditados e os comanditários.

Nesta modalidade societária **existem duas pessoas**: os comanditados, que são os sócios que assumem a responsabilidade ilimitada; e os comanditários, que são os que possuem responsabilidade limitada à importância da contribuição.

1) **Os comanditados, pessoas físicas com responsabilidade solidária e ilimitada pelas obrigações sociais,** já que, além de administrar, contratam pela sociedade;

Uma das características da sociedade em comandita simples é o fato de que nem todos os sócios podem ser gerentes. **A gerência da empresa fica a cargo dos sócios comanditados** ou, dentre eles, ao que for ou aos que forem designados no contrato social.

2) E os **comanditários, pessoas físicas ou jurídicas com responsabilidade limitada ao valor de sua quota,** já que são meros investidores de capital, não participando de sua administração, e caso o faça, responderá como os comanditados, conforme **art. 1.047 do Código Civil**:.

> **Art. 1.047.** Sem prejuízo da faculdade de participar das deliberações da sociedade e de lhe fiscalizar as operações, não pode o comanditário praticar qualquer ato de gestão, nem ter o nome na firma social, sob pena de ficar sujeito às responsabilidades de sócio comanditado.

Se o sócio comanditário intervier na administração da sociedade ou se seu nome constar na firma social, **responderá solidariamente com o sócio comanditado,** sendo-lhe facultado, porém, fiscalizar as operações e ser nomeado procurador da sociedade para fim específico.

A firma social é representada pelo nome do sócio comanditado. (art. 1.047 e parágrafo único).

Possui natureza contratual e de pessoas, **apresentando natureza mista,** já que coexistem sócios de responsabilidade limitada, aqueles que respondem conforme o capital e outros de característica ilimitada, respondendo com o patrimônio pessoal.

> **Art. 1.046.** Aplicam-se à sociedade em comandita simples as normas da sociedade em nome coletivo, no que forem compatíveis com as deste Capítulo.
>
> **Parágrafo único.** Aos comanditados cabem os mesmos direitos e obrigações dos sócios da sociedade em nome coletivo.

As regras de subsidiariedade, caso haja omissão, seguem os padrões da sociedade em nome coletivo, inclusive pelo fato de que os sócios comanditados possuem responsabilidade idêntica aos sócios da sociedade em nome coletivo.

Enfim, o **maior diferenciador das três modalidades é o fator responsabilidade,** já que uma delas é ilimitada, a outra mista, e, finalmente, temos a mais famosa de todas, qual seja, a própria sociedade limitada.

RESUMO. SOCIEDADES EMPRESARIAIS MENORES

1. SOCIEDADE EM NOME COLETIVO

Trata-se de uma sociedade constituída mediante contrato escrito e formada somente por pessoas naturais, na qual todos os sócios têm responsabilidade solidária e ilimitada pelas obrigações sociais.

2. SOCIEDADE EM COMANDITA SIMPLES

Nesse tipo societário há duas espécies de sócios: **1) Os comanditados:** São pessoas físicas com responsabilidade solidária e ilimitada pelas obrigações sociais, já que, além de administrar, contratam pela sociedade; uma das características da sociedade em comandita simples é o fato de que nem todos os sócios podem ser gerentes. A gerência da empresa fica a cargo dos sócios comanditados ou, dentre eles, ao que for ou aos que forem designados no contrato social; **2) Os comanditários** são pessoas físicas ou jurídicas com responsabilidade limitada ao valor de sua quota, já que são meros investidores de capital, não participando de sua administração, e caso o faça, responderá como os comanditados.

15

SOCIEDADES LIMITADAS

1. DISPOSIÇÕES PRELIMINARES

1.1. Personalidade jurídica de pessoa jurídica

A sociedade limitada, tipo societário mais utilizado no Brasil, é obra da legislação alemã de 1892, tendo chegado ao Brasil em 1919 com o **Decreto nº 3.708/19** com o nome de: *"sociedades por quotas de responsabilidade limitada"*.

Com o advento do **Código Civil de 2002**, as sociedades, doravante denominadas apenas de *"sociedades limitadas"*, passam a ser disciplinadas mais detalhadamente nos arts. 1.052 a 1.087.

E, no caso de lacuna legislativa, aplicam-se, em regra, as normas da sociedade simples, salvo se o contrato social da sociedade limitada prever aplicação supletiva das disposições da sociedade anônima:

> "**Art. 1.053 do CC**. A sociedade limitada rege-se, nas omissões deste Capítulo, pelas normas da sociedade simples.
>
> **Parágrafo único**. O contrato social poderá prever a regência supletiva da sociedade limitada pelas normas da sociedade anônima."

A sociedade limitada é uma **modalidade de sociedade empresária.** A ideia por trás dessa modalidade é a de permitir que sócio(s) possam contribuir com bens passíveis de avaliação em dinheiro, para dar origem a uma pessoa jurídica autônoma. Desse modo, com o registro, a sociedade limitada torna-se uma Pessoa Juridica **autônoma com patrimônio próprio e separado de seus sócios.**

No sentido de exemplificar o que está acima, podemos imaginar que o Professor Rodrigo Fernandes e o Professor André Luiz, ambos, obviamente, pessoas naturais, resolvem criar uma sociedade empresária denominada *DIVERGENTES LTDA* (caso hipotético). Nesse caso, **após o registro no órgão competente, a sociedade DIVERGENTES LTDA torna-se uma Pessoa Jurídica com patrimônio próprio e separado das pessoas naturais de seus sócios.**

Nos parágrafos acima, o esforço foi no sentido de demonstrar que os sócios continuam titularizando os seus bens pessoais, como o seu imóvel residencial, veículo pessoal ou uma casa na praia como patrimônios autônomos.

A Pessoa Jurídica recebe a contribuição de seus sócios. Imagine que Rodrigo Fernandes contribui com R$ 50.000,00 (cinquenta mil reais) e André Luiz contribua com um veículo avaliado também no valor de R$ 50.000,00 (cinquenta mil reais). **Após a devida contribuição, o que se denomina "integralização", esses patrimônios são considerados como da própria Pessoa Jurídica, autonomamente.**

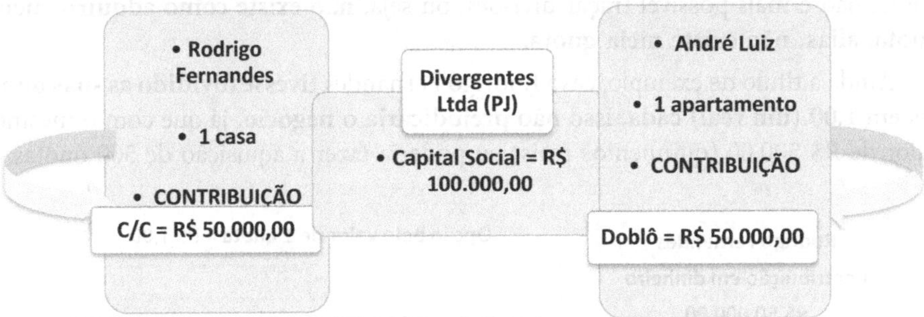

Os valores em dinheiro, acima demonstrados, não integram mais o patrimônio dos sócios. Vale ressaltar, que se os sócios apenas assumem o compromisso de contribuir, estaremos diante do que se denomina **"subscrição"**, porém, a partir do momento que os **sócios realizam o pagamento para a sociedade, temos a "integralização do capital", para que a sociedade tenha o seu próprio patrimônio, separado do patrimônio de seus sócios.**

1.2. Responsabilidade limitada às quotas sociais

Assim, os sócios terão a responsabilidade restrita ao valor de suas quotas. As quotas representam a participação de cada sócio para a sociedade, separadas em pequenas frações. *Vamos continuar com os exemplos*? **Claro que sim, mas vamos aproveitar também os exemplos já utilizados!**

Em continuação, o Professor Rodrigo Fernandes resolveu contribuir com R$ 50.000,00 (Cinquenta mil reais), em dinheiro, já sabemos. **Agora, deverá determinar as frações de divisão de sua contribuição,** proporcionando facilidade com negócios futuros. Vamos imaginar que a sua escolha tenha sido por dar o valor de R$ 1.000,00 por cada uma de suas quotas. Nesse caso, ele terá 50 (cinquenta) quotas, já que contribuiu com R$ 50.000,00. **A pergunta agora é:** *Que diferença isso faz*? **Vamos para a análise!**

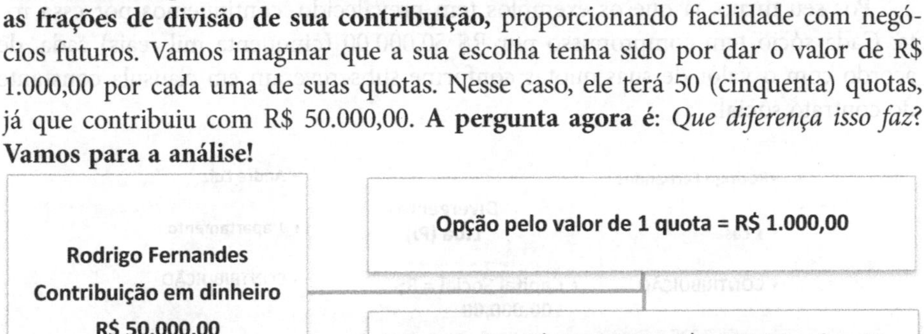

Em conexão com o texto acima, a divisão em quotas pode ser muito interessante. Imagine, uma vez mais, que eu Alessandro Sanchez queira adquirir uma parte de suas quotas. O valor que tenho para isso é de R$ 500,00 (quinhentos reais). *A problemática está instaurada, **vamos para a solução!***

No exemplo acima, não poderei, nem sequer, adquirir 1 quota do Professor Rodrigo Vale, já que cada uma de suas quotas tem o valor de R$ 1.000,00 (um mil reais), e, além disso, as quotas são indivisíveis. *Você quer saber o que significa quotas indivisíveis?* **Vamos lá!** A partir do momento que o sócio determina o valor de sua quota, não é mais possível traçar divisões, ou seja, **não existe como adquirir meia quota, aliás, não existe meia quota.**

Ainda a título de exemplo, caso Rodrigo Fernandes **tivesse dividido as suas quotas em 1,00 (um real) cada, isso não prejudicaria o negócio,** já que com o mesmo valor de R$ 500,00 (quinhentos reais) eu poderia fazer a aquisição de 500 quotas.

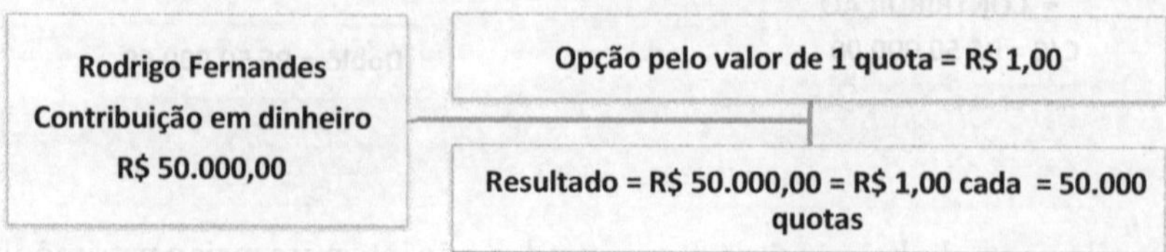

Com a compreensão do que vem a ser as quotas sociais, a matéria fica palatável, inclusive para estudar o mais importante para a sua prova, seja a responsabilidade dos sócios. Vamos ao primeiro dispositivo de lei sobre o assunto:

> "**Art. 1.052.** Na sociedade limitada, a responsabilidade de cada sócio é restrita ao valor de suas quotas, mas todos respondem solidariamente pela integralização do capital social."

Como é possível perceber pelo texto de lei acima, agora em parte transcrito: "*na sociedade limitada, a responsabilidade de cada sócio é restrita ao valor de suas quotas.*" **O texto quer significar que cada sócio é responsável pelo valor de suas quotas, de acordo com as obrigações que assumirem,** mas todos respondem solidariamente pela integralização do capital. Vamos para a compreensão dessa solidariedade agora.

Por seu turno, já que os exemplos tem prevalecido, continuemos por essa rota. Cada sócio tem compromisso por R$ 50.000,00 (cinquenta mil reais) cada, de acordo com o valor de suas quotas conforme subscreveram em cláusula constante do contrato social.

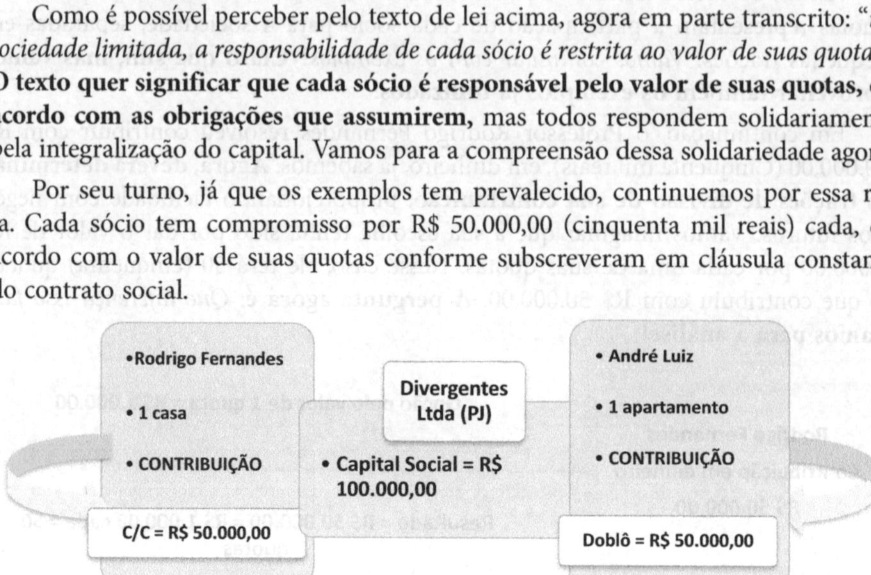

Ocorre que, o **artigo 1.052 do Código Civil** tem complemento, como segue em destaque, a segunda parte de seu "caput":

> "**Art. 1.052.** Na sociedade limitada, a responsabilidade de cada sócio é restrita ao valor de suas quotas, **mas todos respondem solidariamente pela integralização do capital social.**"

Tratando-se da **responsabilidade dos sócios pela integralização do capital,** vejamos como funcionam as regras para a determinação do limite da responsabilidade dos sócios.

Até o presente momento, **fica claro que a responsabilidade limitada é um benefício a disposição dos sócios,** mas para, de fato, se beneficiar da responsabilidade limitada, a mesma que separa o patrimônio dos sócios, do patrimônio da pessoa jurídica, é necessário integralizar o capital.

Assim, como já estudado, os sócios, inicialmente, se comprometem a pagar determinado valor para a sociedade, o que se denomina subscrição, e, **a partir do momento que, de fato, pagam o valor a que se comprometeram temos a integralização do capital.** A responsabilidade limitada está atrelada diretamente à integralização.

Agora vem a pergunta de 1 milhão de reais, mas isso também é hipotético (rs). Como fica a responsabilidade, enquanto um ou todos os sócios ainda não pagaram a sua parte? Aliás, o sócio que não paga a sua parte é chamado **"Sócio Remisso"**. Vamos para a resposta!

> "**Art. 1.052.** Na sociedade limitada, a responsabilidade de cada sócio é restrita ao valor de suas quotas, **mas todos respondem solidariamente pela integralização do capital social.**"

O **Artigo 1.052 do Código Civil,** acima transcrito, responde objetivamente. **Enquanto um ou alguns dos sócios não integralizam o capital, é possível avançar em seus bens pessoais, até o limite do valor subscrito.** *Chega o momento em que você pede uma exemplificação, e eu mesmo como professor, preciso disso para estabelecer a minha didática.* **Vamos lá!**

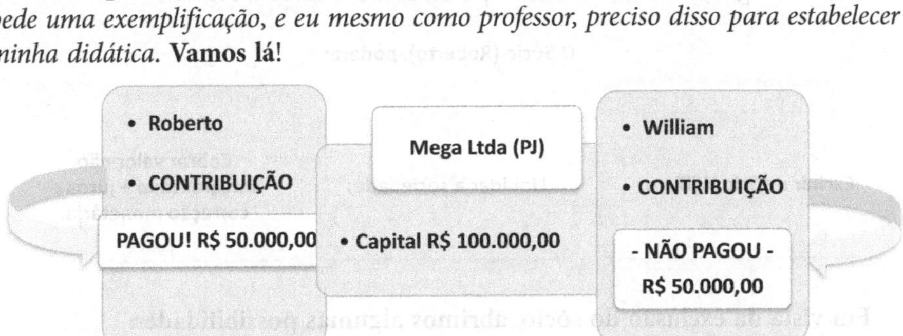

O exemplo acima vai me ajudar a resolver essa questão! Vamos imaginar uma sociedade em que no dia do vencimento, um dos sócios deixa de pagar a sua parte, o sócio remisso será o William. Note, que é possível a integralização a prazo. *No exemplo, vamos considerar que a data de vencimento não foi respeitada pelo sócio*

remisso. Seria possível avançar no patrimônio pessoal dos sócios, solidariamente? **É exatamente isso!**

Vamos aprofundar o exemplo. Imagine que a sociedade compre exatamente o valor de R$ 100.00,00 (cem mil reais) de uma empresa atacadista, que ajuiza uma ação para cobrar o valor mencionado e encontra apenas R$ 50.000,00 (cinquenta mil reais) no patrimônio da sociedade, justamente o valor integralizado pelo sócio Roberto, e naturalmente, não encontra a parte que deveria ter sido integralizada pelo sócio William. **Vamos para a resposta**!

A resposta é que **até o limite do valor subscrito é possível avançar no patrimônio pessoal de qualquer um dos sócios, pois a ideia de solidariedade é exatamente essa.** A afirmação que fica agora é: "***Ainda que o sócio Roberto já tenho integralizado a sua parte, não parece justo, que ele também tenha de pagar pela parte de William***!" A ideia parece-me um tanto quanto justa. Vamos concluir esse assunto no próximo parágrafo.

A regra em que o sócio Roberto é obrigado a arcar com o valor de R$ 100.000,00 (cem mil reais), ainda que o seu compromisso fosse de R$ 50.000,00 (cinquenta mil reais), existe para garantir o terceiro atacadista que contrata pela sociedade.

O Sócio que teve de arcar com o seu compromisso, e também, com o compromisso não assumido pelo sócio remisso, passa a ter direitos de exclusão em relação ao remisso, entre outros direitos mais, como o **art. 1.058 do Código Civil:**

> **Art. 1.058.** Não integralizada a quota de sócio remisso, os outros sócios podem, sem prejuízo do disposto no art. 1.004 e seu parágrafo único, tomá-la para si ou transferi-la a terceiros, excluindo o primitivo titular e devolvendo-lhe o que houver pago, deduzidos os juros da mora, as prestações estabelecidas no contrato mais as despesas.

Assim, não integralizada a quota do remisso, **o sócio Roberto, poderá tomá-la para si, excluindo o primitivo (William), entre outras hipóteses** elencadas no **artigo 1.004 do Código Civil.** Em suma, as possibilidades estão a seguir:

O Sócio (Roberto), poderá:

- **Excluir o sócio William;**
- **Liquidar a sociedade;**
- **Cobrar valor não integralizado + juros + correção monetária.**

Em vista da exclusão do sócio, abrimos algumas possibilidades:

1) **Poderá excluir o sócio remisso, após notificá-lo, e reconstituir a sociedade com outro sócio de sua confiança;**
2) **Poderá excluir o sócio remisso, transformando a sociedade para praticar a empresa como Empresário Individual;**

3) **Poderá excluir o sócio remisso, continuando a sociedade de forma unipessoal, por simples alteração contratual;**
4) **Se o sócio remisso, integralizar, ao menos parte, basta diminuir o capital do remisso e assumir o restante.**
5) **Poderá liquidar a sociedade;**

1.3. Sociedade limitada unipessoal e pluripessoal

Enfim, a legislação de **Liberdade Econômica** traz a inclusão do **§1º, Art. 1.052 para o Código Civil, permitindo a constituição de uma sociedade limitada unipessoal,** a seguir:

> "**§ 1º** A sociedade limitada pode ser constituída por 1 (uma) ou mais pessoas."

Trata-se da ampliação **das possibilidades para um sujeito que queira praticar a empresa individualmente,** como explica o quadro abaixo.

Prática individual da atividade empresarial

- **Empresário Individual;**
- **Sociedade Unipessoal limitada.**

Além disso, o **§2º, Art. 1.052 para o Código Civil**, traz como obrigatoriedade a aplicação dos itens compatíveis ao sujeito individual hoje obrigatórios para a sociedade pluripessoal, a seguir:

> **§2.º** Se for unipessoal, aplicar-se-ão ao documento de constituição do sócio único, no que couber, as disposições sobre o contrato social.

O dispositivo acima, apenas exige para a sociedade unipessoal, o mesmo e antes já exigido para a sociedade pluripessoal no **art. 1.054 do Código Civil**, a seguir:

> "**Art. 1.054.** O contrato mencionará, no que couber, as indicações do art. 997, e, se for o caso, a firma social."

A sociedade unipessoal e pluripessoal, devem constituir-se, segundo um contrato social que detenha as cláusulas essenciais previstas no **art. 997 do Código Civil**:

O **contrato social tem a condição de demonstrar todos os detalhes mais básicos da vida societária** no que tange a capital, sede, forma, responsabilidade, etc. **O registro é exigido para dar publicidade acerca da sociedade,** assegurando o conhecimento de elementos essenciais de sua vida quotidiana para que terceiros saibam com quem e em quais condições estão negociando.

Os sócios podem optar pelas cláusulas conforme as suas vontades, desde que não sejam ilícitas ou proibidas, como no exemplo de uma cláusula em que os sócios devem exercer as suas atividades exclusivamente na sociedade de que façam parte, mas existem as denominadas cláusulas essenciais.

As **cláusulas essenciais são obrigatórias,** e devem ser constituídas mediante contrato escrito, particular, confeccionado pelas próprias partes, ou público, com auxílio de uma tabelionato, sob pena de a sociedade ser considerada irregular. **O artigo 997 do Código Civil as elenca:**

> Art. 997. A sociedade constitui-se mediante contrato escrito, particular ou público, que, além de cláusulas estipuladas pelas partes, mencionará:
>
> I – Nome, nacionalidade, estado civil, profissão e residência dos sócios, se pessoas naturais, e a firma ou a denominação, nacionalidade e sede dos sócios, se jurídicas;
>
> II – Denominação, objeto, sede e prazo da sociedade;
>
> III – capital da sociedade, expresso em moeda corrente, podendo compreender qualquer espécie de bens, suscetíveis de avaliação pecuniária;
>
> IV – A quota de cada sócio no capital social, e o modo de realizá-la;
>
> V – As prestações a que se obriga o sócio, cuja contribuição consista em serviços); As Sociedades Limitadas não aceitam sócios de serviços, conforme §2.º do artigo 1.055, CC).
>
> VI – As pessoas naturais incumbidas da administração da sociedade, e seus poderes e atribuições;
>
> VII – a participação de cada sócio nos lucros e nas perdas;
>
> VIII – se os sócios respondem, ou não, subsidiariamente, pelas obrigações sociais.

O **contrato social arquivado no órgão de registro faz com que ninguém possa alegar que desconhecia as básicas informações da sociedade,** lembrando que, a título de exemplo, se um determinado sócio não tem poderes para contratar pela sociedade, essa limitação deve constar no contrato.

Entre as **cláusulas essenciais obrigatórias,** acredito que as hipóteses presentes nos incisos **I, II, III, IV e VI,** aplicam-se **às sociedades limitadas unipessoais,** já que o sócio deverá aplicar um nome para a sociedade e fazer constar a sua qualificação, sede, objeto, prazo, capital investido, divisão em quotas e administração da sociedade, que pode ser realizada por ele próprio, ou por terceiro por ele nomeado.

O **inciso V do artigo 997 do Código Civil** não se aplicada às sociedades limitadas, sejam unipessoais ou pluripessoais, conforme veda o ***§2.º do artigo 1.055 do Código Civil.***

O inciso VII também não se aplica, já que é óbvio que a sua responsabilidade será proporcional à sua participação, tendo em vista que a sociedade é composta por um único sócio.

O inciso VIII também não tem aplicação para as sociedades limitada, pois a sua regra de responsabilidade é definida pelo artigo 1.052 do Código Civil, já estudado.

1.4. Regência subsidiária e supletiva das sociedades limitadas

O **Código Civil de 2002** regula as sociedades limitadas em seus **artigos 1.052-1.087. É natural que tais dispositivos não dão conta de solucionar todos os problemas das limitadas,** logo, o legislador se antecipou e ofereceu regulação ao tema.

O **artigo 1.053 do Código Civil assegura aos sócios a liberdade de adotar, em caso de omissão na legislação, as regras das sociedades simples ou das sociedades anônimas.**

"**Art. 1.053.** A sociedade limitada rege-se, nas omissões deste Capítulo, pelas normas da sociedade simples."

O "caput" é para regular os casos em que as partes não definem nada no contrato social. Nesse caso, **as sociedades limitadas adotam, subsidiariamente, as regras das sociedades simples,** e a **escolha pelas sociedades por ações para sanar as omissões sobre suas regras é solução supletiva, em vista do disposto no art. 1.052 do Código Civil.**

Finalmente, o parágrafo único do **artigo 1.053 do Código Civil**, oferece às partes a possibilidade de escolher a **regência supletiva das regras presentes na lei das sociedades anônimas,** seja a **lei 6.404/76.**

Parágrafo único. O contrato social poderá prever a regência supletiva da sociedade limitada pelas normas da sociedade anônima.

Nesse caso, a sociedade limitada ganhará um arcabouço de regras muito maior, talvez, sendo uma boa saída para quem deseja trabalhar com maior vulto de capital, já que é uma legislação que não oferece tanta liberdade contratual, possuindo 299 artigos.

2. ADMINISTRAÇÃO

A sociedade poderá ser administrada por sócios, ou ainda, por quem não seja sócio, se o contrato social permitir. Trata-se de inovação trazida pelo Código Civil. **Existindo permissão no contrato social de administrador não sócio, este será escolhido por deliberação dos sócios.**

Art. 1.060. A sociedade limitada é administrada por uma ou mais pessoas designadas no contrato social ou em ato separado.

<table>
<tr><th>SÓCIO-ADMINISTRADOR</th><th>TERCEIRO ADMINISTRADOR</th></tr>
<tr><td colspan="2">A designação pode ocorrer no próprio contrato social ou em ato em separado (art. 1.060 do CC)</td></tr>
<tr><td>Se for nomeado em ATO SEPARADO, a aprovação exige mais da ½ (metade) do capital social (art. 1.071, inciso II, c/c art. 1.076, inciso II, do CC). (Redação dada pela Lei nº 14.451, de 2022)</td><td>Se o CAPITAL NÃO ESTIVER TOTALMENTE INTEGRALIZADO, a aprovação da nomeação exige 2/3 do capital social (art. 1.061 do CC).
Se o CAPITAL JÁ ESTIVER TOTALMENTE INTEGRALIZADO, a aprovação da nomeação exige mais ½ do capital social. (Redação dada pela Lei nº 14.451, de 2022)</td></tr>
<tr><td colspan="2">O administrador designado EM ATO SEPARADO investir-se-á no cargo mediante termo de posse no livro de atas da administração.
Se o termo não for assinado nos 30 (trinta) dias seguintes à designação, esta se tornará sem efeito.
Por fim, nos 10 (dez) dias seguintes ao da investidura, deve o administrador requerer seja averbada sua nomeação no registro competente (art. 1.062 do CC).</td></tr>
<tr><td colspan="2">O exercício do cargo de administrador cessa pela destituição, em qualquer tempo, do titular, ou pelo término do prazo se, fixado no contrato ou em ato separado, não houver recondução (art. 1.063, caput, do CC).
A cessação do exercício do cargo de administrador deve ser averbada no registro competente, mediante requerimento apresentado nos dez dias seguintes ao da ocorrência (art. 1.063, § 2º, do CC).</td></tr>
<tr><td>No caso administrador sócio nomeado em ATO SEPARADO, a destituição será decidida por mais da ½ (metade) do capital social (arts. 1.071, inciso III, e 1.076, inciso II, do CC). (Redação dada pela Lei nº 14.451, de 2022)
§ 1º Tratando-se de sócio nomeado administrador no contrato, sua destituição somente se opera pela aprovação de titulares de quotas correspondentes a mais da metade do capital social, salvo disposição contratual diversa. (Redação dada pela Lei nº 13.792, de 2019) (art. 1.063, § 1º, do CC)</td><td>No caso de administrador estranho ao quadro social nomeado em ATO SEPARADO, a destituição será decidida por mais da ½ (metade) do capital social (arts. 1.071, inciso III, e 1.076, inciso II, do CC). (Redação dada pela Lei nº 14.451, de 2022)
Por fim, no caso de administrador estranho ao quadro social nomeado NO CONTRATO, a destituição será decidida por, no mínimo, 1/2 do capital social (arts. 1.071, inciso V, e 1.076, inciso I, do CC). (Redação dada pela Lei nº 14.451, de 2022)</td></tr>
</table>

Em regra, a sociedade é administrada por uma ou mais pessoas designadas no próprio contrato de sociedade, mas **poderá ser nomeada em vista de sua escolha em reunião ou assembleia de sócios,** situação em que a ata da respectiva reunião ou assembleia são suficientes para a sua legítima nomeação e consequente averbação no órgão registral.

O **artigo 1.062 e §§ do Código Civil**, traz ainda a necessidade de assinatura no termo de posse no prazo de até 30 dias, assim como a averbação no prazo de 10 dias da assinatura.

> "**Art. 1.062.** O administrador designado em ato separado investir-se-á no cargo mediante termo de posse no livro de atas da administração.

> § 1º Se o termo não for assinado nos trinta dias seguintes à designação, está se tornará sem efeito.
>
> § 2º Nos dez dias seguintes ao da investidura, deve o administrador requerer seja averbada sua nomeação no registro competente, mencionando o seu nome, nacionalidade, estado civil, residência, com exibição de documento de identidade, o ato e a data da nomeação e o prazo de gestão."

O parágrafo único do **artigo 1.060 do Código Civil é apenas para afirmar que o sócio que adentrar ao quadro societário posteriormente, não recebe os poderes de administração automaticamente,** situação em que, para que adquira essa qualidade, haverá de fazer constar alteração contratual ou decisão em reunião ou assembleia, para posterior averbação registral.

> "**Parágrafo único.** A administração atribuída no contrato a todos os sócios não se estende de pleno direito aos que posteriormente adquiram essa qualidade."

O **Código Civil de 2002** admite a figura do administrador estranho ao quadro social, quando exista permissão contratual. **Caso o capital não esteja integralizado para a permissão de administrador não sócio, é necessária a aprovação por, no mínimo, 1/2 do capital, segundo o art. 1.061 do mesmo Código.**

> "**Art. 1.061.** A designação de administradores não sócios dependerá da aprovação de, no mínimo, 2/3 (dois terços) dos sócios, enquanto o capital não estiver integralizado, e da aprovação de titulares de quotas correspondentes a mais da metade do capital social, após a integralização." (Redação dada pela Lei nº 14.451, de 2022)

A **administração cessa pelo término do contrato, se ele não for reconduzido ao cargo.** Também cessa a administração pela destituição do administrador, que pode ocorrer a qualquer tempo por deliberação dos sócios.

> "**Art. 1.063.** O exercício do cargo de administrador cessa pela destituição, em qualquer tempo, do titular, ou pelo término do prazo se, fixado no contrato ou em ato separado, não houver recondução.
>
> § 2º A cessação do exercício do cargo de administrador deve ser averbada no registro competente, mediante requerimento apresentado nos dez dias seguintes ao da ocorrência.
>
> § 3º A renúncia de administrador torna-se eficaz, em relação à sociedade, desde o momento em que esta toma conhecimento da comunicação escrita do renunciante; e, em relação a terceiros, após a averbação e publicação."

A **expressão "uso da firma" significa a tomada de atos em nome da sociedade,** assinando pela própria pesso jurídico e como se fosse a própria. Também cessa a administração pela destituição do administrador, que pode ocorrer a qualquer tempo por deliberação dos sócios.

> "**Art. 1.064.** O uso da firma ou denominação social é privativo dos administradores que tenham os necessários poderes."

Finalmente, é dever dos administradores, ao final do exercício social, a elaboração de inventário e balanço patrimonial e também do balanço de resultado econômico. **Uma sociedade com boa escrituração, é uma sociedade com uma bússola implacável na orientação dos negócios.**

> "**Art. 1.065.** Ao término de cada exercício social, proceder-se-á à elaboração do inventário, do balanço patrimonial e do balanço de resultado econômico."

2.1. Responsabilidade do administrador

O Código Civil não traz regras próprias sobre os deveres e o regime de responsabilidade dos administradores das sociedades **limitadas**, de maneira que a doutrina apresenta duas situações possíveis:

REGIME JURÍDICO DA SOCIEDADE SIMPLES
No caso de incidirem subsidiariamente as regras da sociedade simples (art. 1.053 CC), aplicam-se os seguintes dispositivos do Código Civil à sociedade limitada: a) art. 1.011, que determina o dever de diligência dos administradores no exercício de suas funções; b) arts. 1.013 e 1.014, que dispõem sobre a atuação conjunta ou separada dos administradores; c) art. 1.015, que trata dos poderes dos administradores; d) art. 1.016, que prevê a responsabilidade solidária; e e) art. 1.017, que veda a atuação em conflito de interesses.

3. CONSELHO FISCAL

É um órgão de assessoramento técnico. **É obrigatório, mas de funcionamento facultativo.** A composição do Conselho Fiscal será de, no mínimo, três e, no máximo, cinco membros, acionistas ou não. No entanto, só podem ser eleitos como conselheiros fiscais aqueles que possuem curso superior ou tenham sido administradores de qualquer sociedade por, no mínimo, três anos.

E, resumindo as disposições mais relevantes dos arts. 1.066/1.070 do Código Civil, temos os seguintes pontos importantes:

a) sua instituição é uma faculdade na sociedade limitada;
b) é composto por 3 (três) ou mais membros e respectivos suplentes;
c) seus membros podem ser sócio ou não;
d) seus membros são eleitos na assembleia anual;
e) não podem fazer parte (i) os membros dos demais órgãos da sociedade ou de outra por ela controlada; (ii) os empregados de quaisquer delas ou dos respectivos administradores; (iii) o cônjuge ou parente destes até o terceiro grau; (iv) pessoas que tenham sido condenadas por crimes, que denotem a inidoneidade para fiscalizar a gestão de um patrimônio (art. 1.011, § 1º, do CC);

f) é assegurado aos sócios minoritários, que representarem pelo menos 1/5 (um quinto) do capital social, o direito de eleger, separadamente, um dos membros do conselho fiscal e o respectivo suplente;

g) a remuneração dos membros do conselho fiscal será fixada, anualmente, pela assembleia dos sócios que os eleger;

h) as atribuições e poderes conferidos pela lei ao conselho fiscal não podem ser outorgados a outro órgão da sociedade limitada;

i) a responsabilidade de seus membros obedece à regra que define a responsabilidade dos administradores, ou seja, respondem solidariamente perante a sociedade e os terceiros prejudicados, por culpa no desempenho de suas funções.

O Código Civil buscou estabelecer que **o administrador, além de conhecimento e capacidade de gestão, deve ter, no exercício de suas funções, o cuidado e a diligência** que todo homem probo empregaria na administração de seus próprios negócios. **O membro do conselho fiscal segue os mesmos preceitos, conforme artigo 1.011, a seguir.:**

> **Art. 1.011**. O administrador da sociedade deverá ter, no exercício de suas funções, o cuidado e a diligência que todo homem ativo e probo costuma empregar na administração de seus próprios negócios.

O administrador haverá de comprovar, **qualificação para o exercício das atividades e não incorrer em qualquer dos impedimentos legais,** conforme dispositivo a seguir comentado.

> "**Art. 1.066.[...]**
>
> **§1.º** Não podem fazer parte do conselho fiscal, além dos inelegíveis enumerados no § 1º do art. 1.011, os membros dos demais órgãos da sociedade ou de outra por ela controlada, os empregados de quaisquer delas ou dos respectivos administradores, o cônjuge ou parente destes até o terceiro grau."

Os impedimentos legais para a administração, estão dispostos no **§ 1.º do art. 1.011 do Código Civil**, que enumera aqueles que estão **legalmente impedidos de exercer a administração:**

> **§ 1.º** Não podem ser administradores, além das pessoas impedidas por lei especial, os condenados a pena que vede, ainda que temporariamente, o acesso a cargos públicos; ou por crime falimentar, de prevaricação, peita ou suborno, concussão, peculato; ou contra a economia popular, contra o sistema financeiro nacional, contra as normas de defesa da concorrência, contra as relações de consumo, a fé pública ou a propriedade, enquanto perdurarem os efeitos da condenação.

A tabela abaixo, organiza o dispositivo acima!

a) pessoas impedidas por leis especiais, a exemplo de funcionários públicos, governadores e juízes;
b) os condenados a pena que vede, ainda que temporariamente, o acesso a cargos públicos;
c) os condenados por crimes falimentares; de prevaricação; peita ou suborno; concussão e peculato, enquanto perdurarem os efeitos da condenação;
d) os condenados por crimes contra a economia popular; contra o sistema financeiro nacional; contra as normas de defesa da concorrência; contra as relações de consumo, a fé pública ou a propriedade, enquanto perdurarem os efeitos da condenação.

O membro do conselho fiscal, deve, tanto quanto o próprio administrador, assinar o termo de posse no livro de atas próprio do conselho com a sua respectiva qualificação pessoal, nos 30 dias seguintes ao de sua eleição, consoante o **artigo 1.067 e seu parágrafo único, CC**, a seguir:

> "**Art. 1.067.** O membro ou suplente eleito, assinando termo de posse lavrado no livro de atas e pareceres do conselho fiscal, em que se mencione o seu nome, nacionalidade, estado civil, residência e a data da escolha, ficará investido nas suas funções, que exercerá, salvo cessação anterior, até a subsequente assembléia anual."
>
> "**Parágrafo único.** Se o termo não for assinado nos trinta dias seguintes ao da eleição, está se tornará sem efeito."

A sua remuneração é fixada em assembleia de sócios, se houver, conforme artigo 1.068 do Código Civil:

> "**Art. 1.068.** A remuneração dos membros do conselho fiscal será fixada, anualmente, pela assembléia dos sócios que os eleger."

3.1. Competência

Quanto à competência do Conselho Fiscal, existem 2 (dois) pontos importantes: ***(a)*** a fiscalização pode ser exercida pelo órgão como um todo ou individualmente por cada membro; e ***(b)*** as atribuições e poderes conferidos pela lei ao conselho fiscal não podem ser outorgados a outro órgão da sociedade:

> "**Art. 1.069 do CC.** Além de outras atribuições determinadas na lei ou no contrato social, aos membros do conselho fiscal incumbem, **individual ou conjuntamente**, os deveres seguintes: I – examinar, pelo menos trimestralmente, os livros e papéis da sociedade e o estado da caixa e da carteira, devendo os administradores ou liquidantes prestar-lhes as informações solicitadas; II – lavrar no livro de atas e pareceres do conselho fiscal o resultado dos exames referidos no inciso I deste artigo; III – exarar no mesmo livro e apresentar à

assembleia anual dos sócios parecer sobre os negócios e as operações sociais do exercício em que servirem, tomando por base o balanço patrimonial e o de resultado econômico; IV – denunciar os erros, fraudes ou crimes que descobrirem, sugerindo providências úteis à sociedade; V – convocar a assembleia dos sócios se a diretoria retardar por mais de trinta dias a sua convocação anual, ou sempre que ocorram motivos graves e urgentes; VI – praticar, durante o período da liquidação da sociedade, os atos a que se refere este artigo, tendo em vista as disposições especiais reguladoras da liquidação."

"**Art. 1.070 do CC.** As atribuições e poderes conferidos pela lei ao conselho fiscal não podem ser outorgados a outro órgão da sociedade, e a responsabilidade de seus membros obedece à regra que define a dos administradores (art. 1.016).

Parágrafo único. O conselho fiscal poderá escolher para assisti-lo no exame dos livros, dos balanços e das contas, contabilista legalmente habilitado, mediante remuneração aprovada pela assembleia dos sócios."

A tabela abaixo, organiza o dispositivo acima!

I – examinar, pelo menos trimestralmente, os livros e papéis da sociedade e o estado da caixa e da carteira, devendo os administradores ou liquidantes prestar-lhes as informações solicitadas;
II – lavrar no livro de atas e pareceres do conselho fiscal o resultado dos exames referidos no inciso I deste artigo;
III – exarar no mesmo livro e apresentar à assembléia anual dos sócios parecer sobre os negócios e as operações sociais do exercício em que servirem, tomando por base o balanço patrimonial e o de resultado econômico;
IV – denunciar os erros, fraudes ou crimes que descobrirem, sugerindo providências úteis à sociedade;
V – convocar a assembléia dos sócios se a diretoria retardar por mais de trinta dias a sua convocação anual, ou sempre que ocorram motivos graves e urgentes;
VI – praticar, durante o período da liquidação da sociedade, os atos a que se refere este artigo, tendo em vista as disposições especiais reguladoras da liquidação.

4. SÓCIOS

Sócio é o membro da sociedade detentor de uma (ou mais) quota social, recebendo tal *status* a partir do momento em que **subscreve** determinada importância ou bem (ou serviços na sociedade simples), embora ainda não o tenha integralizado.

4.1. Responsabilidade dos sócios

Como já destacado, a limitação da responsabilidade dos sócios na sociedade limitada está prevista no art. 1.052 do Código Civil:

"**Art. 1.052 CC.** Na sociedade limitada, a responsabilidade de cada sócio é restrita ao valor de suas quotas, mas todos respondem solidariamente pela integralização do capital social."

O art. 1.052 do CC estabeleceu a **responsabilidade individual** pela integralização do valor das quotas subscritas, com o acréscimo da **responsabilidade solidária** até que o capital social seja completamente integralizado.

Em paralelo à responsabilidade solidária pela integralização do capital social, não se pode esquecer que, pela exata estimação de bens conferidos ao capital social, **respondem solidariamente** todos os sócios:

> "**Art. 1.055, § 1º, CC.** Pela exata estimação de bens conferidos ao capital social respondem solidariamente todos os sócios, até o prazo de cinco anos da data do registro da sociedade."

4.2. Direito de preferência

O direito de preferência garante aos sócios da sociedade limitada a opção de participar, com prioridade, do aumento do capital social, na proporção de suas quotas.

> "**Art. 1.081 CC.** Ressalvado o disposto em lei especial, integralizadas as quotas, pode ser o capital aumentado, com a correspondente modificação do contrato.
>
> **§ 1º** Até trinta dias após a deliberação, terão os sócios preferência para participar do aumento, na proporção das quotas de que sejam titulares. (...)."

4.3. Sócio remisso

Sócio remisso é aquele que deixa de integralizar a importância ou bem (ou serviços, na sociedade simples) no prazo delimitado no contrato social. Trata-se, em termos simples, do **sócio inadimplente**.

E, no caso do sócio remisso, a sociedade possui as seguintes opções:

***(i)* ação** indenizatória ou de cobrança (art. 1.004 do CC);

***(ii)* execução** por quantia certa (art. 784, inciso III, do CPC) ou execução para entrega de coisa certa (art. 784, inciso III, do CPC), caso o contrato social tenha sido assinado por duas testemunhas;

***(iii)* redução** da quota do sócio remisso aos valores por ele já, efetivamente, integralizados (art. 1.004 do CC) ou;

***(iv)* exclusão** (**expulsão**) do sócio remisso com a transferência de suas quotas para terceiros ou para os demais sócios (arts. 1.004, parágrafo único, e 1.058 do CC ou art. 107 da Lei nº 6.404/76, caso a limitada seja regida supletivamente pelas normas da sociedade anônima).

4.4. Exclusão do sócio

Além da hipótese de exclusão do sócio remisso (art. 1.004 CC ou art. 107 da Lei nº 6.404/76), em razão da importância da função social desempenhada pela sociedade empresária, o Código Civil permite a exclusão <u>**extrajudicial**</u> de sócio que esteja pondo em risco a atividade empresarial, em virtude de atos de inegável gravidade, desde que prevista no contrato social a exclusão por **JUSTA CAUSA**:

"**Art. 1.085 CC**. Ressalvado o disposto no **art. 1.030** [exclusão judicial por falta grave no cumprimento de suas obrigações, ou, ainda, por incapacidade superveniente], quando a maioria dos sócios, representativa de mais da metade do capital social, entender que um ou mais sócios estão pondo em risco a continuidade da empresa, em virtude de atos de inegável gravidade, poderá excluí-los [extrajudicialmente] da sociedade, mediante alteração do contrato social, desde que prevista neste [contrato social] a exclusão **por JUSTA CAUSA**.

Parágrafo único. Ressalvado o caso em que haja apenas dois sócios na sociedade, a exclusão de um sócio somente poderá ser determinada em reunião ou assembleia especialmente convocada para esse fim, ciente o acusado em tempo hábil para permitir seu comparecimento e o exercício do direito de defesa. **(Redação dada pela Lei nº 13.792, de 2019).**

"**Art. 1.086 CC**. Efetuado o registro da alteração contratual, aplicar-se-á o disposto nos arts. 1.031 [averiguação do valor das quotas do excluído, com reembolso] e 1.032 [responsabilidade temporal do excluído]."

De qualquer forma, o sócio excluído fará jus à apuração dos seus haveres nos termos do art. 1.031 do CC, isto é, à luz do capital efetivamente realizado e diante de um balanço especialmente levantado.

Em razão da expressa referência ao art. 1.030 no art. 1.085 do CC existem outras formas de exclusão do sócio:

i) pode o sócio ser excluído **judicialmente**, mediante iniciativa da maioria dos demais sócios, por falta grave[1] no cumprimento de suas obrigações, ou, ainda, por incapacidade superveniente;

ii) será de **pleno direito** (extrajudicialmente) excluído da sociedade o sócio declarado falido, ou aquele cuja quota tenha sido liquidada nos termos do parágrafo único do art. 1.026 do Código Civil:

"**Art. 1.030 do CC**. Ressalvado o disposto no art. 1.004 e seu parágrafo único [sócio remisso], pode o sócio ser excluído **judicialmente**, mediante iniciativa da maioria dos demais sócios, por falta grave no cumprimento de suas obrigações, ou, ainda, por incapacidade superveniente.

Parágrafo único. Será de **pleno direito** excluído da sociedade o sócio declarado falido, ou aquele cuja quota tenha sido liquidada nos termos do parágrafo único do art. 1.026."

1. **Retirada indevida de valores do caixa da empresa configura falta grave e sujeita sócio à exclusão:** Para a Terceira Turma do Superior Tribunal de Justiça (STJ), a retirada de valores do caixa da sociedade, contrariando o que foi deliberado em reunião, configura motivo justo para que a empresa requeira judicialmente a exclusão do sócio responsável.

Cuidado, no entanto, para não confundir às hipóteses de exclusão por *"falta grave"* (art. 1.030 do CC) e por *"justa causa"* (art. 1.085 do CC):

"FALTA GRAVE"	**"JUSTA CAUSA"**
Capítulo I – Sociedade Simples	Capítulo IV- Sociedade Limitada
Art. 1.030 do CC	Art. 1.085 do CC
Exclusão Judicial	Exclusão Extrajudicial
Iniciativa: maioria dos demais sócios.	Iniciativa: maioria dos sócios, representativa de mais da metade do capital social.

4.5. Direito de recesso (direito de retirada)

Também conhecido como direito de retirada, trata-se do direito de o sócio, em algumas situações, sair da sociedade mediante o **recebimento** do valor de suas quotas, implicando, **em regra**, redução do capital social em virtude da liquidação das cotas do retirante.

No que tange à **sociedade simples**, as hipóteses de retirada estão previstas no art. 1.029 do Código Civil, permitindo a qualquer sócio seu exercício.

Por sua vez, as hipóteses de retirada da **sociedade anônima** estão nos arts. 45, 136, 137, 221, 223, § 4º, 236, 252, §§ 1º e 2º, 256, § 2º, da Lei nº 6.404/76, atribuindo tal direito ao sócio dissidente.

Em contrapartida, as hipóteses de retirada da **sociedade limitada** estão no art. 1.077 do Código Civil, atribuindo tal direito ao sócio dissidente:

> "**Art. 1.077 CC.** Quando houver modificação do contrato, fusão da sociedade, incorporação de outra, ou dela por outra, terá o sócio que dissentiu o direito de retirar-se da sociedade, nos trinta dias subsequentes à reunião, aplicando-se, no silêncio do contrato social antes vigente, o disposto no art. 1.031."

Por fim, importante lembrar que parte da doutrina entende aplicável à sociedade limitada a previsão do § 3º do art. 137 da Lei nº 6.404/76, que permite a convocação de assembleia para reconsiderar a deliberação que autorizou o exercício do direito de retirada (modificação do contrato, fusão e incorporação), quando o pagamento do preço do reembolso das cotas do sócio retirante colocar em risco a estabilidade financeira da sociedade:

> "**Art. 137, § 3º, da Lei nº 6.404/76.** Nos 10 (dez) dias subsequentes ao término do prazo de que tratam os incisos IV e V do caput deste artigo, conforme o caso, contado da publicação da ata da assembleia-geral ou da assembleia especial que ratificar a deliberação, é facultado aos órgãos da administração convocar a assembleia-geral para ratificar ou reconsiderar a deliberação, se entenderem que o pagamento do preço do reembolso das ações aos acionistas dissidentes que exerceram o direito de retirada porá em risco a estabilidade financeira da empresa."

5. A VONTADE DA SOCIEDADE

A **sociedade limitada é uma pessoa jurídica e, como tal, é dotada de vontade própria,** expressa pelos sócios em reunião ou assembleia.

> **Art. 1.072.** As deliberações dos sócios, obedecido o disposto no art. 1.010, serão tomadas em reunião ou em assembléia, conforme previsto no contrato social, devendo ser convocadas pelos administradores nos casos previstos em lei ou no contrato.

Nas **sociedades compostas por menos de dez sócios, as deliberações podem ser tomadas em reunião,** desde que prevista no contrato social, inclusive o contrato preverá a forma como a reunião deve se dar, seja a convocação, instalação e assim por diante.

> § 1º A deliberação em assembléia será obrigatória se o número dos sócios for superior a dez.

No caso de **a sociedade for constituída funcionar com mais de dez sócios, as deliberações deverão ser tomadas por assembleia,** observados todos os seus requisitos e formalidades.

A obrigatoriedade da assembleia começa nos primeiros quatro meses após o final do exercício social; tem por **finalidade apreciar as contas dos administradores, deliberar sobre o balanço, designar administradores e quaisquer outras matérias, segundo deliberação dos sócios.**

Havendo pronunciamento por escrito de todos os sócios, dispensa-se uma e outra.

> § 3º A reunião ou a assembléia tornam-se dispensáveis quando todos os sócios decidirem, por escrito, sobre a matéria que seria objeto delas.

Tais assembleias devem ser convocadas pelos administradores, ainda que subsidiariamente possam ser convocadas pelos sócios ou pelo Conselho Fiscal.

5.1. Reuniões

As deliberações dos sócios, como destacado, são tomadas em reuniões ou assembleias, a depender da quantidade de membros da sociedade:

> "**Art. 1.072 do CC.** As deliberações dos sócios, obedecido o disposto no art. 1.010, serão tomadas em reunião ou em assembleia, conforme previsto no contrato social, devendo ser convocadas pelos administradores nos casos previstos em lei ou no contrato.
>
> § 1º A deliberação em assembleia será **obrigatória** se o número dos sócios for superior a dez.
>
> (...)

§ 6º Aplica-se às reuniões dos sócios, **nos casos omissos no contrato,** o disposto na presente Seção sobre a assembleia."

Em conclusão:

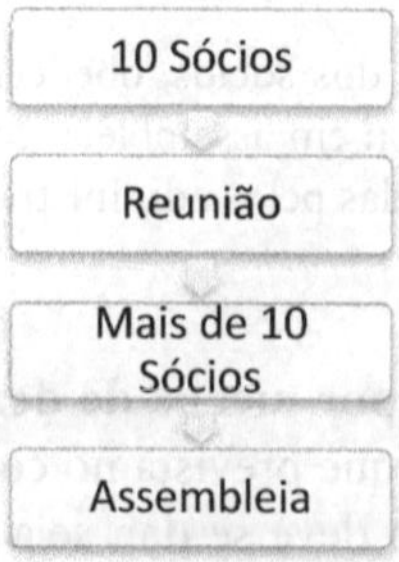

5.2. Assembleia

A **convocação dar-se-á pela imprensa,** procedimento que pode ser dispensado, **desde que compareçam todos os sócios ou que todos deem ciência de sua realização por escrito,** o que nos parece uma ótima solução, tendo em vista o alto custo desse método.

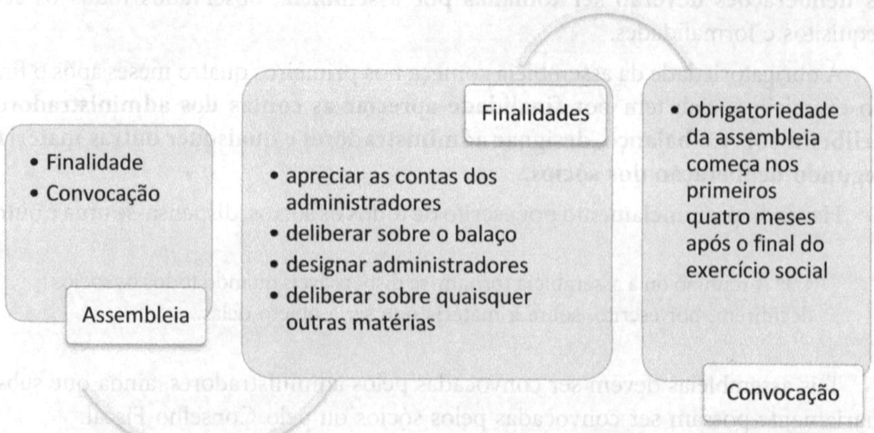

6. DELIBERAÇÕES

A maneira como a sua prova vincula o tema, infelizmente, exige o tal **"Decoreba". A organização de alguns quadros em ordem legal, e depois, em ordem decrescente, acredito, possa ajudá-los a economizar tempo,** além do que, pode ser interessante estudar essa matéria mais próximo da prova, já que exige muito da memorização.

Olhos atentos nos **artigos 1.071 e 1.076 do Código Civil que relata as matérias que dependem da deliberação dos sócios,** além de outras matérias indicadas na lei ou no contrato:

Art. 1.071. A assembléia dos sócios deve realizar-se ao menos uma vez por ano, nos quatro meses seguintes à ao término do exercício social, com o objetivo de:

I – a aprovação das contas da administração;

II – a designação dos administradores, quando feita em ato separado;

III – a destituição dos administradores;

IV – o modo de sua remuneração, quando não estabelecido no contrato;

V – a modificação do contrato social;

VI – a incorporação, a fusão e a dissolução da sociedade, ou a cessação do estado de liquidação;

VII – a nomeação e destituição dos liquidantes e o julgamento das suas contas;

VIII – o pedido de recuperação judicial.

Art. 1.076. Ressalvado o disposto no art. 1.061 do Código Civil, as deliberações dos sócios serão tomadas

II – pelos votos correspondentes a mais de metade do capital social, nos casos previstos nos incisos II, III, IV, V, VI e VIII do art. 1.071; (Redação dada pela Lei nº 14.451, de 2022)

III – pela maioria de votos dos presentes, nos demais casos previstos na lei ou no contrato, se este não exigir maioria mais elevada.

Quorum assemblear com tabela decrescente:
• Três quartos do Capital Social para a cessão de quotas para estranhos. • Dois terços do Capital Social, e para a nomeação de administrador não sócio, quando o capital não estiver integralizado. • Metade do Capital Social no que tange à nomeação, destituição ou fixação de remuneração dos administradores, modificação do contrato social, transformaçõe societárias, dissolução ou cessão do estado de liquidação e para a destituição de administrador sócio, nomeado pelo contrato social além de pedido de recuperação judicial, bem como para nomeação de administrador não sócio quando o capital estiver integralizado, exige-se mais da metade do capital social. • Maioria dos presentes para as demais deliberações, inclusive aprovação das contas da adminsitração, nomeação e destinação dos liquidantes e julgamentos de suas contas, salvo outra previsão contratual.

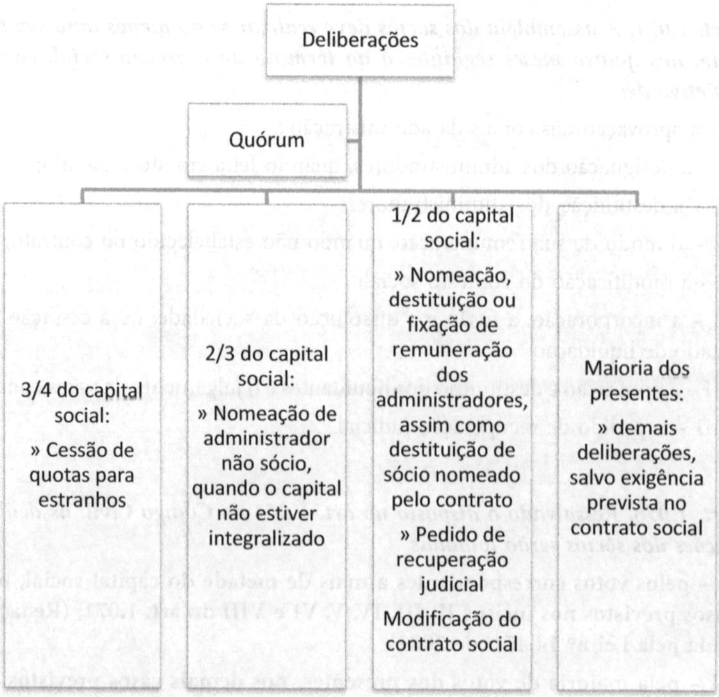

Quando houver modificação do contrato, fusão da sociedade, incorporação de outra, ou dela por outra, terá o sócio que dissentiu o direito de retirar-se da sociedade, **nos trinta dias subsequentes à reunião, aplicando-se, no silêncio do contrato social antes vigente,** o disposto no art. 1.031.

> **Art. 1.031.** Nos casos em que a sociedade se resolver em relação a um sócio, o valor da sua quota, considerada pelo montante efetivamente realizado, liquidar-se-á, salvo disposição contratual em contrário, com base na situação patrimonial da sociedade, à data da resolução, verificada em balanço especialmente levantado.

7. CAPITAL SOCIAL

Nas sociedades limitadas, o capital só pode ser formado por dinheiro ou bens, não se admitindo a contribuição em serviços, uma vez que o capital social é a garantia dos credores e a contribuição em serviços não teria como cumprir esse papel de garantia.

> *"Então, o art. 997, inciso V, não se aplica às sociedades limitadas?"* Não, pois, nesse caso, não há omissão já que o art. 1.055, § 2º, do Código Civil, veda, expressamente, a participação do chamado sócio de serviços:

Ademais, com o intuito de proteger a integridade do capital social, o Código Civil determina que os sócios respondem, **solidariamente**, pela exata estimação dos bens conferidos (integralizados), pelo prazo de 5 (cinco) anos (art. 1.055, § 1º, do CC), ou seja, se houve uma superavaliação de bens em prejuízo da efetividade do capital social, os sócios serão obrigados a desembolsar a diferença de seu patrimônio pessoal:

> "**Art. 1.055, § 1º, do CC.** Pela exata estimação de bens conferidos ao capital social respondem solidariamente todos os sócios, até o prazo de cinco anos da data do registro da sociedade."

7.1. Quotas

Ao contribuírem para o capital social, os sócios transferem dinheiro ou bens à sociedade e adquirem, em contrapartida, quotas de participação. Essas quotas são a divisão do capital social.

> "**Art. 1.055, caput, do CC.** O capital social divide-se em quotas, **iguais ou desiguais**, **cabendo uma ou diversas a cada sócio**."

E, de acordo com esse dispositivo (art. 1.055 do CC), em uma sociedade formada com capital social de R$100,00:

a) o sócio ***A*** pode ter uma quota de R$80,00 e o sócio ***B***, uma de R$20,00, havendo apenas **2 (duas) quotas** na sociedade com **valores diversos**: uma de R$80,00 e outra de R$20,00;

b) no entanto, nada impede que o sócio ***A*** tenha 80 cotas de R$1,00 cada e o sócio ***B***, 20 cotas de R$1,00 cada, havendo, no total, **100 (cem) quotas** com o **mesmo valor** de R$1,00 cada.

7.1.1. *Cessão das quotas*

O Código Civil mantém a possibilidade de os sócios disporem sobre a livre cessão **ou** não das quotas na sociedade limitada.

> "**Art. 1.057 do CC.** **Na omissão do contrato**, o sócio pode ceder sua quota, total ou parcialmente, a quem seja sócio, independentemente de audiência dos outros, ou a estranho, se não houver oposição de titulares de mais de um quarto do capital social.
>
> **Parágrafo único**. A cessão terá eficácia quanto à sociedade e terceiros, inclusive para os fins do parágrafo único do art. 1.003, a partir da averbação do respectivo instrumento, subscrito pelos sócios anuentes."

Logo, **no silêncio do contrato social**, a cessão das quotas **a quem é sócio** pode ocorrer livremente, não dependendo do consentimento dos demais.

Na omissão do contrato no que diz respeito à cessão das quotas **a terceiros**, ela pode ser feita desde que não haja oposição de sócios que representem **MAIS** de 1/4 (25%) do capital social. Isto é, a cessão das quotas a terceiros fica condicionada à aprovação, expressa **ou** tácita, de sócios que representem 3/4 (três quartos do capital social).

7.1.2. Quóruns de cessão de quotas: sociedade limitada e sociedade simples

Muito cuidado para não confundir os requisitos da cessão de participação societária na sociedade limitada e na sociedade simples:

Sociedade Limitada	Sociedade Limitada	Sociedade Simples
"Art. 1.057, caput, do CC. Na omissão do contrato, o sócio pode ceder sua quota, total ou parcialmente, A QUEM SEJA SÓCIO, independentemente de audiência dos outros, ou a estranho, se não houver oposição de titulares de mais de um quarto do capital social."	***"Art. 1.057, caput, do CC.*** *Na omissão do contrato, o sócio pode ceder sua quota, total ou parcialmente, a quem seja sócio, independentemente de audiência dos outros, ou* ***A ESTRANHO****, se não houver oposição de titulares de* ***mais*** *de um quarto do capital social."*	***"Art. 1.003, caput, do CC.*** *A cessão total ou parcial de quota, sem a correspondente modificação do contrato social com o consentimento dos demais sócios, não terá eficácia quanto a estes e à sociedade."*

Na sociedade simples, portanto, exige-se: ***(i)*** alteração do contrato social e; ***(ii)*** consentimento dos demais sócios, o que, na prática, exige unanimidade de sócios, quórum necessário para alteração do contrato social nesse caso (arts. 997, incisos I, IV e VII, e 999 do Código Civil):

> "**Art. 997 do CC**. A sociedade constitui-se mediante contrato escrito, particular ou público, que, além de cláusulas estipuladas pelas partes, mencionará: I – nome, nacionalidade, estado civil, profissão e residência dos sócios, se pessoas naturais, e a firma ou a denominação, nacionalidade e sede dos sócios, se jurídicas; (...) IV – a quota de cada sócio no capital social, e o modo de realizá-la; (...) VII – a participação de cada sócio nos lucros e nas perdas; (...)."
> "**Art. 999 do CC**. As modificações do contrato social, que tenham por objeto matéria indicada no art. 997, dependem do consentimento de todos os sócios; as demais podem ser decididas por maioria absoluta de votos, se o contrato não determinar a necessidade de deliberação unânime."

7.1.3. Penhora de quotas

Como analisado de forma mais aprofundada dentro da sociedade simples, apesar da divergência doutrinária a respeito da possibilidade de penhora das quotas, o Novo Código de Processo Civil, expressamente, **autoriza** tal instrumento executório, conforme seu art. 861.

7.1.4. Quotas preferenciais

Quotas preferenciais são aquelas que atribuem ao seu titular alguns direitos patrimoniais que vão além dos básicos de cada sócio (ex.: prioridade de distribuição de dividendos e no reembolso de capital), embora autorizem a restrição do direito de voto.

7.1.5. Aumento e diminuição do capital

> **Art. 1.081, CC.** Ressalvado o disposto em lei especial, integralizadas as quotas, pode ser o capital aumentado, com a correspondente modificação do contrato.

Até trinta dias após a deliberação, terão os sócios **preferência para participar do aumento,** na proporção das quotas de que sejam titulares.

A preferência pode ser transferida para outro sócio, mas se transferida para estranhos **aplica-se, subsidiariamente o disposto no caput do art. 1.057 do Código Civil** acerca da cessão de quotas.

> **Art. 1.057.** Na omissão do contrato, o sócio pode ceder sua quota, total ou parcialmente, a quem seja sócio, independentemente de audiência dos outros, ou a estranho, se não houver oposição de titulares de mais de um quarto do capital social.

Decorrido o prazo da preferência, e assumida pelos sócios, ou por terceiros, a totalidade do aumento, **haverá reunião ou assembleia dos sócios, para que seja aprovada a modificação do contrato.**

Pode a **sociedade reduzir o capital, mediante a correspondente modificação do contrato:**

> **Art. 1.082. [...]**
> II – se excessivo em relação ao objeto da sociedade.

- **depois de integralizado, se houver perdas irreparáveis;**
- **se excessivo em relação ao objeto da sociedade.**

No caso de haver danos irreparáveis, **a redução do capital será realizada com a diminuição proporcional do valor nominal das quotas**, tornando-se efetiva a partir da averbação, no Registro Público de Empresas Mercantis, da ata da assembleia que a tenha aprovado.

No caso de ser excessivo em relação ao objeto da sociedade, a redução do capital será feita restituindo-se parte do valor das quotas aos sócios, ou dispensando-se as prestações ainda devidas, **com diminuição proporcional.**

No prazo de noventa dias, contado da data da publicação da ata da assembleia que aprovar a redução, o credor quirografário, por título líquido anterior a essa data, poderá opor-se ao deliberado.

A redução somente se tornará eficaz se, no prazo estabelecido, não for impugnada, ou se provado o pagamento da dívida ou o depósito judicial do respectivo valor.

Satisfeitas as condições estabelecidas, **proceder-se-á à averbação, no Registro Público de Empresas Mercantis, da ata que tenha aprovado a redução.**

7.2. Exclusão de sócio minoritário

O *parágrafo único foi alterado* **para ressalvar o caso em que havendo apenas dois sócios na sociedade, situação em que será desnecessária reunião ou assembleia para este fim.**

Nos demais casos, **a exclusão de um sócio somente poderá ser determinada em reunião ou assembleia especialmente convocada para esse fim,** ciente o acusado em tempo hábil para permitir seu comparecimento e o exercício do direito de defesa.

> **Art. 1.085.** Ressalvado o disposto no art. 1.030 , quando a maioria dos sócios, representativa de mais da metade do capital social, entender que um ou mais **sócios estão pondo em risco a continuidade da empresa, em virtude de atos de inegável gravidade, poderá excluí-los da sociedade**, mediante alteração do contrato social, desde que prevista neste a exclusão por justa causa.
>
> **Parágrafo único.** Ressalvado o caso em que haja apenas dois sócios na sociedade, a exclusão de um sócio somente poderá ser determinada em reunião ou assembleia especialmente convocada para esse fim, ciente o acusado em tempo hábil para permitir seu comparecimento e o exercício do direito de defesa. **(Redação dada pela Lei nº 13.792, de 2019)**

8. DESCONSIDERAÇÃO DA PERSONALIDADE JURÍDICA

Inicialmente, devemos tratar sobre o fato de que o direito reconhece **a autonomia da pessoa jurídica com titularidade patrimonial.** O patrimônio das pessoas jurídicas não se confunde com o patrimônio dos sócios.

> **Art. 49-A.** A pessoa jurídica não se confunde com os seus sócios, associados, instituidores ou administradores. (Incluído pela Lei nº 13.874, de 2019).

A concessão de personalidade jurídica, tendo em vista seus efeitos, não em raros casos, leva a cometimento de **atos abusivos contra credores e terceiros.**

É o caso do sujeito que adquire bens para a pessoa jurídica, **conduz tais bens para o patrimônio pessoal e não paga os credores,** o que denota fraude, desviando a finalidade da pessoa jurídica.

Por tal razão, **quando a personalidade jurídica é utilizada para fazer valer fraude em detrimento de terceiros,** considera-se ineficaz a personalidade jurídica da pessoa jurídica.

A desconsideração gera a **perda da autonomia da pessoa jurídica e a possibilidade de responsabilizar o patrimônio pessoal dos sócios ou administradores** em relação aos atos praticados de forma abusiva ou fraudulenta.

Assim ocorrendo, desconsidera-se o favor da personalidade jurídica, para imputar a responsabilidade pelos atos praticados ao verdadeiro autor do abuso, que, destarte, deverá responder, pessoalmente, com seu patrimônio pelos atos praticados, conforme **artigo 50 do Código Civil**, a seguir:.

> **"Art. 50.** Em caso de abuso da personalidade jurídica, caracterizado pelo desvio de finalidade ou pela confusão patrimonial, pode o juiz, a requerimento da parte, ou do Ministério Público quando lhe couber intervir no processo, desconsiderá-la para que os efeitos de certas e determinadas relações de obrigações sejam estendidos aos bens particulares de administradores ou de sócios da pessoa jurídica beneficiados direta ou indiretamente pelo abuso. **(Redação dada pela Lei nº 13.874, de 2019)**

Assim, o Código Civil traz a considerada **"Teoria Maior"** da desconsideração da personalidade jurídica em casos de **confusão patrimonial e o desvio de finalidade** como hipóteses para a aplicação do instituto.

A confusão patrimonial parte do pressuposto de que o patrimônio do sócio ou sócios e o patrimônio da pessoa jurídica estão separados apenas perante a lei, mas de fato **o sócio, a título de exemplo, está adquirindo bens em nome da pessoa e vice-versa.**

O **Código Civil no §2º de seu artigo 50**, regula o que deve ser considerado como confusão patrimonial:

> **§2º** Entende-se por confusão patrimonial a ausência de separação de fato entre os patrimônios, caracterizada por:
>
> **I** – cumprimento repetitivo pela sociedade de obrigações do sócio ou do administrador ou vice-versa;
>
> **II** – transferência de ativos ou de passivos sem efetivas contraprestações, exceto os de valor proporcionalmente insignificante; e
>
> **III** – outros atos de descumprimento da autonomia patrimonial.

A legislação considera o **desvio de finalidade a hipótese de fraude acompanhada da intenção de prejudicar credores**, o que demonstra a teoria subjetiva da desconsideração da personalidade jurídica, já.

> **§1º** Para os fins do disposto neste artigo, desvio de finalidade é a utilização da pessoa jurídica com o propósito de lesar credores e para a prática de atos ilícitos de qualquer natureza.

8.1. Desconsideração da personalidade jurídica no Código de Defesa e proteção do consumidor

O **Código de Defesa e Proteção do Consumidor foi a primeira lei a mencionar hipóteses de desconsideração da personalidade jurídica em seu art. 28,** quando, em detrimento do consumidor, houver:

- abuso de direito;
- excesso de poder, infração da lei ou ato ilícito ou violação dos estatutos ou contrato social;

- falência, estado de insolvência ou encerramento da pessoa jurídica provocados por má administração.

Inclusive, recentemente, os nossos tribunais têm desconsiderado a personalidade jurídica sem qualquer uma das tais justificativas, **por acolherem apenas o último parágrafo do art. 28 do CDC,** que traz a questão do simples prejuízo do credor como autorizadora da ordem.

A **teoria presente neste Código é também chamada de "teoria menor"** por parte da doutrina, que considera "maior" a teoria presente no Código Civil Brasileiro.

Assim, segundo o CDC, ainda que existam hipóteses elencadas no primeiro parágrafo de nosso texto e as leras *"a", "b" e "c"*, o que se verifica é que **basta o prejuízo do consumidor para que haja a desconsideração da personalidade jurídica para avançar nos bens dos sócios.**

A desconsideração da personalidade jurídica também vem como técnica para coibir a utilização indevida da **autonomia patrimonial da sociedade personificada**, agora de modo inverso.

Imagine o caso de um *"Pai"* que compra um veículo em nome da Pessoa Jurídica, mas para uso em sua vida pessoa. A *"má"* intenção é a de não pagar a pensão alimentícia.

Nesse caso, também estamos diante de uma fraude, mas agora a fraude é inversa. Assim nasceu esse tipo de desconsideração.

A desconsideração inversa da personalidade jurídica opera para coibir a confusão patrimonial entre sócio e sociedade, **responsabilizando a sociedade personificada por obrigações do sócio que oculta seu patrimônio pessoal no patrimônio da sociedade.**

As ações que discutem alimentos cansaram de esbarrar nesse problema, gerando uma vitória de Pirroa que o sujeito ganha, mas não leva, trazendo um cenário de vazio ainda maior para o alimentando em vista da inadimplência.

O Código de Processo Civil vigente faz a primeira inserção legislativa ao tema no momento em que o **§2º de seu art. 133** e hoje o próprio **Código Civil** compreende a utilização da desconsideração inversa, a seguir:

> **"Art. 50**. Em caso de abuso da personalidade jurídica, caracterizado pelo desvio de finalidade ou pela confusão patrimonial, pode o juiz, a requerimento da parte, ou do Ministério Público quando lhe couber intervir no processo, desconsiderá-la para que os efeitos de certas e determinadas relações de obrigações sejam estendidos aos bens particulares de administradores ou de sócios da pessoa jurídica beneficiados direta ou indiretamente pelo abuso.
>
> **§3º** O disposto no caput e nos §§ 1º e 2º deste artigo **também se aplica à extensão das obrigações de sócios ou de administradores à pessoa jurídica.** (Incluído pela Lei nº 13.874, de 2019)

RESUMO. SOCIEDADES LIMITADAS

A sociedade limitada é uma modalidade de sociedade empresária constituída por 1 (uma) ou mais pessoas. O sócio ou sócios podem contribuir com bens passíveis de avaliação em dinheiro, para dar origem a uma pessoa jurídica autônoma. Desse modo, com o registro, a sociedade limitada torna-se uma Pessoa Jurídica com patrimônio próprio e separado de seus sócios.

A responsabilidade dos sócios é restrita ao valor de suas quotas. O sócio é responsável pelo valor de suas quotas, de acordo com as obrigações que assumirem, mas todos respondem solidariamente pela integralização do capital.

Os sócios se comprometem a pagar determinado valor para a sociedade, o que se denomina subscrição, e, a partir do momento que, de fato, pagam o valor a que se comprometeram temos a integralização do capital. A responsabilidade limitada está atrelada diretamente à integralização.

Enquanto um ou alguns dos sócios não integralizam o capital, é possível avançar em seus bens pessoais, até o limite do valor subscrito.

16

SOCIEDADES ANÔNIMAS

As sociedades por ações comportam duas espécies. Temos as **sociedades anônimas ou Companhias e as Comandita por Ações.** Inicialmente, vamos cuidar das sociedades anônimas ou companhias. Os termos são sinônimos.

A legislação foi criada para que houvesse um tratamento diferenciado para **companhias com estrutura mais complexa.** Vale lembrar que as companhias abertas utilizam-se da estrutura da Bolsa de Valores, o que por si só, justifica a tratativa em lei especial, ou seja, a Lei 6.404/76 (Lei das Sociedades Anônimas).

1. CARACTERIZAÇÃO

As **características básicas apresentam-se nos primeiros artigos da lei especial,** a seguir:

> Características e Natureza da Companhia ou Sociedade Anônima
>
> **Art. 1.º** A companhia ou sociedade anônima terá o capital dividido em ações, e a responsabilidade dos sócios ou acionistas será limitada ao preço de emissão das ações subscritas ou adquiridas.

a) **Capital dividido em ações:** O capital da sociedade é fracionado. Cada ação corresponde a uma parcela do capital da companhia. O investidor pode optar por adquirir uma ou diversas ações.

b) **Responsabilidade limitada:** A responsabilidade do acionista é limitada ao preço de emissão da ação ou ações que tenha adquirido. Não há solidariedade entre sócios. O sócio acionista é responsável somente pelo capital que integralizou. Cada acionista responde por sua parte, não há o que se falar em solidariedade entre os sócios.

c) **Sempre empresárias:** São consideradas empresárias e isso independe da atividade praticada.

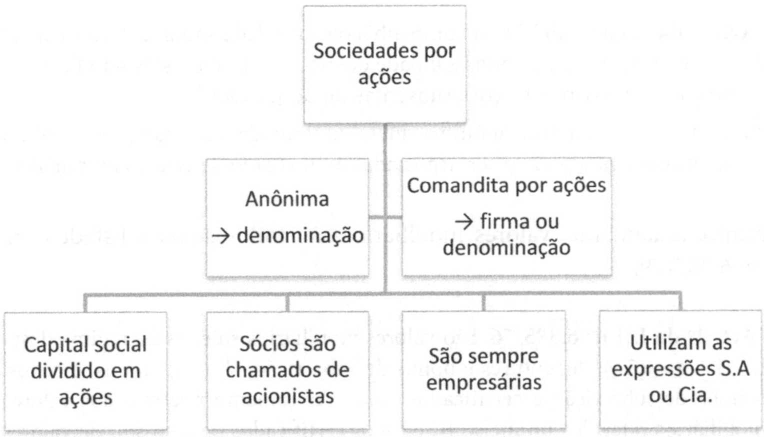

As sociedades anônimas classificam-se em abertas e fechadas.

> **Art. 4º** Para os efeitos desta Lei, a companhia é aberta ou fechada conforme os valores mobiliários de sua emissão estejam ou não admitidos à negociação no mercado de valores mobiliários.

As **companhias abertas** são aquelas que tem seus valores mobiliários negociados na Bolsa de valores. Os fundadores integralizam uma parte do capital e esperam que investidores ao adquirir/subscrever as suas ações integralizem o restante.

As **companhias fechadas**, por sua vez, são aquelas que não tem seus valores mobiliários negociados na Bolsa de valores. São criadas apenas para a utilização da estrutura da lei especial, mas sem a pretensão de receber recursos de investidores na Bolsa de Valores.

2. SOCIEDADE DE CAPITAL

A sociedade anônima é, **em regra**, uma sociedade de capitais, haja vista a maior importância atribuída à contribuição do acionista e não às suas qualidades pessoais.

Em função disso, ***(i)*** é livre a negociação de ações, havendo possibilidade de limitações (art. 36 da Lei nº 6.404/ 76), mas nunca proibição completa; ***(ii)*** o falecimento dos acionistas não terá nenhuma consequência sobre a sociedade, transmitindo-se de pleno direito a condição de sócio aos seus herdeiros; ***(iii)*** no caso de penhora de ações, pouco importará à companhia adquiri-las, embora possa fazê-lo (art. 861, § 1º, do NCPC).

No entanto, o **STJ** tem reconhecido a natureza pessoal de algumas sociedades anônimas de capital fechado formadas por grupos familiares:

3. DIVISÃO DO CAPITAL SOCIAL EM AÇÕES

O capital social da companhia é dividido em frações iguais, representadas por títulos negociáveis, denominados ações, que são <u>**espécie**</u> de **valor mobiliário**.

"**Art. 1º da Lei nº 6.404/76.** A companhia ou sociedade anônima terá o capital dividido em ações, e a responsabilidade dos sócios ou acionistas será limitada ao preço de emissão das ações subscritas ou adquiridas."

Neste ponto, a sociedade anônima difere da limitada, cujo capital é dividido em quotas que **não** podem ser negociadas no mercado de valores mobiliários.

Portanto, atualmente, valores mobiliários são todos aqueles listados no art. 2º da Lei nº 6.385/79:

"**Art. 2º da Lei nº 6.385/76.** São valores mobiliários sujeitos ao regime desta Lei: I – **as ações**, debêntures e bônus de subscrição; II – os cupons, direitos, recibos de subscrição e certificados de desdobramento relativos aos valores mobiliários referidos no inciso II; III – os certificados de depósito de valores mobiliários; IV – as cédulas de debêntures; V – as cotas de fundos de investimento em valores mobiliários ou de clubes de investimento em quaisquer ativos; VI – as notas comerciais; VII – os contratos futuros, de opções e outros derivativos, cujos ativos subjacentes sejam valores mobiliários; VIII – outros contratos derivativos, independentemente dos ativos subjacentes; e IX – quando ofertados publicamente, quaisquer outros títulos ou contratos de investimento coletivo, que gerem direito de participação, de parceria ou de remuneração, inclusive resultante de prestação de serviços, cujos rendimentos advêm do esforço do empreendedor ou de terceiros."

4. RESPONSABILIDADE LIMITADA

A responsabilidade dos acionistas é limitada ao *"preço de emissão da ação"* (valor investido). A limitação de responsabilidade significa que os acionistas só assumem o risco de perder o valor investido, não pondo em risco o restante de seu patrimônio pessoal.

"**Art. 1º da Lei nº 6.404/76.** A companhia ou sociedade anônima terá o capital dividido em ações, e a responsabilidade dos sócios ou acionistas será limitada ao preço de emissão das ações subscritas ou adquiridas."

5. NATUREZA EMPRESARIAL

Independentemente da atividade exercida pela sociedade anônima, ela será sociedade empresária:

"**Art. 982, parágrafo único, do CC.** Independentemente de seu objeto, considera-se empresária a sociedade por ações; e, simples, a cooperativa."

"**Art. 2º, caput, da Lei nº 6.404/76.** Pode ser objeto da companhia qualquer empresa [atividade empresarial] de fim lucrativo, não contrário à lei, à ordem pública e aos bons costumes."

6. SOCIEDADES ANÔNIMAS – CONSTITUIÇÃO

A constituição de uma sociedade anônima segue as regras do **art. 80, Lei 6.404/76** que **exige a subscrição (compromisso), de, no mínimo, duas pessoas.** Essas pessoas as quais a lei denomina acionistas fundadores, realizarão, como entrada, no mínimo, 10% (dez por cento) do preço de emissão das ações subscritas em dinheiro.

Exemplo:

Nesse momento, significa que se os acionistas pretendem criar uma companhia para a fabricação de maquinários pesados para a construção de pontes, rodovias, túneis, entre mais, é notório que precisarão de um bom capital.

Imagine que o capital social previsto seja de R$ 1.000.000,00 (um milhão de reais). Logo, cada um dos 2 (dois) acionistas fundadores devem dispor, de, no mínimo, R$ 50.000,00, para que, juntos, possam pagar o valor de entrada.

Os fundadores devem depositar a entrada no Banco do Brasil S/A., no prazo de 5 (cinco) dias do recebimento dos valores. O depósito será realizado em favor da companhia. Há a possibilidade de que seja realizado em outro banco, conforme orientação da CVM – (Comissão de Valores Mobiliários).

> **Art. 81.** O depósito referido no número III do artigo 80 deverá ser feito pelo fundador, no prazo de 5 (cinco) dias contados do recebimento das quantias, em nome do subscritor e a favor da sociedade em organização, que só poderá levantá-lo após haver adquirido personalidade jurídica.
>
> Parágrafo único. Caso a companhia não se constitua dentro de 6 (seis) meses da data do depósito, o banco restituirá as quantias depositadas diretamente aos subscritores.

É válido ressaltar que, somente após a conclusão do processo de constituição é que será possível o levantamento do valor do capital pela companhia. Além do que, caso não haja constituição no prazo de 6 (seis) meses, os valores serão restituídos aos subscritores.

OBSERVAÇÃO: A comissão de valores mobiliários é um órgão com a responsabilidade de autorizar o funcionamento das companhias, fiscalizá-las e orientá-las com as suas instruções, portarias e circulares.

O da companhia sempre será constituído por denominação:

> **Art. 3º, Lei 6.404/76** A sociedade será designada por denominação acompanhada das expressões "companhia" ou "sociedade anônima", expressas por extenso ou abreviadamente, mas vedada a utilização da primeira ao final.
>
> **Art. 1.160, CC.** A sociedade anônima opera sob denominação integrada pelas expressões 'sociedade anônima' ou 'companhia', por extenso ou abreviadamente, facultada a designação do objeto social. (Redação dada pela Lei nº 14.382, de 2022)

Comparada à sociedade limitada, a sociedade anônima está sujeita a um procedimento de constituição muito mais **complexo**, sendo dividido em **3 (três) fases**, com certas peculiaridades a depender do tipo de companhia (aberta ou fechada):

> *(1º)* as providências preliminares;
>
> *(2º)* a constituição propriamente dita e;
>
> *(3º)* as providências complementares.

6.1. Providências preliminares

Para se dar início ao procedimento de constituição da sociedade anônima (seja de capital aberto ou fechado), deve-se executar as providências preliminares previstas no art. 80 da Lei nº 6.404/76:

> "**Art. 80 da Lei nº 6.404/76.** A constituição da companhia depende do cumprimento dos seguintes requisitos preliminares:
>
> **I** – subscrição, pelo menos por 2 (duas) pessoas, de todas as ações em que se divide o capital social fixado no estatuto;
>
> **II** – realização, como entrada, de 10% (dez por cento), no mínimo, do preço de emissão das ações subscritas em dinheiro;
>
> **III** – depósito, no Banco do Brasil S/A., ou em outro estabelecimento bancário autorizado pela Comissão de Valores Mobiliários, da parte do capital realizado em dinheiro.
>
> **Parágrafo único.** O disposto no número II não se aplica às companhias para as quais a lei exige realização inicial de parte maior do capital social."

Sistematizando:

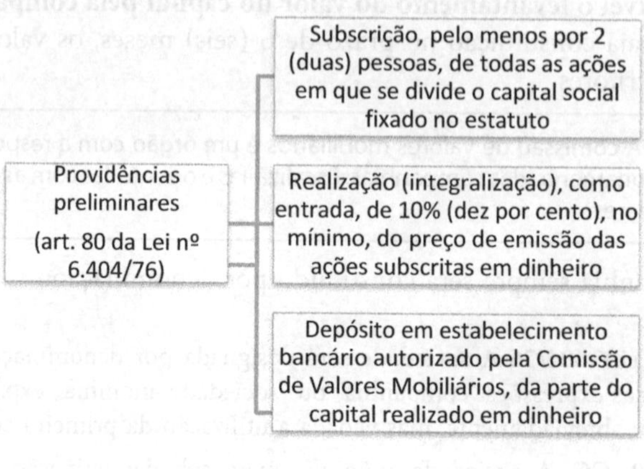

6.2. Constituição propriamente dita

Antes de abordarmos este assunto bastante complexo, vou tentar resumi-lo em um organograma, lembrando que, a partir desta fase, o procedimento é **diferente** a depender da espécie de **companhia (aberta ou fechada)**:

Realizadas as providências preliminares, passa-se à fase da **constituição propriamente dita da sociedade**, cuja forma dependerá da modalidade de subscrição escolhida: pública ou particular.

6.2.1. Subscrição pública do capital social (constituição sucessiva)

A pessoa que toma a iniciativa de organizar a companhia é o **fundador (ou fundadores)**, que não precisa ser, necessariamente, o futuro controlador da companhia, ou mesmo seu administrador.

Havendo um ou mais fundadores, prossegue-se ao **registro da emissão** na Comissão de Valores Mobiliários (art. 82 Lei nº 6.404/76) para disponibilização das ações no mercado de balcão (mercado primário) por **instituição financeira intermediária.**

E o pedido de **registro da emissão**, que obedecerá às normas expedidas pela Comissão de Valores Mobiliários (CVM), será instruído com:

a) o estudo de viabilidade econômica e financeira do empreendimento;

b) o projeto do estatuto social e;

c) o prospecto, organizado e assinado pelos fundadores **e pela instituição financeira intermediária.**

A referida *"instituição financeira intermediária"* (art. 82, § 1º, alínea "c", da Lei nº 6.404/76) será contratada pelo fundador (ou fundadores), por meio do chamado ***UNDERWRITING***, ficando incumbida de intermediar o processo público de **subscrição** no mercado **primário** (art. 82 da Lei nº 6.404/76), dentro do mercado de balcão.

E esse serviço (***underwriting***) pode ser prestado de 3 (três) formas:

> "Em outros termos, para o **contrato de underwriting** há três possíveis bases: **a)** melhor esforço (best effort), em que a instituição financeira se obriga unicamente a procurar investidores interessados em subscrever as ações da companhia; **b)** com garantias de sobras (stand by), quando a instituição assume a obrigação de subscrever, no todo ou em parte, as ações para as quais não encontrou interessado; **c)** firme (straight), na qual ela subscreve a totalidade das ações da sociedade em formação para, posteriormente, revendê-las a investidores (Eizirik, 1987:20)." (**Fábio Ulhôa Coelho**)

Finalmente, se considerar o empreendimento viável, o fundador (ou fundadores) idôneo e não identificar nenhuma impropriedade no projeto de estatuto e no prospecto, a Comissão de Valores Mobiliários (CVM) **deferirá o registro da emissão**, permitindo que a instituição financeira intermediária ofereça as ações no mercado de balcão.

A última etapa da constituição da sociedade anônima por subscrição pública é a realização da **assembleia de fundação.**

6.3. Subscrição particular do capital social (constituição simultânea)

Na subscrição particular não há apelo ao público, **não** sendo, por conseguinte, necessária a intermediação de uma instituição financeira, nem o registro prévio na CVM.

6.4. Providências complementares

As providências complementares visam à aquisição da personalidade jurídica e à publicidade do nascimento da companhia e consistem no **arquivamento** (arts. 95 e 96 da Lei nº 6.404/76) e **publicação dos atos constitutivos** (art. 98 da Lei nº 6.404/76), além da eventual **transferência da propriedade dos bens com os quais se subscreveu o capital social.**

6.5. Constituição das companhias fechadas (subscrição particular)

O processo para constituir uma sociedade anônima fechada é significativamente mais singelo que o das abertas. **A constituição das anônimas fechadas é também conhecida por subscrição particular,** já que, os seus fundadores se utilizarão de capital próprio (particular), e não de investidores (público).

Caso os fundadores cheguem a um consenso, passa a ser desnecessária a assembleia. A solução pode chegar por uma **escritura pública em cartório**, conforme **artigo 88 da Lei das Sociedades Anônimas**, a seguir:

Realizada a assembleia de fundação ou lavrada a escritura pública, os administradores devem providenciar, nos 30 dias seguintes, conforme o **artigo 36 da Lei 8.934/1994, o arquivamento dos atos constitutivos na Junta Estadual em que se situa a sede da companhia.**

Se a companhia houver sido constituída por deliberação em assembleia, serão arquivados junto com a ata ou atas respectivas um exemplar do estatuto, a relação dos subscritores com nome, qualificação, ações e entradas realizadas, além do recibo de seus depósitos bancários, conforme **artigo 95 da Lei das Sociedades Anônimas**, a seguir:

De acordo com o previsto no Estatuto da Advocacia (**Lei 8.906/1994, artigo 1º, § 2º**), é **condição de validade do registro do ato constitutivo de qualquer pessoa jurídica o visto de advogado.**

Arquivados os atos constitutivos, os primeiros administradores devem providenciar sua publicação no jornal oficial do local da sede, nos 30 dias seguintes, levando depois à Junta Estadual um exemplar dessa publicação, que também ficará arquivado.

6.5.1. O que é a sociedade anônima simplificada?

A lei complementar 182/21, em seu art. 294-A da LSA, estabelece para as companhias fechadas que tiverem receita brutal anual de até R$ 78.000.000,00 (setenta e oito milhões de reais), entendidas como sociedades anônimas de pequeno porte tratamento simplificado, a seguir:

I) Excepciona as publicações obrigatórias em Diário Oficial e jornal de grande circulação, permitindo às companhias publicarem de forma eletrônica;

II) Possibilita à empresa substituir os livros obrigatórios da sociedade anônima por registros mecanizados ou eletrônicos; e

III) Permite que a assembleia geral possa estabelecer livremente a distribuição de dividendos, em exceção à regra dos dividendos obrigatórios (art. 202 da LSA), desde que não seja prejudicado o direito dos acionistas preferenciais de receber os dividendos fixos ou mínimos a que tenham prioridade.

As sociedades anônimas de pequeno porte trarão maiores possibilidades de investimento, e desenvolvimento da sociedade anônima, já que a redução de gastos é um de seus objetivos, aproveitando também o fator da Diretoria composta por apenas 1 (um) Diretor.

Além disso, a legislação conduz a hipótese de companhias de pequeno porte para atuação no mercado de capitais, conforme **art. 294-B**, a seguir: "Para fins do disposto nesta Lei, considera-se companhia de menor porte aquela que aufira receita bruta anual inferior a R$ 500.000.000,00 (quinhentos milhões de reais). (Incluído pela Lei Complementar nº 182, de 2021)."

A regulamentação se dará pela Comissão de Valores Mobiliários.

6.6. Constituição das companhias abertas (subscrição pública)

O processo para **constituir uma sociedade anônima aberta depende do prévio registro da emissão na Comissão de Valores Mobiliários**, e a subscrição apenas será possível com a intermediação de uma instituição financeira.

> **Art. 82.** A constituição de companhia por subscrição pública depende do prévio registro da emissão na Comissão de Valores Mobiliários, e a subscrição somente poderá ser efetuada com a intermediação de instituição financeira.

Os fundadores deverão contratar uma instituição financeira para que montem um processo chamado "*underwriting*", reunindo toda a documentação para ofertar as ações da companhia ao público investidor.

O pedido de registro que será realizado pela instituição bancária em comum acordo com os acionistas fundadores **reunirá um estudo de viabilidade econômica e financeira do empreendimento, um projeto do estatuto social e o prospecto.**

Sanchez, o que é o prospecto? Trata-se de **um documento com informações como capital da companhia,** valor de entrada, avaliação dos bens, etc., tudo conforme **artigo 84 da Lei das Sociedades Anônimas.**

Além disso, **os mesmos requisitos para a confecção de um contrato de sociedade também devem ser preenchidos no caso da constituição de uma companhia**, como a seguir:

> **Art. 83.** O projeto de estatuto deverá satisfazer a todos os requisitos exigidos para os contratos das sociedades mercantis em geral e aos peculiares às companhias, e conterá as normas pelas quais se regerá a companhia.

Em seguida, deve-se providenciar a **inscrição no registro público de empresas mercantis**, tudo por intermédio de uma das Juntas Comerciais Estaduais.

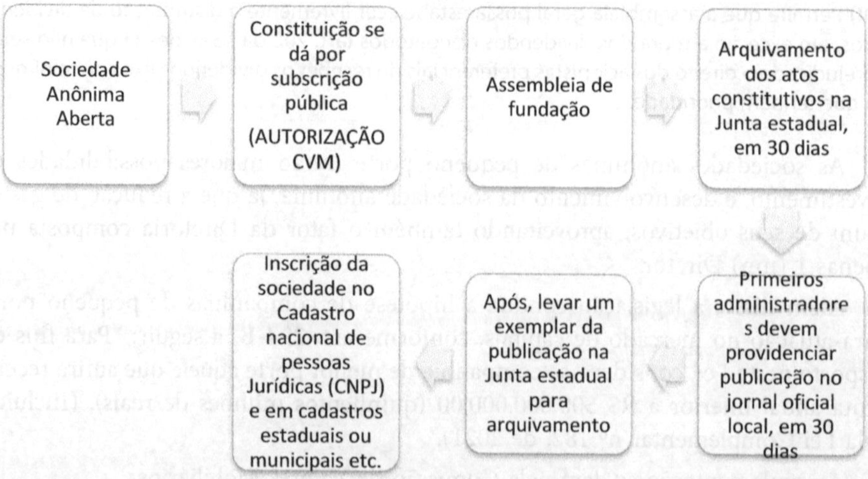

7. MERCADO DE VALORES MOBILIÁRIOS

O mercado de valores mobiliários é um **"espaço" ou "organização" onde é efetuado o encontro entre a oferta e a procura de valores mobiliários ou de outros instrumentos financeiros,** um verdadeiro "mercado" com diversas opções para investimento.

O funcionamento é de um "*MERCADÃO*", mas **nas prateleiras estão as ações das mais variadas companhias** (*Vale, Petrobrás, Ambev, etc...*). Os frequentadores desse mercado são os investidores que contratam corretores para fechar os seus negócios.

No passado, os mercados de valores mobiliários **funcionavam em grandes salas onde os corretores transmitiam, com o auxílio de gestos e sinais, as ordens dadas pelos seus clientes,** era uma verdadeira bagunça.

> A Bolsa de Valores, registrava as diversas ordens de compra e de venda, calculava a cotação de cada valor mobiliário e dava como realizadas as operações, promovendo a sua liquidação.

Atualmente, a negociação realiza-se por meio de sistemas eletrônicos (os corretores atuam à distância), introduzindo as ordens dadas pelos seus clientes nos sistemas informáticos de negociação no mercado; quando se encontram duas ofertas de sentido inverso (uma de venda e outra de compra).

O sistema realiza a operação de compra e venda, além de informar aos corretores que enviaram as propostas de que as suas ofertas foram executadas.

No **mercado financeiro**, a sociedade anônima obtém empréstimos com instituições financeiras, como os particulares em geral. No **mercado de valores mobiliários (mercado de capitais)**, a companhia **aberta** pode emitir valores mobiliários para obter os recursos diretamente do público investidor.

O mercado de valores mobiliários é composto pela Bolsa de Valores e o Mercado de Balcão (bancos e corretoras. Essas instituições negociam os principais ativos mobiliários do mercado de capitais, que são:

- ***Ações:*** **títulos emitidos por sociedades anônimas, que representam fração do capital da empresa,** como explicaremos adiante. O investidor em ações é um sócio da sociedade anônima da qual é acionista, participando dos seus resultados.
- ***Títulos de financiamento:*** **títulos emitidos para que a companhia possa se capitalizar,** como um dos recursos utilizados em um momento de crise ou mesmo de início de uma nova atividade ou até por questão de suas atividades quotidianas.

No caso acima, **o investidor coloca o seu dinheiro na companhia e recebe um documento que garante direito de crédito em relação à companhia.**

Existem autores que acreditam se tratar de um título de crédito, mas preferimos classificar somente como valores mobiliários, sendo o caso das **debêntures, que veremos mais a frente.** *Aliás, esse é um título curto, um título que o prepara para o que vem pela frente.*

7.1. Mercado primário e mercado secundário

O mercado de valores mobiliários (mercado de capitais) pode ser dividido em MERCADO PRIMÁRIO, onde é estabelecida uma relação entre o investidor e a própria sociedade anônima destinatária do investimento, e **MERCADO SECUNDÁRIO**, em que a circulação dos títulos se dá entre investidores.

7.2. Bolsa de Valores e Mercado de Balcão

A Bolsa de Valores tem por **objetivo principal permitir a realização de transações de compra e venda de títulos no mercado secundário,** proporcionando liquidez ao mercado por meio dos pregões diários realizados em meio eletrônico. Costumo dizer que a **Bolsa de Valores** é um Hipermercado, uma estrutura fantástica, e não é para menos, pois comporta transações com infinitos números de zeros.

A **Bolsa de valores do Brasil é a BMF&Bovespa,** uma das maiores e mais modernas do mundo, que permite que os investidores possam ter um ambiente mais bem estruturado para as negociações. **A Bolsa de Valores é de acesso apenas para as companhias abertas.** A estrutura chamada **"Mercado de Balcão" é mais singela e comporta as transações efetuadas no ambiente dos próprios bancos e corretoras.**

Assim, gosto de dizer que, se **a Bolsa de Valores é um hipermercado, o Mercado de Balcão é uma quitanda. As companhias abertas e fechadas têm acesso ao chamado Mercado de Balcão (Bancos e Corretoras).** O mercado de balcão abrange toda negociação de valores mobiliários feita fora das bolsas de valores, sendo realizada, basicamente, por meio de instituições financeiras, sociedades corretoras e agentes autônomos de investimento.

7.3. S.A.F. – Sociedade Anônima do Futebol

7.3.1. Características básicas

A Lei 14.193/2021 instituiu a **Sociedade Anônima do Futebol (S.A.F.).** A sua principal atividade será a prática do futebol, masculino e feminino, em competições profissionais, mas não apenas isso. Os clubes de futebol, em geral, são constituídos sob a forma de associação civil, pessoas jurídicas de Direito Privado, sem fins lucrativos, que não exercem atividade empresarial. Fica claro que a associação não é o melhor cenário para a realidade dos clubes, seja quanto a estrutura ou investimentos.

O parágrafo 2º do art. 1º da Lei 14.193/2021 dispõe que o objeto social da Sociedade Anônima do Futebol poderá compreender o seguinte rol de atividades:

> I – o fomento e o desenvolvimento de atividades relacionadas com a prática do futebol, obrigatoriamente nas suas modalidades feminino e masculino;
>
> II – a formação de atleta profissional de futebol, nas modalidades feminino e masculino, e a obtenção de receitas decorrentes da transação dos seus direitos desportivos;
>
> III – a exploração, sob qualquer forma, dos direitos de propriedade intelectual de sua titularidade ou dos quais seja cessionária, incluídos os cedidos pelo clube ou pessoa jurídica original que a constituiu;
>
> IV – a exploração de direitos de propriedade intelectual de terceiros, relacionados ao futebol;
>
> V – a exploração econômica de ativos, inclusive imobiliários, sobre os quais detenha direitos;
>
> VI – quaisquer outras atividades conexas ao futebol e ao patrimônio da Sociedade Anônima do Futebol, incluída a organização de espetáculos esportivos, sociais ou culturais;
>
> VII – a participação em outra sociedade, como sócio ou acionista, no território nacional, cujo objeto seja uma ou mais das atividades mencionadas nos incisos deste parágrafo, com exceção do inciso I.

A proposta legal é que haja transformação de tais associações para essa nova realidade, como segue: **Art. 2º** A Sociedade Anônima do Futebol pode ser constituída:

> **I** – pela transformação do clube ou pessoa jurídica original em Sociedade Anônima do Futebol;
>
> **II** – pela cisão do departamento de futebol do clube ou pessoa jurídica original e transferência do seu patrimônio relacionado à atividade futebol;
>
> **III** – pela iniciativa de pessoa natural ou jurídica ou de fundo de investimento.

O nome empresarial perfaz denominação: "*A denominação da Sociedade Anônima do Futebol deve conter a expressão "Sociedade Anônima do Futebol" ou a abreviatura "S.A.F."*.

7.3.2. Governança

O art. 5º da Lei 14.193/2021 determina que o conselho de administração e o conselho fiscal são órgãos de existência obrigatória e funcionamento permanente para a administração da Sociedade Anônima do Futebol. Estamos diante de um cenário disciplinador mais rígido, como é possível perceber pela obrigatoriedade do conselho de administração e pelos impedimentos para a composição dos cargos de Diretor e Conselho de administração:

> I – membro de qualquer órgão de administração, deliberação ou fiscalização, bem como de órgão executivo, de outra Sociedade Anônima do Futebol;
>
> II – membro de qualquer órgão de administração, deliberação ou fiscalização, bem como de órgão executivo, de clube ou pessoa jurídica original, salvo daquele que deu origem ou constituiu a Sociedade Anônima do Futebol;
>
> III – membro de órgão de administração, deliberação ou fiscalização, bem como de órgão executivo, de entidade de administração;
>
> IV – atleta profissional de futebol com contrato de trabalho desportivo vigente;
>
> V – treinador de futebol em atividade com contrato celebrado com clube, pessoa jurídica original ou Sociedade Anônima do Futebol; e
>
> VI – árbitro de futebol em atividade.

7.3.3. Debêntures-fut

A Lei 14.193/2021 trouxe a possibilidade de as Sociedades Anônimas do Futebol emitirem debêntures, especialmente denominadas de debêntures-fut, com regras próprias, ainda que sem prejuízo da aplicação das regras gerais da Lei 6.404/1976.

> I – remuneração por taxa de juros não inferior ao rendimento anualizado da caderneta de poupança, permitida a estipulação, cumulativa, de remuneração variável, vinculada ou referenciada às atividades ou ativos da Sociedade Anônima do Futebol;
>
> II – prazo igual ou superior a 2 (dois) anos; (títulos de médio ou longo prazo)
>
> III – vedação à recompra da debênture-fut pela Sociedade Anônima do Futebol ou por parte a ela relacionada e à liquidação antecipada por meio de resgate ou pré-pagamento, salvo na forma a ser regulamentada pela Comissão de Valores Mobiliários;
>
> IV – pagamento periódico de rendimentos;
>
> V – registro das debênture-fut em sistema de registro devidamente autorizado pelo Banco Central do Brasil ou pela Comissão de Valores Mobiliários, nas suas respectivas áreas de competência.
>
> VI – árbitro de futebol em atividade.

A lei 6.404/76 oferece toda a subsidiariedade necessária para a sociedade anônima de futebol, bem como a lei 11.101/05, já que a recuperação de empresas é instrumento importante a ser utilizado na recuperação dos clubes de futebol em crise.

8. CAPITAL DAS SOCIEDADES ANÔNIMAS

Como já observamos, **a sociedade anônima pode obter recursos tanto no mercado financeiro (bancos) como no mercado de capitais.** Nesse último caso, por meio da emissão de valores mobiliários e aquisição de ações por investidores.

8.1. Funções do capital social

O capital social exerce basicamente **3 (três) funções** para a sociedade:

a) Função de produtividade: significa que o capital é o fator patrimonial inicial que possibilitará o exercício da atividade empresarial da companhia;

b) Função de garantia: como nas sociedades anônimas a responsabilidade dos acionistas é limitada ao preço de emissão das ações, os credores não têm garantia no patrimônio pessoal dos acionistas. Assim sendo, a sua garantia incide exclusivamente sobre o patrimônio social e o capital social é, a princípio, o mínimo desse patrimônio, representando um mínimo do ativo em favor dos credores da sociedade;

8.2. Formação do capital social

Para a formação do capital social, vinculam-se somente as contribuições que devem ser subscritas pelos sócios. **Ao subscrever uma ação, o sócio se compromete a pagar o preço de emissão nela mencionado.**

O **capital social será formado por dinheiro ou quaisquer bens, desde que suscetíveis de avaliação em dinheiro e fixados em moeda nacional.** É possível integralizá-lo em créditos, sendo proibido em nosso país falar em integralização por meio de serviços.

A avaliação dos bens é de suma importância e deve ser feita por 3 (três) peritos ou por empresa especializada.

8.3. Obrigação de realizar o capital

Nas sociedades anônimas não há solidariedade entre os sócios para a realização do capital. **Caso o sócio não pague o capital de acordo com o compromisso assumido, ele poderá sofrer uma ação executiva ou ter as suas ações colocadas novamente a venda** no Mercado de Valores Mobiliários.

O sócio que não cumpre com a sua parte é chamado de acionista remisso. **Se o Boletim de subscrição informar o montante que deva ser pago, o acionista estará em mora tão logo ocorra o vencimento sem o pagamento.**

> **Art. 106.** O acionista é obrigado a realizar, nas condições previstas no estatuto ou no boletim de subscrição, a prestação correspondente às ações subscritas ou adquiridas.

Caso não realize o pagamento nas condições acima, estará em mora e poderá sofrer a ação executiva (cobrança judicial) ou terá as suas ações colocadas novamente a venda no Mercado, conforme **§1.° artigo 106 da Lei das Sociedades Anônimas**:

> § 2º O acionista que não fizer o pagamento nas condições previstas no estatuto ou boletim, ou na chamada, ficará de pleno direito constituído em mora, sujeitando-se ao pagamento dos juros, da correção monetária e da multa que o estatuto determinar, esta não superior a 10% (dez por cento) do valor da prestação.

8.4. Ações

A ação é uma parcela do capital social e atribui a seu detentor a condição de sócio. Essa operação é denominada "**capitalização**".

Como a sociedade anônima é, por natureza, sociedade de capital (e não de pessoas), há liberdade na circulação das ações, ou seja, os acionistas podem transacionar suas ações sem a necessidade da anuência dos demais sócios.

No entanto, a livre circulação das ações pode sofrer algumas restrições. Estabelece o art. 36, *caput*, da Lei nº 6.404/76 que o estatuto da companhia **FECHADA** pode impor limitações à circulação das ações, desde que regule minuciosamente tais limitações e não impeça a negociação, nem sujeite o acionista ao arbítrio dos órgãos de administração da companhia ou da maioria dos acionistas.

> "**Art. 36 da Lei nº 6.404/76.** O estatuto da companhia fechada pode impor limitações à circulação das ações nominativas, contanto que regule minuciosamente tais limitações e não impeça a negociação, nem sujeite o acionista ao arbítrio dos órgãos de administração da companhia ou da maioria dos acionistas.
>
> **Parágrafo único.** A limitação à circulação criada por alteração estatutária somente se aplicará às ações cujos titulares com ela expressamente concordarem, mediante pedido de averbação no livro de 'Registro de Ações Nominativas'."

Por outro lado, tratando-se de companhia **ABERTA**, não pode haver nenhum tipo de restrição quanto à livre circulação das ações, embora a própria sociedade possa suspender, por certos períodos, a transferência e a conversão de ações (art. 37 da Lei nº 6.404/76):

> "**Art. 37 da Lei nº 6.404/76.** A companhia aberta pode, mediante comunicação às bolsas de valores em que suas ações forem negociadas e publicação de anúncio, suspender, por períodos que não ultrapassem, cada um, 15 (quinze) dias, nem o total de 90 (noventa) dias durante o ano, os serviços de transferência, conversão e desdobramento de certificados.
>
> **Parágrafo único.** O disposto neste artigo não prejudicará o registro da transferência das ações negociadas em bolsa anteriormente ao início do período de suspensão."

Ademais, no que se refere às companhias **ABERTAS**, suas ações somente poderão ser negociadas depois de realizado/integralizado 30% (trinta por cento) do preço de emissão (art. 29 da Lei nº 6.404/76).

Por fim, a própria CVM pode suspender a negociação de determinado valor mobiliário ou até mesmo ser decretar o recesso da bolsa de valores:

> "**Art. 9º da Lei nº 6.385/ 76.** A Comissão de Valores Mobiliários, observado o disposto no § 2º do art. 15, poderá:
>
> **§ 1º** Com o fim de prevenir ou corrigir situações anormais do mercado, a Comissão poderá:
>
> **I** – suspender a negociação de determinado valor mobiliário ou decretar o recesso de bolsa de valores;"

8.5. Classificação das ações

De acordo com a natureza dos **DIREITOS E VANTAGENS QUE CONFEREM**, as ações são ordenadas em 3 (três) **<u>espécies</u>**: ***a)*** ações ordinárias; ***b)*** ações preferenciais; e ***c)*** ações de fruição.

Em relação à **FORMA DE CIRCULAÇÃO**, são elas, atualmente, sempre nominativas, **<u>não</u>** mais se admitindo as formas ao portador e endossável, desde o advento da Lei nº 8.021/90.

Por fim, quanto à sua **REPRESENTAÇÃO**, podem ser ***(i)*** documentais ou ***(ii)*** escriturais.

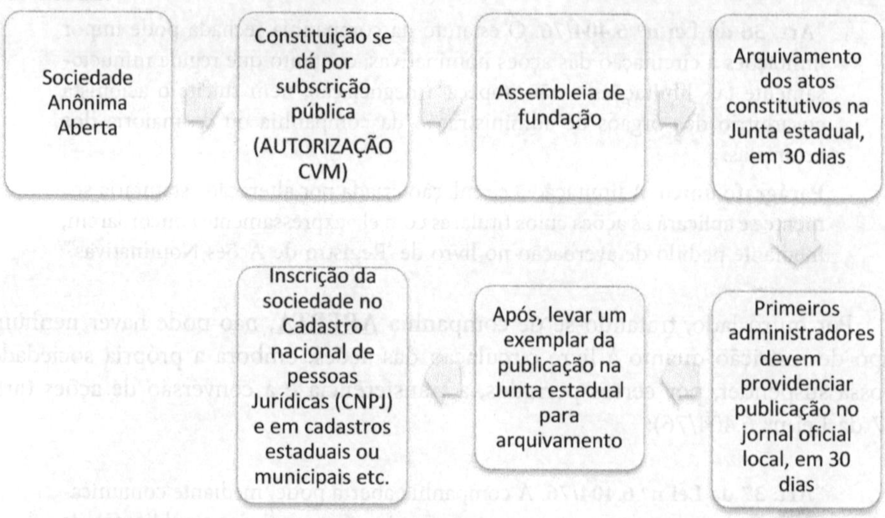

> **Art. 15.** As ações, conforme a natureza dos direitos ou vantagens que confiram a seus titulares, são ordinárias, preferenciais, ou de fruição.

8.5.1. Ordinárias

Oferecem direitos e vantagens comuns a todos os acionistas. São chamados direitos essenciais e estão previstos no **artigo 109 da Lei 6.404/1976**

A ação ordinária é de emissão obrigatória.

"A ação ordinária sempre dará direito a voto."

Art. 110. A cada ação ordinária corresponde 1 (um) voto nas deliberações da assembléia-geral.

A Lei das Sociedades por Ações define, **em seu artigo 115**, que o voto abusivo é caracterizado como aquele **voto exercido com o fim de causar dano à companhia ou a outros acionistas ou de obter, para si ou para outrem, vantagem indevida** e que resulte, ou possa resultar, prejuízo para a companhia ou para outros acionistas. **O voto abusivo é o voto em interesse em direito extrassocial,** ou seja, o acionista vota com a finalidade de atender interesse diverso do interesse social.

Art. 115, §3º o acionista responde pelos danos causados pelo exercício abusivo do direito de voto, ainda que seu voto não haja prevalecido.

De acordo com o **parágrafo 3º do artigo 115, o acionista responde por danos causados pelo exercício do direito de voto.** O dever de indenizar reflete o princípio do **artigo 927 do Código Civil** que determina que aquele que, por ato ilícito, causar dano a outrem, fica obrigado a reparar o dano causado.

8.5.1.1. Voto plural

A redação do novo art. 110-A da Lei das S.A. sedimentou o voto plural brasileiro, estabelece o teto de 10 votos por ação ordinária. A disposição permite que um acionista detenha o controle majoritário da companhia com menos de 10% das ações ordinárias, ou menos de 5% para os casos em que existam ações preferenciais sem direito de voto até o limite de 50% imposto pela Lei das S.A.

Art. 110-A. É admitida a criação de uma ou mais classes de ações ordinárias com atribuição de voto plural, não superior a 10 (dez) votos por ação ordinária:

I - na companhia fechada; e

II - na companhia aberta, desde que a criação da classe ocorra previamente à negociação de quaisquer ações ou valores mobiliários conversíveis em ações de sua emissão em mercados organizados de valores mobiliários.

Outra característica importante da Lei 14.195/21 foi estabelecer uma "data de validade" ao voto plural, que possui uma vigência inicial de até 7 anos, prorrogáveis por qualquer prazo, quando aprovado por metade, no mínimo, dos acionistas titulares de ações sem direito a voto plural e restando garantido o direito de retirada mediante reembolso aos acionistas divergentes.

Outro aspecto relevante do voto plural brasileiro é a restrição de seu uso apenas para companhias fechadas ou companhias abertas que não tenham negociado ações ou valores mobiliários conversíveis em ações em mercados organizados.

8.5.2. Preferenciais (artigo 17)

São aquelas que **atribuem uma vantagem política e econômica ao seu detentor,** como:

> ***Art. 17. As preferências ou vantagens das ações preferenciais podem consistir:***
>
> *I – em prioridade na distribuição de dividendo, fixo ou mínimo;*
>
> II – em prioridade no reembolso do capital, com prêmio ou sem ele; ou
>
> *III – na acumulação das preferências e vantagens de que tratam os incisos I e II.*

As ações preferenciais, em regra, não atribuem o direito de voto a seu detentor. Contudo, o Estatuto poderá conceder esse direito. Além disso, **o preferencialista terá direito de voto em duas situações:**

a) **na assembleia de constituição (artigo 87, § 2º, da Lei 6.404/1976);**
b) **para eleição de um membro do Conselho Fiscal (artigo 161, § 4º, a, da mesma Lei).**

Existe um número máximo previsto em lei de emissão de ações preferenciais sem direito de voto. **O artigo 15, § 2º, determina que companhia não pode emitir mais de 50% do capital social de ações preferenciais sem direito de voto. A emissão de ações preferenciais é facultativa.**

8.5.2.1. As ações preferenciais sem direito de voto ou com restrição ao exercício deste direito podem ser negociadas no mercado de valores mobiliários?

As ações preferenciais sem direito de voto ou com restrição ao exercício deste direito somente serão admitidas à negociação no mercado de valores mobiliários se a elas for atribuída, pelo menos, uma das seguintes preferências ou vantagens (art. 17, § 1º, da Lei nº 6.404/76):

> "**Art. 17, § 1º, da Lei nº 6.404/76.** Independentemente do direito de receber ou não o valor de reembolso do capital com prêmio ou sem ele, as ações preferenciais sem direito de voto ou com restrição ao exercício deste direito, somente serão admitidas à negociação no mercado de valores mobiliários se a elas for atribuída pelo menos uma das seguintes preferências ou vantagens:
>
> I – **direito de participar do dividendo a ser distribuído**, correspondente a, pelo menos, 25% (vinte e cinco por cento) do lucro líquido do exercício, calculado na forma do art. 202, de acordo com o seguinte critério: a) prioridade no recebimento dos dividendos mencionados neste inciso correspondente a, no mínimo, 3% (três por cento) do valor do patrimônio líquido da ação; e b) direito de participar dos lucros distribuídos em igualdade de condições com as ordinárias, depois de a estas assegurado dividendo igual ao mínimo prioritário estabelecido em conformidade com a alínea a; ou
>
> II – **direito ao recebimento de dividendo**, por ação preferencial, pelo menos 10% (dez por cento) maior do que o atribuído a cada ação ordinária; ou
>
> III – **direito de serem incluídas na oferta pública de alienação de controle**, nas condições previstas no art. 254-A, assegurado o dividendo pelo menos igual ao das ações ordinárias."

Caso as ações preferenciais possuam direito a voto, podem ser negociadas no mercado, independentemente dessas vantagens adicionais constantes do art. 17, § 1º, da Lei nº 6.404/76.

8.5.3. Ações de fruição

O artigo 44, § 5º, da Lei das Sociedades por Ações determina que as ações integralmente amortizadas, ou seja, que não tem mais nenhum valor econômico, possam ser substituídas por ações de fruição, como a seguir:

> §5º As ações integralmente amortizadas poderão ser substituídas por ações de fruição, com as restrições fixadas pelo estatuto ou pela assembléia-geral que deliberar a amortização; em qualquer caso, ocorrendo liquidação da companhia, as ações amortizadas só concorrerão ao acervo líquido depois de assegurado às ações não a amortizadas valor igual ao da amortização, corrigido monetariamente.

Vamos a um exemplo! *Imagine que um acionista com muito tempo de companhia, resolva pedir o reembolso, mas esteja com dor no coração por deixar as decisões e por deixar de participar das reuniões?*

Nesse caso, **é possível mantê-lo na companhia com ações de fruição que garantam o direito de voz, ainda que não garanta o direito de voto ou mesmo não haja valor econômico. Uma ação de fruição já foi ordinária ou preferencial em algum momento!**

8.5.4. Ações "Golden Share"

O artigo 17, § 7º, da Lei das Sociedades por Ações permite a emissão de ações de ouro para o caso de desestatização. O caso que deu origem a tudo isso foi o da "*Embraer*". A empresa foi desestatizada e a preocupação do ente público estava na possibilidade de capital estrangeiro assumir o controle da companhia.

As ações "***Golden Share***" poderiam resolver isso? **Exatamente!**

> **Art. 17. [...]** § 7º Nas companhias objeto de desestatização poderá ser criada ação preferencial de classe especial, de propriedade exclusiva do ente desestatizante, à qual o estatuto social poderá conferir os poderes que especificar, inclusive o poder de veto às deliberações da assembléia-geral nas matérias que especificar.

Em caso de desestatização, **o ente desestatizante pode guardar para si o direito de veto em relação às matérias que especificar nas ações.** Exemplificando, e ainda no caso "*Embraer*", *foi possível ao ente desestatizante vetar a transferência das ações com poder de controle para companhia de capital estrangeiro.*

8.5.5. "Tag along"

Determina, ainda, a lei que, para que **as ações preferenciais possam ser negociadas no mercado, elas devem atribuir pelo menos uma das seguintes vantagens:**

1) ireito de participar do dividendo, em pelo menos 25% daquele a ser distribuído;
2) direito de recebimento de dividendos, pelo menos 10% superiores àqueles atribuídos à ação ordinária;
3) direito de participar do chamado *Tag along* (artigo 254 – A da Lei).

Quando esse acionista majoritário resolve alienar suas ações, estas possuem um sobrevalor, pois, além de representar parcela do capital social, concedem ao adquirente o poder de controle da sociedade anônima.

A legislação determina que o adquirente do poder de controle faça uma oferta pública de aquisição de ações a todos os acionistas minoritários que possuam direito de voto, pagando, no mínimo, 80% do valor pago ao acionista majoritário.

Poderá o adquirente do poder de controle oferecer aos acionistas minoritários o pagamento de um prêmio equivalente à diferença entre o valor de mercado e o valor pago por ação integrante do bloco de controle, desde que estes permaneçam na sociedade, conforme o **artigo 254 – A, § 4º, da Lei 6.404/1976**:

> **§ 4º** O adquirente do controle acionário de companhia aberta poderá oferecer aos acionistas minoritários a opção de permanecer na companhia, mediante o pagamento de um prêmio equivalente à diferença entre o valor de mercado das ações e o valor pago por ação integrante do bloco de controle.

9. CLASSIFICAÇÃO QUANTO À CIRCULAÇÃO

9.1. *Nominativas (artigo 3º)*

São representadas por um certificado, e sua transferência se opera por meio de registro em livro próprio da S.A. (**Livro de Transferência das Ações Nominativas**). Essa espécie de ação não é mais utilizada.

> **Art. 31.** A propriedade das ações nominativas presume-se pela inscrição do nome do acionista no livro de "Registro de Ações Nominativas" ou pelo extrato que seja fornecido pela instituição custodiante, na qualidade de proprietária fiduciária das ações.

A transferência das ações nominativas opera-se por termo lavrado no livro de **"Transferência de Ações Nominativas"**, datado e assinado pelo cedente e pelo cessionário, ou seus legítimos representantes.

9.2. *Escriturais*

São transferidas por uma operação realizada por meio de instituição financeira, já que se dá como uma espécie de transferência bancária.

Diferentemente das nominativas, essas ações não possuem cautela (certificado de emissão). **Quase a totalidade das ações encontradas hoje no mercado é escritural.**

Nessa linha, tratando-se de forma de representação da ação nominativa, a Lei nº 6.404/76 permite às companhias, a fim de reduzir os custos do controle da propriedade e das transferências das ações nominativas em livros mantidos e preenchidos pelas próprias sociedades, optar pela forma das ações escriturais.

Adotando esse sistema de propriedade/representação das ações, o controle da negociação das ações será feito por uma **instituição financeira**, contratada pela própria companhia para tal finalidade, eliminando a necessidade dos livros.

10. ACIONISTAS

Os **direitos essenciais dos acionistas estão reconhecidos no artigo 109 da Lei das Sociedades por Ações**, quais sejam: *participação nos lucros; direito à participação no acervo social, em caso de liquidação; direito de fiscalização; direito de preferência; e direito de retirada.*

10.1. *Classificação de acionistas*

A doutrina classifica os acionistas da seguinte forma: acionista empresário ou empreendedor; acionista investidor; acionista rendeiro e; acionista especulador.

O **acionista empresário ou empreendedor** é aquele acionista interessado na gestão da companhia. Tal tipo de acionista possui ações com o direito a voto, pois é por meio do exercício desse direito, que ele poderá influir nos caminhos que a sociedade trilha.

O acionista que não tem pretensão gerencial é conhecido como **acionista investidor**, podendo ainda ser classificado como rendeiro ou especulador.

O **acionista rendeiro** é aquele cuja maior preocupação é com a distribuição de dividendos pela companhia e com a renda que as ações podem lhe propiciar.

De outro lado, os **acionistas especuladores** têm interesse na negociação de suas ações no mercado, preocupando-se basicamente com a cotação desses títulos.

10.2. *Acionista controlador*

O acionista controlador é aquele que tem o poder de direcionar as atividades da sociedade anônima, podendo ser constituído por **um só acionista (pessoa física ou jurídica)** ou por um **grupo de acionistas.**

O conceito legal de acionista controlador está previsto no art. 116 da Lei nº 6.404/76:

> "**Art. 116 da Lei nº 6.404/76.** Entende-se por **acionista controlador** a pessoa, natural ou jurídica, ou o grupo de pessoas vinculadas por acordo de voto, ou sob controle comum, que: **a)** é titular de direitos de sócio que lhe assegurem, de modo permanente, a maioria dos votos nas deliberações da assembleia-geral e o poder de eleger a maioria dos administradores da companhia; e **b)** usa efetivamente seu poder para dirigir as atividades sociais e orientar o funcionamento dos órgãos da companhia.
>
> **Parágrafo único.** O acionista controlador deve usar o poder com o fim de fazer a companhia realizar o seu objeto e cumprir sua função social, e tem deveres e responsabilidades para com os demais acionistas da empresa, os

> que nela trabalham e para com a comunidade em que atua, cujos direitos e interesses deve lealmente respeitar e atender."

Assim, o que é necessário para ser acionista controlador é ter a maioria de votos nas deliberações, o que nem sempre exige a maioria do capital votante da sociedade anônima.

Uma assembleia, por exemplo, pode ser instalada com 1/4 (um quarto) do capital social com direito a voto (art. 125 da Lei nº 6.404/76), como a seguir:

> **"Quórum" de Instalação**
>
> **Art. 125.** Ressalvadas as exceções previstas em lei, a assembleia geral instalar-se-á, em primeira convocação, com a presença de acionistas que representem, no mínimo, 1/4 (um quarto) do total de votos conferidos pelas ações com direito a voto e, em segunda convocação, instalar-se-á com qualquer número. **(Redação dada pela Lei nº 14.195, de 2021)**

Assim, a maioria do capital social votante nesse caso seria mais da metade de 1/4 (um quarto), e não maioria do capital votante da sociedade anônima.

10.3. Abuso de poder

O art. 117 da Lei nº 6.404/76, em seu *caput*, dispõe sobre essa responsabilidade, elencando, no § 1º, uma listagem **exemplificativa** das modalidades de exercício abusivo de poder do acionista controlador:

> "**Art. 117 da Lei nº 6.404/76.** O **acionista controlador** responde pelos danos causados por atos praticados com abuso de poder.
>
> **§ 1º** São modalidades de exercício abusivo de poder: **a)** orientar a companhia para fim estranho ao objeto social ou lesivo ao interesse nacional, ou levá-la a favorecer outra sociedade, brasileira ou estrangeira, em prejuízo da participação dos acionistas minoritários nos lucros ou no acervo da companhia, ou da economia nacional; **b)** promover a liquidação de companhia próspera, ou a transformação, incorporação, fusão ou cisão da companhia, com o fim de obter, para si ou para outrem, vantagem indevida, em prejuízo dos demais acionistas, dos que trabalham na empresa ou dos investidores em valores mobiliários emitidos pela companhia; **c)** promover alteração estatutária, emissão de valores mobiliários ou adoção de políticas ou decisões que não tenham por fim o interesse da companhia e visem a causar prejuízo a acionistas minoritários, aos que trabalham na empresa ou aos investidores em valores mobiliários emitidos pela companhia; **d)** eleger administrador ou fiscal que sabe inapto, moral ou tecnicamente;
>
> **e)** induzir, ou tentar induzir, administrador ou fiscal a praticar ato ilegal, ou, descumprindo seus deveres definidos nesta Lei e no estatuto, promover, contra o interesse da companhia, sua ratificação pela assembleia-geral; **f)** contratar com a companhia, diretamente ou através de outrem, ou de sociedade na qual

tenha interesse, em condições de favorecimento ou não equitativas; g) aprovar ou fazer aprovar contas irregulares de administradores, por favorecimento pessoal, ou deixar de apurar denúncia que saiba ou devesse saber procedente, ou que justifique fundada suspeita de irregularidade; **h)** subscrever ações, para os fins do disposto no art. 170, com a realização em bens estranhos ao objeto social da companhia.

§ 2º No caso da alínea e do § 1º, o administrador ou fiscal que praticar o ato ilegal responde solidariamente com o acionista controlador.

§ 3º O acionista controlador que exerce cargo de administrador ou fiscal tem também os deveres e responsabilidades próprios do cargo."

10.4. Acionista remisso

O acionista remisso é aquele que subscreveu bem ou dinheiro, mas deixou de integralizá-los no capital social (arts. 106/107 da Lei nº 6.404/76). Nesse contexto, a sociedade tem duas opções, quais sejam:

a) a execução judicial. Neste caso, o título executivo extrajudicial é o boletim de subscrição;

b) ou a venda extrajudicial das ações. Esta opção autoriza a sociedade anônima a vender as ações do acionista remisso. Do produto da venda serão deduzidas as despesas com a operação e, se previsto no estatuto, os juros, correção monetária e multa, ficando o saldo à disposição do ex-acionista, na sede da sociedade;

c) ademais, a companhia pode ainda apropriar-se das ações do acionista remisso:

Apropriando-se das ações, a sociedade anônima passa a ser titular delas, adquirindo consequentemente a obrigação de integralizá-las.

10.5. Direitos dos acionistas

Os direitos essenciais não devem ser concebidos pura e meramente como uma gama de direitos importantes, pois muito embora sejam, não é esse o critério da essencialidade.

Os direitos essenciais são aqueles comuns a todos os acionistas. Note que o voto não é comum a todos os acionistas, já que existem acionistas sem tal direito. Segue os direitos dos acionistas conforme a lei das sociedades anônimas e o já citado **artigo 109**:

Art. 109. Nem o estatuto social nem a assembléia-geral poderão privar o acionista dos direitos de:

I – participar dos lucros sociais;

II – participar do acervo da companhia, em caso de liquidação;

III – fiscalizar, na forma prevista nesta Lei, a gestão dos negócios sociais;

IV – preferência para a subscrição de ações, partes beneficiárias conversíveis em ações, debêntures conversíveis em ações e bônus de subscrição, observado o disposto nos artigos 171 e 172;

V – retirar-se da sociedade nos casos previstos nesta Lei.

10.6. Deveres dos acionistas

Primeiramente, **impõe-se a contribuição para o capital social**, que pode incidir sobre bens ou dinheiro, podendo ocorrer no momento da aquisição da ação ou posteriormente.

Na hipótese de **acionista remisso**, sendo aquele que não paga o capital subscrito, a sociedade pode executá-lo ou promover a venda extrajudicial de suas ações, como já estudamos no tópico sobre a obrigação de realizar o capital, e, além disso, a assembleia-geral pode suspender os seus direitos, como a seguir:

Suspensão do Exercício de Direitos

Art. 120. A assembléia-geral poderá suspender o exercício dos direitos do acionista que deixar de cumprir obrigação imposta pela lei ou pelo estatuto, cessando a suspensão logo que cumprida a obrigação.

Caso a sociedade não consiga fazê-lo integralizar suas ações, deve apropriar-se destas em razão da decadência, já que o remisso decai de seus direitos decorrentes das ações.

Ao acionista impõe-se o dever de lealdade para com a sociedade, na medida em que não pode exercer seus direitos em detrimento dos direitos da sociedade.

11. PODER DE CONTROLE

O **artigo 116 da Lei das Sociedades por Ações** define o acionista controlador como a pessoa, natural ou jurídica, ou o grupo de pessoas vinculadas por meio de acordo de acionistas ou sob controle comum com a adição de determinadas prerrogativas.

O controlador precisa ter direitos de acionista que lhe assegurem de modo permanente a **preponderância nas deliberações sociais e, consequentemente, o poder de eleger a maioria dos administradores, exercendo o domínio sobre o funcionamento da sociedade em função desse poder.**

O **artigo 117, § 1º, "a" da Lei das Sociedades Anônimas** arrola como modalidade de exercício abusivo de poder do acionista controlador como no quadro abaixo.

§ 1º São modalidades de exercício abusivo de poder:

a) orientar a companhia para fim estranho ao objeto social ou lesivo ao interesse nacional, ou levá-la a favorecer outra sociedade, brasileira ou estrangeira, em prejuízo da participação dos acionistas minoritários nos lucros ou no acervo da companhia, ou da economia nacional;

b) promover a liquidação de companhia próspera, ou a transformação, incorporação, fusão ou cisão da companhia, com o fim de obter, para si ou para outrem, vantagem indevida, em prejuízo dos demais acionistas, dos que trabalham na empresa ou dos investidores em valores mobiliários emitidos pela companhia;

c) promover alteração estatutária, emissão de valores mobiliários ou adoção de políticas ou decisões que não tenham por fim o interesse da companhia e visem a causar prejuízo a acionistas minoritários, aos que trabalham na empresa ou aos investidores em valores mobiliários emitidos pela companhia;

d) eleger administrador ou fiscal que sabe inapto, moral ou tecnicamente;

e) induzir, ou tentar induzir, administrador ou fiscal a praticar ato ilegal, ou, descumprindo seus deveres definidos nesta Lei e no estatuto, promover, contra o interesse da companhia, sua ratificação pela assembléia-geral;

f) contratar com a companhia, diretamente ou através de outrem, ou de sociedade na qual tenha interesse, em condições de favorecimento ou não equitativas;

g) aprovar ou fazer aprovar contas irregulares de administradores, por favorecimento pessoal, ou deixar de apurar denúncia que saiba ou devesse saber procedente, ou que justifique fundada suspeita de irregularidade.

h) subscrever ações, para os fins do disposto no art. 170, com a realização em bens estranhos ao objeto social da companhia. (Incluída dada pela Lei nº 9.457, de 1997)

A ação para responsabilização do acionista controlador pode ser ajuizada por acionistas que representem 5% (cinco por cento) ou mais do capital social; ou qualquer acionista, desde que preste caução pelas custas e honorários de advogado devidos no caso de vir a ação ser julgada improcedente. Ela tramitará pelo procedimento comum e tem como objetivo apurar a responsabilidade do controlador pelos danos causados à própria sociedade. O controlador se condenado, além de reparar o dano e arcar com as custas, pagará honorários de advogado de 20% (vinte por cento) e prémio de 5% (cinco por cento) ao autor da ação, calculados sobre o valor da indenização.

12. RESGATE, AMORTIZAÇÃO E REEMBOLSO

As operações de resgate, amortização e reembolso encontram-se entre aquelas que a lei excepciona da geral proibição de a sociedade negociar com suas próprias ações (alínea "a" do § 1º do art. 30 da Lei nº 6.404/76).

12.1. Resgate

A companhia pode resgatar as suas ações com o objetivo de tirar as ações de circulação, conforme **§1ºdo Artigo 44 da Lei das Sociedades Anônimas**:

§ 1º O resgate consiste no pagamento do valor das ações para retirá-las definitivamente de circulação, com redução ou não do capital social, mantido o mesmo capital, será atribuído, quando for o caso, novo valor nominal às ações remanescentes.

12.2. *Amortização*

Trata-se da distribuição de quantias aos acionistas como forma de antecipar o capital social, conforme **§§2º e 3º do Artigo 44 da Lei das Sociedades Anônimas:**

> § 2º A amortização consiste na distribuição aos acionistas, a título de antecipação e sem redução do capital social, de quantias que lhes poderiam tocar em caso de liquidação da companhia.

12.3. *Reembolso*

O acionista que discorda de determinadas pautas como fusão e incorporação pode exercer o seu direito de retirada, e, nesse caso, guarda o direito de reembolso de suas ações conforme ***artigo 45 da Lei das Sociedades Anônimas:***

> **Art. 45.** O reembolso é a operação pela qual, nos casos previstos em lei, a companhia paga aos acionistas dissidentes de deliberação da assembléia-geral o valor de suas ações.

13. AUMENTO E REDUÇÃO DO CAPITAL

O aumento do capital social servirá para investir na expansão dos negócios, para adequar- se à nova realidade patrimonial ou mesmo para sanear obrigações empresariais.

O capital pode ser aumentado por deliberação da Assembleia-geral ordinária que é órgão máximo na companhia, assim **como nos casos indicados no quadro abaixo:**

> ***Art. 166. O capital social pode ser aumentado:***
>
> *I – por deliberação da assembléia-geral ordinária, para correção da expressão monetária do seu valor (artigo 167);*
>
> *II – por deliberação da assembléia-geral ou do conselho de administração, observado o que a respeito dispuser o estatuto, nos casos de emissão de ações dentro do limite autorizado no estatuto (artigo 168);*
>
> *III – por conversão, em ações, de debêntures ou parte beneficiárias e pelo exercício de direitos conferidos por bônus de subscrição, ou de opção de compra de ações;*
>
> *IV – por deliberação da assembléia-geral extraordinária convocada para decidir sobre reforma do estatuto social, no caso de inexistir autorização de aumento, ou de estar a mesma esgotada.*

Existem algumas possibilidades para a obtenção de novos recursos, além da conversão de valores mobiliários em ações, como as seguintes:

- **Emissão de novas ações:** exige-se, inicialmente, a integralização de pelo menos 75% do capital social. A emissão de novas ações deverá ser motivada. Para tanto, faz-se necessária uma deliberação em assembleia geral extraordinária, permitindo aos acionistas em exercício o direito de preferência.

- **Capital autorizado:** Caso o estatuto social preveja, para o aumento do capital social basta ato dos administradores, independentemente de assembleia. O estatuto deve ser bem claro quanto ao limite, valor, número, espécie e classe das novas ações, assim como quanto ao órgão competente para deliberar, inclusive sobre o direito de preferência dos acionistas.

É didático ressaltar, que **capital autorizado é o limite que o estatuto da Sociedade Anônima (ou companhias) estabelece para futuro aumento de capital, independentemente de reforma estatutária.**

Capital Autorizado

> **Art. 168.** O estatuto pode conter autorização para aumento do capital social independentemente de reforma estatutária.
>
> *§ 1º A autorização deverá especificar:*
>
> *a) o limite de aumento, em valor do capital ou em número de ações, e as espécies e classes das ações que poderão ser emitidas;*
>
> *b) o órgão competente para deliberar sobre as emissões, que poderá ser a assembléia-geral ou o conselho de administração;*
>
> *c) as condições a que estiverem sujeitas as emissões;*
>
> *d) os casos ou as condições em que os acionistas terão direito de preferência para subscrição, ou de inexistência desse direito (artigo 172).*

Direito de preferência:

> **Art. 171.** Na proporção do número de ações que possuírem, os acionistas terão preferência para a subscrição do aumento de capital.

O capital pode ser reduzido também por deliberação da assembleia-geral ordinária que nos casos de perda em vista de prejuízos ou se julgá-lo excessivo. Essa última hipótese tende a ser rara, já que é possível pensar formas de investimento de tais valores. A redução encontra previsão no **artigo 173 da Lei das Sociedades Anônimas, a seguir:**

> **Art. 173.** A assembléia-geral poderá deliberar a redução do capital social se houver perda, até o montante dos prejuízos acumulados, ou se julgá-lo excessivo.

RESUMO. SOCIEDADES ANÔNIMAS. PARTE I

As sociedades por ações comportam duas espécies. Temos as **sociedades anônimas ou Companhias e as Comandita por Ações.** Inicialmente, vamos cuidar das sociedades anônimas ou companhias. Os termos são sinônimos.

A legislação foi criada para que houvesse um tratamento diferenciado para **companhias com estrutura mais complexa.** Vale lembrar que as companhias abertas utilizam-se da estrutura da Bolsa de Valores, o que por si só, justifica a tratativa em lei especial, ou seja, a Lei 6.404/76 (Lei das Sociedades Anônimas).

As **características básicas apresentam-se nos primeiros artigos da lei especial,** a seguir:

- **Capital dividido em ações:** O capital da sociedade é fracionado. Cada ação corresponde a uma parcela do capital da companhia. O investidor pode optar por adquirir uma ou diversas ações.
- **Responsabilidade limitada:** A responsabilidade do acionista é limitada ao preço de emissão da ação ou ações que tenha adquirido. Não há solidariedade entre sócios. O sócio acionista é responsável somente pelo capital que integralizou. Cada acionista responde por sua parte, não há o que se falar em solidariedade entre os sócios.
- **Sempre empresárias:** São consideradas empresárias e isso independe da atividade praticada.

As sociedades anônimas classificam-se em abertas e fechadas.

As **companhias abertas** são aquelas que tem seus valores mobiliários negociados na Bolsa de valores. Os fundadores integralizam uma parte do capital e esperam que investidores ao adquirir/subscrever as suas ações integralizem o restante.

As **companhias fechadas**, por sua vez, são aquelas que não tem seus valores mobiliários negociados na Bolsa de valores. São criadas apenas para a utilização da estrutura da lei especial, mas sem a pretensão de receber recursos de investidores na Bolsa de Valores.

O capital social da companhia é dividido em frações iguais, representadas por títulos negociáveis, denominados ações, que são **espécie** de **valor mobiliário.**

A responsabilidade dos acionistas é limitada ao *"preço de emissão da ação"* (valor investido). A limitação de responsabilidade significa que os acionistas só assumem o risco de perder o valor investido, não pondo em risco o restante de seu patrimônio pessoal.

CONSTITUIÇÃO DAS COMPANHIAS

A constituição de uma sociedade anônima segue as regras do **art. 80, Lei 6.404/76** que **exige a subscrição (compromisso), de, no mínimo, duas pessoas.** Essas pessoas as quais a lei denomina acionistas fundadores, realizarão, como entrada, no mínimo, 10% (dez por cento) do preço de emissão das ações subscritas em dinheiro.

CONSTITUIÇÃO DAS COMPANHIAS FECHADAS (SUBSCRIÇÃO PARTICULAR)

O processo para constituir uma sociedade anônima fechada é significativamente mais singelo que o das abertas. **A constituição das anônimas fechadas é também conhecida por subscrição particular,** já que, os seus fundadores se utilizarão de capital próprio (particular), e não de investidores (público).

Caso os fundadores cheguem a um consenso, passa a ser desnecessária a assembleia. A solução pode chegar por uma **escritura pública em cartório,** conforme **artigo 88 da Lei das Sociedades Anônimas.**

CONSTITUIÇÃO DAS COMPANHIAS ABERTAS (SUBSCRIÇÃO PÚBLICA)

O processo para **constituir uma sociedade anônima aberta depende do prévio registro da emissão na Comissão de Valores Mobiliários,** e a subscrição apenas será possível com a intermediação de uma instituição financeira.

Os fundadores deverão contratar uma instituição financeira para que montem um processo chamado "*underwriting*", reunindo toda a documentação para ofertar as ações da companhia ao público investidor.

O pedido de registro que será realizado pela instituição bancária em comum acordo com os acionistas fundadores **reunirá um estudo de viabilidade econômica e financeira do empreendimento, um projeto do estatuto social e o prospecto.**

CAPITAL SOCIAL

Para a formação do capital social, vinculam-se somente as contribuições que devem ser subscritas pelos sócios. **Ao subscrever uma ação, o sócio se compromete a pagar o preço de emissão nela mencionado.**

O **capital social será formado por dinheiro ou quaisquer bens, desde que suscetíveis de avaliação em dinheiro e fixados em moeda nacional.** É possível integralizá-lo em créditos, sendo proibido em nosso país falar em integralização por meio de serviços.

AÇÕES

A ação é uma parcela do capital social e atribui a seu detentor a condição de sócio. Essa operação é denominada "**capitalização**".

Ações Ordinárias

Oferecem direitos e vantagens comuns a todos os acionistas. São chamados direitos essenciais e estão previstos no **artigo 109 da Lei 6.404/1976**

A ação ordinária é de emissão obrigatória e sempre dará direito a voto.

A Lei das Sociedades por Ações define, **em seu artigo 115**, que o voto abusivo é caracterizado como aquele **voto exercido com o fim de causar dano à companhia ou a outros acionistas ou de obter, para si ou para outrem, vantagem indevida** e que resulte, ou possa resultar, prejuízo para a companhia ou para outros acionistas.

O voto abusivo é o voto em interesse em direito extrassocial, ou seja, o acionista vota com a finalidade de atender interesse diverso do interesse social.

De acordo com o **parágrafo 3º do artigo 115, o acionista responde por danos causados pelo exercício do direito de voto.** O dever de indenizar reflete o princípio do **artigo 927 do Código Civil** que determina que aquele que, por ato ilícito, causar dano a outrem, fica obrigado a reparar o dano causado.

Voto plural

A redação do novo art. 110-A da Lei das S.A. sedimentou o voto plural brasileiro, estabelece o teto de 10 votos por ação ordinária. A disposição permite que um acionista detenha o controle majoritário da companhia com menos de 10% das ações ordinárias, ou menos de 5% para os casos em que existam ações preferenciais sem direito de voto até o limite de 50% imposto pela Lei das S.A.

Outra característica importante da Lei 14.195/21 foi estabelecer uma "data de validade" ao voto plural, que possui uma vigência inicial de até 7 anos, prorrogáveis por qualquer prazo, quando aprovado por metade, no mínimo, dos acionistas titulares de ações sem direito a voto plural e restando garantido o direito de retirada mediante reembolso aos acionistas divergentes.

Outro aspecto relevante do voto plural brasileiro é a restrição de seu uso apenas para companhias fechadas ou companhias abertas que não tenham negociado ações ou valores mobiliários conversíveis em ações em mercados organizados.

Ações preferenciais (artigo 17)

São aquelas que **atribuem uma vantagem política e econômica ao seu detentor,** como:

As ações preferenciais, em regra, oferecem prioridade no reembolso do capital ou na distribuição de dividendos, assim como podem acumular tais preferências e vantagens. não atribuem o direito de voto a seu detentor. Contudo, o Estatuto poderá conceder esse direito.

SOCIEDADES ANÔNIMAS. PARTE II

1. VALORES MOBILIÁRIOS

1.1. Debêntures

Para emitir debêntures, **a empresa deve ter seu capital representado por ações e ser uma sociedade anônima.**

Sendo assim, a debênture tem uma característica especial em relação a outros títulos de crédito: é uma alternativa de financiamento que precisa da aprovação dos acionistas, pois sua emissão não pode ser decidida pela diretoria da empresa isoladamente.

> **Art. 52.** A companhia poderá emitir debêntures que conferirão aos seus titulares direito de crédito contra ela, nas condições constantes da escritura de emissão e, se houver, do certificado.

Somente companhias abertas podem emitir publicamente debêntures, devendo, então, seguir alguns procedimentos, como a seguir:

Convocar uma Assembleia Geral dos acionistas para autorizar a emissão, elaborar uma escritura de emissão registrada em cartório, efetuar o registro dessa emissão na Comissão de Valores Mobiliários (CVM), emitir e providenciar a negociação das debêntures no mercado comprador.

Além disso, a empresa emissora deve pagar aos investidores as debêntures no vencimento, na forma prevista na escritura de emissão.

O artigo 58 da lei das Sociedades Anônimas as diferencia em vista da ordem de preferência, privilégio ou a ausência de privilégios, conforme o quadro a seguir:

Art. 58. A debênture poderá, conforme dispuser a escritura de emissão, ter garantia real ou garantia flutuante, não gozar de preferência ou ser subordinada aos demais credores da companhia.

a) Garantia Real

b) Flutuante § 1º A garantia flutuante assegura à debênture privilégio geral sobre o ativo da companhia, mas não impede a negociação dos bens que compõem esse ativo.

c) Quirografária;

d) Subordinada:

Todas as emissões públicas de debêntures devem, obrigatoriamente, ser registradas na CVM. As companhias de capital fechado só podem realizar emissões privadas com oferta a acionistas ou a grupos restritos de investidores que atendam a requisitos previstos em lei e estatuto.

Assim, **a debênture é usada pelas empresas para captar recursos.** Como é uma dívida, a pessoa que a compra passa a ser credor da empresa e, quando a empresa paga a dívida, paga também uma remuneração adicional, que é o seu prêmio pelo empréstimo.

1.2. Bônus de subscrição

Dentre esses institutos surgiram outros meios para as empresas se capitalizarem, como no caso da emissão de ações e obrigações junto ao mercado de capitais.

O bônus de subscrição, além de oferecer a alternativa de captação de recursos para as companhias, é também uma ótima opção para os investidores.

A sua natureza é de valor mobiliário emitido por Sociedades Anônimas que atribuem aos seus titulares, nas condições constantes do certificado, o direito de preferência para subscrever novas ações na sociedade emissora, na hipótese de futuro aumento de capital.

A emissão de bônus de subscrição deve respeitar o limite de aumento de capital autorizado no estatuto.

Interessante observar que **o bônus de subscrição não obriga seu titular à subscrição futura de capital, na verdade, ele apenas lhe confere o direito, não a obrigação, de subscrever.** Por isso mesmo, caso o titular não exerça seu direito de subscrição, apenas perderá a preferência a dita subscrição das respectivas ações.

O artigo 75, caput, da Lei 6.404/1976 exige o pagamento do preço de emissão das ações a serem subscritas, além da apresentação do título, atestando dessa maneira a cartularidade do bônus.

> **Art. 75.** [...]
>
> Parágrafo único. Os bônus de subscrição conferirão aos seus titulares, nas condições constantes do certificado, direito de subscrever ações do capital social, que será exercido mediante apresentação do título à companhia e pagamento do preço de emissão das ações.

A emissão dos bônus de subscrição é competência da assembleia-geral de acionistas, mas o Estatuto Social da sociedade poderá atribuir ao conselho de administração essa faculdade, desde que respeitado o limite do capital autorizado.

1.3. Partes beneficiárias

São **títulos negociáveis sem valor nominal e estranhos ao capital social da companhia, que podem ser criados** a qualquer tempo pelas Sociedades **Anônimas de Capital Fechado.**

> **Art. 46.** A companhia pode criar, a qualquer tempo, títulos negociáveis, sem valor nominal e estranhos ao capital social, denominados "partes beneficiárias".

Esses títulos podem ser negociados pela companhia ou cedidos gratuitamente aos acionistas, fundadores ou terceiros, como os empregados e clientes, entre outros, em remuneração pelos serviços prestados à companhia, de acordo com a vontade desta, nos termos de seu Estatuto Social ou conforme deliberação em assembleia geral dos acionistas.

O único direito que o detentor desses títulos tem é a participação nos lucros anuais da companhia

> **§1º** As partes beneficiárias conferirão aos seus titulares direito de crédito eventual contra a companhia, consistente na participação nos lucros anuais (artigo 190).

As partes beneficiárias poderão ser alienadas pela companhia, nas condições determinadas pelo Estatuto ou pela assembleia geral da companhia fechada, ou atribuídas a fundadores, acionistas ou terceiros, como remuneração de serviços prestados à companhia.

ADVERTÊNCIA: "É vedado às companhias abertas emitir partes beneficiárias".

1.4. Commercial paper

São **títulos de curto prazo emitidos por empresas sociedades por ações**, exceto as instituições financeiras, as sociedades corretoras e distribuidoras de valores mobiliários e as sociedades de arrendamento mercantil, com a finalidade de captar recursos no mercado interno para financiar suas necessidades de capital de giro.

É uma alternativa às operações de empréstimos bancários convencionais, pois geralmente permitem uma redução nas taxas de juros pela eliminação da intermediação financeira e, diante da possibilidade de os tomadores negociarem diretamente com os investidores de mercado, as *commercial papers* imprimem maior agilidade às captações das empresas.

O seu prazo mínimo de aplicação é de 30 dias e o máximo é de 360 dias. **As empresas se utilizam desse recurso para financiar atividades de curto prazo e necessidades de capital de giro,** por exemplo.

Para o investidor, **a rentabilidade é definida pelos juros pagos pela empresa, podendo ser prefixados ou pós-fixados, com um indexador definido no contrato.** Há também a emissão em dólares.

A garantia da aplicação está vinculada à situação financeira da empresa. Assim como as debêntures, há necessidade de registrar a emissão junto à CVM e de contratar uma instituição bancária para a intermediação.

2. ÓRGÃOS SOCIETÁRIOS

Em razão de seu porte, a companhia precisa ser organizada internamente para a promoção dos seus objetivos sociais, sendo inviável que todos os acionistas estejam presentes no dia a dia da sociedade, encarregados de sua administração.

2.1. Assembleia-geral

A assembleia-geral nada mais é do que uma reunião de acionistas para deliberar sobre matérias de interesse da sociedade anônima: **"Órgão obrigatório na sociedade anônima. Órgão deliberativo máximo."**

Todos os acionistas podem dela participar. O acionista preferencialista, privado do direito de votar, tem direito de participar da assembleia, pois possui o chamado "direito de voz".

Art. 122. Compete privativamente à assembleia geral:

I – reformar o estatuto social;

II – eleger ou destituir, a qualquer tempo, os administradores e fiscais da companhia, ressalvado o disposto no inciso II do art. 142;

III – tomar, anualmente, as contas dos administradores e deliberar sobre as demonstrações financeiras por eles apresentadas;

IV – autorizar a emissão de debêntures, ressalvado o disposto nos §§ 1º, 2º e 4º do art. 59;

V – suspender o exercício dos direitos do acionista (art. 120);

VI – deliberar sobre a avaliação de bens com que o acionista concorrer para a formação do capital social;

VII – autorizar a emissão de partes beneficiárias;

VIII – deliberar sobre transformação, fusão, incorporação e cisão da companhia, sua dissolução e liquidação, eleger e destituir liquidantes e julgar as suas contas; (Redação dada pela Lei nº 14.195, de 2021)

IX – autorizar os administradores a confessar falência e a pedir recuperação judicial; e (Redação dada pela Lei nº 14.195, de 2021).

X – deliberar, quando se tratar de companhias abertas, sobre a celebração de transações com partes relacionadas, a alienação ou a contribuição para outra empresa de ativos, caso o valor da operação corresponda a mais de 50% (cinquenta por cento) do valor dos ativos totais da companhia constantes do último balanço aprovado. (Redação dada pela Lei nº 14.195, de 2021).

Em caso de urgência, a confissão de falência ou o pedido de recuperação judicial poderá ser formulado pelos administradores, com a concordância do acionista controlador, se houver, hipótese em que a assembleia geral será convocada imediatamente para deliberar sobre a matéria. (Redação dada pela Lei nº 14.195, de 2021).

A assembleia deve ser convocada mediante anúncio publicado nas condições previstas no **artigo 124 da Lei das Sociedades Anônimas:**

"A convocação far-se-á mediante anúncio publicado por 3 (três) vezes, no mínimo, contendo, além do local, data e hora da assembléia, a ordem do dia, e, no caso de reforma do estatuto, a indicação da matéria."

§ 1º A primeira convocação da assembléia-geral deverá ser feita:

I – na companhia fechada, com 8 (oito) dias de antecedência, no mínimo, contado o prazo da publicação do primeiro anúncio; não se realizando a assembléia, será publicado novo anúncio, de segunda convocação, com antecedência mínima de 5 (cinco) dias;

II – na companhia aberta, com 21 (vinte e um) dias de antecedência, e a segunda convocação com 8 (oito) dias de antecedência. (Redação dada pela Lei nº 14.195, de 2021)

A instalação da assembleia pela mesa-diretora se dá nas condições previstas no **artigo 125 da Lei das Sociedades Anônimas:**

"Quorum" de Instalação

Art. 125. Ressalvadas as exceções previstas em lei, a assembleia geral instalar-se-á, em primeira convocação, com a presença de acionistas que representem, no mínimo, 1/4 (um quarto) do total de votos conferidos pelas ações com direito a voto e, em segunda convocação, instalar-se-á com qualquer número. **(Redação dada pela Lei nº 14.195, de 2021)**

O quórum mais importante é para as deliberações. A maioria absoluta se dá com a maioria do capital, nos termos do **artigo 129 da Lei das Sociedades Anônimas:**

> **"Quórum" das Deliberações**
>
> **Art. 129.** As deliberações da assembléia-geral, ressalvadas as exceções previstas em lei, serão tomadas por maioria absoluta de votos, não se computando os votos em branco."

Existem **duas espécies de assembleias gerais: a ordinária e a extraordinária.** A diferença entre ambas é quanto à competência da matéria e ao quórum de votação.

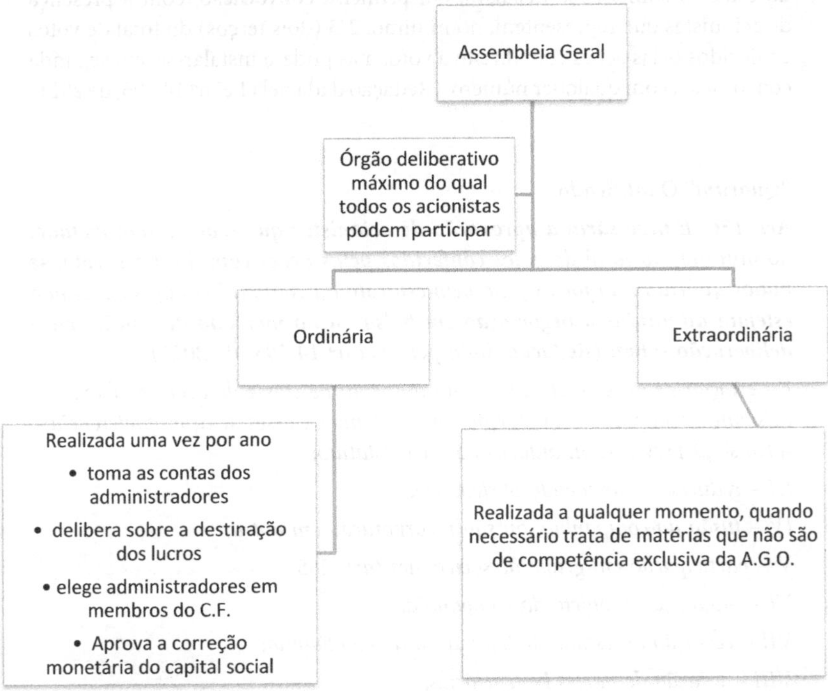

2.1.1. Assembleia-geral ordinária

A **ordinária** deve se realizar uma vez por ano, e tem competência para tratar dos seguintes assuntos:

> Art. 132. Anualmente, nos 4 (quatro) primeiros meses seguintes ao término do exercício social, deverá haver 1 (uma) assembléia-geral para:
>
> I – tomar as contas dos administradores, examinar, discutir e votar as demonstrações financeiras;
>
> II – deliberar sobre a destinação do lucro líquido do exercício e a distribuição de dividendos;
>
> III – eleger os administradores e os membros do conselho fiscal, quando for o caso;
>
> IV – aprovar a correção da expressão monetária do capital social (artigo 167).

2.1.2. Assembleia geral extraordinária

Aquilo que estiver afastado da competência exclusiva da assembleia geral ordinária deve ser tratado na assembleia geral extraordinária. Esta pode se reunir em qualquer momento e quantas vezes forem necessárias.

> **Reforma do Estatuto**
>
> **Art. 135.** A assembleia geral extraordinária que tiver por objeto a reforma do estatuto somente se instalará, em primeira convocação, com a presença de acionistas que representem, no mínimo, 2/3 (dois terços) do total de votos conferidos pelas ações com direito a voto, mas poderá instalar-se, em segunda convocação, com qualquer número. (Redação dada pela Lei nº 14.195, de 2021)

> ***"Quorum" Qualificado***
>
> ***Art. 136. É necessária a aprovação de acionistas que representem metade, no mínimo, do total de votos conferidos pelas ações com direito a voto, se maior quórum não for exigido pelo estatuto da companhia cujas ações não estejam admitidas à negociação em bolsa ou no mercado de balcão, para deliberação sobre: (Redação dada pela Lei nº 14.195, de 2021)***
>
> *I – criação de ações preferenciais ou aumento de classe de ações preferenciais existentes, sem guardar proporção com as demais classes de ações preferenciais, salvo se já previstos ou autorizados pelo estatuto;*
>
> *III – redução do dividendo obrigatório;*
>
> *IV – fusão da companhia, ou sua incorporação em outra;*
>
> *V – participação em grupo de sociedades (art. 265);*
>
> *VI – mudança do objeto da companhia;*
>
> *VII – cessação do estado de liquidação da companhia;*
>
> *VIII – criação de partes beneficiárias;*
>
> *IX – cisão da companhia;*
>
> *X – dissolução da companhia.*

> **Direito de Retirada**
>
> **Art. 137.** A aprovação das matérias previstas nos incisos I a VI e IX do art. 136 dá ao acionista dissidente o direito de retirar-se da companhia, mediante reembolso do valor das suas ações (art. 45), observadas as seguintes normas:

2.2. Conselho de Administração

É um órgão administrativo e deliberativo. Trata-se de órgão de existência obrigatória na S.A. aberta, na S.A. de capital autorizado e na sociedade de economia mista.

Conselho de Administração

Órgão administrativo e deliberativo

Órgão obrigatório na S.A. aberta, de capital autorizado e na sociedade de economia mista

Composto por pessoas físicas, eleitos em Assembleia Geral para gestão de 3 anos

Tem competência para fixar a orientação geral dos negócios da sociedade, eleger ou destituir os diretores e fiscalizar a sua gestão

Art. 140. O conselho de administração será composto por, no mínimo, 3 (três) membros, eleitos pela assembléia-geral e por ela destituíveis a qualquer tempo, devendo o estatuto estabelecer:

I – o número de conselheiros, ou o máximo e mínimo permitidos, e o processo de escolha e substituição do presidente do conselho pela assembléia ou pelo próprio conselho;

II – o modo de substituição dos conselheiros;

III – o prazo de gestão, que não poderá ser superior a 3 (três) anos, permitida a reeleição;

IV – as normas sobre convocação, instalação e funcionamento do conselho, que deliberará por maioria de votos, podendo o estatuto estabelecer quorum qualificado para certas deliberações, desde que especifique as matérias.

O voto múltiplo é regulado pelo artigo 141 e seus parágrafos da Lei das Sociedades Anônimas, **Acionistas ordinarialistas que representem no mínimo 10% do capital social podem requerer a adoção do voto múltiplo na eleição** para membros do conselho de administração, mesmo que essa faculdade não esteja prevista no Estatuto Social.

Art. 140 [...]

§1º O estatuto poderá prever a participação no conselho de representantes dos empregados, escolhidos pelo voto destes, em eleição direta, organizada pela empresa, em conjunto com as entidades sindicais que os representam. **(Incluído pela Lei nº 14.195, de 2021)**

§2º Na composição do conselho de administração das companhias abertas, é obrigatória a participação de conselheiros independentes, nos termos e nos prazos definidos pela Comissão de Valores Mobiliários. **(Incluído pela Lei nº 14.195, de 2021)**

Art. 141. Na eleição dos conselheiros, é facultado aos acionistas que representem, no mínimo, 10% (dez por cento) do capital social com direito a voto, esteja ou não previsto no estatuto, requerer a adoção do processo de voto múltiplo, por meio do qual o número de votos de cada ação será multiplicado pelo número de cargos a serem preenchidos, reconhecido ao acionista o direito de cumular os votos em um só candidato ou distribuí-los entre vários. **(Redação dada pela Lei nº 14.195, de 2021)**

O **prazo de gestão será de três anos,** e a competência do Conselho de Administração é prevista no **artigo 142 da Lei**. As suas principais atribuições são:

Competência

Art. 142. Compete ao conselho de administração:

I – fixar a orientação geral dos negócios da companhia;

II – eleger e destituir os diretores da companhia e fixar – lhes as atribuições, observado o que a respeito dispuser o estatuto;

III – fiscalizar a gestão dos diretores, examinar, a qualquer tempo, os livros e papéis da companhia, solicitar informações sobre contratos celebrados ou em via de celebração, e quaisquer outros atos;

IV – convocar a assembléia-geral quando julgar conveniente, ou no caso do artigo 132;

V – manifestar-se sobre o relatório da administração e as contas da diretoria;

VI – manifestar-se previamente sobre atos ou contratos, quando o estatuto assim o exigir;

VII – deliberar, quando autorizado pelo estatuto, sobre a emissão de ações ou de bônus de subscrição;

VIII – autorizar, se o estatuto não dispuser em contrário, a alienação de bens do ativo não circulante, a constituição de ônus reais e a prestação de garantias a obrigações de terceiros;

IX – escolher e destituir os auditores independentes, se houver.

2.3. Diretoria

É órgão de representação da sociedade por ações, sendo obrigatório, composto por um ou mais membros, pessoas naturais, acionistas ou não.

2.3.1. Membros da diretoria

O número de membros da diretoria deverá ser fixado no estatuto, obedecido o mínimo 1 diretor, os quais serão eleitos pelo Conselho de Administração ou, na inexistência deste, pela assembleia-geral para mandatos de no máximo 3 (três) anos, admitida a reeleição.

"**Art. 143 da Lei nº 6.404/76.** A Diretoria será composta por 1 (um) ou mais membros eleitos e destituíveis a qualquer tempo pelo conselho de administração ou, se inexistente, pela assembleia geral, e o estatuto estabelecerá: **(Redação dada pela Lei Complementar nº 182, de 2021)**

§ 1º Os membros do conselho de administração, até o máximo de 1/3 (um terço), poderão ser eleitos para cargos de diretores.

§ 2º O estatuto pode estabelecer que determinadas decisões, de competência dos diretores, sejam tomadas em reunião da diretoria."

Art. 143. A Diretoria será composta por 1 (um) ou mais membros eleitos e destituíveis a qualquer tempo pelo conselho de administração ou, se inexistente, pela assembleia geral, e o estatuto estabelecerá: **(Redação dada pela Lei Complementar nº 182, de 2021)**

Devendo o ESTATUTO estabelecer:

I – o número de diretores, ou o máximo e o mínimo permitidos;

II – o modo de sua substituição;

III – o prazo de gestão, que não será superior a 3 (três) anos, permitida a reeleição;

IV – as atribuições e poderes de cada diretor.

São escolhidos pelo Conselho de Administração e, quando não houver um Conselho, pela Assembleia Geral e são destituíveis a qualquer tempo por esses órgãos.

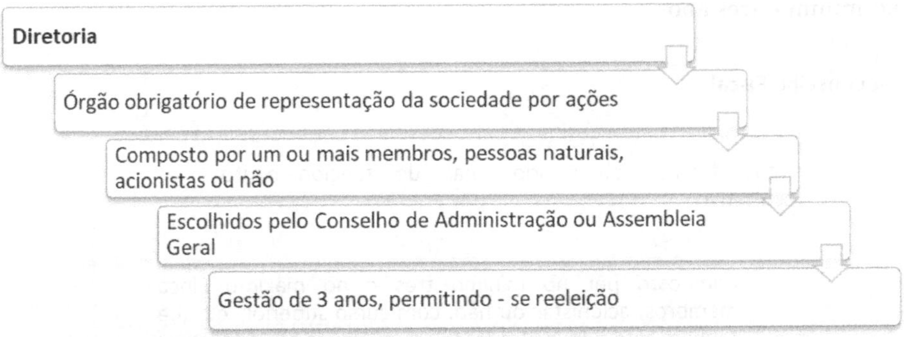

2.4. Conselho Fiscal

É um **órgão de assessoramento técnico.** É obrigatório, mas de funcionamento facultativo. A **composição do Conselho Fiscal será de, no mínimo, três e, no máximo, cinco membros, acionistas ou não.**

Art. 163. Compete ao conselho fiscal:

I – fiscalizar, por qualquer de seus membros, os atos dos administradores e verificar o cumprimento dos seus deveres legais e estatutários;

II – opinar sobre o relatório anual da administração, fazendo constar do seu parecer as informações complementares que julgar necessárias ou úteis à deliberação da assembléia-geral;

III – opinar sobre as propostas dos órgãos da administração, a serem submetidas à assembléia-geral, relativas a modificação do capital social, emissão de debêntures ou bônus de subscrição, planos de investimento ou orçamentos de capital, distribuição de dividendos, transformação, incorporação, fusão ou cisão

IV – denunciar, por qualquer de seus membros, aos órgãos de administração e, se estes não tomarem as providências necessárias para a proteção dos interesses da companhia, à assembléia-geral, os erros, fraudes ou crimes que descobrirem, e sugerir providências úteis à companhia;

V – convocar a assembléia-geral ordinária, se os órgãos da administração retardarem por mais de 1 (um) mês essa convocação, e a extraordinária, sempre que ocorrerem motivos graves ou urgentes, incluindo na agenda das assembléias as matérias que considerarem necessárias;

VI – analisar, ao menos trimestralmente, o balancete e demais demonstrações financeiras elaboradas periodicamente pela companhia;

VII – examinar as demonstrações financeiras do exercício social e sobre elas opinar;

VIII – exercer essas atribuições, durante a liquidação, tendo em vista as disposições especiais que a regulam.

No entanto, **só podem ser eleitos como conselheiros fiscais aqueles que possuem curso superior ou tenham sido administradores de qualquer sociedade por, no mínimo, três anos.**

Conselho Fiscal

Órgão técnico obrigatório, mas de funcionamento facultativo

Composto por no mínimo três e no máximo cinco membros, acionistas ou não, com curso superior ou que tenham sido administradores em qualquer sociedade por no mínimo três anos

3. ADMINISTRADORES

O termo "administradores", segundo a Lei nº 6.404/76, abrange tanto os membros do Conselho de Administração quanto os membros da Diretoria. Em qualquer caso, os administradores são necessariamente pessoas físicas, já que não se admite pessoas jurídicas em tais órgãos.

3.1. Deveres

3.1.1. *Dever de diligência*

Está previsto no **artigo 153 da Lei das Sociedades por Ações**; o administrador, no exercício das suas funções, deve ter a diligência que todo homem ativo e probo tem na condução de seus próprios negócios.

3.1.2. *Dever de lealdade*

O artigo 155 da Lei das Sociedades por Ações dispõe que o administrador não pode se valer de informações que obteve em razão de seu cargo, em proveito próprio ou alheio, independentemente de causar prejuízo ou não à sociedade.

> **Art. 155.** O administrador deve servir com lealdade à companhia e manter reserva sobre os seus negócios, **sendo-lhe vedado:**
>
> ***Sendo-lhe vedado:***
>
> I – usar, em benefício próprio ou de outrem, com ou sem prejuízo para a companhia, as oportunidades comerciais de que tenha conhecimento em razão do exercício de seu cargo;
>
> II – omitir-se no exercício ou proteção de direitos da companhia ou, visando à obtenção de vantagens, para si ou para outrem, deixar de aproveitar oportunidades de negócio de interesse da companhia;
>
> III – adquirir, para revender com lucro, bem ou direito que sabe necessário à companhia, ou que esta tencione adquirir.

3.1.3. *Dever de informação*

O administrador tem o dever de informar à companhia se é acionista, quanto recebe de dividendos, se possui ações em outras companhias, bem como tem o dever de informar o mercado sobre fatos relevantes que possam influir na aquisição de valores mobiliários.

3.2. Responsabilidade dos administradores

O administrador, em atos regulares de gestão, **não pode ser pessoalmente responsável pelas obrigações que contrair em nome da sociedade;** responderá civilmente, entretanto, pelos prejuízos que causar quando proceder.

Da leitura do artigo 158 da Lei 6.404/1976, **é possível visualizar duas hipóteses para a responsabilização civil dos administradores.**

> **Art. 158.** O administrador não é pessoalmente responsável pelas obrigações que contrair em nome da sociedade e em virtude de ato regular de gestão; responde, porém, civilmente, pelos prejuízos que causar, quando proceder:
>
> I – dentro de suas atribuições ou poderes, com culpa ou dolo;

A primeira delas diz respeito aos eventuais prejuízos que possam ser causados por culpa ou dolo do administrador, mesmo na hipótese de não ter havido a extrapolação de suas atribuições e poderes, cabendo à sociedade comprovar a atitude culposa de seu gestor.

> II – com violação da lei ou do estatuto.

Outra hipótese se configura na violação de lei ou mesmo do estatuto da companhia. Todavia, é importante ressaltar o texto do artigo 158, que prevê que o administrador não poderá ser pessoalmente responsável pelas obrigações contraídas em nome da companhia e em virtude de ato regular de gestão.

Ainda, **o § 2º do artigo 158 da Lei 6.404/1976** prevê que os administradores respondem solidariamente por prejuízos que decorram do não cumprimento dos deveres legais.

> Os administradores são solidariamente responsáveis pelos prejuízos causados em virtude do não cumprimento dos deveres impostos por lei para assegurar o funcionamento normal da companhia, ainda que, pelo estatuto, tais deveres não caibam a todos eles.

O fato de o estatuto da companhia não atribuir todas as responsabilidades a todos os administradores não exime um administrador de responder solidariamente por algum dever não cumprido que, contudo, não seja expressamente seu.

Vale ressaltar que, **caso o administrador tenha conhecimento dos fatos de terceiros, contrários aos deveres legais, e não tome nenhuma medida para impedir o ilícito, responderá solidariamente.**

Da mesma forma, responderá caso seja conivente com os atos praticados por outro administrador, ou, então, caso seja negligente ao descobrir os fatos já praticados ou na iminência de acontecer.

O **§ 1º do artigo 158 da Lei das Sociedades Anônimas** traz a possibilidade para que, mesmo que o administrador venha a ter conhecimento de fatos desvantajosos ou contrários à empresa, para que possa se eximir de qualquer responsabilidade, registre uma objeção em reunião do órgão de administração competente, levando o fato a conhecimento do conselho fiscal da assembleia geral.

> **§ 1º** O administrador não é responsável por atos ilícitos de outros administradores, salvo se com eles for conivente, se negligenciar em descobri-los ou se, deles tendo conhecimento, deixar de agir para impedir a sua prática. Exime-se de responsabilidade o administrador dissidente que faça consignar sua divergência em ata de reunião do órgão de administração ou, não sendo possível, dela dê ciência imediata e por escrito ao órgão da administração, no conselho fiscal, se em funcionamento, ou à assembléia-geral.

Vale considerar também que, mesmo estranho à administração da sociedade, caso venha a se beneficiar em conjunto com um administrador, praticando ato que viole a lei ou o estatuto, responderá solidariamente ao administrador por previsão constante no **§ 5º do artigo 158 da Lei 6.404/1976.**

Responderá solidariamente com o administrador quem, com o fim de obter vantagem para si ou para outrem, concorrer para a prática de ato com violação da lei ou do estatuto.

3.3. Ação de responsabilidade

A **ação de responsabilidade** ganha um capítulo próprio a partir do **artigo 159,** que expressa:

> **Art. 159.** Compete à companhia, mediante prévia deliberação da assembléia-geral, a ação de responsabilidade civil contra o administrador, pelos prejuízos causados ao seu patrimônio.

O §1º do artigo 159 da Lei das Sociedades Anônimas vem para especificar que tanto a assembleia geral ordinária como a extraordinária podem apreciar tal matéria, contudo, para que a apreciação ocorra em assembleia geral extraordinária, ela deve ter sido prevista na ordem do dia ou então ter sido consequência direta de algum assunto incluído na assembleia.

Existe, ainda, outra hipótese em que poderá um acionista, ou um conjunto que represente ao menos 5% do capital, formular o pedido de ação.

"Será legitimado, ainda, o acionista individualmente a propor a ação de responsabilidade civil, no caso de recusarem os administradores a fazer constar da ordem do dia a deliberação sobre a matéria, ou se, embora sendo consequência direta do assunto nela incluído, negar-se a mesa a reconhecê-lo, trancando a discussão e deliberação a respeito."

São **duas espécies de ações:** a **primeira** delas seria aquela em que a companhia tem prioridade e, somente caso não exerça essa prioridade, poderá ser substituída por qualquer acionista.

Ainda, uma **segunda** espécie de ação teria características de ação individual, passível de interposição pelos acionistas, considerando a ação proposta pelo substituto como a mesma proposta pela companhia, conforme a previsão expressa da segunda parte do **§7º do artigo 159:**

> §7º A ação prevista neste artigo não exclui a que couber ao acionista ou terceiro diretamente prejudicado por ato de administrador.

Retomando a análise dos parágrafos do artigo **159 da Lei das Sociedades Anônimas, é justamente no seu § 3º** que se encontra a previsão da substituição da companhia por qualquer acionista para a propositura da ação de responsabilidade contra o administrador.

> §3º Qualquer acionista poderá promover a ação, se não for proposta no prazo de 3 (três) meses da deliberação da assembléia-geral.

A regra é para que, diante de um **prazo de três meses após a deliberação da assembleia, a companhia não tomar as providências para que a ação seja proposta, poderá, então, qualquer acionista formulá-la visando a garantia de seus direitos.**

> §4º Se a assembléia deliberar não promover a ação, poderá ela ser proposta por acionistas que representem 5% (cinco por cento), pelo menos, do capital social.

Pouco importa a porcentagem do capital social que detém esse acionista. Caso um acionista, individualmente, não detenha essa porcentagem mínima de ações da companhia, poderá ele, em conjunto com outros acionistas, compor um litisconsórcio para que os 5% necessários sejam atingidos.

> § 5º Os resultados da ação promovida por acionista deferem-se à companhia, mas esta deverá indenizá-lo, até o limite daqueles resultados, de todas as despesas em que tiver incorrido, inclusive correção monetária e juros dos dispêndios realizados.

A propositura da ação de responsabilidade, em face de um ou mais administradores de uma determinada companhia, tem como objetivo restabelecer o seu bom funcionamento, voltando, então, a buscar os fins para os quais ela foi constituída.

3.3.1. *Ação* ut singuli *e ação* ut universi?

A ação social de responsabilidade civil contra os administradores por danos causados **à companhia** pode ser proposta:

(a) pela própria sociedade (ação social *ut universi* – art. 159, *caput*, da Lei nº 6.404/76) ou;

(b) por acionistas (ação social *ut singuli*), que nesse caso atuarão como substitutos processuais originários (art. 159, § 4º, da Lei nº 6.404/76) ou derivados (art. 159, § 3º, Lei nº 6.404/76).

É importante não confundir essas duas espécies de ação social com a ação individual prevista no art. 159, § 7º, da Lei nº 6.404/76, proposta quando há danos diretos **a acionistas ou terceiros**:

> Danos à companhia vão sempre gerar, ainda que indiretamente, danos aos acionistas. No entanto, ação individual somente pode ser usada quando não há danos diretos ao acionista.

3.3.2. *Administrador e boa-fé*

No campo da responsabilidade civil dos administradores das sociedades anônimas, aplica-se a business judgment rule, prevista no art. 159, § 6º, da Lei nº 6.404/76, ou seja, o administrador estará isento de responsabilidade se agir corretamente na condução dos negócios, ainda que o resultado seja prejudicial à companhia.

> "**Art. 159 da Lei nº 6.404/76.** Compete à companhia, mediante prévia deliberação da assembleia-geral, a ação de responsabilidade civil contra o administrador, pelos prejuízos causados ao seu patrimônio.
>
> (...) **§ 6º** O juiz poderá reconhecer a exclusão da responsabilidade do administrador, se convencido de que este agiu de boa-fé e visando ao interesse da companhia."

Ressalte-se, que a aprovação das contas sem reservas isenta o administrador de sua responsabilidade por prejuízos causados à sociedade.

No entanto, se anulada a deliberação que aprovou as contas, a ação de responsabilidade poderá ser proposta contra o administrador.

Contudo, devem ser propostas duas ações. Inicialmente, a ação anulatória da assembleia de aprovação de contas sem reservas (art. 286 Lei nº 6.404/76) e, após seu trânsito em julgado, a ação indenizatória (art. 287, II, "b", 2, Lei nº 6.404/76).

3.3.3. Prazo prescricional

O prazo prescricional é de 3 (três) anos conforme art. 287 da Lei nº 6.404/76:

> "**Art. 287 da Lei nº 6.404/76.** Prescreve: (...) II – em 3 (três) anos: (...) b) a ação contra os fundadores, acionistas, administradores, liquidantes, fiscais ou sociedade de comando, para deles haver reparação civil por atos culposos ou dolosos, no caso de violação da lei, do estatuto ou da convenção de grupo, contado o prazo: 1 – para os fundadores, da data da publicação dos atos constitutivos da companhia; 2 – para os acionistas, administradores, fiscais e sociedades de comando, da data da publicação da ata que aprovar o balanço referente ao exercício em que a violação tenha ocorrido; 3 – para os liquidantes, da data da publicação da ata da primeira assembléia-geral posterior à violação. (...)."

4. TRANSFORMAÇÕES SOCIETÁRIAS

4.1. Espécies

As transformações societárias englobam as **mudanças de tipos societários, assim como as incorporações, fusões e cisões nas sociedades.** Inicialmente, resolvemos exemplificar as mudanças de tipos societários, a seguir:

Exemplo:

A mudança de uma companhia de capital fechado para uma companhia de capital aberto.

Em primeira conclusão, as **transformações societárias são um gênero, mas ao mesmo tempo também são espécies:** (1) Transformações Societárias propriamente ditas; (2) Incorporações; (3) Fusões; e, (4) Cisões.

4.2. Legislação aplicável

A **Lei das Sociedades Anônimas (6.404/76)** é mais completa ao tratar dos temas desta aula. Em vista deste motivo, será a nossa referência.

A lei 6.404/76 comumente é aplicada como fonte de solução de conflitos para as sociedades do Código Civil, o contrário não ocorre. A razão disso está no fato de que a lei das sociedades anônimas é mais completa. O seu uso se dá pelo recurso da analogia. A jurisprudência de nosso país confirma esse entendimento.

Finalmente, ainda que a lei de sociedades anônimas seja mais completa, sempre citaremos o dispositivo de lei correspondente no código civil. Você poderá notar que a ideia é basicamente a mesma. **O estudo fluirá tranquilamente.**

4.3. Transformações societárias propriamente ditas

A mudança de tipo societário independe de liquidação, o que significa que é desnecessário pagar todos os credores, fazer partilha do restante com os sócios, ou até mesmo encerrar a sociedade, conforme **artigo 220, Lei 6404/76.**

> **Art. 220.** A transformação é a operação pela qual a sociedade passa, independentemente de dissolução e liquidação, de um tipo para outro.

A transformação de um tipo de sociedade para outro, em regra, **exige unanimidade** conforme regra contida no **art. 221, Lei 6404/76.**

Nada obsta, porém, que os sócios determinem um quorum diferente no contrato ou no estatuto. Dessa maneira, os sócios poderão determinar, a título de exemplo, o quorum de maioria do capital para a aprovação da transformação.

> **Deliberação**
>
> **Art. 221.** A transformação exige o consentimento unânime dos sócios ou acionistas, salvo se prevista no estatuto ou no contrato social, caso em que o sócio dissidente terá o direito de retirar-se da sociedade.

O sócio dissidente é aquele que discorda de determinada decisão. No caso em tela, o sócio discorda da transformação, situação em que **poderá exercer o seu direito de retirar-se da sociedade** recebendo a parte que lhe cabe na sociedade.

A operação não prejudica os direitos dos credores, conforme **artigo 222 da Lei das Sociedades Anônimas,** a seguir:

> **Art. 222.** A transformação não prejudicará, em caso algum, os direitos dos credores, que continuarão, até o pagamento integral dos seus créditos, com as mesmas garantias que o tipo anterior de sociedade lhes oferecia.

No caso de uma transformação de uma sociedade do código civil para uma sociedade anônima, é necessário a **aprovação da operação em ambas as sociedades.**

Como já dito anteriormente, o código civil também tem legislação correspondente. Trata-se da mesma ideia estudada acima, mas achei interessante transcrevê-la para que você siga com maior segurança para a prova.

Correspondência no Código Civil.

Transformação (art. 1.113, CC): O ato de transformação independe de dissolução ou liquidação da sociedade, e obedecerá aos preceitos reguladores da constituição e inscrição próprios do tipo em que vai converter-se.

Direito de Retirada

Art. 230. Nos casos de incorporação ou fusão, o prazo para exercício do direito de retirada, previsto no art. 137, inciso II, será contado a partir da publicação da ata que aprovar o protocolo ou justificação, mas o pagamento do preço de reembolso somente será devido se a operação vier a efetivar-se

4.4. Incorporação

Na incorporação societária, uma ou mais sociedades são absorvidas por outra. Tal hipótese opera-se entre sociedades de tipos iguais ou diferentes, comportando a possibilidade de expansão empresarial. O conceito está exposto no **artigo 227, Lei 6.404/76**, a seguir:

Incorporação

Art. 227. A incorporação é a operação pela qual uma ou mais sociedades são absorvidas por outra, que lhes sucede em todos os direitos e obrigações.

A Lei das Sociedades por Ações traz algumas exigências. Além de deliberação, a elaboração de um protocolo, espécie de pré-contrato para que a operação seja realizada. Conversaremos sobre tudo isso, a seguir.

4.5. O processo da incorporação

O processo da incorporação envolve, no mínimo, duas sociedades. O primeiro ato formal é a **deliberação em todas as sociedades envolvidas**, levando em consideração o quorum de aprovação para que seja possível alterar os respectivos atos constitutivos (contrato ou estatuto social).

Após a aprovação em cada uma das sociedades, vem a necessidade de promover a alteração dos respectivos atos constitutivos mediante arquivamento no órgão registral, conforme artigo 223, Lei 6.404/76.

Competência e Processo

Art. 223. A incorporação, fusão ou cisão podem ser operadas entre sociedades de tipos iguais ou diferentes e deverão ser deliberadas na forma prevista para a alteração dos respectivos estatutos ou contratos sociais.

Além de deliberação, o processo exige um **processo que engloba os procedimentos de protocolo e justificação.** Tais regram aplicam-se também às fusões e cisões.

Enfim, gostaria que ficassem de olhos abertos nessas regras, pois tem sido utilizados inclusive nos procedimentos de incorporação, fusão e cisão no código civil. Como já dito anteriormente, trata-se da utilização do recurso da analogia.

4.5.1. Protocolo

Aprovada a incorporação, extingue-se a sociedade incorporada, momento em que todas as medidas necessárias devem ser tomadas junto ao registro competente.

O protocolo **realizar-se-á por meio de uma proposta de incorporação,** além da justificação que trataremos mais adiante. O **artigo 224 da Lei 6.404/76** exige que o protocolo seja confeccionado com as seguintes informações:

Protocolo

Art. 224. *As condições da incorporação, fusão ou cisão com incorporação em sociedade existente constarão de protocolo firmado pelos órgãos de administração ou sócios das sociedades interessadas, que incluirá:*

I – o número, espécie e classe das ações que serão atribuídas em substituição dos direitos de sócios que se extinguirão e os critérios utilizados para determinar as relações de substituição;

II – os elementos ativos e passivos que formarão cada parcela do patrimônio, no caso de cisão;

III – os critérios de avaliação do patrimônio líquido, a data a que será referida a avaliação, e o tratamento das variações patrimoniais posteriores;

IV – a solução a ser adotada quanto às ações ou quotas do capital de uma das sociedades possuídas por outra;

V – o valor do capital das sociedades a serem criadas ou do aumento ou redução do capital das sociedades que forem parte na operação;

VI – o projeto ou projetos de estatuto, ou de alterações estatutárias, que deverão ser aprovados para efetivar a operação;

VII – todas as demais condições a que estiver sujeita a operação.

4.5.2. Justificação

A justificação realizar-se-á por meio de uma **verdadeira exposição de motivos para que a operação se realize.** O **artigo 225 da lei 6.404/76** exige que a justificação traga o motivo da operação. Exige também a finalidade e demonstração dos interesses da companhia, além de informações sobre a nova composição de ações, como a seguir:

Justificação

Art. 225. As operações de incorporação, fusão e cisão serão submetidas à deliberação da assembléia-geral das companhias interessadas mediante justificação, na qual serão expostos:

I – os motivos ou fins da operação, e o interesse da companhia na sua realização;

II – as ações que os acionistas preferenciais receberão e as razões para a modificação dos seus direitos, se prevista;

III – a composição, após a operação, segundo espécies e classes das ações, do capital das companhias que deverão emitir ações em substituição às que se deverão extinguir;

IV – o valor de reembolso das ações a que terão direito os acionistas dissidentes.

Correspondência no Código Civil.
Incorporação (Art. 1.116, CC): uma ou várias sociedades são absorvidas por outra, que lhes sucede em todos os direitos e obrigações, devendo todas aprová-la, na forma estabelecida para os respectivos tipos.

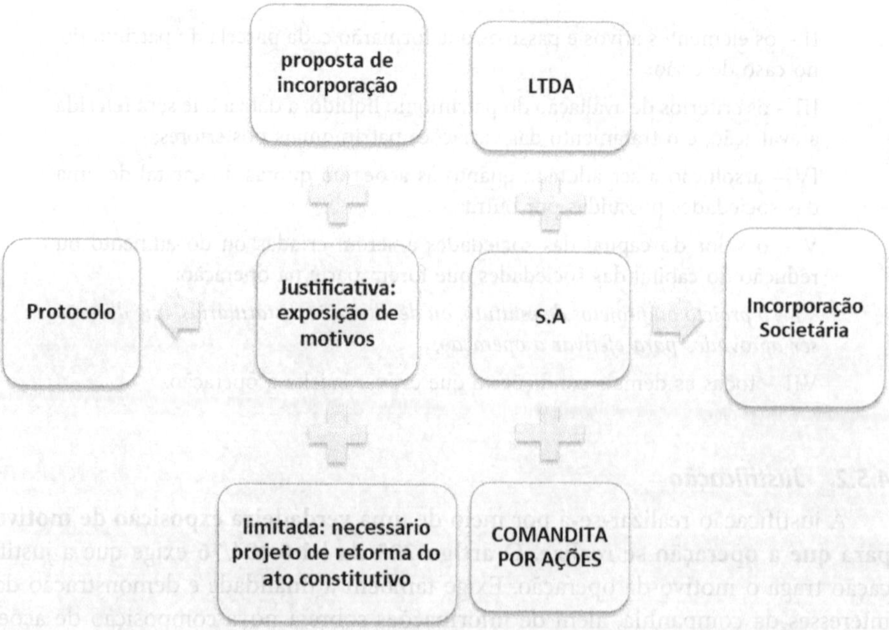

4.6. Fusão

A fusão é a junção de duas ou mais sociedades formando uma nova, que lhes sucede em todos os direitos e obrigações. Dessa operação surge uma nova pessoa jurídica, deixando de existir as sociedades que participaram da fusão, conforme **artigo 228, Lei 6.404/76.**

> **Fusão**
>
> Art. 228. A fusão é a operação pela qual se unem duas ou mais sociedades para formar sociedade nova, que lhes sucederá em todos os direitos e obrigações.

Primeiramente, há necessidade de elaborar um projeto sobre o futuro da fusão, com a distribuição do capital social da nova companhia entre os sócios das sociedades fundidas.

Nas sociedades anônimas o quórum é de, pelo menos, 50% do capital votante, e, nas limitadas, 75% do capital social.

> **Correspondência no Código Civil.**
>
> Fusão (Art. 1.119, CC): determina a extinção das sociedades que se unem, para formar sociedade nova, que a elas sucederá nos direitos e obrigações.

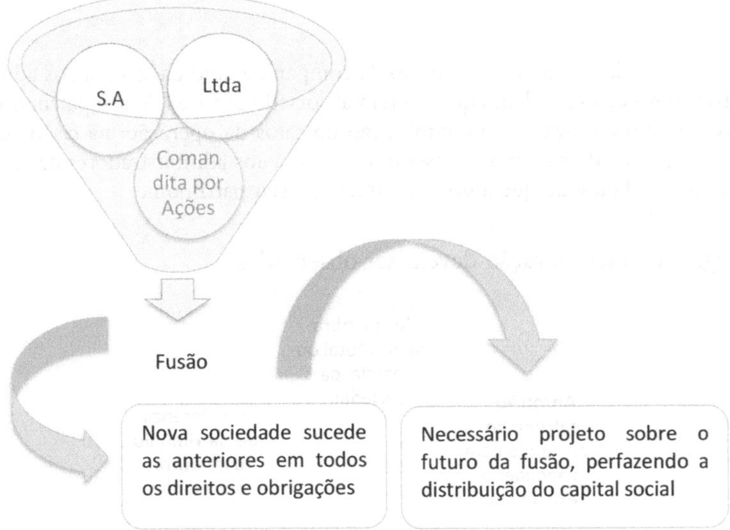

4.7. Cisão

Consiste no **desmembramento total ou parcial da sociedade, que transfere seu patrimônio para uma ou várias sociedades já existentes ou constituídas para esse fim,** conforme **artigo 229, Lei 6.404/76.**

> **Cisão**
>
> Art. 229. A cisão é a operação pela qual a companhia transfere parcelas do seu patrimônio para uma ou mais sociedades, constituídas para esse fim ou já existentes, extinguindo-se a companhia cindida, se houver versão de todo o seu patrimônio, ou dividindo-se o seu capital, se parcial a versão.

Sem correspondência no Código Civil.

Observação: As Sociedades do Código Civil devem utilizar as regras de sociedades anônimas por analogia.

A cisão é total quando todo o patrimônio é transferido para outras sociedades, **extinguindo-se a sociedade cindida.** Essa operação também é chamada de cisão pura, situação em que a sociedade transfere todo o seu patrimônio para duas ou mais sociedades já existentes ou constituídas para esse fim.

Em caso de **cisão total ou absorção**, a sociedade transfere seu patrimônio para duas ou mais sociedades já existentes, até porque a transferência para uma única sociedade seria uma incorporação. Na cisão parcial, apenas parte do patrimônio é transferida, subsistindo a sociedade cindida.

O **§4.º do artigo 229, Lei 6.404/76 exige, finalmente, o arquivamento dos atos operacionais de cisão.** Na cisão integral ou pura, a incumbência é dos administradores.

Na cisão parcial ou absorção, esse dever será dos administradores da companhia cindida.

> **§4.º** Efetivada a cisão com extinção da companhia cindida, caberá aos administradores das sociedades que tiverem absorvido parcelas do seu patrimônio promover o arquivamento e publicação dos atos da operação; na cisão com versão parcial do patrimônio, esse dever caberá aos administradores da companhia cindida e da que absorver parcela do seu patrimônio.

As regras de incorporação devem ser observadas.

5. OUTRAS OPERAÇÕES SOCIETÁRIAS NA LEI 6.404/76

5.1. Grupos de sociedades

Os grupos de sociedades são caracterizados pela união de sociedades, no qual **há uma única direção em que convergem seus interesses.**

Os grupos têm natureza contratual e/ou econômica, de modo que haja interferência comum e contínua entre os negócios de seus membros.

Os grupos de coordenação são caracterizados pela **unidade de direção entre as empresas juridicamente autônomas,** as relações estabelecidas são igualitárias. Temos uma paridade de forças econômicas e decisão, sem que isto implique em unidade de controle. Por outro lado, existem grupos que possuem uma sociedade de comando/controle. Trataremos disso no próximo tópico.

O grupo de sociedades de coordenação é formado por meio de um documento que se denomina convenção com base legal no **artigo 269 da Lei 6.404/1976** com designação registrada na Junta Comercial, que deverá conter:

> I – a designação do grupo;
>
> II – a indicação da sociedade de comando e das filiadas;

> III – as condições de participação das diversas sociedades;
>
> IV – o prazo de duração, se houver, e as condições de extinção;
>
> V – as condições para admissão de outras sociedades e para a retirada das que o componham;
>
> VI – os órgãos e cargos da administração do grupo, suas atribuições e as relações entre a estrutura administrativa do grupo e as das sociedades que o componham;
>
> VII – a declaração da nacionalidade do controle do grupo;
>
> VIII – as condições para alteração da convenção.

Caso as sociedades pertencentes ao grupo tenham sede em locais distintos, deverão ser arquivadas no órgão registral das respectivas sedes as atas de assembleia ou alterações contratuais que tiverem aprovado a convenção.

O **início de existência do grupo se dá com o arquivamento da convenção** no órgão competente e as atas de assembleias de todas as sociedades com a sua respectiva publicação na imprensa oficial, tudo conforme **artigo 271, Lei 6.404/76.**

A união em **grupo de sociedades não é definitiva,** assim como não o é a participação de componente no grupo. Dessa forma, há se prever na convenção essas espécies de situações e formas de alteração, regulamentando, além das atribuições dos integrantes, a entrada e saída das sociedades no grupo, prazo de duração e sua extinção.

Os sócios ou acionistas que **discordem da deliberação de se associar a um grupo de sociedades tem o direito de se retirar da companhia,** mediante reembolso do valor das suas ações ou quotas.

A operação exigirá alteração do contrato ou estatuto social, devendo seguir o quorum e regras de aprovação de todas as sociedades, conforme **artigo 270, Lei 6.404/76:**

> "A convenção de grupo deve ser aprovada com observância das normas para alteração do contrato social ou do estatuto."

É válido ressaltar que começamos a explicação pelo grupo de sociedades mais simples. Estamos diante do formato em que não há subordinação entre os integrantes, também chamado de grupos de coordenação. Temos uma paridade entre as sociedades.

Por outro lado, temos grupos de sociedades de subordinação. Trata-se de uma operação em que uma das sociedades se denomina controladora, também conhecida como "holding". Trataremos das "holdings" no próximo tópico.

5.2. Grupos de sociedades "holdings"

Já os **grupos societários de subordinação, legitimados** pelo artigo 265 da Lei 6.404/1976, serão formados pelas sociedades controladoras "*holding*" e sociedades controladas, de forma que a sociedade controladora e suas controladas possam constituir um grupo de sociedades.

A operação se dá mediante convenção pela qual se obriguem a combinar recursos ou esforços para a realização dos respectivos objetos, ou a participar de atividades ou empreendimentos comuns, como a seguir:

> **Art. 265.** A sociedade controladora e suas controladas podem constituir, nos termos deste Capítulo, grupo de sociedades, mediante convenção pela qual se obriguem a combinar recursos ou esforços para a realização dos respectivos objetos, ou a participar de atividades ou empreendimentos comuns.

A sociedade controladora ou **"holding" é sócia de outra sociedade com o intuito de participar de seu objeto social.**

A "*holding*" pode ser pura, quando há apenas a participação em outras sociedades, ou mista, quando, além da participação, há também a exploração de outras atividades econômicas.

> **§1º** A sociedade controladora, ou de comando do grupo, deve ser brasileira, e exercer, direta ou indiretamente, e de modo permanente, o controle das sociedades filiadas, como titular de direitos de sócio ou acionista, ou mediante acordo com outros sócios ou acionistas.

A sociedade controladora, ou de **comando do grupo, deve ser brasileira** e exercer, direta ou indiretamente, e de modo permanente, o controle das sociedades filiadas, como titular de direitos de sócio ou acionista.

A sociedade controlada é aquela cuja maioria votante nas deliberações de sócios nas assembleias, assim como o poder de eleger a maior parte de seus administradores, pertença a outra sociedade.

Diante da formação do grupo, **permanece a personalidade jurídica individualizada de cada integrante do grupo,** assim como seu patrimônio e obrigações distintas, de maneira que o que há é a coordenação de recursos e esforços para participar de atividades ou objetivos em comum, como o **artigo 266, Lei 6.404/76:**

> "As relações entre as sociedades, a estrutura administrativa do grupo e a coordenação ou subordinação dos administradores das sociedades filiadas serão estabelecidas na convenção do grupo, mas cada sociedade conservará personalidade e patrimônios distintos".

Cada **integrante é responsável por suas obrigações,** podendo, eventualmente, a sociedade controladora se responsabilizar por danos da sociedade controlada.

Nesse sentido, por previsão legal, **haverá solidariedade** entre os integrantes do grupo quando se tratar de casos de infração à ordem econômica, obrigações previdenciárias e trabalhistas. Ainda, nos casos de **reparação ao consumidor, a responsabilidade será subsidiária.**

Da designação do grupo de sociedades perante o órgão competente deverão constar as expressões **"grupo de sociedades" ou "grupo".**

5.3. Sociedades coligadas, controladoras e controladas

Trataremos agora de uma espécie de operação que lembra muito o grupo de sociedades acima estudado. Vamos diferenciar logo no início.

As hipóteses presentes nesse subtítulo **não são formais, existem apenas de fato** e não de direito. Logo, nada de exigência de convenção ou mesmo arquivamento de seus atos constitutivos, muito menos personalidade jurídica de grupo de sociedades.

Nesse caso, estamos diante de uma união de sociedade com objetivos afins. O poder de ingerência de uma sociedade em relação a outra decorrente de sua **participação no capital social.**

5.3.1. Sociedades coligadas

A coligação exige **influência significativa** que pode se dar em vista da participação nas decisões políticas, financeiras ou operacionais da investida, ou com investidura de 20%, mas sem exercer controle, conforme **artigo 243 da Lei das Sociedades Anônimas e §§,** a seguir:

> **§4.º** Considera-se que há influência significativa quando a investidora detém ou exerce o poder de participar nas decisões das políticas financeira ou operacional da investida, sem controlá-la.

> §5.º É presumida influência significativa quando a investidora for titular de 20% (vinte por cento) ou mais dos votos conferidos pelo capital da investida, sem controlá-la. **(Redação dada pela Lei nº 14.195, de 2021)**

5.3.2. *Sociedades controladoras e controladas*

A titularidade de direitos de sócio que assegurem de modo permanente a preponderância da controladora sobre a controlada é fator determinante, conforme **§2º artigo 243 da Lei das Sociedades Anônimas.**

> §2º Considera-se controlada a sociedade na qual a controladora, diretamente ou através de outras controladas, é titular de direitos de sócio que lhe assegurem, de modo permanente, preponderância nas deliberações sociais e o poder de eleger a maioria dos administradores.

5.3.3. *Participação recíproca*

> **Art. 244.** É vedada a participação recíproca entre a companhia e suas coligadas ou controladas.

5.4. Consórcios

O consórcio é a **união de sociedades que objetivam um empreendimento específico,** ou seja, é um contrato sem personalidade jurídica que associa sociedades subordinadas ou independentes. Dessa forma, "companhias e quaisquer outras sociedades, sob o mesmo controle ou não, podem constituir consórcio para executar determinado empreendimento.

Como dito, **o contrato de consórcio não tem personalidade jurídica, em que pese as sociedades consorciadas terem suas próprias obrigações.**

Em vista das obrigações comuns, que devem ser previstas no respectivo contrato, **respondem sem presunção de solidariedade.**

Ainda, quanto aos atos praticados em consórcio, na fase de licitação e execução do contrato, os consorciados **serão responsáveis solidários.**

Da mesma forma, no tocante às obrigações tributárias, **há previsão de solidariedade entre as sociedades participantes do consórcio:**

> "As empresas integrantes de consórcio constituído nos termos do disposto nos arts. 278 e 279 da Lei no 6.404, de 15 de dezembro de 1976, respondem pelos tributos devidos, em relação às operações praticadas pelo consórcio, na proporção de sua participação no empreendimento"

O ato constitutivo do contrato de consórcio, e suas posteriores alterações, deverá ser aprovado pelo Conselho de Administração, Assembleia, ou administradores. Em seguida a isso, será arquivado na junta comercial, com certidão do arquivamento publicada, **do qual constarão:**

> **Art. 279.** O consórcio será constituído mediante contrato aprovado pelo órgão da sociedade competente, do qual constarão:
>
> *a) a designação do consórcio, se houver;*
>
> *b) o empreendimento que constitua o objeto do consórcio;*
>
> *c) duração, endereço e foro;*
>
> *d) a definição das obrigações e responsabilidade de cada sociedade consorciada, e das prestações específicas;*
>
> *e) normas sobre recebimento de receitas e partilha de resultados;*
>
> *f) normas sobre administração do consórcio, contabilização, representação das sociedades consorciadas e taxa de administração, se houver;*
>
> g) forma de deliberação sobre assuntos de interesse comum, com o número de votos que cabe a cada consorciado;
>
> *h) contribuição de cada consorciado para as despesas comuns, se houver.*

RESUMO. SOCIEDADES ANÔNIMAS. PARTE I

As sociedades por ações comportam duas espécies. Temos as sociedades anônimas ou Companhias e as Comandita por Ações. Os termos sociedades anônimas e companhias são sinônimos.

A legislação foi criada para que houvesse um tratamento diferenciado para companhias com estrutura mais complexa. Vale lembrar que as companhias abertas se utilizam da estrutura da Bolsa de Valores, o que por si só, justifica a tratativa em lei especial.

As características são: **1. Capital dividido em ações**: Cada ação corresponde a uma parcela do capital da companhia; **2. Responsabilidade limitada**: A responsabilidade do acionista é limitada ao preço de emissão da ação ou ações que tenha adquirido; **3. Sempre empresárias**: São consideradas empresárias e isso independe da atividade praticada.

As companhias abertas são aquelas que tem seus valores mobiliários negociados na Bolsa de Valores. Os fundadores integralizam uma parte do capital e esperam que investidores ao adquirir/subscrever as suas ações integralizem o restante.

As companhias fechadas, por sua vez, são aquelas que não tem seus valores mobiliários negociados na Bolsa de Valores. São criadas apenas para a utilização da estrutura da lei especial, mas sem a pretensão de receber recursos de investidores na Bolsa de Valores.

O capital social da companhia é dividido em frações iguais, representadas por títulos negociáveis, denominados ações, que são espécie de valor mobiliário.

A responsabilidade dos acionistas é limitada ao "preço de emissão da ação" (valor investido). A limitação de responsabilidade significa que os acionistas só assumem o risco de perder o valor investido, não pondo em risco o restante de seu patrimônio pessoal.

AÇÕES

A ação é uma parcela do capital social e atribui a seu detentor a condição de sócio. Essa operação é denominada "capitalização".

AÇÕES ORDINÁRIAS

O nome "ordinárias" quer significar comuns. Tais ações oferecem direitos e vantagens comuns a todos os acionistas. São chamados direitos essenciais e estão previstos no artigo 109 da Lei 6.404/1976. A ação ordinária é de emissão obrigatória e sempre dará direito a voto.

AÇÕES PREFERENCIAIS

São aquelas que atribuem uma vantagem política e econômica ao seu detentor, como: Prioridade no reembolso do capital; Prioridade na distribuição de dividendos ou mesmo podem acumular tais preferências e vantagens, não atribuem o direito de voto a seu detentor. Contudo, o Estatuto poderá conceder esse direito.

RESUMO. SOCIEDADES ANÔNIMAS PARTE II

DEBÊNTURES

A debênture é um valor mobiliário e tem uma característica especial em relação a outros títulos de financiamento: é uma alternativa que precisa da aprovação dos acionistas, pois sua emissão não pode ser decidida pela diretoria da empresa isoladamente. As emissões públicas de debêntures devem, obrigatoriamente, ser registradas na CVM.

A debênture é usada pelas empresas para captar recursos. Como é uma dívida, a pessoa que a compra passa a ser credor da empresa e, quando a empresa paga a dívida, paga também uma remuneração adicional, que é o seu prêmio pelo empréstimo.

17

TÍTULOS DE CRÉDITO

1. INTRODUÇÃO

A disciplina dos **Títulos de Crédito** encontra sua fonte na necessidade de **auxílio e simplificação das diversas relações comerciais** que envolvem somas em dinheiro, buscando uma circulação segura, rápida e fácil do crédito.

A palavra **título** nos oferece a ideia de um documento em papel: é assim com o título de eleitor ou com o título de um clube. Nesse caso, teremos um título, logo, **um documento representativo do crédito.** O crédito nada mais é do que a consecução de um bem da vida, uma mercadoria ou um empréstimo. Logo, **uma antecipação do bem da vida, formalizando em papel o pagamento futuro.** Em simples palavras, a troca do bem no presente, pelo dinheiro futuro.

Os títulos mais utilizados hoje em dia são a Nota promissória, o Cheque e a Duplicata.

Pois bem, o conceito clássico de título de crédito foi elaborado por **CESARE VIVANTE**, segundo o qual:

> "(...) título de crédito é o documento necessário para o exercício do direito, literal e autônomo, nele mencionado."

E esse conceito sofre uma pequena modificação no art. 887 do Código Civil, a seguir:

> "**Art. 887 do CC**. O título de crédito, documento necessário ao exercício do direito literal e autônomo nele contido, somente produz efeito quando preencha os requisitos da lei."

A doutrina é pacífica em não aceitar a proposta no código civil, já que em vista da abstração e autonomia, o Direito não está contido no título, mas mencionado.

2. LEGISLAÇÃO APLICÁVEL

Historicamente, cada um dos principais títulos de crédito **sempre tiveram as suas próprias leis especiais,** e, atualmente, não é diferente.

A Letra de Câmbio e a Nota Promissória são títulos regulados pelo Decreto 57.663/66, também conhecida como Lei Uniforme de Genebra (LU), nascido em vista da Convenção de Genebra de 1964, quando a maioria dos países se reuniram para, entre muitas discussões, uniformizar as regras dos principais títulos de crédito.

A Convenção de Genebra tem dois anexos. O primeiro trata dos princípios de Direito Internacional, que, logicamente, não interessam aos nossos estudos.

No Anexo II, as regras que regulam institutos muito conhecidos dos diversos certames nas carreiras jurídicas e fiscais, quais sejam a **Letra de Câmbio (Artigo 1º); O endosso (Artigo 11); O aval (Artigo 32); a prescrição (Artigo 70),** e, enfim, a **Nota Promissória em seu artigo 75.**

O **Cheque é regido pela Lei Interna de nº 7.357/85 e a Duplicata pela Lei 5.474/68.** Como já dito, os demais títulos derivam destes.

Legislação aplicável	
	Artigos
Código Civil	887, CC
Cheque	Lei 7.357/85

A pergunta que agora vem é: "*Professor, se cada título é regido por uma lei especial própria para solucionar todas as suas questões, em quais situações devemos utilizar o Código Civil?*

> "**Artigo 903. CC** Salvo disposição diversa em lei especial, regem-se os títulos de crédito pelo disposto neste Código."

A resposta é dura! "*O Código Civil, na matéria dos títulos de crédito não é grande coisa.*" Digo desse modo, pois o próprio Código Civil em seu **artigo 903**, demonstra não ser referência nessa matéria, a seguir:

Note, que o Código Civil tira o corpo fora quando o assunto tem relação com os principais títulos de crédito existentes no ordenamento. O **artigo 907** do mesmo diploma complementa que a **aplicação do Código Civil será apenas subsidiária.**

Significa dizer que somente nos casos em que o legislador se omitir na legislação especial, é que devemos aplicar o conteúdo dos **artigos 887** e seguintes do diploma civil.

Cabe dizer que **alguns editais de concursos públicos apenas solicitam as temáticas dos Títulos de Crédito que estão presentes no Código Civil,** o que, facilmente nos faz perceber que a banca examinadora não foi formada por especialistas na área.

Legislação aplicável	
Letra de câmbio Nota Promissória	Decreto 57.663/66 Convenção de Genebra
Cheque	Lei 7.357/85
Duplicata	Lei 5.474/68

Artigo 887-926, CC – Aplicação meramente subsidiária

Vamos agora ao conceito de título de crédito.

3. CONCEITO

O Código Civil prevê em seu **artigo 887** que o título de crédito é: "*um documento necessário ao exercício do direito literal e autônomo nele contido.*"

Ocorre que, a doutrina considera que o sentido atribuído à palavra contido é um erro, já que **os direitos emergentes no título (direitos de cobrança e de receber o valor mencionado, entre outros), não estão contidos na cártula, mas apenas mencionados.** Um pouco mais a frente voltaremos a esse assunto.

> **Artigo 887. CC** O título de crédito, documento necessário ao exercício do direito literal e autônomo nele contido, somente produz efeito quando preencha os requisitos da lei."

O título de crédito é um **documento formal,** uma representação gráfica que destina a reproduzir e a provar a existência de uma dívida, e, consequentemente, a vontade de assumir uma obrigação. Além do que, esse documento é importante para que o credor possa exigir o pagamento da dívida mencionada.

Note que o conceito exarado no Código Civil traz a ideia de um documento formal, mas não somente isso. Os títulos além de documentados em papel, precisam contar com a literalidade ou o **direito literal.** *O que isso quer dizer*? Quer dizer que o documento não bastará, é necessário o **preenchimento do título de acordo com os requisitos exigidos na lei. Vamos a um exemplo**!

Imagine que, enquanto esteja transitando por um "shopping center", você se depara com o título: "*Aceitamos cheque pré-datado e parcelamos qualquer produto em até 6 (seis) vezes*". Aí você pensa: "**Vou no cartão de crédito, é mais prático**!". Trata-se de uma loja de calçados, você prova o tênis, mas, ao tentar o pagamento, não há limite de crédito. ***Imaginou***?

No caso acima, você abre a carteira e pega o talão de cheques, um título de crédito (**documento formal**), mas será necessário descrever – **literalmente** – as condições de pagamento. Assim, ao escrever o valor a que está se obrigando, o nome do beneficiário (lojista), data, local e assinatura, você estará oferecendo **literalidade** ao título.

Agora que você já compreende a **Cartularidade (documento formal) e a Literalidade (preenchimento do título)**, vamos ao último requisito, qual seja, a **autonomia**.

Cartularidade (A literalidade se dá com o preenchimento).

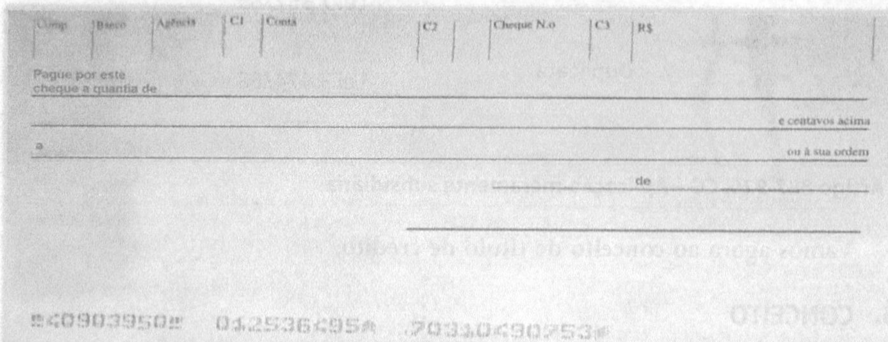
Comp | Banco | Agência | C1 | Conta | C2 | Cheque N.o | C3 | R$
Pague por este cheque a quantia de
e centavos acima
a
ou à sua ordem
de

4. CARACTERÍSTICAS DOS TÍTULOS DE CRÉDITO

São características dos títulos de crédito: **(i)** natureza jurídica de bem móvel; **(ii)** natureza *pro solvendo*; **(iii)** circulação; **(iv)** ser um título de apresentação; **(v)** conter obrigação quesível; **(vi)** ser um título de resgate; **(vii)** executividade; **(viii)** presunção de liquidez e certeza; **(ix)** formalismo; e **(x)** presença de solidariedade cambiária.

4.1. Circulação

Como uma de suas funções essenciais é a circulação de riquezas, natural que os títulos de crédito tenham, em regra, condição de circula.

4.2. Obrigação quesível

Obrigação quesível	Obrigação portável
O credor deve se deslocar para cobrar o adimplemento da obrigação do devedor.	O devedor deve se deslocar ao credor para adimplir a obrigação.

Em razão da possibilidade de circulação dos títulos de crédito e da necessidade de sua apresentação, é natural competir ao credor dirigir-se ao devedor para exigir o cumprimento da obrigação cambiária.

4.3. Executividade

Os títulos de crédito são considerados como títulos executivos extrajudiciais (art. 784 do NCPC) e, consequentemente, não precisam de confirmação judicial para que recaia, sobre eles, a executividade.

Os títulos de crédito possuem, em regra, liquidez e (presunção de) certeza, uma vez que o documento é suficiente para atestar a existência do crédito (certeza) e seu valor ou os critérios para se chegar a seu valor estão definidos no título (liquidez).

Aliada a característica de executividade, o art. 783 do Novo Código de Processo Civil dispõe que:

> "**Art. 783 do CPC.** A execução para cobrança de crédito fundar-se-á sempre em título de obrigação certa, líquida e exigível."

4.4. Formalismo

Uma cártula só pode ser considerada como título de crédito se preencher os requisitos legais. Por outro lado, a não observância dos requisitos **NÃO** implica nulidade do documento, mas apenas não se reconhece ao documento os efeitos de um título de crédito.

> "**Art. 888 do CC.** A omissão de qualquer requisito legal, que tire ao escrito a sua validade como título de crédito, não implica a invalidade do negócio jurídico que lhe deu origem."
>
> "Indispensável se torna que o documento se revista de certas exigências impostas pela lei para que tenha a natureza de título de crédito e assegure ao portador os direitos incorporados no mesmo.

4.5. Solidariedade cambiária

Nos títulos de crédito existe uma solidariedade entre os vários coobrigados, de modo que o credor pode exigir de um, alguns ou de todos eles a obrigação integral constante do documento.

> "**Art. 47 da LUG (Decreto nº 57.663/66).** Os sacadores, aceitantes, endossantes ou avalistas de uma letra são todos solidariamente responsáveis para com o portador.

O portador tem o direito de acionar todas estas pessoas individualmente, sem estar adstrito a observar a ordem por que elas se obrigaram.

O mesmo direito possui qualquer dos signatários de uma letra quando a tenha pago.

A ação intentada contra um dos coobrigados não impede acionar os outros, mesmo os posteriores àquele que foi acionado em primeiro lugar."

5. PRINCÍPIOS

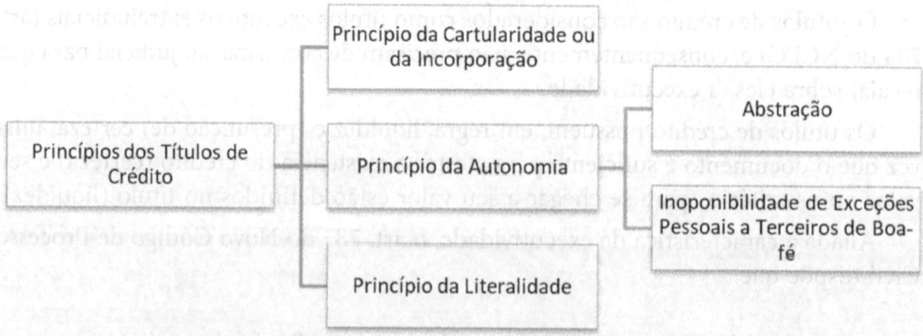

5.1. Cartularidade

> "No conceito de **Vivante**, diz-se que 'título de crédito é o documento necessário para o exercício do direito, literal e autônomo, nele mencionado'. Diz-se que o documento é necessário, 'porque, enquanto existe o documento, o credor deve exibi-lo para exercitar todo direito, seja principal, seja acessório, que o título porta consigo e não se pode fazer qualquer mudança na posse do título, sem anotá-la nele.'"

O título de crédito, como já bem vimos, é um **documento necessário ao exercício do direito nele mencionado,** logo, é preciso apresentá-lo à pessoa indicada para efetuar o pagamento.

> **Art. 887. CC O título de crédito, documento necessário** ao exercício do direito literal e autônomo nele contido, somente produz efeito quando preencha os requisitos da lei."

Assim, o princípio da cartularidade é o que **exige a exibição original do título de crédito para exercer o direito dele resultante.** Na cobrança judicial, por exemplo, o original do título deve ser juntado com a petição inicial. Igualmente para fundamentar requerimento de falência com base na impontualidade.

A **posse do título é o pressuposto para alguém exercer o direito nele mencionado.** Não basta, porém, a apresentação da fotocópia, ainda que autenticada. É preciso a exibição do título de crédito original, pois só assim se tem a garantia de que não houve sua circulação.

Vale ainda ressaltar, que **o título de crédito é documento**, isto é, um papel escrito, dotado de conteúdo e identificação do signatário (aquele que assim) com valor probatório em uma ação judicial.

O escrito, para ser título de crédito, deve ser lançado em papel, não se admitindo gravações, filmagens, nem "*pen drive*" ou similar. **Não existe, também, título de crédito oral.**

5.2. Literalidade

O direito que, por meio do título de crédito, se pretende exercer **deve estar literalmente nele mencionado.** Aliás, qualquer relação jurídica relacionada com o título de crédito só é levada em consideração quando nele constar expressamente.

O aval, por exemplo, quando lançado fora do título de crédito, ainda que por escritura pública, não tem a natureza jurídica de aval, embora possa valer como fiança.

A quitação lançada em documento separado, isto é, fora do título, não produz efeitos. Igualmente, o endosso em separado não surte efeito algum.

Pelo princípio da literalidade, **só é levado em consideração o que está escrito no título de crédito,** e, por consequência, as obrigações inseridas em separado a ele não se integram.

Exceção a esse princípio verifica-se na duplicata, pois o **§1º do artigo 9º da Lei nº 5.474/1968** admite a quitação, pelo legítimo possuidor do título, em documento separado.

5.3. Autonomia

O princípio da autonomia, de fato, exige mais atenção, já que é o mais importante princípio para a profunda compreensão dos títulos de Crédito. **O título tem autonomia, em no mínimo, 3 (três) ângulos diferentes de visão, por isso, tal princípio é explicado por intermédio de subprincípios, a seguir.**

> "Artigo 887. O título de crédito, documento necessário ao exercício do direito literal e autônomo nele contido, somente produz efeito quando preencha os requisitos da lei."

O princípio da autonomia das obrigações cambiais se desdobra em 2 (dois) outros subprincípios: **(a)** o da abstração e **(b)** o da inoponibilidade das exceções pessoais aos terceiros de boa-fé.

5.3.1. Abstração

O princípio da abstração consagra **a irrelevância da causa que deu origem ao título**, em relação ao terceiro de boa-fé para o qual este fora transferido. Para a compreensão da abstração, **devemos seguir por partes, entendendo um erro existente no artigo 887, CC.**

Inicialmente, vamos trabalhar o erro presente neste artigo, já que a sua compreensão ajudará a entender melhor a **"abstração"**. Note, que no início desse trabalho, houve aviso de que trataríamos disso.

O ***Artigo 887 do Código Civil*** é o dispositivo determinante da compreensão de toda essa matéria, portanto, tenha um pouco mais de paciência. **Valerá a pena!**

> **Artigo 887**. O título de crédito, documento necessário ao exercício do direito literal e **autônomo** nele **contido**, somente produz efeito quando preencha os requisitos da lei.

É válido ressaltar, que no conceito exarado no ***artigo 887 do Código Civil***, a seguir: "***documento necessário ao exercício do direito literal e autônomo nele*** **contido...**", a palavra destacada em vermelho é imprópria, já que toda a doutrina é pacífica ao entendimento de um dos maiores mestres do Direito Empresarial Italiano, o ***Jurista Cesare Vivante.***

A expressão **"contido"** é um erro crasso, já que o direito não está contido, mas em vista da literalidade, apenas **mencionado** no título. **Explico mais**!

> Vamos a um exemplo, ainda não utilizado neste material. O Professor Cristiano Rodrigues compra um carro do Professor Alexandre Mazza, temos uma relação contratual de compra e venda, regulada pelo Direito Civil. Essa transação é a relação que origina o título, denominada "causa debendi" e não está contida no título, em hipótese alguma!.
>
> (Compra e Venda de um carro + Contrato = Relação de origem ou "Causa debendi")
>
> Assim, enquanto o Título de Crédito não é emitido, a relação é resolvida pelo ramo do Direito originário, seja o Direito Civil.
>
> Exemplificando um pouco mais, comprar um carro, ainda que não documentadamente, talvez, pelo modo verbal, não traz a solução para o Direito Empresarial. Em conclusão, se o cheque não for emitido, utilizaremos o Direito Civil para solucionar a questão.
>
> Em contrapartida, a emissão do título de crédito apaga a relação de origem e a regulação segue – de forma autônoma – pelas normas de Direito Empresarial relacionadas aos títulos de crédito.
>
> A relação que dá origem ao título (compra do carro), originariamente, seria regulada pelas normas de direito civil, como no caso acima, mas com a emissão do título e o consequente direito mencionado, nasce um direito novo!.
>
> Assim, devemos utilizar a palavra "mencionado." O Artigo 887 do Código Civil, passaria ao seguinte texto: "O título de crédito, documento necessário direito literal e autônomo nele mencionado, somente produz efeito quando preencha os requisitos da lei."
>
> Obs: Alteração meramente didática, não compreendida no texto legal.

Vamos a mais alguns exemplos, mas se a matéria estiver bem compreendida, siga adiante para o subtítulo de nome *independência.* Os exemplos no quadro abaixo serão para compreender que esse princípio atende apenas aos **terceiros de boa-fé:**

Exemplos
Exemplo 1: Caso um cheque tenha sido obtido mediante extorsão, sendo transferido pelo extorsionário a um **terceiro de boa-fé,** este poderá descontá-lo validamente.

Exemplo 2: Caso o vendedor de carro roubado transfere a terceiro de boa-fé o título de crédito que recebera em pagamento, este poderá cobrar o título do comprador que desconhecia a origem criminosa do bem adquirido.

O princípio da abstração, porém, só é aplicado em relação ao terceiro, que de boa-fé adquiriu o título de crédito de um dos contratantes.

O princípio da abstração não é aplicado entre os contratantes, pois eles se obrigam pelo contrato, e, por consequência, o vício que o contamina é uma defesa pessoal alegável por quem for prejudicado, buscando inibir o pagamento do título de crédito.

Força convir, portanto, que o princípio da abstração só entra em cena quando o título de crédito é posto em circulação, aplicando-se, tão somente, entre as pessoas que não contrataram entre si.

Vamos agora ao estudo do **artigo 888 do Código Civil:**

> "**Artigo 888.** A omissão de qualquer requisito legal, que tire ao escrito a sua validade como título de crédito, **não implica a invalidade do negócio jurídico que lhe deu origem." (Grifo nosso).**

Caso o título emitido esteja invalidado, e isso pode ocorrer pela ausência de um de seus requisitos essenciais, a questão será solucionada pelo Direito Civil, **não havendo a invalidação do negócio jurídico que lhe deu origem.**

Imagine que o negócio tenha sido consubstanciado por uma **"Nota Promissória"**, um título livre que pode ser confeccionado com uma folha de sulfite e uma caneta em mãos. A ausência da expressão – "**Nota Promissória**" – **afasta um requisito essencial para a sua validade.**

5.3.2. Independência

A autonomia citada no **artigo 887 do Código Civil**, além da abstração, consagra **a independência das relações jurídicas constantes no título de crédito.**

Caso **o emitente da nota promissória seja incapaz, por ser menor,** a título de exemplo, *Priscilinha, que aos 17 (dezessete) anos de idade, em vista de saber acerca de sua mesada nos próximos 15 (quinze) dias, resolve assinar uma nota promissória para a aquisição de um patinete do Professor Cristiano.* **Sigamos com o exemplo!**

A entrega do título ao Professor Cristiano nos faz compreender o conceito de tradição. A obrigação foi constituída. **Note, que a relação originária é viciada**, pois a transação se dá com uma menor.

O exemplo prossegue: "*O Professor Nilson, em vista de sua fama de bom pagador e por confiar em Priscila, assina o título como um avalista.*" **A pergunta que fica é**: "Cristiano pode prosseguir na cobrança do Avalista?" **Pode sim!**

O credor (Cristiano) poderá exigir o pagamento do avalista (Nilson), sendo que este último, em razão do princípio da autonomia, não poderá alegar a nulidade do título pelo fato de ter sido emitido por incapaz para justificar "eventual" ausência de pagamento. O professor Nilson terá que pagar.

Assim, **a nulidade de uma obrigação lançada no título não contamina as outras obrigações nele mencionadas,** porque elas são autônomas e independentes.

Ainda com o exemplo acima, podemos explicar o próximo elemento, encerrando todas as possíveis discussões sobre a Autonomia, que se explica pela Abstração, Independência e inoponibilidade das exceções a terceiros de boa-fé.

Assim, ***ainda que o possuidor de boa-fé execute um direito próprio, não pode ser restringido ou destruído em virtude das relações entre os demais intervenientes no título*** (Nilson e Priscilinha), pois cada obrigação que deriva do título é autônoma em relação às demais.

Notas explicativas: ***"Inoponibilidade":*** Não é possível opor. ***"Exceções":*** Defesas.

5.3.3. Inoponibilidade das exceções pessoais aos terceiros de boa-fé

Agora que já percebemos que **as assinaturas constantes no título são autônomas, portanto, independentes,** vale trabalhar um pouco mais a questão da **inoponibilidade das exceções (defesas) pessoais aos terceiros de boa-fé.**

Assim, o princípio da inoponibilidade **consubstancia-se na proibição de o devedor,** no plano processual, **alegar, em face do portador do título de crédito, as defesas pessoais que poderia sustentar contra os coobrigados anteriores.**

De acordo com o subprincípio da inoponibilidade de exceções pessoais, o executado em virtude de um título de crédito não pode alegar contra o exequente exceções pessoais que teria contra o credor original (exs.: compensação, transação, exceção do contrato não cumprido). No entanto, se o exequente receber o título de má-fé, o subprincípio não é aplicado:

O exemplo que envolveu "*Nilson, Priscilinha e Cristiano, será utilizado uma vez mais. Note que Nilson é devedor por ser avalista*", e, nesse caso, poderia alegar contra a Priscilinha o vício da relação que se formou com uma pessoa incapaz, **mas não pode alegar essa defesa pessoal em face de Cristiano.**

Vê-se, assim, que **o terceiro de boa-fé, quando adquire o título de crédito, o recebe purificado,** não tendo, pois, que se preocupar com os fatos modificativos ou extintivos atinentes aos direitos de seus antecessores. O Código Civil segue esse mesmo caminho em seus **artigos 915 e 916, a seguir transcritos:**

> "**Artigo 915**. O devedor, além das exceções fundadas nas relações pessoais que tiver com o portador, só poderá opor a este as exceções relativas à forma do título e ao seu conteúdo literal, à falsidade da própria assinatura, a defeito de capacidade ou de representação no momento da subscrição, e à falta de requisito necessário ao exercício da ação.
>
> **Artigo 916**. As exceções, fundadas em relação do devedor com os portadores precedentes, somente poderão ser por ele opostas ao portador, se este, ao adquirir o título, tiver agido de má-fé.

Finalmente, é correto pensar que a **independência das relações exaradas no título e a inoponibilidade das exceções aos terceiros de boa-fé, estão intimamente relacionados!.**

Vamos agora, a um quadro que visa a memorização da matéria. Ao pensar nas características dos títulos de crédito, presentes no ***artigo 887 do Código Civil***, lembre-se de **CARLITO, como no quadro abaixo:**

Títulos de Crédito - Características

Cartularidade	Literalidade	Autonomia	
Materialização do título: modelos livres e vinculados	Direitos e obrigações devem constar expressamente do título	Abstração: causa ou origem do título é irrelevante ao terceiro de boa-fé	Inoponibilidade de exceções pessoais

5.4. Exceções em que é possível alegar defesas pessoais

Em **duas hipóteses,** no entanto, o devedor **poderá alegar as exceções** visando inibir o pagamento do título.

I – A primeira refere-se às exceções comuns, que são defesas pertinentes à inexistência da relação jurídica (quitação); ***Invalidade*** (falta de requisito essencial); ou inexigibilidade do título de crédito (prescrição do título).
II – A segunda verifica-se quando o terceiro adquire o título de crédito de má-fé, vale dizer, consciente do fato que poderia ser alegado em face do credor anterior.

OBSERVAÇÃO IMPORTANTE: Não se exige, **para a caracterização da má-fé,** o conluio entre o terceiro adquirente e a pessoa que lhe transferiu a cártula, pois **é suficiente para a torpeza a aquisição do título** com conhecimento das defesas pessoais que o devedor poderia opor contra o credor anterior.

Exceções ao pagamento do título de crédito
- Comuns: inexistência, invalidade ou inexigibilidade
- Terceiro adquirente de má-fé

6. ATRIBUTOS DOS TÍTULOS DE CRÉDITO

Nesse momento, a palavra atributo tratá o significado de qualidade. A primeira qualidade do título é a **"fácil circulação dos Títulos de Crédito"**, aliás, um dos motivos de sua existência, já que foram criados para que a circulação de riquezas fossse mais rápida, fácil e segura, simplificando as relações comerciais. **Vamos a um exemplo!**

O melhor exemplo está no instituto do endosso, que será estudado mais adiante. O instituto **demonstra a praticidade de transferir um crédito mencionado no título para uma outra pessoa, eis a fácil circulação.**

Vale observar que a pessoa que transfere é o endossante e a pessoa que recebe o título em transferência é o endossatário. **Vamos trabalhar um pouquinho mais essa questão!**

Assim, para a transferência da propriedade do título e dos próprios direitos emergentes dele decorrentes (direito ao valor mencionado, direitos de cobrança, direito de transferi-lo, etc...), **basta uma assinatura no verso do documento.** Não há nenhum instituto tão prático no Direito Civil, o que por si só, justifica a autonomia do direito empresarial.

Observação: Trataremos o endosso em tópico específico!

O segundo e último atributo está na **executividade.** O título de crédito é um **"documento formal, com força executiva", representativo de dívida líquida e certa,** de circulação desvinculada do negócio que o originou.

Ao credor, basta a propriedade do título e o descumprimento da obrigação por parte do devedor para que ele ajuize uma ação executiva para a cobrança. *Qual a vantagem disso tudo?* **Vamos lá!**

A vantagem está no fato de que em uma ação executiva a parte contrária não será citada para responder ou contestar, mas sim para pagar em três dias, pois **o título em mãos concede ao juiz a certeza que de que há um valor em favor de um credor que tem o direito de exigi-lo independentemente de qualquer discussão.**

São essas as vantagens, e, aliás, parecem-me muito interessantes!

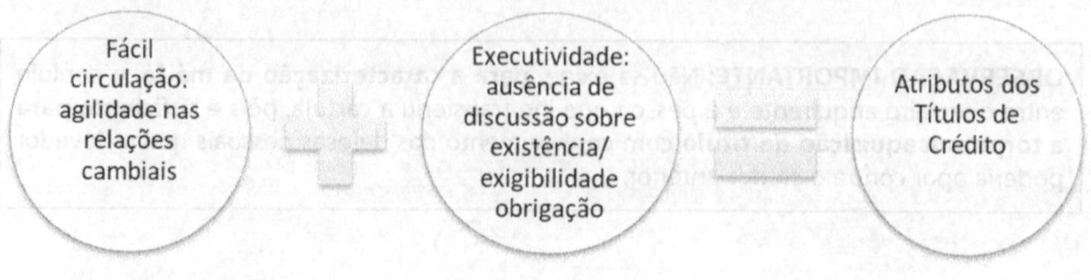

7. CLASSIFICAÇÃO DOS TÍTULOS DE CRÉDITO

7.1. Quanto ao modelo

7.1.1. Modelos livres

São aqueles que não possuem uma forma ou padrão preestabelecido pela lei, portanto, **podem ser confeccionados de forma livre,** utilizando-se de modelo próprio, desde que estejam presentes os requisitos legais que devem constar no conteúdo do título. **Ex.: letra de câmbio e nota promissória.**

A criação desses títulos **exige uma caneta, papel e conhecimento dos requisitos legais,** que, no caso de uma nota promissória são muito simples, como segue: nome do emitente; nome do beneficiário; a expressão nota promissória; valor mencionado, local e data do pagamento; assinatura do devedor.

7.1.2. Modelos vinculados

São aqueles que **possuem uma forma ou padrão predeterminado pela lei,** significando que o direito definiu um padrão para o preenchimento dos requisitos específicos de cada um. **Ex.: cheque e duplicata.**

Ninguém pode confeccionar um impresso, constando tratar-se de cheque, pois cheque somente será o título que o banco (sacado) fornece ao emitente (sacador), seguindo-se o modelo estatuído pela lei de acordo com o Banco Central e Casa da Moeda.

Portanto, **ainda que constem todos os requisitos do cheque num impresso de confecção própria, o sacado (banco) deverá recusar o pagamento quando de sua apresentação.**

7.2. Quanto à natureza

7.2.1. Ordem de pagamento

Trata-se de título que **apresenta três relações jurídicas diferentes:** aquele que dá ordem *(sacador ou emitente), aquele que recebe a ordem (sacado ou devedor) e aquele que é beneficiário da ordem (tomador).* **Ex.: Cheque (emitente, beneficiário e banco).**

7.2.2. Promessa de pagamento

Trata-se de título que apresenta **duas relações jurídicas diferentes:** aquele que *promete o pagamento e aquele que é beneficiário do pagamento*, isto é, o beneficiário da promessa. **Ex.: nota promissória.**

7.3. Quanto à vinculação à relação de origem

7.3.1. Causais

São aqueles que **somente podem ser emitidos se ocorrer o fato que a lei elegeu como causa** possível para sua emissão. **Ex.: duplicata mercantil.**

Esse título apenas pode ser emitido em vista de uma transação em que empresários estejam nos dois pólos passivos (**Compra e Venda ou Prestação de serviços mercantis**).

7.3.2. Não causais ou abstratos

São aqueles que podem ser criados por qualquer causa, representando obrigação de qualquer natureza, já que o título, a partir do momento em que é emitido, torna-se livre da causa que lhe originou. **Ex.: letra de câmbio, cheque e nota promissória.**

7.4. Quanto à circulação

7.4.1. Ao portador

São aqueles que não identificam o credor, **sendo transmissíveis por mera tradição (entrega)** do emissor para o beneficiário.

7.4.2. Nominativos

São aqueles que **identificam o credor**, isto é, o título é emitido em favor de pessoa cujo nome conste no registro do emitente, sendo que sua transmissão pressupõe, além da tradição, outro ato jurídico (endosso ou cessão de crédito).

Os títulos nominativos podem ser "à ordem" ou "não à ordem".

Os títulos nominativos **à ordem são aqueles que podem ser transferidos** pelo beneficiário a um terceiro **mediante endosso**. Caso conste em um título a cláusula não à ordem, o título não poderá ser transferido por endosso.

RESUMO. TÍTULOS DE CRÉDITO

Os títulos mais utilizados hoje em dia são a Nota promissória, o Cheque e a Duplicata. Cada títulos de crédito tem suas próprias leis especiais. A Letra de Câmbio e a Nota Promissória são títulos regulados pelo Decreto 57.663/66, também conhecida como Lei Uniforme de Genebra (LU). A Convenção de Genebra é fruto da reunião de diversos países para uniformizar tais regras no mundo.

18

LETRA DE CÂMBIO

1. PARTES INTERVENIENTES

A letra de câmbio é um título de crédito abstrato, que corresponde a um documento formal, decorrente da relação de crédito entre duas, ou inclusive, três pessoas.

Por essa relação de crédito o **sacador dá ordem de pagamento pura e simples, em favor de um beneficiário/tomador à vista ou a prazo. O beneficiário deverá procurar o sacado para a aceitação da obrigação e posterior cumprimento.**

2. LEI UNIFORME DE GENEBRA

As letras de câmbio foram regidas inicialmente pelo **Código Comercial de 1850** (arts. 354 a 424). Posteriormente, tal parte do Código Comercial foi revogada pelo **Decreto nº 2.044/1908 (Lei Saraiva)**, que passou a regular as letras de câmbio.

No entanto, considerando a utilização em massa dos títulos de crédito no comércio internacional, percebeu-se a necessidade de uma **uniformização no tratamento das cártulas**, especialmente da letra de câmbio, para simplificar as transações econômicas realizadas entre países.

Nessa tarefa, em 1930, chegou-se à elaboração da **Lei Uniforme de Genebra (LUG)** sobre as letras de câmbio e notas promissórias, representando a tentativa de uma legislação comum na comunidade internacional.

O Brasil, no entanto, só aderiu formalmente a LUG em 1942, e seu texto só foi incorporado ao ordenamento jurídico pátrio em 1966 por meio do **Decreto nº 57.663**, tendo seu Anexo I trazido o texto da LUG e seu Anexo II, as reservas que poderiam ser feitas ao texto da LUG.

3. PARTES

As partes da letra de câmbio são o sacador, o sacado e o tomador ou beneficiário, os quais não precisam necessariamente ser pessoas diferentes (art. 3º da LUG).

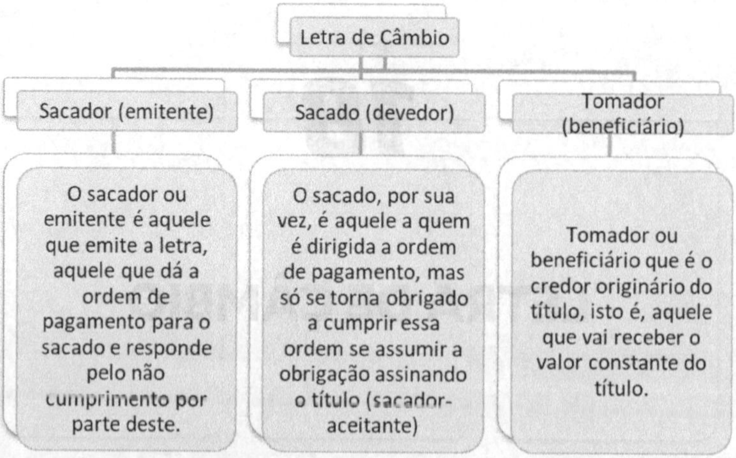

4. ESPÉCIES DE DEVEDORES

a) **devedor direto/ obrigado direto/ obrigado principal**: *(i)* letra de câmbio e duplicata: sacado-aceitante e seu(s) avalista(s); *(ii)* cheque e nota promissória: emitente e seu(s) avalista(s).

b) **devedores indiretos/ obrigados indiretos/ obrigados regressivos (ou coobrigados ou obrigados subsidiários)**: *(i)* letra de câmbio e duplicata: sacador, endossante(s) e seu(s) avalista(s); *(ii)* cheque e nota promissória: endossante(s) e seu(s) avalista(s).

5. REQUISITOS INTRÍNSECOS

A letra de câmbio deve atender a certos requisitos intrínsecos estabelecidos pelo Código Civil para toda declaração de vontade (art. 104 do CC).

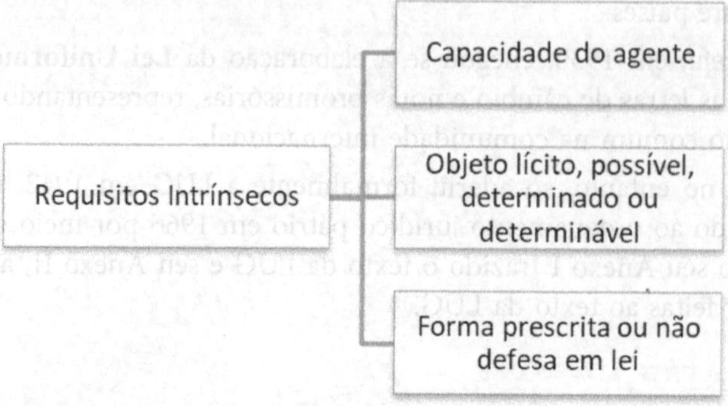

6. REQUISITOS EXTRÍNSECOS

No caso da letra de câmbio, um documento só será considerado essa espécie de título se possuir os requisitos determinados pela legislação (arts. 1º e 2º da LUG).

"Art. 1º da LUG. A letra contém:

1. a palavra 'letra' inserta no próprio texto do título e expressa na língua empregada para a redação desse título;

2. o mandato puro e simples de pagar uma quantia determinada;

3. o nome daquele que deve pagar (sacado);

4. a época do pagamento;

5. a indicação do lugar em que se deve efetuar o pagamento;

6. o nome da pessoa a quem ou à ordem de quem deve ser paga;

7. a indicação da data em que, e do lugar onde a letra é passada;

8. a assinatura de quem passa a letra (sacador)."

"**Art. 2º da LUG**. O escrito em que faltar algum dos requisitos indicados no artigo anterior [1º] não produzirá efeito como letra, **salvo** nos casos determinados nas alíneas seguintes:

A letra em que se não indique **a época do pagamento** entende-se pagável à vista.

Na falta de indicação especial, o lugar designado ao lado do nome do sacado considera-se como sendo o **lugar do pagamento**, e, ao mesmo tempo, o **lugar do domicilio do sacado**.

A letra sem indicação do **lugar onde foi passada** considera-se como tendo-o sido no lugar designado, ao lado do nome do sacador."

Nessa senda, conforme os arts. 1º e 2ºda LUG, é possível dividir os requisitos em:

i) **Requisitos essenciais**, que não podem estar ausentes de forma alguma, sob pena de o documento perder da qualidade de letra de câmbio e;

ii) **Requisitos não essenciais (requisitos supríveis)**, os quais podem estar ausentes desde que seja suprido por outra indicação.

A dinâmica deste título é bastante simples. **Vamos a um exemplo bem completo.**

Parte 1. Paulo pretende adquirir um livro de Alessandro.

Imagine que Paulo me faça uma visita e fique impressionado com um livro de Direito Marítimo em minha biblioteca. Sabemos que em decorrência da aquisição do livro, **é possível que haja a emissão de um título de crédito em meu favor** para levá-lo para a sua casa. Paulo (devedor) poderá emitir uma Letra de Câmbio em meu favor. **Nesse momento, você pergunta: "Sanchez, explica como o Renan tornou-se sacado?" Vamos lá!**

Parte 2. Paulo tem valores a receber de Renan. Note que no momento da escolha, Paulo tem a lembrança de que tem valores em dinheiro a receber de Renan ainda neste mês. A relação de origem desses valores a receber é o fato de Paulo ter trazido garrafas de vinho para Renan, tudo por conta de sua última viagem para a cidade de São Francisco.

Parte 3. Renan receberá a visita de Alessandro Sanchez.

Enfim, **caso Renan dê o aceite e realize o pagamento na data combinada, as três relações jurídicas estarão resolvidas.** Essa é a tecnologia da letra de câmbio que tem o poder de solucionar em um único título todas as três relações acima.

LETRA DE CÂMBIO

No dia 20/12/2020, **Renan (sacado)** pagará, por via da presente Letra de Câmbio, na praça de São Paulo, a **Alessandro Sanchez (tomador/beneficiário)**, ou à sua ordem, a quantia de R$ 300,00 (trezentos reais).

Aceite: Renan (sacado/aceitante)

São Paulo, 05/12/2020.

Paulo

Paulo

(Sacador)

Vejamos um exemplo de Letra de Câmbio, tudo conforme as explicações:

Vamos agora ao próximo parágrafo com nova exemplificação!

Parte 3. O papel de cada um dos três personagens na criação da Letra de Câmbio.

Emitente: Paulo emite a letra de câmbio em favor de Alessandro Sanchez. Esse último deverá procurar o sacado para saber sobre o aceite da obrigação.

Beneficiário: Alessandro Sanchez recebe o título de Paulo e deve se dirigir até Renan Araújo, já que o seu nome foi indicado por Paulo como sacado na transação.

Sacado: Renan receberá a visita de Alessandro Sanchez que traz consigo uma ordem de pagamento emitida por Paulo.

OBSERVAÇÃO IMPORTANTE: É válido ressaltar que o aceite do sacado é facultativo, pois as relações jurídicas originais não tem, a princípio, nenhuma relação de uma para com a outra. Desse modo, Renan poderá dizer que não aceita, por não tem a quantia em dinheiro e por não ter combinado nada disso.

Vamos agora para a compreensão do aceite, e somente após isso, a didática relacionada aos títulos de crédito poderá ser solucionada. Ainda após isso, estudaremos os requisitos e saque da letra e tudo ficará bem claro para você.

Ressalte-se que não é necessário que o título de crédito apresente todos os requisitos legais no momento da emissão, é possível sim a emissão dessa cártula em branco:

No mesmo sentido é a Súmula nº 387 do **STF**:

> "A cambial emitida ou aceita com omissões, ou em branco, pode ser completada pelo credor de boa-fé antes da cobrança ou do protesto." (**Súmula nº 387/STF**).

7. DECLARAÇÕES CAMBIÁRIAS

Além do saque da letra de câmbio, podem surgir outras declarações de vontade na cártula, com a intenção de assumir a obrigação pelo pagamento do título (**aceite**), de transferir o título (**endosso**), ou de garantir o pagamento desse título (**aval**). Todas essas declarações de vontade que se fazem no título são chamadas de declarações cambiais.

8. EFEITOS DO ACEITE

O aceite é o **ato cambial pelo qual o sacado de uma ordem de pagamento a prazo concorda em se obrigar a efetuar o pagamento no vencimento do título** que lhe é apresentado.

O sacado, antes do aceite, não é ainda devedor da letra. Aliás, **na letra de câmbio, o aceite é facultativo**. Contudo, ao aceitá-la, o sacado passa a se chamar aceitante, tornando-se o devedor principal do título e esses são os principais efeitos.

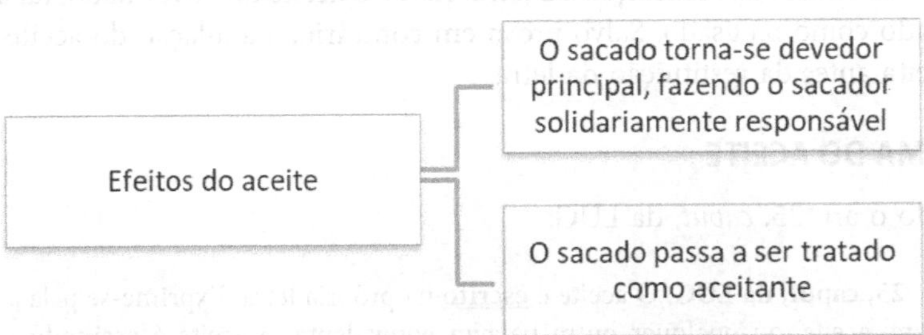

No caso do exemplo utilizado no tópico anterior, Renan Araújo seria o devedor principal. Ainda, é válido frisar que o sacador (Paulo Sousa) continua solidariamente responsável em uma ação judicial de cobrança, caso Renan não realize o pagamento no dia do vencimento.

> **Art. 21**. A letra pode ser apresentada, até o vencimento, ao aceite do sacado, no seu domicílio, pelo portador ou até por um simples detentor.

Assim, a letra de câmbio a prazo é apresentada ao sacado duas vezes. A primeira é para o aceite ou não. Caso haja o aceite, a segunda visita será para o pagamento.

O sacado pode pedir que a letra lhe seja apresentada uma segunda vez no dia seguinte ao da primeira apresentação. O **portador não é obrigado a deixar nas mãos do aceitante a letra apresentada ao aceite.**

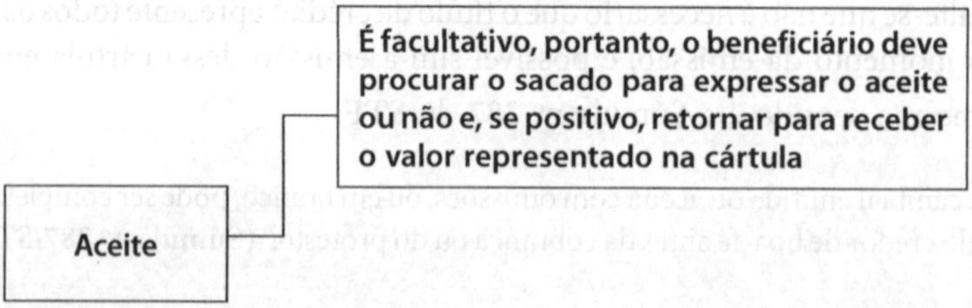

O aceite é escrito na própria letra. Exprime-se pela palavra "aceite" ou qualquer outra palavra equivalente, como, por exemplo, a expressão "de acordo". Vale, também, como aceite, a simples assinatura do sacado aposta no anverso da letra.

> **Art. 25.** O aceite é escrito na própria letra. Exprime-se pela palavra "aceite" ou qualquer outra palavra equivalente; o aceite é assinado pelo sacado. Vale como aceite a simples assinatura do sacado aposta na parte anterior da letra
>
> **Art. 23.** As letras a certo termo de vista devem ser apresentadas ao aceite dentro do prazo de 1 (um) ano das suas datas.

Enfim, o sacado obriga-se pelo aceite a pagar a letra na data do vencimento. **Na falta de pagamento, o portador tem contra o aceitante um direito de ação resultante da letra**, em relação a tudo que pode ser exigido nos termos dos artigos 48 e 49 da LUG.

Se o sacado, antes da restituição da letra, riscar o aceite que tiver dado, tal aceite é considerado como recusado. Salvo prova em contrário, a anulação do aceite considera-se feita antes da restituição da letra.

9. FORMA DO ACEITE

Segundo o art. 25, *caput*, da LUG:

> "**Art. 25, caput, da LUG.** O aceite é **escrito** na própria letra. Exprime-se pela palavra 'aceite' ou qualquer outra palavra equivalente; o aceite é **assinado** pelo **sacado**. Vale como aceite a simples assinatura do sacado aposta **na parte anterior da letra [anverso]**."
>
> Não há uma fórmula solene para o aceite, podendo ser expresso das mais diversas maneiras, desde que demonstre a intenção de se tornar obrigado pelo pagamento do título, na condição de aceitante.

10. APRESENTAÇÃO PARA ACEITE

Apresentação para aceite consiste no ato de, antes do seu vencimento ou no dia dele, entregar a cártula ao sacado (devedor) para que confirme que pagará o título de crédito.

Esquematizando:

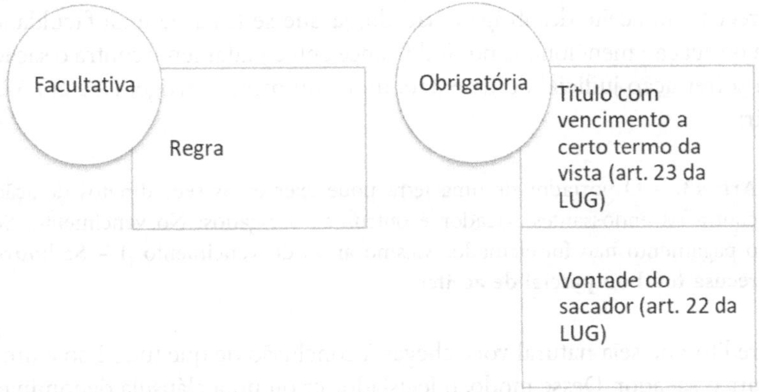

A letra com vencimento a certo termo de vista deve ser apresentada para aceite dentro do prazo de 1 (um) ano da sua data de emissão (art. 23 da LUG), podendo o sacador reduzir esse prazo ou estipular um maior.

11. APRESENTAÇÃO PARA ACEITE E DESFECHOS

O sacado (devedor) pode aceitar ou recusar a letra de câmbio, vamos explicar em seguida as consequências dessas condutas.

12. ACEITE QUALIFICADO

Trata-se de um aceite que altera alguma das condições da ordem de pagamento contida na letra de câmbio, podendo ser:

a) **Aceite limitativo**: o sacado (devedor) aceita pagar valor inferior ao constante da letra de câmbio;

b) **Aceite modificativo**: o sacado (devedor) pode aceitar, alterando as condições de pagamento (local, data, moeda).

Lembrando que o tomador (beneficiário) não é obrigado a contentar-se com o aceite qualificado, podendo encará-lo como recusa e protestar a cártula por falta de aceite, obrigando os demais coobrigados a responderem pelo valor da letra de câmbio.

> "**Art. 26 da LUG.** O aceite é puro e simples, mas o sacado pode limitá-lo a uma parte da importância sacada.
>
> Qualquer outra modificação introduzida pelo aceite no enunciado da letra equivale a uma recusa de aceite. O aceitante fica, todavia, obrigado nos termos do seu aceite."
>
> "**Art. 43 da LUG.** O portador de uma letra pode exercer os seus direitos de ação contra os endossantes, sacador e outros coobrigados: no vencimento; se o pagamento não foi efetuado; mesmo antes do vencimento:
>
> 1º) se houve recusa total ou parcial de aceite; (...)"

12.1. Recusa do aceite e cláusula não aceitável

A recusa do aceite desobriga o sacado, já que se trata de uma faculdade. Além disso, a obrigação mencionada no título vence antecipadamente contra o sacador, que poderá sofrer ação judicial desde então, tudo conforme o artigo, Decreto 57.663/66, a seguir:

> **Art. 43.** – O portador de uma letra pode exercer os seus direitos de ação contra os endossantes, sacador e outros co-obrigados: No vencimento: Se o pagamento não foi efetuado. Mesmo antes do vencimento: **1 – Se houve recusa total ou parcial de aceite;**

Acredito que seja natural você chegar à conclusão de que tudo isso é um grande risco para o sacador. Desse modo, o legislador criou uma cláusula denominada "não aceitável". Assim, basta escrever a expressão "não aceitável" para que o beneficiário apenas possa procurar o sacado na data do vencimento. Caso procure antes, de pouco adianta, já que os efeitos serão produzidos apenas após a data do vencimento.

12.2. Cláusula não aceitável

De acordo com o art. 22 da LUG, o sacador pode proibir a apresentação da letra para aceite, salvo se se tratar de uma letra pagável em domicilio de terceiro ou de uma letra pagável em localidade diferente da do domicílio do sacado ou de uma letra sacada a certo termo de vista:

> "**Art. 22 da LUG.** (...) [O sacador] Pode proibir na própria letra a sua apresentação ao aceite, salvo se se tratar de uma letra pagável em domicilio de terceiro, ou de uma letra pagável em localidade diferente da do domicílio do sacado, ou de uma letra sacada a certo termo de vista. (...)."

As funções dessa cláusula não aceitável são:

a) evitar o vencimento antecipado da letra;

b) impedir que, no caso de recusa de aceite pelo sacado, o tomador (beneficiário) possa, antes do vencimento, exercer contra os coobrigados (inclusive o sacador) sua pretensão executória;

c) evitar despesas com a apresentação da letra para aceite.

Recusa do aceite	**• Sacado se desobriga** **• A obrigação vence antecipadamente contra o sacador**
Cláusula não aceitável	**• Proibição do aceite** **• Título é apresentado ao sacado apenas na oportunidade para pagamento**

12.3. Aceite parcial

O aceite é puro e simples, mas o sacado pode limitá-lo a uma parte da importância sacada. **O aceitante fica, todavia, obrigado nos termos do seu aceite.**

> **Art. 26.** O aceite é puro e simples, mas o sacado pode limitá-lo a uma parte da importância sacada.

O aceite parcial pode **"limitar"** o valor de pagamento ou **"modificar"** a data do vencimento ou mesmo o lugar de pagamento.

- **Aceite limitativo**: é aquele em que o sacado aceita pagar apenas uma parte do valor do título.
- **Aceite modificativo:** é aquele que altera as demais condições do título.

Aceite parcial	• O Sacado é devedor de parte do pagamento. • A obrigação vence antecipadamente contra o sacador e mediante protesto é possível cobrar a dívida toda do emitente. • O emitente poderá exercer o direito de regresso contra o aceitante até o valor indicado
Aceite limitativo	• O Sacado aceita pagar apenas uma parte do valor do título.
Aceite modificativo	• O Sacado modifica o vencimento, lugar de pagamento ou outras cláusulas.

A letra pode ser apresentada, até o vencimento, ao aceite do sacado, no seu domicílio, pelo portador ou até por um simples detentor.

> O sacador pode também estipular que a apresentação ao aceite não poderá efetuar-se antes de determinada data.

12.4. Saque e requisitos da letra de câmbio

A letra de câmbio é uma ordem de pagamento. Portanto, seu saque ou emissão geram três relações jurídicas. O sacador emite a ordem para que o sacado pague e o tomador se beneficie.

O saque autoriza o tomador a procurar o sacado para, ocorridas determinadas condições, receber a quantia referida no título, e vincula o sacador ao pagamento da letra de câmbio.

Caso o sacado não pague ao tomador o valor mencionado na letra de câmbio, poderá este cobrar o valor do sacador, na medida em que o sacador, ao praticar o saque, tornou-se codevedor do título.

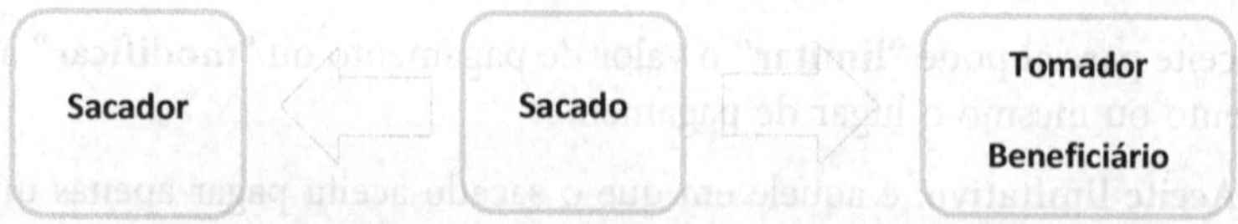

São requisitos da letra de câmbio:

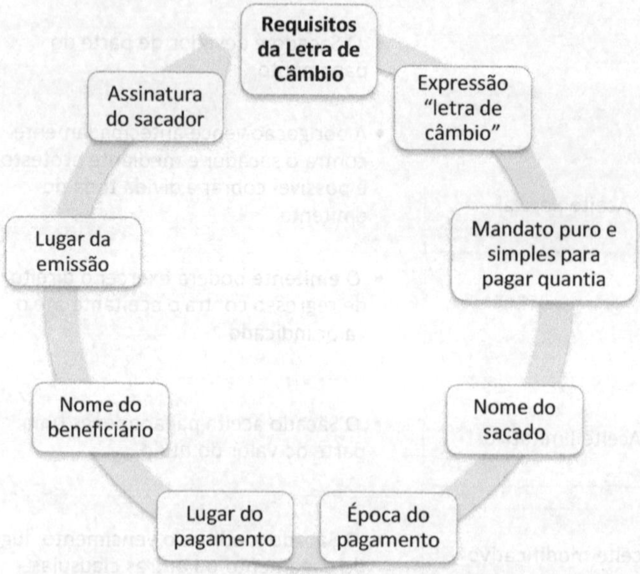

Os **requisitos da letra de câmbio e dos demais títulos de crédito podem ser preenchidos até o momento em que a cártula é apresentada para cobrança ou protesto**, viabilizando-se, destarte, a sua circulação em branco ou incompleta, estando, pois, o portador de boa-fé legitimado a preenchê-la, ostentando a condição de mandatário tácito do sacador, tudo de acordo com a súmula 387, STF, a seguir:

> A cambial emitida ou aceita com omissão ou em branco pode ser completada pelo credor de boa-fé, antes da cobrança ou do protesto.

Vê-se, assim, que é inadmissível a cobrança, a execução ou o protesto de título de crédito que não esteja devidamente preenchido.

Art. 1º. A letra contém:

1. a palavra "letra" inserta no próprio texto do título e expressa na língua empregada para a redação desse título;

2. o mandato puro e simples de pagar uma quantia determinada;

3. o nome daquele que deve pagar (sacado);

4. a época do pagamento;

5. a indicação do lugar em que se deve efetuar o pagamento;

6. o nome da pessoa a quem ou à ordem de quem deve ser paga;

7. a indicação da data em que, e do lugar onde a letra é passada;

8. a assinatura de quem passa a letra (sacador).

RESUMO. LETRA DE CÂMBIO

PARTES INTERVENIENTES

Hoje a letra de câmbio tem o seu uso mais restrito. A letra de câmbio é um título de crédito abstrato, um documento formal, decorrente da relação de crédito entre duas, ou inclusive, três pessoas. Nessa relação, o sacador dá ordem de pagamento pura e simples, em favor de um beneficiário/tomador à vista ou a prazo. O beneficiário deverá procurar o sacado para a aceitação ou não da obrigação e posterior cumprimento.

EFEITOS DO ACEITE

Na letra de câmbio, temos a figura do aceite. O aceite é o ato cambial pelo qual o sacado de uma ordem de pagamento a prazo concorda em se obrigar a efetuar o pagamento no vencimento do título que lhe é apresentado.

O aceite é escrito na própria letra, basta apor a palavra "aceite" ou qualquer outra palavra equivalente. A simples assinatura do sacado aposta no anverso da letra também tem valor de aceite.

O sacado obriga-se pelo aceite a pagar a letra de câmbio na data do vencimento. Na falta de pagamento, o portador tem ação executiva contra o aceitante.

RECUSA DO ACEITE

A recusa do aceite desobriga o sacado, já que o aceite é facultativo. Além disso, a obrigação mencionada no título vence antecipadamente contra o sacador, que em vista disso poderá sofrer ação executiva.

19

NOTA PROMISSÓRIA

É a promessa de pagamento que uma pessoa faz a outra. Vimos que, quando do saque das letras de câmbio, surgem três situações jurídicas distintas: sacador, sacado e tomador.

Tratando-se de **notas promissórias, surgem duas situações jurídicas distintas**: aquele que promete pagar determinada quantia e o beneficiário dessa promessa. A pessoa que promete pagar denomina-se sacador, promitente ou emitente. A pessoa em favor de quem é feita a promessa denomina-se sacado ou beneficiário.

Na nota promissória, existem dois sujeitos:

i) o emitente, promitente ou sacador: é aquele que assume o compromisso de pagar certa quantia, é o devedor principal do título e;

ii) o beneficiário ou tomador: é aquele a quem se deve pagar, isto é, o credor da promessa de pagamento.

1. REQUISITOS LEGAIS

Conforme os arts. 75 e 76 da LUG, é possível dividir os requisitos em:

i) Requisitos essenciais, que não podem estar ausentes de forma alguma, sob pena de o documento perder da qualidade de letra de câmbio e;

ii) Requisitos não essenciais (requisitos supríveis), os quais podem estar ausentes desde que seja suprido por outra indicação.

Os requisitos essenciais das notas promissórias são:

Art. 75. A nota promissória contém:

1. denominação "nota promissória" inserta no próprio texto do título e expressa na língua empregada para a redação desse título;
2. a promessa pura e simples de pagar uma quantia determinada;
3. a época do pagamento;
4. a indicação do lugar em que se efetuar o pagamento;
5. o nome da pessoa a quem ou à ordem de quem deve ser paga;
6. a indicação da data em que e do lugar onde a nota promissória é passada;
7. a assinatura de quem passa a nota promissória (subscritor).

Vamos ao organograma:

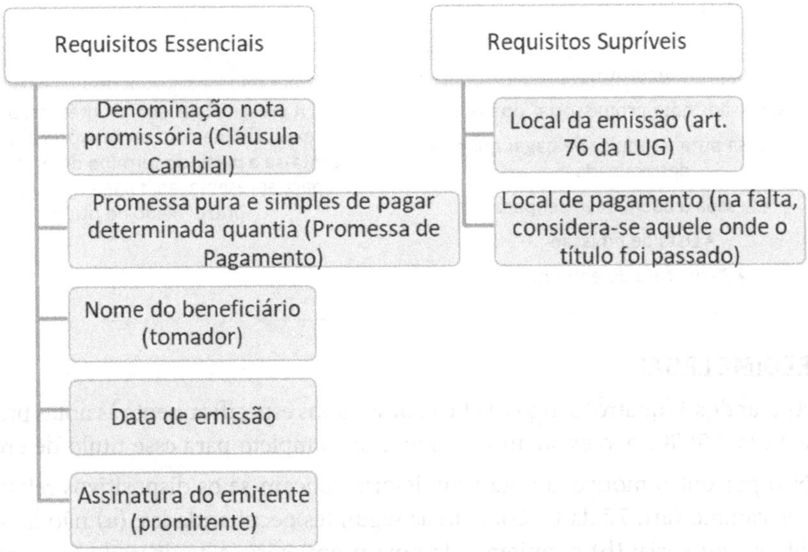

O vencimento, por sua vez, não é requisito essencial nem suprível, sendo dispensável, pois, de acordo com o art. 76 da LUG, se a nota promissória não indicar o vencimento, ela deverá ser considerada à vista.

Súmula 258 do STJ: A nota promissória vinculada a contrato de abertura de crédito não goza de autonomia em razão da iliquidez do título que a originou.

O título em que faltar algum dos requisitos indicados não produzirá efeito como nota promissória, salvo nos casos determinados em lei. A nota promissória em que se não indique a época do pagamento será considerada à vista.

Na falta de indicação especial, o lugar onde o título foi passado considera-se como sendo o lugar do pagamento e, ao mesmo tempo, o lugar do domicílio do subscritor da nota promissória.

A nota promissória que não contenha indicação do lugar onde foi passada considera-se como tendo-o sido no lugar designado ao lado do nome do subscritor.

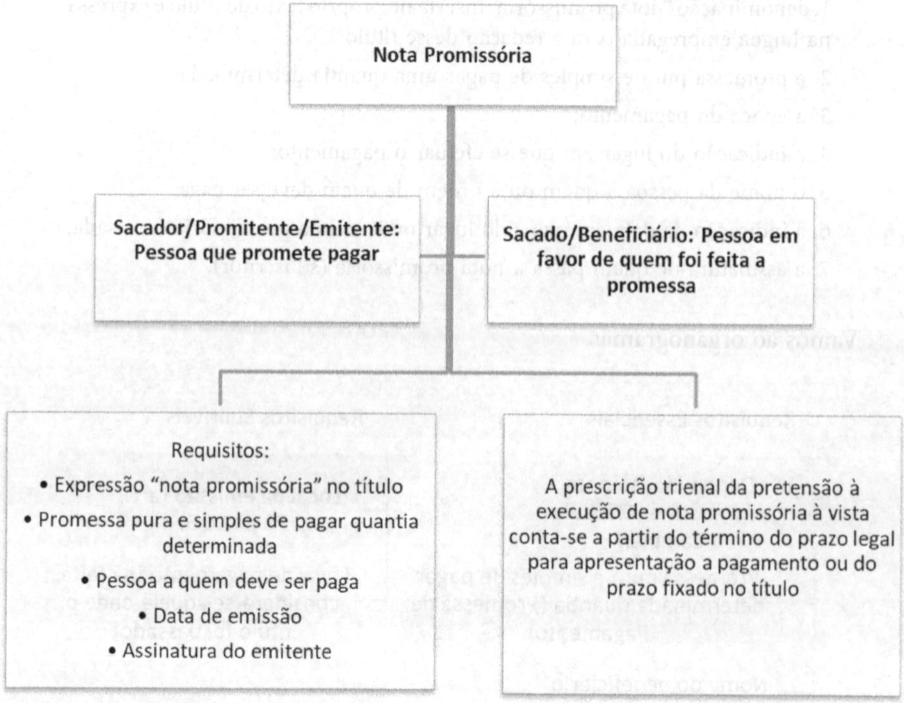

2. REGIME LEGAL

Apesar dos 4 (quatro) artigos da LUG destinados especificamente às notas promissórias (arts. 75/78), não existe um regime legal completo para esse título de crédito.

Não por outro motivo, à nota promissória aplicam-se os dispositivos relativos à letra de câmbio (art. 77 da LUG), com as seguintes peculiaridades: **(a)** não há aceite na nota promissória; **(b)** o emitente da nota promissória é equiparado ao aceitante; **(c)** e no aval em branco, o avalizado é o emitente.

RESUMO. NOTA PROMISSÓRIA

Na nota promissória temos uma promessa de pagamento que uma pessoa faz a outra. Temos 2 relações jurídicas distintas: A primeira é daquele que promete pagar determinada quantia e a segunda é a do beneficiário dessa promessa. O sujeito que promete pagar denomina-se sacador, promitente ou emitente. A pessoa favorecida denomina-se sacado ou beneficiário.

20

ATOS CAMBIÁRIOS

A letra de câmbio e nota promissória são regulados pelo Decreto 57.663/66. Assim, as disposições sobre **os atos cambiários (endosso, aval, prescrição, etc...), são aplicadas para ambos.**

1. ENDOSSO NA LETRA DE CÂMBIO E NOTA PROMISSÓRIA

1.1. Endosso

Endosso é o ato cambiário que opera a transferência do crédito, representado por um título "à ordem". No que se refere ao ato jurídico que opera a transferência da titularidade, os títulos de crédito são em regra nominativos, e poderão ser "à ordem" ou "não à ordem".

Os títulos "à ordem" são aqueles cuja circulação ocorre mediante endosso. **A letra de câmbio e nota promissória contém uma cláusula "à ordem" implícita.** Assim, mesmo que não esteja escrito a expressão, o título poderá ser endossado. Portanto, **para que o título seja transferível por endosso, basta que não contenha uma cláusula "não à ordem".**

A cláusula "não à ordem" inviabiliza o endosso, devendo a transferência da titularidade da letra de câmbio operar-se pela via da cessão civil de crédito, conforme preceitua a segunda parte do artigo 11 da Lei Uniforme.

> **Art. 11.** Toda letra de câmbio, mesmo que não envolva expressamente a cláusula à ordem, é transmissível por via de endosso.

Em razão do princípio da literalidade, o endosso deverá, em regra, ser formalizado no próprio título de crédito (art. 13 da LUG); do contrário, não produzirá efeitos cambiais. Ademais, é formalizado com a simples **assinatura** do beneficiário (tomador) no verso do título ou no anverso. Neste último caso, a assinatura deve estar acompanhada de alguma expressão que demonstre a intenção de transferir o título.

O endossante e o endossatário são as partes envolvidas no endosso. O primeiro é o proprietário do título de crédito, ostentando, em razão disso, a qualidade de credor da cártula. O segundo é a pessoa para a qual o título foi transferido, sendo, pois, o seu novo proprietário, assumindo também a posição de credor.

> **Art. 15.** O endossante, salvo cláusula em contrário, é garante tanto da aceitação como do pagamento da letra.

É claro que apenas o proprietário do título de crédito desfruta de legitimidade para endossá-lo, porquanto ninguém pode transferir direitos que não possui, distinguindo-se, assim, do aval, que é uma garantia dada por terceiro estranho ao título.

Não há limite ao número de endossos. Este pode ser feito em favor de qualquer pessoa, inclusive do próprio sacado, aceitando ou não, do sacador, ou de qualquer outro coobrigado, sendo que estas pessoas poderão endossar novamente a letra.

O primeiro endosso deverá ser efetuado pelo tomador, que é o primeiro credor do título. O segundo endossador ou endossante é o endossatário do tomador, e assim sucessivamente.

> **Art. 12.** O endosso deve ser puro e simples. Qualquer condição a que ele seja subordinado considera-se como não escrita.
>
> O endosso parcial é nulo.

1.2. Endosso em branco e endosso em preto

Cada endossante, ao endossar o título de crédito a um endossatário, deixa de ser credor do valor nele mencionado, passando a figurar como codevedor juntamente com os demais endossadores e o sacado.

Endosso em preto é o que identifica o nome do endossatário, revelando-se pela expressão "pague-se a Fausto Silva".

Endosso em branco é o que não identifica o endossatário, revelando-se por simples assinatura do endossante no verso do título ou no anverso pela expressão "pague-se" ou outra equivalente.

Com o endosso em branco, transforma-se o título em "ao portador", podendo, desde então, ser transferido com a mera tradição, prescindindo-se de um novo endosso.

No endosso em branco, porém, continua existindo a figura do endossatário, considerando-se como tal o portador do título.

Não obstante, o endosso em branco autoriza a transferência do título pela simples tradição, transformando-o em "ao portador", sendo certo que, por força do artigo 1º da Lei 8.021/1990, no momento do pagamento, é obrigatória a identificação do beneficiado, inserindo-se o seu nome no espaço em branco em que se lançou o endosso:

Endosso em preto

- Identifica o endossatário
- "Pague-se a ..."

Endosso em branco

- Não identifica o endossatário
- Torna o título em "ao portador"
- Transferência por simples tradição: transmitente não se vincula ao pagamento
- Transferência por endosso: transmitente se torna devedor solidário

O endosso em branco pode ser transformado em endosso em preto?

R: Sim, basta que o portador do título complete o endosso em branco com o nome do beneficiário, transformando-o em endosso em preto (art. 14 da LUG).

1.3. Vedação ao endosso parcial

Há expressa proibição legal na LUG, no Código Civil e na Lei do Cheque a respeito do endosso parcial.

> "**Art. 12 da LUG**. (...) O endosso parcial é nulo. (...)."
>
> "**Art. 77 da LUG**. São aplicáveis às notas promissórias, na parte em que não sejam contrárias à natureza deste título, as disposições relativas às letras e concernentes: endosso (artigos 11 a 20); (...)."
>
> "**Art. 18, § 1º, da Lei nº 7.357/85**. São nulos o endosso parcial e o do sacado."
>
> "Art. 912, parágrafo único, do CC. É nulo o endosso parcial.

1.4. Vedação ao endosso condicional

Há expressa proibição legal na LUG, no Código Civil e na Lei do Cheque a respeito do endosso condicional.

> "**Art. 912, caput, do CC**. Considera-se não escrita no endosso qualquer condição a que o subordine o endossante."
>
> "**Art. 12, caput, da LUG**. O endosso deve ser puro e simples. Qualquer condição a que ele seja subordinado considera-se como não escrita."
>
> "**Art. 18, caput, da Lei nº 7.357/85**. O endosso deve ser puro e simples, reputando-se não-escrita qualquer condição a que seja subordinado."

1.5. Efeitos do endosso

Existem 2 (dois) efeitos principais do endosso propriamente dito (ou endosso translativo):

a) transferência do direito cambiário contido no título de crédito;

b) responsabilidade do endossante.

1.6. Transferência do direito cambiário contido no título de crédito

Com o endosso, o endossante transfere o direito cambiário contido no título de crédito para o novo beneficiário (endossatário), mas, para tanto, faz-se necessária a transferência da propriedade do documento.

1.7. Responsabilidade do endossante

Ao efetuar o endosso, o endossante do título perde a titularidade dos direitos nele mencionados, mas continua vinculado ao título na condição de coobrigado, respondendo pela aceitação e pelo pagamento dele, salvo cláusula em sentido contrário. Em outras palavras, o endossante, em regra, é devedor indireto da letra de câmbio (art. 15 da LUG).

1.8. Endosso sem garantia

Mesmo nos títulos típicos pode ser inserida cláusula no endosso que limita ou afasta a responsabilidade do endossante (art. 15 da LUG). Trata-se do chamado **endosso sem garantia** (ex.: endosso para Paco Urbano sem garantia).

É possível proibir um novo endosso?

R: Não exatamente. Como verificado, o endossante garante a aceitação e o pagamento perante todos os credores que o título venha a ter, ou seja, sobre todos os eventuais endossatários (art. 15 da LUG).

Todavia, o endossante pode limitar sua responsabilidade não quanto ao valor, mas quanto às pessoas em face de quem ele garante a aceitação e o pagamento. E isso ocorre por meio da inclusão de **cláusula de proibição de novo endosso** (art. 15 da LUG), que não retira a responsabilidade do endossante, nem impede propriamente a realização de um novo endosso, mas afasta sua responsabilidade em face das pessoas a quem o título for posteriormente endossado.

> "**Art. 15 da LUG.** O endossante, salvo cláusula em contrário, é garante tanto da aceitação como do pagamento da letra. O endossante pode proibir um novo endosso, e, neste caso, não garante o pagamento às pessoas a quem a letra for posteriormente endossada."

Ex.: endosso para Sílvio Andrade, proibindo novo endosso. Ass. Alessandro Sanchez. 10 – Endosso-mandato

O endosso-mandato é aquele que institui o **portador da cártula como o mandatário do proprietário do título de crédito**, autorizando-o a efetuar a cobrança em nome deste.

O Referido endosso, nada mais é do que **um simples mandato, e, por isso, não se reveste de efeito translativo da propriedade do título**, revela-se por mandato, isto é, na qualidade de procurador, o que equivale a um substabelecimento.

No entanto, como a regra é o endosso translativo, o endosso impróprio não se presume, de modo que sua constituição se faz por meio de:

"(...) uma cláusula que traduza essa ideia, como, por exemplo, 'para cobrança'; 'valor a cobrar' ou 'por procuração'. Não há nenhuma fórmula solene, o essencial é demonstrar que a intenção daquele endosso é constituir um procurador."

Endosso-Mandato

- **Trata-se de simples mandato**
- **Há transmissão dos direitos de cobrança e emergentes do título de crédito**
- **Não há transmissão do crédito**

De fato, **o endossatário-mandatário não é o credor do título, mas mero representante do credor**, e, sendo assim, o devedor não pode se opor ao pagamento com as defesas que teria perante esse endossatário.

O mandatário tem legitimidade para protestar o título e executá-lo judicialmente por meio das expressões "por procuração" ou "pague-se por procuração", "valor a cobrar", "para cobrança", ou qualquer outra que implique em simples mandato.

De acordo com o ***artigo 18 da Lei Uniforme***, o mandato que resulta de um endosso por procuração não se extingue por morte ou sobrevinda incapacidade legal do mandante, excepcionando-se, destarte, a norma contrária prevista no Código Civil.

> **Artigo 18**. Quando o endosso contém a menção "valor a cobrar" (valeur en recouvrement), "para cobrança" (pour encaissement), "por procuração" (par procuration), ou qualquer outra menção que implique um simples mandato, o portador pode exercer todos os direitos emergentes da letra, mas só pode endossá-la na qualidade de procurador.

Quanto à parte final desse art. 18 da LUG, extremamente importante destacar que a palavra "mandatário" representa incorreção, devendo ser substituída por mandante.

Convém, ainda, acrescentar que, no endosso-mandato, os poderes do mandatário circunscrevem-se à cobrança da cártula e demais direitos emergentes do título de crédito, podendo, inclusive, endossá-lo, como salientado anteriormente, e desfrutar de todos os direitos emergentes da letra.

> **Súmula 476 do STJ:** O endossatário de título de crédito por endosso-mandato só responde por danos decorrentes de protesto indevido se extrapolar os poderes de mandatário.

Feito o endosso com essa cláusula especial, surgem dois sujeitos na relação cambiária: o endossante-mandante e o endossatário-mandatário, cada qual com um papel diferenciado no título.

Endossante-Mandante	Endossatário-Mandatário
O endossante-mandante ainda é o proprietário do título, pois só transferiu a posse do documento. Como proprietário, o endossante-mandante ainda é o titular do direito de crédito e, nessa condição, terá o benefício final, no caso de pagamento do título.	**O endossatário-mandatário, por sua vez, tem a posse plena do título e, nessa condição, pode exercer todos os direitos decorrentes do título. O endosso-mandato abrange os poderes de apresentar o título para aceitação e pagamento, receber e dar quitação ao devedor, tomar as medidas necessárias à preservação dos direitos do endossante, reivindicar o título de quem injustamente o detenha, ajuizar ação anulatória, nos casos de extravio e destruição, bem como a ação cambial para receber o seu valor.**

1.9. Endosso-caução

Outra modalidade importante de endosso é **o endosso-caução, que propicia a posse do título, como penhor, em favor do credor do endossante**. Tome-se como exemplo dinheiro emprestado de um amigo, descontando-lhe, como caução, uma letra de câmbio, que será devolvida quando o pagamento do débito for efetivado.

O aludido endosso é exteriorizado quando existe no título menção a expressões como "pague-se por caução", "valor em garantia", "valor em penhor", ou qualquer outra que implique uma caução.

> **Art. 19.** Quando o endosso contém a menção "valor em garantia", "valor em penhor" ou qualquer outra menção que implique uma caução, o portador pode exercer todos os direitos emergentes da letra, mas um endosso feito por ele só vale como endosso a título de procuração.

O portador pode exercer todos os direitos emergentes do título, inclusive protestá-lo e executá-lo judicialmente, caso haja inadimplemento, facultando-se-lhe, ainda, a prática do endosso por procuração.

No endosso-caução, não se tem por intenção transferir a propriedade do título, mas apenas e tão somente constituir um penhor sobre o documento.

Tal como o endosso-mandato (endosso-procuração), o endosso-caução (endosso-pignoratício) não se presume, devendo existir uma cláusula expressa no endosso que denote a intenção de apenas deixar o título em garantia.

Para tanto, o endossante deverá acrescentar alguma cláusula no endosso, como 'valor em garantia', ou 'por caução' ou 'em penhor'. Não há uma fórmula solene, o que se exige é que a intenção de apenas deixar o título em garantia seja clara. Não havendo essa menção clara, o endosso será interpretado como endosso translativo.

Feito o endosso-caução ou pignoratício, surgem dois sujeitos no título: o endossante-pignoratício e o endossatário-pignoratício, cada um com uma situação diferente em relação ao título.

ENDOSSO EM PRETO	ENDOSSO EM BRANCO	ENDOSSO PÓSTUMO (TARDIO OU POSTERIOR)
O endossante indica a quem está sendo transferido o título, ou seja, é mencionado o endossatário (novo beneficiário/credor) do título.	**O endossante não indica para quem o título está sendo transferido. Não menciona o nome do endossatário (novo beneficiário/credor).**	**Endosso póstumo (tardio ou posterior) é aquele efetuado após o protesto por falta de pagamento ou após o prazo para efetivação do protesto por falta de pagamento, produzindo apenas efeitos de uma cessão de crédito.**
O endosso em preto pode ser lançado no verso e no anverso do título de crédito.	**O endosso em branco só pode ser lançado no verso do título (art. 13 da LUG).**	**Logo, no endosso póstumo: (i) o endossante, em regra, não responderá pela solvência do devedor, salvo disposição em contrário (art. 296 do CC); (ii) as defesas que poderiam ser opostas ao endossante póstumo continuam sendo oponíveis ao endossatário.**
No entanto, caso o endossatário (novo beneficiário) queira passar o título para frente, terá que fazer um novo endosso, já que o que lhe garantiu a transferência da cártula o identificou (o novo beneficiário).	**Nesse caso, o título pode passar a circular como se fosse ao portador, isto é, a simples tradição do documento pode ser suficiente para transferi-lo. O título não se torna ao portador, uma vez que já houve a indicação de um beneficiário para o título, apenas sua circulação passa a seguir as regras dos títulos ao portador.**	
Ex.: Endosso para Alberto Carlos. Ass. Alessandro Sanchez.	**Ex.: Endosso. Ass. Alessandro Sanchez.**	

1.10. Endosso tardio

O endosso tardio, póstumo, ou impróprio, é aquele feito após o título já ter sido protestado por falta de pagamento, ou depois de expirado o prazo fixado para se fazer o protesto.

Neste endosso, o endossante não é devedor solidário, respondendo, tão somente, pela existência do título de crédito e, ainda assim, apenas perante o endossatário. Produz, como se vê, os efeitos de uma cessão civil de crédito.

> **Art. 20.** O endosso posterior ao vencimento tem os mesmos efeitos que o endosso anterior. Todavia, o endosso posterior ao protesto por falta de pagamento, ou feito depois de expirado o prazo fixado para se fazer o protesto, produz apenas os efeitos de uma cessão ordinária de créditos.

Logo, no endosso póstumo: *(i)* o endossante, em regra, não responderá pela solvência do devedor, salvo disposição em contrário (art. 296 do CC); *(ii)* as defesas que poderiam ser opostas ao endossante póstumo continuam sendo oponíveis ao endossatário.

1.11. Endosso impróprio

O endosso propriamente dito é chamado de endosso translativo, pois tem a função de transferir a propriedade do título e, consequentemente, a titularidade dos direitos inerentes ao documento, legitimando o endossatário (novo beneficiário) para o exercício dos direitos ali previstos.

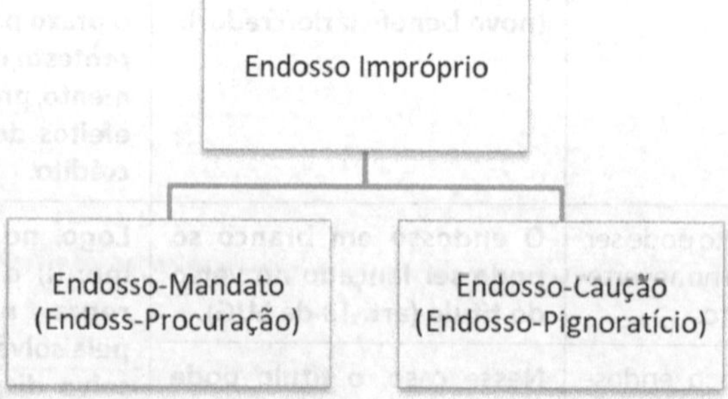

Em ambos os casos, por meio do endosso impróprio, torna-se legítima a posse de uma pessoa sobre o documento, sem a transferência da titularidade do crédito.

Endosso Translativo	Endosso Impróprio
Transfere a propriedade do título e, consequentemente, a titularidade dos direitos inerentes ao documento, legitimando o endossatário (novo beneficiário) para o exercício dos direitos ali previstos.	**Torna legítima a posse de uma pessoa sobre o documento, sem a transferência da titularidade do crédito.**

2. AVAL NA LETRA DE CÂMBIO E NOTA PROMISSÓRIA

Aval é o ato cambiário pelo qual uma pessoa garante o pagamento do título de crédito em favor de outro coobrigado. Essa garantia é dada por um terceiro ou mesmo por signatário da letra de câmbio (***artigo 3º da Lei Uniforme***).

O aval deve ser prestado por escrito e, em razão do princípio da literalidade, no próprio título de crédito, de modo que não se admite tal declaração cambiária em documento em separado (art. 30 da LUG).

O **avalista ou dador de aval é a pessoa que se responsabiliza pelo pagamento**, tornando-se, pois, coobrigado, da mesma maneira que a pessoa por ele garantida.

O **avalizado, por sua vez, é a pessoa em favor de quem foi dado o aval**. A propósito, o aval deve indicar a pessoa por quem se dá. Na falta de indicação, entender-se-á pelo sacador (***artigo 31 da Lei Uniforme***).

> **Artigo 31**. O aval é escrito na própria letra ou numa folha anexa. Exprime-se pelas palavras "bom para aval" ou por qualquer fórmula equivalente; e assinado pelo dador do aval.
>
> O aval considera-se como resultante da simples assinatura do dador aposta na face anterior da letra, salvo se se trata das assinaturas do sacado ou do sacador.

> O aval deve indicar a pessoa por quem se dá. Na falta de indicação, entender-se-á pelo sacador.

De fato, **a obrigação do avalista é autônoma e independente das obrigações assumidas pelos demais signatários do título**, circunstância que levou Rubens Requião a afirmar que o aval dado a uma assinatura falsa, ou a obrigação assumida por um menor incapaz, não é atingido pela nulidade decorrente da falsificação ou da incapacidade do menor.

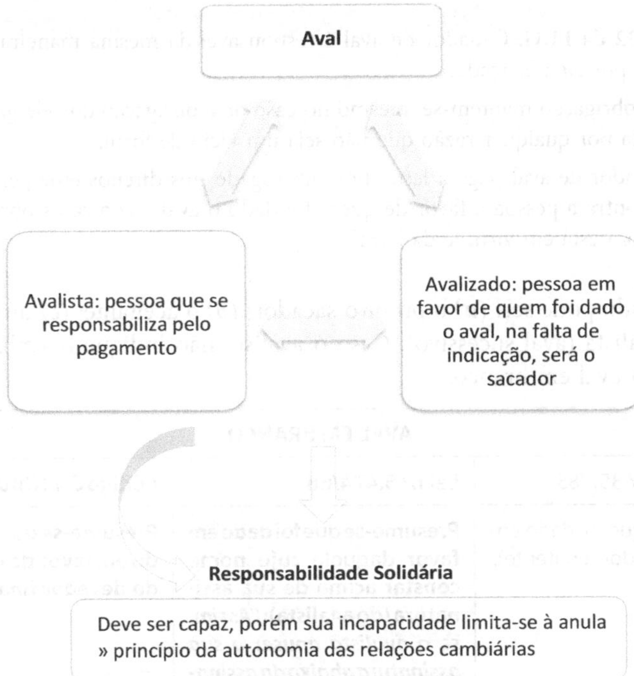

2.1. Responsabilidade do avalista

> "**Art. 47 da LUG.** Os sacadores, aceitantes, endossantes ou avalistas de uma letra são todos solidariamente responsáveis para com o portador.
>
> O portador tem o direito de acionar todas estas pessoas individualmente, sem estar adstrito a observar a ordem por que elas se obrigaram.
>
> O mesmo direito possui qualquer dos signatários de uma letra quando a tenha pago.
>
> A ação intentada contra um dos coobrigados não impede acionar os outros, mesmo os posteriores àquele que foi acionado em primeiro lugar."

Por sua vez, extremamente importante lembrar que o avalista é responsável da mesma maneira que o avalizado (art. 32 da LUG), de maneira que, embora seja um devedor solidário, o avalista será considerado devedor principal se o avalizado for o devedor principal (sacado-aceitante). De outro lado, será devedor indireto se o avalizado for um devedor indireto (endossante ou outro avalista).

2.2. Espécies de aval

2.2.1. *Aval em branco e em preto*

O avalizado é a pessoa para quem se dá o aval, cuja identificação é fundamental para definir os contornos dos direitos e dos deveres do avalista.

> "**Art. 32 da LUG.** O dador de aval é responsável da mesma maneira que a pessoa por ele afiançada.
>
> A sua obrigação mantém-se, mesmo no caso de a obrigação que ele garantiu ser nula por qualquer razão que não seja um vício de forma.
>
> Se o dador de aval paga a letra, fica sub-rogado nos direitos emergentes da letra contra a pessoa a favor de quem foi dado o aval e contra os obrigados para com esta em virtude da letra."

O avalizado pode ser: ***(a)*** o próprio sacador; ***(b)*** o aceitante; ***(c)*** um endossante; ***(d)*** outro avalista (aval sucessivo). Caso o avalista não indique o avalizado, está-se diante de um aval em branco.

AVAL EM BRANCO		
LUG e Lei nº 7.357/85	**Lei nº 5.474/68**	**Código Civil (títulos atípicos)**
Presume-se que foi dado em favor do sacador (emitente).	**Presume-se que foi dado em favor daquele cujo nome constar acima de sua assinatura (do avalista): *"Assim, se o avalista apuser a sua assinatura abaixo da assinatura do comprador, este será o avalizado, e o avalista será devedor direto."* (Luiz Emygdio Franco da Rosa Jr.). Fora desse caso, ao comprador (sacado).**	**Presume-se que foi concedido em favor do emitente ou do devedor final.**
"Art. 31 da LUG. (...) O aval deve indicar a pessoa por quem se dá. Na falta de indicação, entender-se-á pelo sacador." *"Art. 30, parágrafo único, da Lei nº 7.357/85. O aval deve indicar o avalizado. Na falta de indicação, considera-se avalizado o emitente."*	***"Art. 12 da Lei nº 5.474/68. O pagamento da duplicata poderá ser assegurado por aval, sendo o avalista equiparado àquele cujo nome indicar; na falta da indicação, àquele abaixo de cuja firma lançar a sua; fora desses casos, ao comprador."***	***"Art. 899, caput, do CC. O avalista equipara-se àquele cujo nome indicar; na falta de indicação, ao emitente ou devedor final."***

Aval em preto, ao revés, é o que identifica expressamente o avalizado. Nesse caso, o beneficiado pode ser qualquer coobrigado do título (aceitante, sacador, endossantes e avalistas).

2.2.2. *Avais simultâneos x aval sucessivo*

Avais simultâneos são os lançados por dois ou mais avalistas em favor do mesmo avalizado. É quando o devedor tem mais de um avalista.

Avais sucessivos ocorrem quando um avalista garante o outro avalista. É quando um avalista também tem avalista. De acordo com a jurisprudência, não se presume, dependendo, pois, de cláusula expressa de sucessividade.

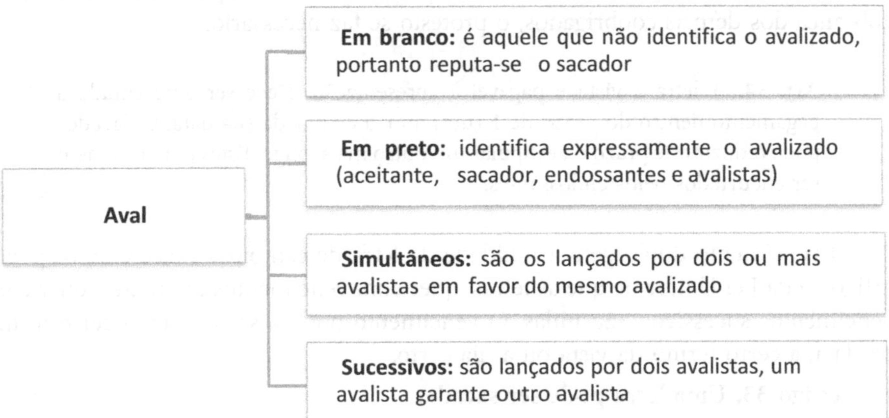

Os avais em branco, quando superpostos em linhas, isto é, com uma assinatura acima da outra, são considerados simultâneos, em benefício do sacador, ainda que figurem em série, com número de ordem (primeiro avalista, segundo avalista etc.), consoante dispõe a ***Súmula 189 do STF***, cujo teor é o seguinte:

> **Súmula 189 do STF:** Avais em branco e superpostos consideram-se simultâneos e não sucessivos.

3. DIREITO DE REGRESSO

> "**Art. 32 da LUG.** (...) Se o dador de aval [avalista] paga a letra, fica sub-rogado nos direitos emergentes da letra contra a pessoa a favor de quem foi dado o aval e contra os obrigados para com esta em virtude da letra."

Ao efetuar o pagamento da cártula, o avalista tem o direito de regresso contra o avalizado e contra as mesmas pessoas contra quem o avalizado teria o direito de regresso.

4. VENCIMENTO

Vencimento é o fato jurídico a partir do qual a obrigação se torna exigível.

De acordo com o ***artigo 2º da Lei Uniforme,*** a letra de câmbio em que se não indique a época do pagamento entende-se pagável à vista. Forçoso convir, portanto, que a época do pagamento é um requisito facultativo, isto é, a sua ausência não desqualifica o título como letra de câmbio.

A letra em que se não indique a época do pagamento entende-se pagável à vista.

No dia do vencimento do título, este já se revela exigível, podendo ser cobrado do aceitante e seu respectivo avalista, independentemente do protesto; todavia, para cobrança dos demais coobrigados, o protesto se faz necessário.

> **Art. 34.** A letra à vista é pagável à apresentação. Deve ser apresentada a pagamento dentro do prazo de 1 (um) ano, a contar da sua data. O sacador pode reduzir este prazo ou estipular um outro mais longo. Estes prazos podem ser encurtados pelos endossantes.

O vencimento duplo gera a nulidade da letra de câmbio. Com efeito, dispõe o artigo 33 da Lei Uniforme que as letras, quer com vencimentos diferentes, quer com vencimentos sucessivos, são nulas. O vencimento poderá ser à vista, a certo termo da data, a certo termo da vista ou a dia certo.

Artigo 33. Uma letra pode ser sacada:

> à vista;
> a um certo termo de vista;
> a um certo termo de data;
> pagável num dia fixado.

As letras, quer com vencimentos diferentes, quer com vencimentos sucessivos, são nulas.

A certo termo da vista: é aquela em que o vencimento se opera num determinado período, cujo termo inicial é a data do aceite ou a data do protesto por falta de aceite. As letras a certo termo de vista devem ser apresentadas ao aceite dentro do prazo de um ano, a contar da data do saque, mas o sacador pode reduzir esse prazo ou estipular um prazo maior, sendo que esses prazos também podem ser reduzidos pelos endossantes (artigo 23 da Lei Uniforme).

> **Artigo 23.** As letras a certo termo de vista devem ser apresentadas ao aceite dentro do prazo de 1 (um) ano das suas datas.

O sacador pode reduzir este prazo ou estipular um prazo maior.

Esses prazos podem ser reduzidos pelos endossantes.

Se não for apresentado dentro desses prazos, o portador não poderá exercer o direito de regresso contra os coobrigados anteriores. Na falta de data do aceite, por dolo ou negligência do aceitante, o portador da letra de câmbio possui três opções: a primeira é inserir no título a data do aceite, procedendo-se com boa-fé (Súmula 387 do STF).

> **Súmula 387 do STF:** A cambial emitida ou aceita com omissões, ou em branco, pode ser completada pelo credor de boa-fé antes da cobrança ou do protesto.

A segunda é providenciar o protesto por falta de data do aceite, para que o aceitante seja intimado a datá-lo, sob pena de ser considerada a data do protesto como sendo o dia do aceite. A terceira é considerar a data do último dia do prazo para a apresentação ao aceite (***artigo 35 da Lei Uniforme***).

> **Artigo 35.** O vencimento de uma letra a certo termo de vista determina-se, quer pela data do aceite, quer pela do protesto. Na falta de protesto, o aceite não datado entende-se, no que respeita ao aceitante, como tendo sido dado no último dia do prazo para a apresentação ao aceite.

A certo termo da data: tem-se o vencimento após o transcurso de um lapso temporal iniciado na data do saque.

A data certa: tem-se por vencido o título em dia predeterminado pelas partes.

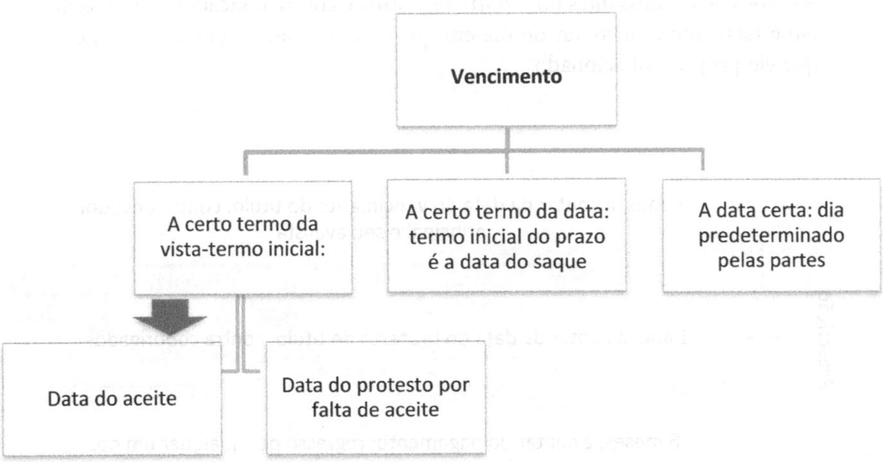

- Falta de data do aceite-o portador do título tem três opções:
- Inserir no título a data do aceite
- Providenciar o protesto por falta de data do aceite, para que o aceitante seja intimado a datá-lo
- Considerar a data do último dia do prazo para a apresentação ao aceite

Ressalte-se que, para efeito de contagem de prazo, dia útil é aquele em que há expediente bancário.

As obrigações de pagar, em geral, poderão ser quesíveis (quérable) ou portáveis (portable). São quesíveis quando cabe ao credor a iniciativa de procurar o devedor para a satisfação de seu crédito. São portáveis quando cabe ao devedor a iniciativa de procurar o credor para o pagamento de seu débito.

5. PRESCRIÇÃO

O prazo prescricional está fixado no artigo 70 da LU:

- **Três anos:** a contar da data do vencimento do título-para o exercício do direito de crédito contra o devedor principal e seu avalista.
- **Um ano:** a contar da data do protesto do título-para o exercício do direito de crédito contra os coobrigados (sacador, endossantes e respectivos avalistas).
- **Seis meses:** a contar do pagamento-para o exercício do direito de regresso por qualquer um dos coobrigados.

> **Art. 70.** Todas as ações contra o aceitante relativas a letras prescrevem em 3 (três) anos a contar do seu vencimento.
>
> As ações do portador contra os endossantes e contra o sacador prescrevem num ano, a contar da data do protesto feito em tempo útil, ou da data do vencimento, se trata de letra que contenha cláusula "sem despesas".
>
> As ações dos endossantes uns contra os outros e contra o sacador prescrevem em 6 (seis) meses a contar do dia em que o endossante pagou a letra ou em que ele próprio foi acionado.

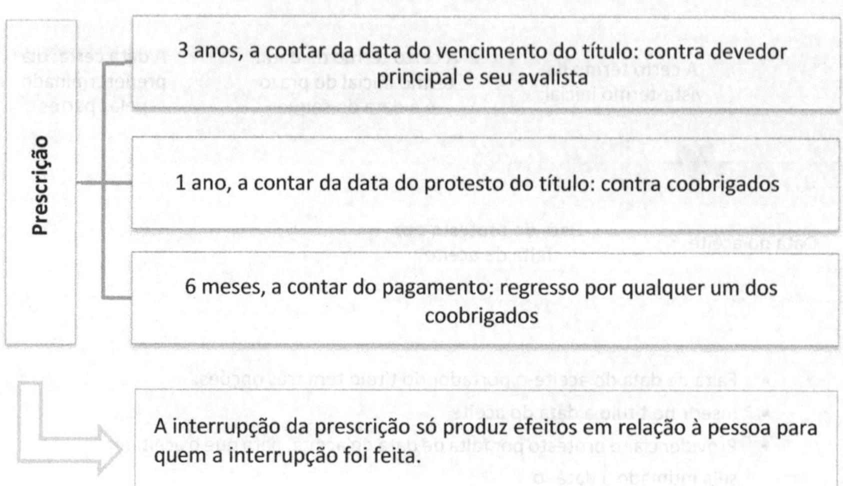

5.1. Espécies de protesto e seus efeitos

O protesto pode ser feito por diversas razões: **(i)** falta ou recusa de aceite; **(ii)** falta ou recusa de pagamento; **(iii)** falta de devolução do título de crédito (letra de câmbio ou duplicata); **(iv)** falta de data do aceite.

O protesto é essencial para ajuizamento de ação executiva contra o sacado?

R: O protesto só é essencial para o ajuizamento de ação executiva contra o sacado quando este deixa de aceitar a cártula (protesto por falta de aceite). Daí falar que, neste caso, o protesto é necessário, pois sem ele não poderá haver demanda executiva.

Se o sacado a aceitou, o protesto resguarda os direitos do tomador (beneficiário) contra os demais coobrigados, permitindo o ajuizamento da ação executiva também contra eles, mas sua ausência não lhe retira a possibilidade de ingressar com demanda executiva em face do sacado-aceitante. Neste caso, diz-se que o protesto é facultativo, pois o valor poderá ser cobrado mesmo sem o protesto

Até quando o protesto pode ser realizado?

R: Depende da espécie de protesto e do título de crédito. O **protesto necessário** (obrigatório) legitima a pretensão executória contra os devedores secundários/coobrigados (v. art. 53 da LUG, arts. 47, inciso II, e 48, da Lei nº 7.357/85 e 13, § 4º, da Lei nº 5.474/68), ao passo que se denomina **protesto facultativo** quando a pretensão executória é dirigida aos devedores principais.

5.2. Cláusula sem protesto (cláusula sem despesa)

Também chamada de cláusula sem despesas (art. 46 da LUG e arts. 49/50 da Lei nº 7.357/85), tal cláusula não se presume e deve ser escrita **expressamente** sobre o título, em razão do princípio da literalidade.

Nada obstante sua previsão na LUG, pelo teor do art. 890 do Código Civil, tal cláusula não será admissível nos títulos atípicos.

5.3. Protesto indevido: (i) endosso translativo e (ii) endosso mandato

O **STJ** firmou entendimento de que, no endosso translativo, o endossatário responde pelos danos decorrentes de protesto indevido quando o título de crédito contém vício formal extrínseco (ex.: duplicata não aceita; o sacado é uma criança) ou intrínseco (ex.: emissão de duplicata simulada, desvinculada de qualquer negócio jurídico):

> "Responde pelos danos decorrentes de protesto indevido o endossatário que recebe por endosso translativo título de crédito contendo vício formal extrínseco ou intrínseco, ficando ressalvado seu direito de regresso contra os endossantes e avalistas." **(Súmula nº 475/STJ)**

De acordo com o ***artigo 71 da Lei Uniforme***, a interrupção da prescrição só produz efeitos em relação à pessoa para quem a interrupção foi feita, fluindo normalmente para os demais, diferentemente do estatuído pelo §1º do artigo 204 do Código Civil, segundo o qual, a interrupção efetuada contra devedor solidário envolve os demais devedores.

Prevalece, no entanto, para o direito cambiário, o artigo 71 da Lei Uniforme, conforme já salientado anteriormente.

> **Artigo 71**. A interrupção da prescrição só produz efeito em relação à pessoa para quem a interrupção foi feita.

O ***artigo 48 do Decreto 2.044/1908*** admite, após a prescrição, ação baseada na proibição do enriquecimento sem causa, dispondo o seguinte:

> Sem embargo da desoneração da responsabilidade cambial, o sacador ou aceitante fica obrigado a restituir ao portador com os juros legais, a soma com a qual se locupletou à custa deste. A ação do portador, para esse fim, é a ordinária.

6. PAGAMENTO

O portador de uma letra pagável em dia fixo ou a certo termo de data ou de vista deve apresentá-la a pagamento no dia em que ela é pagável ou num dos 2 (dois) dias úteis seguintes.

- A apresentação da letra a uma câmara de compensação equivale a apresentação a pagamento.
- O sacado que paga uma letra pode exigir que ela lhe seja entregue com a respectiva quitação.
- O portador não pode recusar qualquer pagamento parcial.

No caso de pagamento parcial, o sacado pode exigir que desse pagamento se faça menção na letra e que dele lhe seja dada quitação.

> **Art. 40.** O portador de uma letra não pode ser obrigado a receber o pagamento dela antes do vencimento.
>
> O sacado que paga uma letra antes do vencimento fá-lo sob sua responsabilidade. Aquele que paga uma letra no vencimento fica validamente desobrigado, salvo se da sua parte tiver havido fraude ou falta grave. É obrigado a verificar a regularidade da sucessão dos endossos mas não a assinatura dos endossantes.

Se numa letra se estipular o pagamento em moeda que não tenha curso legal no lugar do pagamento, pode a sua importância ser paga na moeda do pais, segundo o seu valor no dia do vencimento. Se o devedor está em atraso, o portador pode, à sua escolha, pedir que o pagamento da importância da letra seja feito na moeda do país ao câmbio do dia do vencimento ou ao câmbio do dia do pagamento.

- A determinação do valor da moeda estrangeira será feita segundo os usos do lugar de pagamento. O sacador pode, todavia, estipular que a soma a pagar seja calculada segundo um câmbio fixado na letra.
- As regras acima indicadas não se aplicam ao caso em que o sacador tenha estipulado que o pagamento deverá ser efetuado numa certa moeda especificada (cláusula de pagamento efetivo numa moeda estrangeira).
- Se a importância da letra for indicada numa moeda que tenha a mesma denominação mas o valor diferente no país de emissão e no de pagamento, presume-se que se fez referência à moeda do lugar de pagamento.

Se a letra não for apresentada a pagamento dentro do prazo fixado no artigo 38, qualquer devedor tem a faculdade de depositar a sua importância junto da autoridade competente à custa do portador e sob a responsabilidade deste.

6.1. Tipos de pagamento

Parte da doutrina diferencia duas espécies de pagamento: *(a)* pagamento extintivo: é feito pelo sacado-aceitante ou pelo sacador de letra não aceita, não havendo direito de regresso; *(b)* pagamento extintivo: é feito por devedor indireto acarretando direito regressivo.

6.2. Prova do pagamento

Em razão do princípio da literalidade, o recibo de quitação deverá ser dado na própria cártula.

> "**Art. 39 da LUG.** O sacado que paga uma letra pode exigir que ela lhe seja entregue com a respectiva quitação. (...)."

Ademais, o próprio título de crédito quitado deverá ser entregue a quem pagou, a fim de evitar sua circulação.

No entanto, a entrega da cártula representa apenas uma presunção de pagamento, que poderá ser elidida por prova em contrário, conforme art. 324, *caput*, do Código Civil:

> "**Art. 324, caput, do CC.** A entrega do título ao devedor firma a presunção do pagamento."

O devedor tem direito de antecipar o pagamento do título de crédito?

R: Não, como consignado no art. 40 da LUG:

> "**Art. 40 da LUG.** O portador de uma letra não pode ser obrigado a receber o pagamento dela antes do vencimento.
>
> O sacado que paga uma letra antes do vencimento fá-lo sob sua responsabilidade. (...)."

Por outro lado, embora não seja obrigado a receber o pagamento antecipado, o portador não pode recusar o pagamento parcial (art. 39[1] da LUG), sob pena de perder o direito contra os obrigados indiretos em relação à quantia oferecida para pagamento.

RESUMO. ATOS CAMBIÁRIOS

Os atos cambiários são, principalmente, o endosso e aval. No estudo, iremos trabalhar também a prescrição. Tais institutos, inclusive, são aplicadas tanto para a letra de câmbio quanto para a nota promissória.

ENDOSSO

O Endosso é o ato cambiário em que o endossante objetiva a transferência do crédito, representado por um título "à ordem". Os títulos de crédito são em regra nominativos, e poderão ser "à ordem", o que significa que são endossáveis ou "não à ordem", logo, não endossáveis.

O endosso deverá, em regra, ser formalizado no próprio título de crédito com a simples assinatura do beneficiário (tomador) no verso do título.

O endossante é o primeiro é o proprietário do título de crédito, ostentando, em razão disso, a qualidade de credor da cártula. O endossatário é a pessoa para a qual o título foi transferido, sendo, pois, o seu novo proprietário, assumindo também a posição de credor. O endosso parcial é nulo.

ENDOSSO EM BRANCO E ENDOSSO EM PRETO

O endosso pode se dar nas modalidades em branco ou em preto. O endosso em preto é o que identifica o endossatário atribuindo o seu nome no verso do título. O endosso em branco é o que não identifica o endossatário, revelando-se por simples assinatura do endossante no verso do título ou no anverso pela expressão "pague-se".

AVAL

Pelo aval uma pessoa garante o pagamento do título de crédito em favor de outro coobrigado. Essa garantia é dada por um terceiro ou até por uma das partes intervenientes do título.

O aval deve ser dado por escrito no próprio título de crédito, ainda que se admita tal declaração cambiária em documento em separado. A pessoa que se responsabiliza pelo pagamento é chamada avalista, tornando-se, pois, coobrigado, já a pessoa em favor de quem foi dado o aval é o avalizado.

1. "**Art. 39 da LUG**. O portador não pode recusar qualquer pagamento parcial. (...)."

21

CHEQUE

Trata-se de uma ordem de pagamento, pois o criador (emitente) não promete efetuar pessoalmente o pagamento, e sim que terceiro vai efetuar esse pagamento.

Esse terceiro deverá ser um banco, no qual o criador (emitente) do cheque deverá ter fundos disponíveis, por meio dos quais o banco efetuará o pagamento da ordem de pagamento, que lhe for apresentada.

1. PARTES

No cheque, existem 3 (três) sujeitos:

i) **emitente**: é aquele que dá a ordem para efetuar o pagamento;

ii) **sacado**: é a instituição financeira a quem é dada a ordem de pagar, a vista dos fundos do emitente mantidos em conta bancária;

iii) **beneficiário (tomador)**: é aquele que tem o direito de receber o valor constante do título.

2. PRESSUPOSTOS

> "**Art. 3º da Lei nº 7.357/85.** O cheque é emitido contra banco, ou instituição financeira que lhe seja equiparada, sob pena de não valer como cheque."
>
> "**Art. 4º da Lei nº 7.357/85.** O emitente deve ter fundos disponíveis em poder do sacado e estar autorizado a sobre eles emitir cheque, em virtude de contrato expresso ou tácito. A infração desses preceitos não prejudica a validade do título como cheque."

De acordo com os arts. 3º e 4º da Lei nº 7.357/85, são 3 (três) os pressupostos do cheque:

1º) É essencial que o sacado do cheque seja uma instituição financeira.

2º) O cheque exige que haja um contrato de conta-corrente entre o emitente e o sacado (banco).

(3º) Exige-se que o emitente tenha fundos disponíveis no momento da apresentação do cheque.

3. LEGISLAÇÃO

Em razão do esforço de buscar a uniformização internacional da legislação sobre o cheque, foi realizada, em 1931, a Convenção de Genebra, que resultou na edição de 3 (três) tratados: (i) uma lei uniforme sobre o cheque; (ii) uma lei destinada a regular conflitos de leis em matérias de cheque e; (iii) uma lei destinada ao imposto do selo em matéria de cheque.

E todas essas regras foram incorporadas ao direito brasileiro por meio do Decreto nº 57.595/66; no entanto, o Brasil efetuou 24 (vinte e quatro) reservas quanto à Lei Uniforme do Cheque, isto é, o Brasil manifestou sua intenção de não adotar 24 (vinte e quatro) regras da lei uniforme.

4. REQUISITOS LEGAIS

Assim como a LUG estabelece para a letra de câmbio e para a nota promissória, a Lei nº 7.357/85 discrimina requisitos essenciais e requisitos supríveis para o cheque.

Todavia, em razão da intervenção normativa do Banco Central, criou-se um modelo padronizado de cheque com todos os requisitos essenciais e sem espaço para os supríveis, de modo que não há mais que falar nesses últimos.

Quanto aos requisitos essenciais:

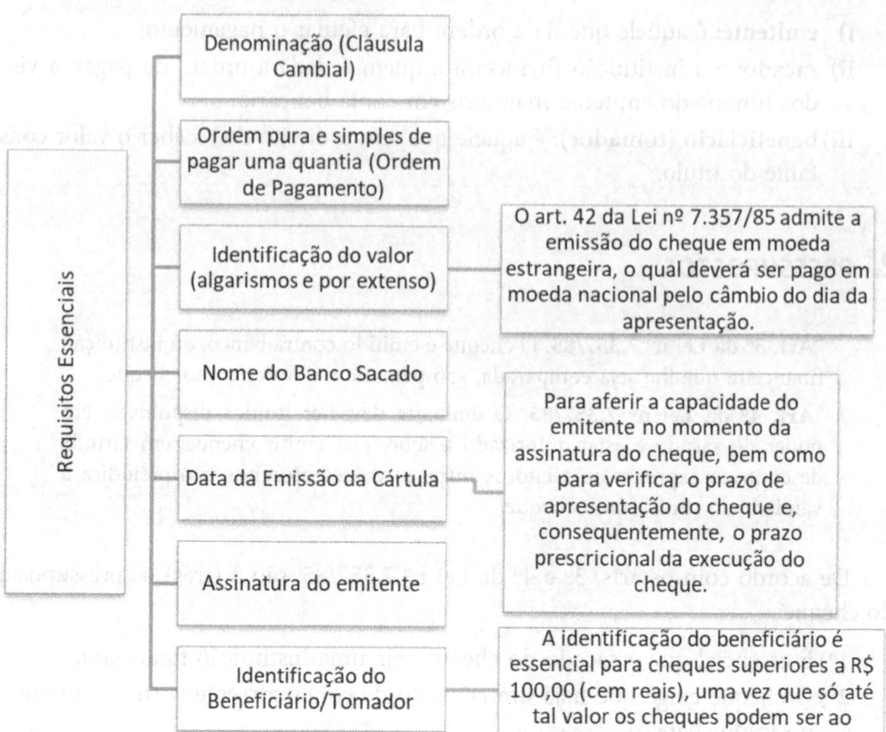

5. DECLARAÇÕES CAMBIÁRIAS NO CHEQUE

A única assinatura obrigatória no cheque é a do emitente que cria o cria. Apesar de ser a única obrigatória, é possível que surjam outras assinaturas (declarações cambiárias acessórias e secundárias).

No caso do cheque, as outras assinaturas possíveis são apenas o endosso e o aval, não havendo que se cogitar de aceite (art. 6º[1] da Lei nº 7.357/85).

6. DA EMISSÃO E DA FORMA DO CHEQUE

Os requisitos do cheque segundo o **Art. 1º, lei 7.357/85,** são:

> I – a denominação "cheque" inscrita no contexto do título e expressa na língua em que este é redigido;
>
> II – a ordem incondicional de pagar quantia determinada;
>
> III – o nome do banco ou da instituição financeira que deve pagar (sacado);
>
> IV – a indicação do lugar de pagamento;
>
> V – a indicação da data e do lugar de emissão;
>
> VI – a assinatura do emitente (sacador), ou de seu mandatário com poderes especiais.

A assinatura do emitente ou a de seu mandatário com poderes especiais pode ser constituída, na forma de legislação específica, por chancela mecânica ou processo equivalente.

O título, a que falte qualquer dos requisitos enumerados precedente não vale como cheque, segundo o **Art. 2º, lei 7.357/85,** salvo nos casos determinados a seguir:

> I – na falta de indicação especial, é considerado lugar de pagamento o lugar designado junto ao nome do sacado; se designados vários lugares, o cheque é pagável no primeiro deles; não existindo qualquer indicação, o cheque é pagável no lugar de sua emissão;
>
> II – não indicado o lugar de emissão, considera-se emitido o cheque no lugar indicado junto ao nome do emitente.

O cheque é **emitido contra banco, ou instituição financeira que lhe seja equiparada,** sob pena de não valer como cheque.

O **emitente deve ter fundos disponíveis** em poder do sacado e estar autorizado a sobre eles emitir cheque, em virtude de contrato expresso ou tácito.

A infração desses preceitos não prejudica a validade do título como cheque.

---

1. **"Art. 6º da Lei nº 7.357/85.** O cheque não admite aceite considerando-se não escrita qualquer declaração com esse sentido."

A existência de fundos disponíveis é verificada no momento da apresentação do cheque para pagamento.

> Art. 4º, §2 º, Lei 7.357/85. Consideram-se fundos disponíveis:
>
> a) os créditos constantes de conta corrente bancária não subordinados a termo;
>
> b) o saldo exigível de conta corrente contratual;
>
> c) a soma proveniente de abertura de crédito.

O cheque não admite aceite considerando-se não escrita qualquer declaração com esse sentido.

Pode-se estipular no cheque que seu pagamento seja feito:

- **a pessoa nomeada, com ou sem cláusula expressa "à ordem";**
- **a pessoa nomeada, com a cláusula "não à ordem", ou outra equivalente;**
- **ao portador.**

Vale como cheque ao portador o que não contém indicação do beneficiário e o emitido em favor de pessoa nomeada com a cláusula "ou ao portador", ou expressão equivalente.

O cheque pode ser emitido:

- **à ordem do próprio sacador;**
- **por conta de terceiro;**
- **contra o próprio banco sacador, desde que não ao portador.**

"Considera-se não escrita a estipulação de juros inserida no cheque."

O cheque pode ser pagável no domicílio de terceiro, quer na localidade em que o sacado tenha domicílio, quer em outra, desde que o terceiro seja banco.

Feita a indicação da quantia em algarismos e **por extenso, prevalece esta no caso de divergência**. indicada a quantia mais de uma vez, quer por extenso, quer por algarismos, prevalece, no caso de divergência, a indicação da **menor quantia.**

A assinatura de pessoa capaz cria obrigações para o signatário, mesmo que o cheque contenha assinatura de pessoas incapazes de se obrigar por cheque, ou assinaturas falsas, ou assinaturas de pessoas fictícias, ou assinaturas que, por qualquer outra razão, não poderiam obrigar as pessoas que assinaram o cheque, ou em nome das quais ele foi assinado.

Obriga-se **pessoalmente quem assina cheque como mandatário ou representante, sem ter poderes para tal, ou excedendo os que lhe foram conferidos.** Pagando o cheque, tem os mesmos direitos daquele em cujo nome assinou.

Se o cheque, **incompleto no ato da emissão, for completado com inobservância do convencionado com a emitente,** tal fato não pode ser oposto ao portador, a não ser que este tenha adquirido a cheque de má-fé.

7. CARACTERÍSTICAS

Cheque é o título de crédito emitido contra banco, ou instituição financeira que lhe seja equiparada, **contendo uma ordem de pagamento à vista.**

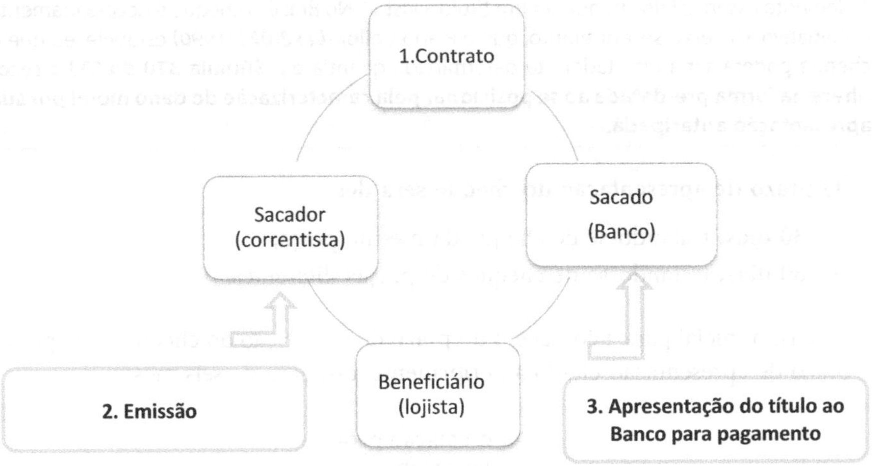

O cheque é disciplinado pela ***Lei 7.357/1985*****, cujo artigo 32 dispõe que ele é pagável à vista, considerando-se não escrita qualquer menção em contrário.** Não se admite, como se vê, a cláusula de pagamento a prazo, mas a sua inserção não anula o cheque, sendo, pois, reputada não escrita, isto é, inexistente.

A propósito, o parágrafo único do citado **artigo 32** preceitua que o cheque apresentado para pagamento antes do dia indicado como data de emissão é pagável no dia da apresentação.

> **Art. 32** O cheque é pagável à vista. Considera-se não-estrita qualquer menção em contrário.
>
> **Parágrafo único** – O cheque apresentado para pagamento antes do dia indicado como data de emissão é pagável no dia da apresentação.

Convém ainda frisar que **o cheque é emitido contra banco, ou instituição financeira que lhe seja equiparada, sob pena de não valer como cheque (artigo 3º).** O sacador é o emitente do cheque e o sacado é o banco, sendo o beneficiário aquele em favor do qual determinada quantia é paga.

A falta de fundos disponíveis não prejudica a validade do título como cheque (artigo 4º).

É da competência do Conselho Monetário Nacional expedir normas relativas à matéria bancária relacionada com o cheque **(artigo 69 da Lei 7.357/1985).**

> **Art. 69** Fica ressalvada a competência do Conselho Monetário Nacional, nos termos e nos limites da legislação especifica, para expedir normas relativas à matéria bancária relacionada com o cheque.

Dentre essas normas, merece destaque a que transforma o cheque em título de modelo vinculado, cujo papel fornecido pelo banco, em talão ou avulso, deve observar formato normativo.

É elemento essencial do cheque ser um título à vista.1 No Brasil, o cheque é necessariamente nominativo. Observe-se, entretanto, que o Plano Collor (***Lei 8.021/1990)*** estabeleceu que o cheque poderá ser ao portador até determinada quantia **e a Súmula 370 do STJ o reconhece na forma pré-datada ao se posicionar pela caracterização do dano moral por sua apresentação antecipada.**

O prazo de apresentação do cheque será de:

- **30 dias,** tratando-se de cheque da mesma praça;
- **60 dias,** tratando-se de cheques de praças diferentes.

O termo inicial para a contagem do prazo de prescrição do cheque é a expiração do prazo de apresentação citado anteriormente, que será de seis meses.

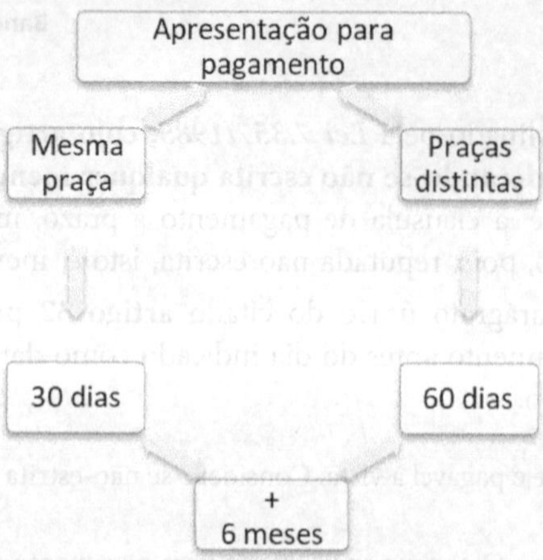

Após o transcurso do prazo prescricional, o cheque não será mais considerado título executivo; porém, como título monitório, poderá consubstanciar prova escrita para o ajuizamento da ação monitória.

Súmula 247 do STJ: O contrato de abertura de crédito em conta corrente, acompanhado de demonstrativo de débito, constitui documento hábil para o ajuizamento de ação monitória.

8. ENDOSSO

O cheque possui implícita a cláusula à ordem, podendo circular por endosso, ainda que tal cláusula não conste expressamente do documento.

> "**Art. 17, caput, da Lei nº 7.357/85.** O cheque pagável a pessoa nomeada, com ou sem cláusula expressa 'à ordem', é transmissível por via de endosso."

Para impedir o endosso, portanto, é essencial que conste expressamente no título a cláusula não à ordem, a qual permite a circulação apenas por meio de uma cessão de crédito.

O endosso no cheque segue regras muito parecidas com as da letra de câmbio, com as peculiaridades abaixo.

9. AVAL

Uma vez prestado o aval no cheque, o avalista assume a obrigação de pagar o título na mesma forma que um devedor desse título (avalizado – art. 30 Lei nº 7.357/85), isto é, poderá ser um devedor principal, se o avalizado for devedor principal, ou um devedor indireto, se o avalizado for um devedor indireto.

E se o avalizado não é identificado?

<u>*R:*</u> Se o avalizado não é identificado, considera-se como tal o emitente do cheque:

> "Art. 30, parágrafo único, Lei nº 7.357/85. O aval deve indicar o avalizado. Na falta de indicação, considera-se avalizado o emitente."

10. DA APRESENTAÇÃO

O cheque é pagável à vista, e considera-se não-estrita qualquer menção em contrário.

> O cheque apresentado para pagamento antes do dia indicado como data de emissão é pagável no dia da apresentação.

O cheque deve ser apresentado para pagamento, a contar do dia da emissão, no prazo de:

- **30 (trinta) dias,** quando emitido no lugar onde houver de ser pago;
- **60 (sessenta) dias**, quando emitido em outro lugar do País ou no exterior;

Quando o cheque é emitido entre lugares com calendários diferentes, considera-se como de emissão o dia correspondente do calendário do lugar de pagamento.

O que ocorre se a cártula for apresentada ao sacado (banco) fora do prazo de apresentação?

<u>*R:*</u> Mesmo após o decurso do prazo de apresentação, o cheque pode ser apresentado para pagamento ao sacado (banco). Nesse caso, a instituição financeira (banco/sacado) ainda terá a obrigação de pagar o cheque, caso haja fundos, desde que a ação cambial ainda não esteja prescrita (art. 35, parágrafo único, da Lei nº 7.357/85), ou seja, dentro dos 6 (seis) meses posteriores ao término do prazo para apresentação (art. 59 da Lei nº 7.357/85).

Entretanto, perdido o prazo de apresentação, a ação de execução só poderá ser ajuizada contra o emitente e seus eventuais avalistas, isto é, contra os devedores principais do cheque (Súmula nº 600/STF). Os devedores indiretos (endossantes e respectivos avalistas) ficam isentos, uma vez que para a cobrança deles é essencial o protesto tempestivo (art. 47, inciso II[2], da Lei nº 7.357/85) e, uma vez perdido o prazo de apresentação, também está perdido o prazo do protesto.

> "Cabe ação executiva contra o emitente e seus avalistas [do emitente], ainda que não apresentado o cheque ao sacado no prazo legal, desde que não prescrita a ação cambiária." (**Súmula nº 600/STF**)

O emitente pode ser isentado do pagamento do cheque em caso de perda do prazo de apresentação?

R: Em regra, não. No entanto, caso existam fundos disponíveis no período para a apresentação do cheque e tais fundos deixarem de existir por motivo não imputável ao emitente, o tomador (beneficiário) perde o direito de ajuizar ação **executiva** contra o emitente.

> "**Art. 47, § 3º, da Lei nº 7.357/85.** O portador que não apresentar o cheque em tempo hábil, ou não comprovar a recusa de pagamento pela forma indicada neste artigo, perde o direito de execução contra o emitente, se este tinha fundos disponíveis durante o prazo de apresentação e os deixou de ter, em razão de fato que não lhe seja imputável."

Perdido o prazo de apresentação e não havendo fundos na conta bancária, o sacado (banco) pode devolver a cártula sob a rubrica de falta de provisão de fundos?

R: O cheque pode ser devolvido por mais de trinta motivos arrolados em uma lista publicada pelo Banco Central (exs.: motivo nº 11 e 12 – falta de provisão de fundos; motivo nº 13 – conta encerrada; motivo nº 21 – cheque sustado ou revogado; motivo nº 48 – cheque de valor superior a R$100,00, emitido sem a identificação do beneficiário etc.).

Logo, se o cheque for apresentado após o prazo de apresentação, há dois cenários:

> *(i)* há provisão de fundos, devendo a instituição financeira compensar o cheque;
> *(ii)* não há provisão de fundos, sendo proibido que a instituição financeira devolva a cártula sob a rubrica *"insuficiência de fundos"* (motivo nº 11 e 12).

Tal proibição se justifica em razão da possibilidade de inscrição dos nomes dos emitentes de cheques devolvidos por falta de provisão de fundos na lista de *"Cheques sem Fundo"* (CCF).

---

2. "**Art. 47 da Lei nº 7.357/85**. Pode o portador promover a execução do cheque: (...) II – contra os endossantes e seus avalistas [devedores indiretos], se o cheque apresentado em tempo hábil e a recusa de pagamento é comprovada pelo protesto ou por declaração do sacado, escrita e datada sobre o cheque, com indicação do dia de apresentação, ou, ainda, por declaração escrita e datada por câmara de compensação."

A **apresentação do cheque à câmara de compensação equivale à apresentação a pagamento.**

11. PAGAMENTO

Apresentado o cheque ao sacado (banco), (i) estando regular o título, (ii) não havendo qualquer ordem em sentido contrário (iii) e existindo provisão de fundos, a instituição financeira deverá efetuar o seu pagamento.

Após conferir todos os elementos necessários, o sacado (banco) cumpre a ordem que lhe foi dada pelo emitente, pagando o cheque.

No entanto, ao pagar o cheque, o sacado (banco) deve exigir a entrega do título (art. 38 da Lei nº 7.357/85), acompanhado do endosso-quitação se o pagamento se der em espécie. Essa entrega é necessária para evitar que o título volte a circular e, chegando às mãos de um terceiro de boa-fé, tenha que ser pago novamente.

É possível que o sacado (banco) realize o pagamento parcial do valor do cheque?

R: Sim. Caso o emitente possua fundos no sacado, mas estes não sejam suficientes para atender ao valor do cheque, o sacado poderá efetuar o pagamento parcial do cheque. Entretanto, se trata de uma faculdade do banco (sacado).

Exercendo essa faculdade, o banco devolverá o título ao beneficiário, com a menção expressa no documento de um pagamento parcial.

Por sua vez, o beneficiário não pode recusar o pagamento parcial (art. 38, parágrafo único, Lei nº 7.357/85), sendo compelido a receber apenas parte do pagamento.

12. APRESENTAÇÃO SIMULTÂNEA DE VÁRIOS CHEQUES

Pode ocorrer a apresentação simultânea de vários cheques ao sacado (banco), cuja soma ultrapasse os fundos disponíveis do emitente.

Nesse caso, embora todos os cheques sejam exigíveis no mesmo momento, não há a possibilidade de pagamento de todos eles.

Para solucionar tal problema, deve se utilizar o critério da antiguidade, isto é, deve ser pago preferencialmente o cheque mais antigo. Para tal aferição, verifica-se inicialmente a data de emissão constante do título. Aquele que tiver a data de emissão mais antiga deverá ser pago. Caso a data de emissão também seja a mesma, deve-se pagar preferencialmente o cheque com numeração inferior (art. 40 da Lei nº 7.357/85).

13. PAGAMENTO DE CHEQUE FALSO OU FALSIFICADO

> "O estabelecimento bancário é responsável pelo pagamento de cheque falso, ressalvadas as hipóteses de culpa exclusiva ou concorrente do correntista." **(Súmula nº 28/STF)**

Segundo a Súmula nº 28/STF, a responsabilidade pelo pagamento de cheque falso, falsificado ou objeto de alterações é do banco (sacado), por se tratar de risco inerente à sua atividade.

Resguarda-se, contudo, ao sacado o direito de reaver o que pagou nos casos de dolo ou culpa do correntista, do endossante ou do beneficiário.

14. DEVOLUÇÃO DO CHEQUE SEM PAGAMENTO

Não sendo possível o pagamento, o banco (sacado) devolverá o cheque ao apresentante e consignará o motivo da devolução do cheque.

A morte do emitente, posterior à emissão do cheque, é motivo para não pagamento?

R: Não.

> "**Art. 37 da Lei nº 7.357/85.** A morte do emitente ou sua incapacidade superveniente à emissão não invalidam os efeitos do cheque."

15. REVOGAÇÃO (CONTRAORDEM) E SUSTAÇÃO (OPOSIÇÃO)

A revogação (contraordem) e a sustação (oposição) são motivos justificados de devolução do cheque sem pagamento.

Revogação (Contraordem)	Sustação (Oposição)
Trata-se de revogação da ordem de pagamento do cheque que é exclusiva do emitente.	**Tanto o emitente como os legítimos possuidores podem sustar o cheque e os efeitos serão imediatos.**
O emitente deve comunicar o banco (sacado) da sua intenção, indicando os motivos do seu ato (art. 35 da Lei nº 7.357/85), não cabendo, porém, ao banco discuti-los.	**A sustação deverá ser requerida por escrito, admitindo-se a oposição por meio eletrônico, desde que confirmada nos dois dias úteis seguintes. Em qualquer caso, ela deve ser fundada em relevante razão de direito (art. 36 da Lei nº 7.357/85), não cabendo ao banco discutir a veracidade do motivo apontado.**
Essa contraordem, que é exclusiva do emitente, só produz efeitos após o prazo de apresentação de cheque (30 ou 60 dias a contar da sua emissão). Ela até pode ser feita dentro do prazo de apresentação, mas só produzirá efeitos depois deste. Desse modo, tal prática não atende aquele que tem a intenção de impedir imediatamente o pagamento do título.	**São exemplos de relevantes razões de direito a emissão do cheque mediante dolo ou coação, ou mesmo o descumprimento contratual do credor (desacordo comercial).**

O emitente do cheque pagável no Brasil pode revogá-lo, dada por aviso epistolar, ou por via judicial ou extrajudicial, com as razões motivadoras do ato.

> **Art. 35.** O emitente do cheque pagável no Brasil pode revogá-lo, mercê de contraordem dada por aviso epistolar, ou por via judicial ou extrajudicial, com as razões motivadoras do ato.

> Parágrafo único – A revogação ou contraordem só produz efeito depois de expirado o prazo de apresentação e, não sendo promovida, pode o sacado pagar o cheque até que decorra o prazo de prescrição, nos termos do art. 59 desta Lei.

A **revogação ou contraordem** só produz efeito depois de expirado o prazo de apresentação e, não sendo promovida, pode o sacado pagar o cheque até que decorra o prazo de prescrição. (O famoso desacordo comercial).

A **oposição do emitente** indica que durante o prazo de apresentação, o emitente e o portador legitimado podem fazer sustar o pagamento, manifestando ao sacado, por escrito, oposição fundada em relevante razão de direito.

> **Art. 36** Mesmo durante o prazo de apresentação, o emitente e o portador legitimado podem fazer sustar o pagamento, manifestando ao sacado, por escrito, oposição fundada em relevante razão de direito.

A oposição do emitente e a revogação ou contraordem se excluem reciprocamente.

Não cabe ao sacado julgar da relevância da razão invocada pelo oponente.

A morte do emitente ou sua incapacidade superveniente à emissão não invalidam os efeitos do cheque.

16. CHEQUE CRUZADO

Regulado pelos arts. 44 e 45 da Lei nº 7.357/85, o cheque cruzado não poderá ser pago diretamente ao portador, isto é, não pode ser "sacado na boca do caixa".

O cheque cruzado, por sua vez, é o que **contém, no anverso, dois traços paralelos,** inseridos pelo emitente ou por qualquer portador.

> **Art. 44** O emitente ou o portador podem cruzar o cheque, mediante a aposição de dois traços paralelos no anverso do título.

A finalidade do cruzamento, que **é evitar que o cheque seja pago diretamente no caixa da agência bancária sem que se identifique o beneficiado,** na verdade, é atingida por qualquer cheque de valor superior a cem reais, independentemente de cruzamento, pois, a partir desse valor, o cheque tem que ser nominativo.

Força, portanto, convir que a utilidade prática do cruzamento cinge-se aos cheques ao portador, que, no Brasil, não pode ter valor superior a cem reais. **Uma vez cruzado, veda-se o saque direto no caixa,** exigindo-se, pois, o depósito do cheque, realizando-se, destarte, a identificação do beneficiado.

O cruzamento é em branco se entre os dois traços não houver nenhuma indicação do nome do banco ou, então, existir apenas a indicação "banco", ou outra equivalente.

> **§ 1º** O cruzamento é geral se entre os dois traços não houver nenhuma indicação ou existir apenas a indicação "banco", ou outra equivalente. O cruzamento é especial se entre os dois traços existir a indicação do nome do banco.

O cheque com **cruzamento geral pode ser pago pelo banco sacado a outro banco,** ou a cliente do sacado, mediante crédito em conta.

O **cruzamento é especial** ou em preto se entre os dois traços existir a indicação do nome do banco. O cheque com **cruzamento especial só pode ser pago pelo sacado ao banco indicado ou, se este for o sacado,** a cliente seu, mediante crédito em conta. Se o credor não tiver conta no banco indicado, ficará impedido de depositar o cheque, restando-lhe, no entanto, a opção de endossar o cheque.

> **Art. 45** O cheque com cruzamento geral só pode ser pago pelo sacado a banco ou a cliente do sacado, mediante crédito em conta. O cheque com cruzamento especial só pode ser pago pelo sacado ao banco indicado, ou, se este for o sacado, a cliente seu, mediante crédito em conta. Pode, entretanto, o banco designado incumbir outro da cobrança.

O cruzamento é irretratável. A propósito, dispõe o ***§ 3º do artigo 44 da Lei 7.357/1985*** que a inutilização do cruzamento ou do nome do banco é reputada como não existente. O cruzamento geral pode ser convertido em especial, mas este não pode converter-se naquele.

17. CHEQUE PARA SER LEVADO EM CONTA

A ***Lei 7.357/1985***, em seu ***artigo 46***, define cheque para ser levado em conta como aquele que **possui cláusula proibindo o seu pagamento em dinheiro.**

> **Art. 46** O emitente ou o portador podem proibir que o cheque seja pago em dinheiro mediante a inscrição transversal, no anverso do título, da cláusula "para ser creditado em conta", ou outra equivalente. Nesse caso, o sacado só pode proceder a lançamento contábil (crédito em conta, transferência ou compensação), que vale como pagamento. O depósito do cheque em conta de seu beneficiário dispensa o respectivo endosso.

Essa cláusula, que pode ser inserida pelo emitente ou por qualquer portador, é revelada pela expressão "**para ser creditado em conta**", ou outra equivalente, escrita de forma transversal no anverso do título.

Nesse caso, o pagamento pelo sacado é feito por lançamento contábil, após o depósito do cheque, **consistente em crédito em conta do depositante ou transferência para outra conta,** a pedido do depositante, ou, ainda, por compensação, caso o depositante esteja em débito com o banco no qual o cheque fora depositado.

Aludida cláusula é irretratável, reputando-se não escrita a sua eventual inutilização. O depósito do cheque em conta de seu beneficiário dispensa o respectivo endosso.

Conquanto **seja comum, se inserido nesse cheque o número da conta na qual se deve fazer o depósito** – exigência que não consta na lei –, basta a expressão "para ser creditado em conta"; caso figure o número da conta, o cheque só poderá ser depositado nessa cônta.

18. CHEQUE VISADO

O cheque visado é aquele que contém, **no verso, um visto e assinatura do sacado, representando a confirmação da existência de fundos.** Embora o cheque não admita aceite, tendo em vista que é ordem de pagamento à vista, considerando-se não escrita qualquer declaração com esse sentido, o ***artigo 7º da Lei 7.357/1985*** prevê cheque visado.

O visto deve ser requerido ao sacado pelo próprio emitente ou portador legitimado.

O ***artigo 7º*** **da Lei 7.357/1985 proíbe que o cheque ao portador ou já endossado sejam visados.** O visamento do cheque indica que o banco sacado reservou numerário suficiente para o pagamento deste durante o prazo de apresentação.

> **Art. 7º** Pode o sacado, a pedido do emitente ou do portador legitimado, lançar e assinar, no verso do cheque não ao portador e ainda não endossado, visto, certificação ou outra declaração equivalente, datada e por quantia igual à indicada no título.
>
> § 1º A aposição de visto, certificação ou outra declaração equivalente obriga o sacado a debitar à conta do emitente a quantia indicada no cheque e a reservá-la em benefício do portador legitimado, durante o prazo de apresentação, sem que fiquem exonerados o emitente, endossantes e demais coobrigados.

Expirado esse prazo, sem que o cheque tenha sido apresentado, **o banco sacado procede ao cancelamento do visamento,** creditando na conta do emitente a quantia reservada. Sobredito cancelamento, ainda que não vencido o prazo de apresentação, pode ser também providenciado pelo sacado, se o cheque lhe for entregue para inutilização.

O cheque visado é, na prática, dinheiro na mão, pois o banco é responsável pelo pagamento, se o visou irregularmente ou então se não reservou numerário suficiente para o pagamento, tendo, em tal situação, direito de regresso contra o emitente.

19. CHEQUE ADMINISTRATIVO

O cheque administrativo, por sua vez, é o **emitido pelo banco contra o próprio banco sacador.** É também chamado de cheque bancário, ou cheque caixa, ou, ainda, cheque de tesouraria.

Nesse cheque, o emitente é o próprio banco, figurando como sacado uma de suas agências bancárias. **Referido cheque é previsto no artigo 9º, III, da Lei 7.357/1985,** não podendo ser ao portador. A exigência de que seja nominativo não implica, porém, em proibição do endosso. **Ex.:** ***traveller's check.***

> **Art. 9º** O cheque pode ser emitido:
>
> I – à ordem do próprio sacador;

20. CHEQUE ESPECIAL

O cheque especial não está previsto na Lei n. 7.357/85 e, nessa categoria, o sacado (banco), mediante um contrato de abertura de crédito (espécie de contrato bancário), abre uma linha de crédito, facultando o uso desse crédito pelo correntista.

21. CHEQUE PRÉ-DATADO

Por conta do art. 32 da Lei nº 7.357/85, o cheque sempre é pagável à vista. Assim sendo, o credor desse título poderá exigir o seu pagamento assim que ele for apresentado ao banco sacado.

Essa característica dificultava o uso do cheque para negócios com pagamento a prazo, uma vez que não há a possibilidade de estabelecer um vencimento para o cheque, mas apenas a data de sua emissão. Ou seja, como se trata de um título vinculado não há espaço disponível no modelo da cártula para apontamento de uma data de vencimento, há espaço apenas para se colocar a data de sua emissão. Além disso, para pagamentos parcelados, seria necessário procurar o emitente periodicamente para que ele emitisse um novo título para o pagamento da parcela.

Para contornar essas dificuldades e aproveitar a eficiência e a praticidade do cheque, a praxe criou a figura do cheque pós-datado, entendido como um cheque no qual as partes ajustam uma apresentação ao sacado (banco) apenas a partir de certa data.

Isto é, embora a data de emissão constante do cheque represente a realidade, o emitente adiciona, de forma manuscrita, expressão como "bom para" (ou equivalente) junto à outra data, posterior à data da emissão, combinando com portador que a apresentação da cártula ao sacado (banco) apenas ocorra a partir dessa segunda data.

22. LEGALIDADE DA PRÉ-DATAÇÃO

No Brasil, a pré-datação do cheque não possui autorização legal; ao contrário, o art. 32 da Lei nº 7.537/85 é claro ao dispor que o cheque é pagável à vista, considerando-se não escrita qualquer menção em contrário.

Ou seja, o banco (sacado) deverá pagar o cheque que possua fundos quando ele lhe for apresentado, sendo irrelevante para instituição financeira a pré-datação.

Contudo, a disposição contida no art. 32 da Lei nº 7.357/85 se dirige ao sacado (banco) apenas, e não ao emitente e ao portador.

23. NATUREZA JURÍDICA DO CHEQUE PÓS-DATADO

A pré-datação do cheque não afeta a natureza jurídica cambiária do título, ele continua a admitir endosso, aval e todos os institutos cambiários, inclusive a ação cambial (execução).

Por outro lado, na pré-datação, passa a existir também um contrato entre o emitente e o tomador (beneficiário), pelo qual o beneficiário assume a obrigação de não apresentar o cheque antes da data combinada. Tal contrato vale entre as partes, não produzindo efeitos no sacado.

A pré-datação do cheque interfere no prazo de apresentação? E no prazo prescricional para ação cambial (ação de execução)?

R: Segundo o **STJ**, a pré-datação não interfere nem no prazo de apresentação do cheque, nem no prazo prescricional para ação cambial (ação de execução).

No entanto, embora mantendo o mesmo entendimento, o **STJ** passou a diferenciar duas situações:

a) pré-datação extracartular: o cheque possui duas datas, a data da emissão e, em seguida, outra data posterior ao lado de expressões como "bom p/";

b) pré-datação cartular: o cheque possui apenas uma data no campo data da emissão. No entanto, a referida data de emissão, na verdade, já representa uma pré-datação. Ou seja, o emitente utiliza o campo da data da emissão para pré-datação, ele coloca nesse campo data posterior a real data de emissão, "escondendo" a pré-datação.

A pré-datação extracartular segue o entendimento acima e não interfere nem no prazo de apresentação do cheque, nem no prazo prescricional para ação cambial (ação de execução).

Por sua vez, a pré-datação cartular interfere no prazo de apresentação do cheque e no prazo prescricional para ação cambial (ação de execução), porquanto, para todos os fins, seria real data de emissão (embora "esconda" uma pré-datação).

E se o tomador/beneficiário apresentar o cheque pós-datado antes do combinado? E se o endossatário fizer isso?

R: Segundo o **STJ**, o desrespeito ao combinado entre emitente e tomador/beneficiário gera dano moral:

> "Caracteriza dano moral a apresentação antecipada de cheque pré-datado." **(Súmula nº 370/STJ)**

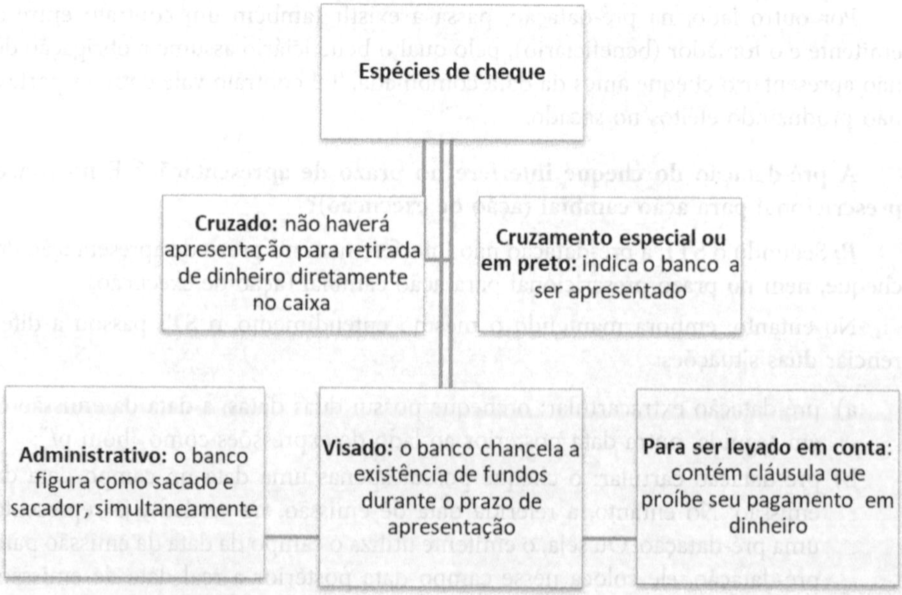

24. PROTESTO

Sempre que o cheque for devolvido sem pagamento, o banco (sacado) deverá atestar o não pagamento por um carimbo, indicando o motivo da devolução.

Nada obstante, para determinados efeitos, exige-se uma prova solene do não pagamento: o protesto.

25. EFEITOS DO PROTESTO DE UM CHEQUE

São efeitos do protesto de um cheque:

Interrupção da prescrição

- Para tal efeito, o protesto deverá ser realizado enquanto a prescrição não estiver consumada, pois uma vez consumada não há mais o que interromper.

Configuração da impontualidade injustificada do devedor empresário

- A impontualidade não justificada de uma dívida líquida constante de título executivo demonstra que o devedor está em dificuldades e, se tal devedor for um empresário, estas representam uma das hipóteses de estado falimentar (art. 94, inciso I, da Lei nº 11.101/05).

Possibilidade de cobrança dos devedores indiretos

- "Estes, a princípio, só poderão ser cobrados se houver a prova tempestiva de que não houve o pagamento do título no vencimento, salvo se for pactuada a cláusula sem despesas ou sem protesto. Todavia, este último efeito não é privativo do protesto, isto é, para a cobrança dos devedores indiretos é suficiente o carimbo de devolução do cheque apresentado tempestivamente. Para esse efeito e apenas para ele, o protesto é suprido pela declaração de devolução, desde que a apresentação tenha sido tempestiva. Nos demais efeitos, o protesto é essencial, não podendo ser suprido pela declaração do banco."

26. PRAZO DO PROTESTO DO CHEQUE: PROTESTO FACULTATIVO E OBRIGATÓRIO

Apesar de o art. 48 da Lei nº 7.357/85 afirmar que o protesto deverá ser realizado antes da expiração do prazo de apresentação (30 ou 60 dias contados da emissão), o **STJ** firmou entendimento de que:

a) o apontamento a protesto mostra-se viável dentro do prazo da execução cambial (6 meses contados da expiração do prazo de apresentação), desde que indicados os devedores principais (emitente e seus avalistas);

b) em relação aos coobrigados (endossantes e respectivos avalistas), o art. 48 da Lei 7.347/85 impõe que o aponte a protesto seja realizado no prazo para apresentação do título ao sacado.

Protesto Facultativo (devedores principais: emitente e seus avalistas)	Protesto Obrigatório (devedores secundários/coobrigados: endossantes e seus avalistas)
O protesto facultativo pode ser efetuado após o prazo de apresentação, desde que não escoado o lapso prescricional da pretensão executória dirigida contra o emitente (e seus avalistas).	**O art. 48 da Lei nº 7.347/85 impõe que o aponte a protesto seja realizado no prazo para apresentação do título ao sacado (30 ou 60 dias).**
No caso da pretensão executória dirigida contra o emitente (e seus avalistas), o protesto do cheque é ato meramente facultativo do credor, que pode optar por executar diretamente a cambial, desde que o faça no prazo de prescrição de 6 (seis) meses, contados da expiração do prazo de apresentação (art. 59 da Lei do Cheque).	**Na hipótese de pretensão executória dirigida contra o(s) endossante(s), o protesto é obrigatório, sob pena de perda da eficácia executiva do título contra esse coobrigado.**

RESUMO. CHEQUE

O cheque é uma ordem de pagamento, já que o emitente não promete efetuar pessoalmente o pagamento, e sim que terceiro vai efetuar esse pagamento, seja o banco. A conta bancária que vincula o cheque deverá ter fundos disponíveis para que banco possa efetuar o pagamento da ordem que lhe fora apresentada.

No cheque, existem 3 (três) sujeitos: 1) O **emitente** é aquele que possui contrato de depósito ou crédito com o banco dá a ordem para efetuar o pagamento; 2) O **sacado** é o próprio banco a quem é dada a ordem de pagar; 3) O **beneficiário** é aquele que tem o direito de receber o valor constante do título.

O cheque segundo a sua própria legislação é ordem pagável à vista, considerando-se não escrita qualquer menção em contrário. Por um outro lado, não podemos desconsiderar o cheque pré-datado em que a jurisprudência sustenta a sua viabilidade.

O prazo de apresentação do cheque será de: 1) Se o título for apresentado na mesma praça de emissão o prazo é de 30 dias; 2) Caso tenhamos praças distintas o prazo é de 60 dias. O termo inicial para a contagem do prazo de prescrição do cheque é a expiração do prazo de apresentação.

22

DUPLICATA

A duplicata é um título de crédito criado pelo direito brasileiro, prevista inicialmente no art. 219 do Código Comercial, mas utilizado efetivamente a partir da Lei nº 5.474/68, que a dividiu em duas espécies: **(a)** duplicata mercantil e **(b)** duplicata de serviços.

1. CARACTERÍSTICAS

A duplicata é um título de crédito emitido para **representar uma compra e venda mercantil ou uma prestação de serviços.**

Ambas as transações mercantis são regidas **pela Lei nº. nº. 5.474/1968** e têm regime jurídico quase idêntico, apresentando a praticidade de o sacado se vincular, ainda que não tenha assinado o título, diferentemente do que ocorre com a letra de câmbio.

De fato, **na duplicata o aceite é obrigatório,** dispensando a assinatura do devedor, ao passo que, em uma letra de câmbio, o aceite é facultativo.

A ***Lei nº. 5.474/1968, em seu artigo 1º***, estabelece que **todo empresário que realiza uma venda, com prazo não inferior a 30 dias, deverá extrair uma fatura e apresentá-la ao devedor.** A fatura é um documento emitido pelo vendedor, relacionando as mercadorias vendidas, discriminando-as, indicando sua quantidade e o respectivo valor.

> **Art. 1º** Em todo o contrato de compra e venda mercantil entre partes domiciliadas no território brasileiro, com prazo não inferior a 30 (trinta) dias, contado da data da entrega ou despacho das mercadorias, o vendedor extrairá a respectiva fatura para apresentação ao comprador.

A fatura é um documento que tem o condão de facilitar a atividade do Fisco, aumentando seu poder de controle sobre as atividades mercantis.

Para isso, **foi criada a chamada nota fiscal-fatura. Por** meio de um único documento, o empresário cumpre duas obrigações: uma de caráter empresarial, emissão da fatura; e outra de caráter fiscal, emissão de nota fiscal.

São duas as espécies de duplicata, também conhecidas como o princípio do direito brasileiro, a saber:
a) duplicata mercantil ou duplicata de fatura ou conta assinada;
b) duplicata de prestação de serviços.

A duplicata pode, então, ser definida como uma **ordem de pagamento emitida pelo empresário** com o escopo de documentar o crédito oriundo de uma operação de compra e venda mercantil ou prestação de serviços.

Os **requisitos da duplicata são** encontrados **no artigo 2º, § 1º, da Lei nº. 5.474/1968.** A duplicata é título de crédito de aceite obrigatório, o que significa que o comprador da mercadoria – sacado – não poderá deixar de aceitar o título.

> **Art. 2º** No ato da emissão da fatura, dela poderá ser extraída uma duplicata para circulação como efeito comercial, não sendo admitida qualquer outra espécie de título de crédito para documentar o saque do vendedor pela importância faturada ao comprador.

2. PARTES

Na duplicata, a princípio, o credor (sacador) dá uma ordem ao devedor para que o devedor (sacado) pague o valor devido a ele mesmo (tomador/beneficiário), ou seja, é uma estrutura similar a de uma letra de câmbio, mas o sacador e o beneficiário são a mesma pessoa.

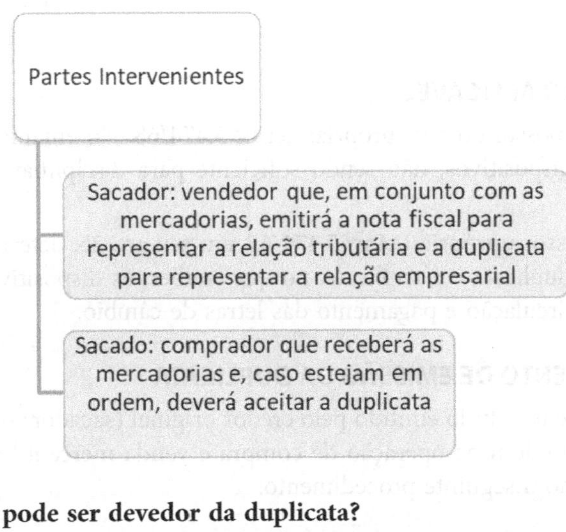

O sacador pode ser devedor da duplicata?

__R:__ Embora o art. 15, § 1º, da Lei nº 5.474/68 fale na execução do sacador, é certo que esta não é possível na duplicata, uma vez que o sacador é o credor original do título. De fato, quando ele cria o título, o faz em proveito próprio.

No entanto, o sacador poderá ser cobrado pelo pagamento da duplicata se endossar o título e na condição de endossante se tornar devedor.

3. A DUPLICATA COMO TÍTULO CAUSAL

A duplicata é um título de crédito causal, visto que há uma estreita vinculação ao negócio jurídico que lhe deu origem (compra e venda ou uma prestação de serviços).

Em razão desse vínculo expresso, o tomador/beneficiário da duplicata tem conhecimento da causa subjacente ao saque do título e, por isso, pode ser afetado por esse negócio jurídico.

Entretanto, se a duplicata circulou por conta de endosso, o novo credor (endossatário) já não é mais aquele (sacador) que participou do negócio jurídico que deu origem à cártula, ou seja, o novo credor (endossatário) não é o sacador da duplicata.

Nessa situação, exigir que o credor de boa-fé verifique o negócio jurídico seria contradizer a proteção da aparência e a celeridade inerente aos negócios empresariais.

A abstração, portanto, tem por pressuposto a circulação do título por meio de endosso e o aceite da duplicata.

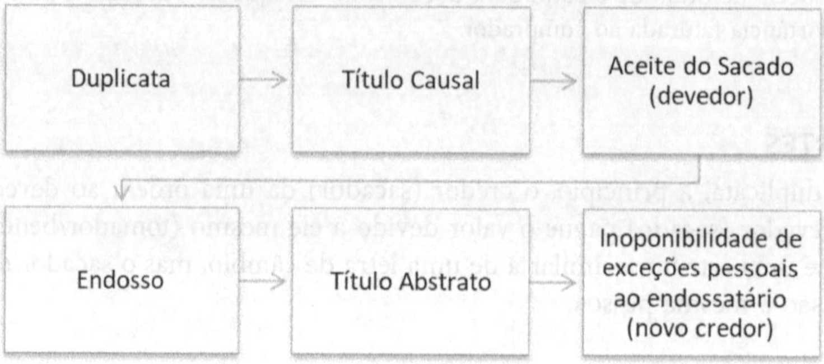

4. LEGISLAÇÃO APLICÁVEL

A duplicata possui uma lei própria: Lei nº 5.474/68. No entanto, essa legislação possui poucos dispositivos, não sendo suficiente para disciplinar integralmente a matéria.

Em razão disso, a própria Lei nº 5.474/68, em seu art. 25, determina que devem ser aplicados à duplicata e à triplicata, no que couber, os dispositivos da legislação sobre emissão, circulação e pagamento das letras de câmbio.

5. PROCEDIMENTO DE EMISSÃO DA DUPLICATA

A duplicata é um título emitido pelo credor original (sacador) para documentar o crédito oriundo de uma operação de compra e venda mercantil ou de prestação de serviços, tendo o seguinte procedimento:

> "**Art. 2º, caput, da Lei nº 5.474/68.** No ato da emissão da fatura, dela poderá ser extraída uma duplicata para circulação como efeito comercial, não sendo admitida qualquer outra espécie de título de crédito para documentar o saque do vendedor pela importância faturada ao comprador."

6. REQUISITOS LEGAIS

O art. 2º, § 1º, da Lei nº 5.474/68 enumera os requisitos essenciais para que o documento seja considerado uma duplicata:

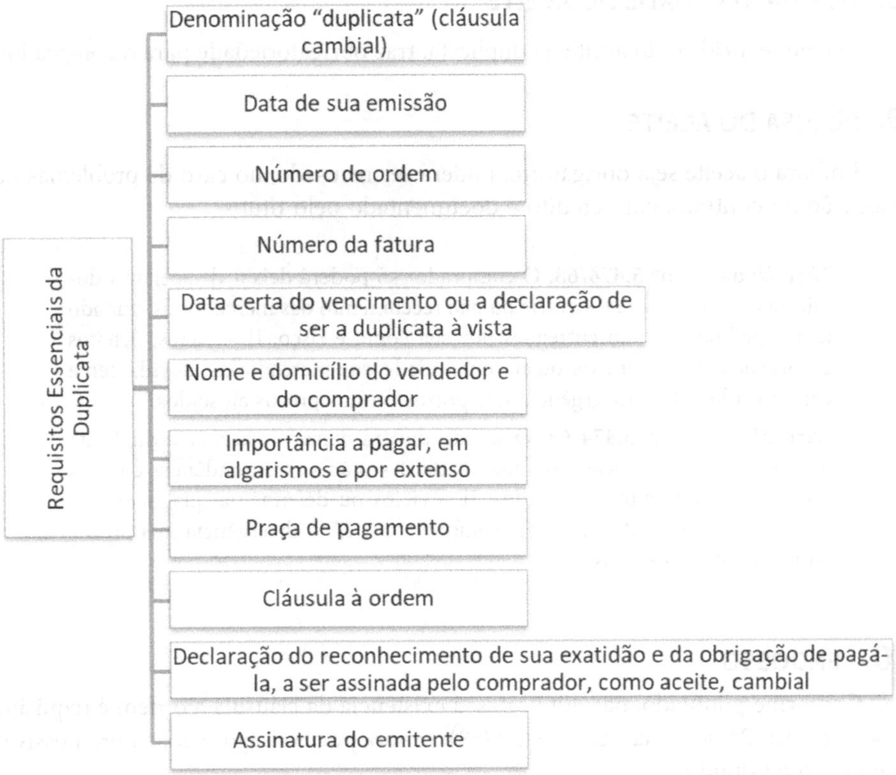

7. ACEITE

Como pontuado, não se exige para a existência e validade da duplicata a assinatura do comprador (aceite). E, assim como na letra de câmbio, se o comprador (sacado) não assina o título, ele não assume nenhuma obrigação cambiária.

De qualquer modo, realizada a compra e venda mercantil (ou a prestação de serviços), emite-se a fatura e, em seguida, extrai-se a duplicata, devendo o sacador (vendedor/prestador de serviços), por si ou por intermediários, apresentar/remeter a duplicata ao comprador (sacado) para que ele a assine, ou seja, dê o aceite.

Apresentada ou remetida a duplicata, o comprador (sacado) deve assiná-la e devolvê-la no prazo de 10 (dez) dias, ou apresentar as razões pelas quais não vai assiná-la, no mesmo prazo (art. 7º da Lei nº 5.474/68).

No entanto, como a duplicata é extraída de uma fatura que, por sua vez, decorre de um contrato, o comprador (sacado), mesmo que não aceite a cártula, permanece como devedor da relação contratual.

E essa declaração cambial segue regras muito parecidas às da letra de câmbio, com as seguintes peculiaridades: ***(a)*** obrigatoriedade do aceite; ***(b)*** recusa do aceite; ***(c)*** existência de formas diferentes de prestar o aceite.

8. OBRIGATORIEDADE DO ACEITE

O regime jurídico do aceite na duplicata, traz obrigatoriedade para o comprador.

9. RECUSA DO ACEITE

Embora o aceite seja obrigatório, poderá ser recusado, no caso de problemas na execução do contrato, cujo crédito é documentado pelo título.

> "**Art. 8º da Lei nº 5.474/68.** O comprador só poderá deixar de aceitar a duplicata por motivo de: I – avaria ou não recebimento das mercadorias, quando não expedidas ou não entregues por sua conta e risco; II – vícios, defeitos e diferenças na qualidade ou na quantidade das mercadorias, devidamente comprovados; III – divergência nos prazos ou nos preços ajustados."
>
> "**Art. 21 da Lei nº 5.474/68.** O sacado poderá deixar de aceitar a duplicata de prestação de serviços por motivo de: I – não correspondência com os serviços efetivamente contratados; II – vícios ou defeitos na qualidade dos serviços prestados, devidamente comprovados; III – divergência nos prazos ou nos preços ajustados."

10. ENDOSSO

Conforme pontuado, nas duplicatas, a existência da cláusula à ordem é requisito essencial (art. 2º, § 1º, da Lei nº 5.474/68), sendo, por conseguinte, sempre possível o endosso da duplicata.

Ressalto que o regime jurídico do endosso na duplicata é o mesmo regime da letra de câmbio, inclusive admitindo-se o endosso-mandato e o endosso-caução.

11. AVAL

Em síntese, aval é o ato cambiário pelo qual uma pessoa (avalista) se compromete a pagar título de crédito, nas mesmas condições que um devedor desse título (avalizado).

Quanto à pessoa do avalizado, sua identificação é livre, cabendo ao avalista fazê-lo. Na falta de indicação (aval em branco), considera-se avalizado aquele cujo nome esteja acima do aval, ou, se não houver nenhum, reputa-se como avalizado o comprador/sacado (art. 12 da Lei nº 5.474/68).

12. VENCIMENTO

Como visto dentro dos requisitos essenciais, o vencimento deverá ser escrito no título de crédito, sob pena de invalidade do documento como duplicata.

E, diferente das letras de câmbio, a Lei nº 5.474/68, admite a pactuação apenas do vencimento à vista e do vencimento em dia certo, não reconhecendo as modalidades a certo termo da data e a certo termo da vista (art. 2º, § 1º, inciso III, da Lei nº 5.474/68).

A duplicata admite prorrogação do prazo de vencimento? E antecipação?

R: Sim. Ao contrário da letra de câmbio, a duplicata admite a prorrogação do vencimento, isto é, o credor poderá tornar a obrigação exigível apenas em data posterior àquela inicialmente combinada.

No entanto, a prorrogação deverá ser feita no próprio título, ou em uma declaração em separado, assinada pelo credor (vendedor ou endossatário) ou por seu representante com poderes especiais (Lei n. 5.474/68 - art. 11).

Por outro lado, embora seja autorizada a prorrogação do vencimento por um ato unilateral do credor, os devedores indiretos (endossantes e avalistas) só se manterão responsáveis se manifestarem expressamente a sua concordância com tal prorrogação (art. 11, parágrafo único, da Lei nº 5.474/68).

Por fim, no que tange ao vencimento antecipado, este poderá ocorrer nas mesmas hipóteses da letra de câmbio, tendo em vista a determinação da aplicação supletiva das regras inerentes a esse título (Lei n. 5.474/68 - art. 25).

13. PAGAMENTO

Vencida a duplicata, o título deverá ser pago. E, tratando-se de obrigação quesível, o pagamento deve ser buscado por iniciativa do credor.

Embora a iniciativa caiba ao credor, a Lei nº 5.474/68 admite o pagamento antecipado do título pelo sacado (art. 9º), ao contrário do regime geral das obrigações, inclusive das cambiais. Nessa situação, o sacado (devedor) deverá procurar o credor da obrigação e efetuar o pagamento antecipado, não cabendo a este negar tal possibilidade.

Aliás, pela aplicação do regime das letras de câmbio às duplicatas, o pagamento parcial não poderá ser recusado pelo credor (art. 39 da LUG).

De qualquer modo, a prova do pagamento é feita por meio de um recibo escrito no próprio título ou mesmo fora dele (art. 9º, § 1º, da Lei nº 5.474/76), excepcionando-se o princípio da literalidade.

14. PROTESTO

O protesto é sempre um meio de prova, mas, na duplicata, poderá ser um meio de prova de fatos distintos: (i) falta de pagamento; (ii) falta de aceite ou; (iii) falta de devolução (art. 13 da Lei nº 5.474/68). 16 - Triplicata

Conforme já destacado, a duplicata é passível de remessa para aceite e, por isso, está sujeita a riscos maiores de perda ou mesmo de destruição, do que outros títulos.

Para proteger o credor de tais riscos, a legislação admite a extração de uma segunda via da duplicata, denominada triplicata (art. 23 da Lei nº 5.474/68), emitida pelo sacador que possuirá os mesmos requisitos e formalidades da duplicata.

No entanto, não existe uma sanção para o descumprimento de tal regra e, por isso, se interpreta que não se trata efetivamente de uma obrigação.

E, pelo texto da lei, tal opção poderá ser exercida nos casos de extravio e destruição do título, isto é, quando o título se perde.

15. DUPLICATA ESCRITURAL

O **título escritural** é aquele que não tem cártula; nasce e atua por via de computador, por e-mail, por internet, não possui assinatura usual. Nessa linha, a duplicata virtual (escritural/eletrônica) representa o fenômeno da **desmaterialização dos títulos de crédito**, funcionando, **ATÉ o advento da 13.775/18**, da seguinte forma:

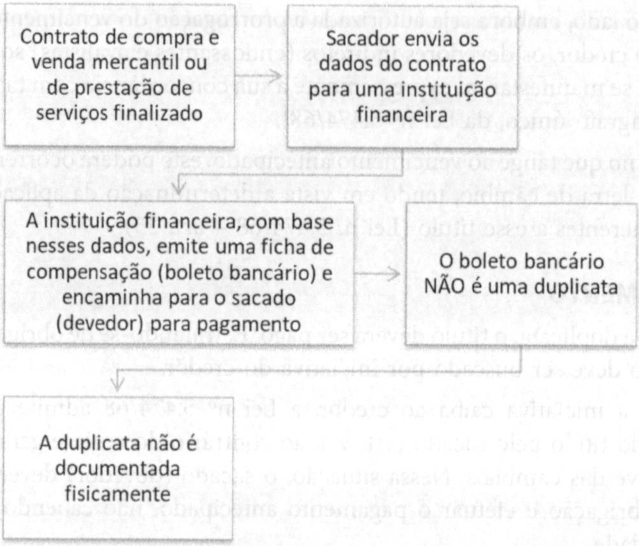

No entanto, que boleto bancário **não** é duplicata e mesmo antes da Lei nº 13.775/18 não servia sozinho como como título executivo extrajudicial.

De todo modo, a discussão a respeito da validade da **duplicata eletrônica (duplicata escritural/digital)** perdeu seu objeto com o advento da **Lei nº 13.775/18**, norma que a regulamenta e entrou em vigor em abril e 2019 (art. 13).

Da referida norma, podem ser extraídos os seguintes pontos de destaque:

a) a duplicata pode ser cartular (documental) ou escritura (digital/eletrônica), conforme art. 1º, 2º e 10 da Lei nº 13.775/18.

b) a emissão de duplicata sob a forma escritural farse-á mediante lançamento em **sistema eletrônico de escrituração** gerido por quaisquer das entidades que exerçam a atividade de escrituração de duplicatas escriturais (art. 3º da Lei nº 13.775/18). Tais entidades são identificadas pela lei como ***"gestores"***;

c) também deverão ser registrados no **sistema eletrônico de escrituração** todos os atos cambiais (aceite, aval, endosso) e não cambiais (art. 4º da Lei nº 13.775/18, inclusive a cessão de crédito), por meio de assinatura eletrônica;

d) o **sistema eletrônico de escrituração** disporá de mecanismos que permitam ao sacador (credor) e ao sacado (devedor) comprovarem, por quaisquer meios de prova admitidos em direito, a entrega e o recebimento das mercadorias ou a prestação do serviço, **devendo** a apresentação das provas ser efetuada em meio eletrônico;

e) os **gestores** dos **sistemas eletrônicos de escrituração** ou os **depositários centrais**, na hipótese de a duplicata emitida sob a forma escritural ter sido depositada de acordo com a Lei nº 12.810/13, expedirão, a pedido de qualquer solicitante, **extrato do registro eletrônico da duplicata** (art. 6º da Lei nº 13.775/18);

f) a duplicata emitida sob a forma escritural e o extrato são **títulos executivos extrajudiciais**;

g) os lançamentos no **sistema eletrônico de escrituração** substituem o Livro de Registro de Duplicatas, previsto no art. 19 da Lei nº 5.474/68 (art. 9 da Lei nº 13.775/18);

h) são nulas de pleno direito as cláusulas contratuais que vedam, limitam ou oneram, de forma direta ou indireta, a emissão ou a circulação de duplicatas emitidas sob a forma cartular ou escritural (art. 10 da Lei nº 13.775/18);

i) às duplicatas escriturais são aplicáveis, de forma subsidiária, as disposições da Lei nº 5.474/68 (art. 12 da Lei nº 13.775/18).

RESUMO. DUPLICATA

A duplicata é um título causal já que sabemos que a sua emissão deve se dar para representar uma compra e venda mercantil ou uma prestação de serviços. Os regimes de ambas as transações são muito parecidos. Na duplicata o aceite é obrigatório.

Na duplicata, o credor/sacador dá uma ordem ao devedor para que o devedor/sacado pague o valor devido ao beneficiário que é o próprio credor/sacador. São duas partes intervenientes, já que o credor/sacador é o emitente e será o beneficiário. A outra parte é o devedor que aceita a transação, e, logicamente, aceita pagar a quantia exarada no título.

ACEITE

A assinatura do comprador (aceite) não é necessário para a existência e validade do título. Caso o comprador (sacado) não assine o título, ele não assume nenhuma obrigação cambiária. A obrigação é assumida quanto o comprador/sacado aceita a nota de compra e venda ou de serviços.

PROTESTO

O protesto é meio de prova e poderá ser tirado por fatos distintos: (i) falta de pagamento; (ii) falta de aceite ou; (iii) falta de devolução.

DUPLICATA ESCRITURAL

O título escritural é todo aquele digitalizado e que circula pelo computador, por e-mail, por internet, não possui assinatura usual. A duplicata virtual (escritural/eletrônica) representa o fenômeno da desmaterialização dos títulos de crédito. A nossa legislação tem ampla aceitação para a duplicata no formato escritural.

23

RECUPERAÇÃO DE EMPRESAS

1. REQUISITOS DA RECUPERAÇÃO DE EMPRESAS

Buscando suprir a necessidade do empresário ou da sociedade empresária com sérios problemas financeiros, de negociar livremente o pagamento dos seus créditos com seus credores, o legislador introduziu no direito brasileiro a figura da **recuperação judicial**.

O **art. 47 da Lei de Falências e Recuperações assenta que a finalidade da recuperação judicial é viabilizar a superação da situação de crise econômico-financeira do devedor**, a fim de permitir a manutenção da fonte produtora, do emprego, dos trabalhadores e dos interesses dos credores, promovendo, assim, a **preservação da empresa**, sua função social e o estímulo à atividade econômica.

De acordo com o art. 47 da Lei nº 11.101/05:

> "**Art. 47 da Lei nº 11.101/05.** A recuperação judicial tem por objetivo viabilizar a superação da situação de crise econômico-financeira do devedor, a fim de permitir a manutenção da fonte produtora, do emprego dos trabalhadores e dos interesses dos credores, promovendo, assim, a preservação da empresa, sua função social e o estímulo à atividade econômica."

Esse novo instituto **confere ao devedor o benefício de apresentar um plano de pagamento, que será discutido com os credores.**

Trata-se de uma **permissão legal que concede ao devedor empresário, ou sociedade empresária, a possibilidade de negociar diretamente com todos os seus credores** ou tão somente parte deles.

O titular da empresa, cabe destacar, apresentará propostas de acordo com suas **reais possibilidades**, ampliando o universo de medidas eficazes e suficientes à satisfação dos créditos negociados.

1.1. O Exercente de atividade rural tem acesso à recuperação de empresas?

O advento da lei 14.112/21, nos trouxe tal possibilidade. Importa ressaltar que não estamos tratando necessariamente do Empresário Rural, mas aquele que exerce a atividade rural, ainda que de forma regular, sem a condição registral de empresário.

> "**Art. 49.** [..]
>
> **§ 2º** No caso de exercício de atividade rural por pessoa jurídica, admite-se a comprovação do prazo estabelecido no caput deste artigo por meio da Escrituração Contábil Fiscal (ECF), ou por meio de obrigação legal de registros contábeis que venha a substituir a ECF, entregue tempestivamente.
>
> **§3º** Para a comprovação do prazo estabelecido no caput deste artigo, o cálculo do período de exercício de atividade rural por pessoa física é feito com base no Livro Caixa Digital do Produtor Rural (LCDPR), ou por meio de obrigação legal de registros contábeis que venha a substituir o LCDPR, e pela Declaração do Imposto sobre a Renda da Pessoa Física (DIRPF) e balanço patrimonial, todos entregues tempestivamente.
>
> **§6º** Nas hipóteses de que tratam os §§ 2º e 3º do art. 48 desta Lei, somente estarão sujeitos à recuperação judicial os créditos que decorram exclusivamente da atividade rural e estejam discriminados nos documentos a que se referem os citados parágrafos, ainda que não vencidos.

Ainda assim, é válido ressaltar a necessidade de comprovação de tal exercício. O legislador facilita o acesso à informação ao indicar a forma de tal comprovação.

> "**Art. 48.** [..]
>
> **§2º** No caso de exercício de atividade rural por pessoa jurídica, admite-se a comprovação do prazo estabelecido no caput deste artigo por meio da Escrituração Contábil Fiscal (ECF), ou por meio de obrigação legal de registros contábeis que venha a substituir a ECF, entregue tempestivamente.

Além da comprovação da própria atividade, vem a necessidade de se comprovar o prazo de 2 (anos) do exercício regular da atividade rural, como a seguir:

> "**Art. 48.** [..]
>
> **§3º** Para a comprovação do prazo estabelecido no caput deste artigo, o cálculo do período de exercício de atividade rural por pessoa física é feito com base no Livro Caixa Digital do Produtor Rural (LCDPR), ou por meio de obrigação legal de registros contábeis que venha a substituir o LCDPR, e pela Declaração do Imposto sobre a Renda da Pessoa Física (DIRPF) e balanço patrimonial, todos entregues tempestivamente.

1.2. Requisitos

Os **requisitos a serem preenchidos pelo empresário ou pela sociedade empresária** estão descritos no artigo 48, Lei 11.101/95:

Art. 48. Poderá requerer recuperação judicial o devedor que, no momento do pedido, exerça regularmente suas atividades há mais de 2 (dois) anos e que atenda aos seguintes requisitos, cumulativamente:

Para o pedido de recuperação judicial, o empresário (pessoa física ou jurídica) deverá atender aos seguintes requisitos:

a) exercício regular da atividade empresária há mais de 2 (dois) anos (art. 48, *caput*, da Lei nº 11.101/05);

b) não ser falido e, se faliu, estejam declaradas extintas, por sentença transitada em julgado, as responsabilidades daí decorrentes (art. 158 da Lei nº 11.101/05);

c) não ter, há menos de 5 (cinco) anos, obtido concessão de recuperação judicial (art. 48, II, da Lei nº 11.101/05);

d) não ter, há menos de 5 (cinco) anos, obtido concessão de recuperação judicial com base no plano especial para Microempresas e Empresas de Pequeno Porte (art. 48, III, da Lei nº 11.101/05) e;

e) não ter sido condenado (empresário individual) ou, no caso de sociedade empresária, não ter, como administrador ou sócio controlador, pessoa condenada por qualquer dos crimes previstos na Lei 11.101/05 art. 48, IV, da Lei nº 11.101/05.

"Por fim, somente é possível o pedido de recuperação judicial quando o empresário não tiver sido condenado por qualquer dos crimes previstos na Lei de Falência e Recuperação de Empresas; em se tratando de sociedade empresária, o pedido de recuperação somente será possível quando a pessoa jurídica não tenha administrador ou sócio controlador que tenha sido condenado por qualquer daqueles crimes.

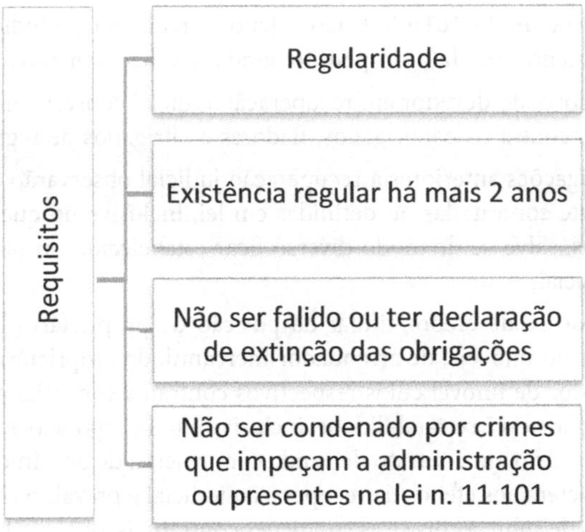

1.2.1. *O prazo de mais de 2 (dois) anos mencionado no art. 48, inciso I, da Lei nº 11.101/05, exige prática da mesma atividade empresarial nesse intervalo de tempo?*

R: O prazo de mais de 2 (dois) anos mencionado no art. 48, inciso I, da Lei nº 11.101/05, exige prática da mesma atividade empresarial ou similar nesse intervalo de tempo.

1.2.2. *A reabilitação afasta a proibição contida no art. 48, inciso IV, da Lei nº 11.101/05?*

> "**Art. 48 da Lei nº 11.101/05.** Poderá requerer recuperação judicial o devedor que, no momento do pedido, exerça regularmente suas atividades há mais de 2 (dois) anos e que atenda aos seguintes requisitos, cumulativamente: (...) IV – não ter sido condenado ou não ter, como administrador ou sócio controlador, pessoa condenada por qualquer dos crimes previstos nesta Lei."

R: Sim, a reabilitação afasta a proibição contida no art. 48, inciso IV, da Lei nº 11.101/05.

> "Assim, não se aplica o artigo 48, IV, da Lei 11.101/05 quando, apesar da existência de condenação por qualquer dos crimes previstos naquela mesma lei, o empresário, administrador ou sócio controlador já houver sido penalmente reabilitado."

1.3. Passivo considerado

> "**Art. 49 da** Lei **nº 11.101/05.** Estão sujeitos à recuperação judicial todos os créditos existentes **na data do pedido**, ainda que não vencidos.
>
> **§ 1º** Os credores do devedor em recuperação judicial conservam seus direitos e privilégios contra os coobrigados, fiadores e obrigados de regresso.
>
> **§ 2º** As obrigações anteriores à recuperação judicial observarão as condições originalmente contratadas ou definidas em lei, inclusive no que diz respeito aos encargos, salvo se de modo diverso ficar estabelecido no plano de recuperação judicial.
>
> **§ 3º** Tratando-se de credor titular da posição de proprietário fiduciário de bens móveis ou imóveis, de arrendador mercantil, de proprietário ou promitente vendedor de imóvel cujos respectivos contratos contenham cláusula de irrevogabilidade ou irretratabilidade, inclusive em incorporações imobiliárias, ou de proprietário em contrato de venda com reserva de domínio, seu crédito não se submeterá aos efeitos da recuperação judicial e prevalecerão os direitos de propriedade sobre a coisa e as condições contratuais, observada a legislação respectiva, não se permitindo, contudo, durante o prazo de suspensão a que se refere o § 4º do art. 6º desta Lei, a venda ou a retirada do estabelecimento do devedor dos bens de capital essenciais a sua atividade empresarial.

§ 4º Não se sujeitará aos efeitos da recuperação judicial a importância a que se refere o inciso II do art. 86 desta Lei.

§ 5º Tratando-se de crédito garantido por penhor sobre títulos de crédito, direitos creditórios, aplicações financeiras ou valores mobiliários, poderão ser substituídas ou renovadas as garantias liquidadas ou vencidas durante a recuperação judicial e, enquanto não renovadas ou substituídas, o valor eventualmente recebido em pagamento das garantias permanecerá em conta vinculada durante o período de suspensão de que trata o § 4º do art. 6º desta Lei."

§ 6º § 6º Nas hipóteses de que tratam os §§ 2º e 3º do art. 48 desta Lei, somente estarão sujeitos à recuperação judicial os créditos que decorram exclusivamente da atividade rural e estejam discriminados nos documentos a que se referem os citados parágrafos, ainda que não vencidos. **(Incluído pela Lei nº 14.112, de 2020)**

§7º Não se sujeitarão aos efeitos da recuperação judicial os recursos controlados e abrangidos nos termos dos arts. 14 e 21 da Lei nº 4.829, de 5 de novembro de 1965.

§8º Estarão sujeitos à recuperação judicial os recursos de que trata o § 7º deste artigo que não tenham sido objeto de renegociação entre o devedor e a instituição financeira antes do pedido de recuperação judicial, na forma de ato do Poder Executivo.

§9º Não se enquadrará nos créditos referidos no **caput** deste artigo aquele relativo à dívida constituída nos 3 (três) últimos anos anteriores ao pedido de recuperação judicial, que tenha sido contraída com a finalidade de aquisição de propriedades rurais, bem como as respectivas garantias.

Afastadas algumas hipóteses excepcionais, estão sujeitos à recuperação judicial todos os créditos existentes na data do pedido, ainda que não vencidos (art. 49 da Lei nº 11.101/05).

"Para além dos créditos fiscais, todos os demais estão sujeitos à recuperação judicial, incluindo créditos trabalhistas e créditos com garantia real, sendo indiferente já estarem vencidas ou não, bem como serem certas ou incertas, líquidas ou não."

1.4. Coobrigados, fiadores e obrigados de regresso

Conforme o § 1º do art. 49 da Lei nº 11.101/05, a recuperação judicial do devedor principal **não** impede o prosseguimento das execuções nem induz suspensão ou extinção de ações ajuizadas contra terceiros devedores solidários ou coobrigados em geral, por **garantia_cambial**, **real** ou **fidejussória**, pois **não** se lhes aplicam a suspensão prevista nos arts. 6º, e 52, inciso III, ou a novação a que se refere o art. 59, *caput*, por força do que dispõe o art. 49, § 1º, todos da Lei nº 11.101/05, salvo: ***(i)*** se de modo diverso ficar estabelecido no plano de recuperação judicial (§ 2º do art. 49 da Lei nº 11.101/05); ***(ii)*** se, quanto às garantias reais, houver expressa concordância de sua supressão pelo credor titular da garantia real (§ 1º do art. 50 da Lei nº 11.101/05).

1.5. Créditos excluídos da recuperação de empresas

Todos os **créditos existentes na data do pedido estarão sujeitos aos efeitos da recuperação judicial**, ainda que não vencidos, salvo os créditos previstos nos **§§ 3.º, 4.º e 9.º, art. 49, Lei 11.101/05:**

> § 3º Tratando-se de credor titular da posição de proprietário fiduciário de bens móveis ou imóveis, de arrendador mercantil, de proprietário ou promitente vendedor de imóvel cujos respectivos contratos contenham cláusula de irrevogabilidade ou irretratabilidade, inclusive em incorporações imobiliárias, ou de proprietário em contrato de venda com reserva de domínio, seu crédito não se submeterá aos efeitos da recuperação judicial e prevalecerão os direitos de propriedade sobre a coisa e as condições contratuais, observada a legislação respectiva, não se permitindo, contudo, durante o prazo de suspensão a que se refere o § 4º do art. 6º desta Lei, a venda ou a retirada do estabelecimento do devedor dos bens de capital essenciais a sua atividade empresarial.
>
> § 4º Não se sujeitará aos efeitos da recuperação judicial a importância a que se refere o inciso II do art. 86 desta Lei.

A tabela acima recebe uma simplificação e melhor organização, abaixo:

a) os créditos tributários e previdenciários;
b) os créditos posteriores ao pedido de recuperação judicial;
c) os créditos de proprietário fiduciário;
d) os créditos de arrendamento mercantil (leasing);
e) vendedor ou promitente vendedor de imóvel, cujos respectivos contratos contenham cláusula de irrevogabilidade ou irretratabilidade, inclusive incorporações imobiliárias;
f) proprietário em contrato de venda com reserva de domínio;
g) titulares de ACC (Adiantamento de Contrato de Câmbio).
h) aquisição de propriedades rurais na forma do 9.º, art. 49, lei 1 1.101/05

ADVERTÊNCIA: O credor de ação que demandar quantia ilíquida, bem como o credor de ação de natureza trabalhista, poderá requerer, no juízo em que tramita a demanda, a reserva da importância que estimar devida, e, uma vez reconhecido líquido o direito, será o crédito incluído na classe própria.

Os créditos da União, Estado, Municípios e INSS que não estejam sujeitos ao benefício legal, permitem **o parcelamento das dívidas tributárias.**

Os créditos **constituídos posteriormente à impetração do requerimento da recuperação judicial** também estão excluídos dos efeitos desta, e, por conseguinte, não serão renegociados no plano de recuperação judicial.

A justificativa para a situação acima é lógica! Se os credores já soubessem com antecedência que seus créditos posteriores prontamente sofreriam qualquer tipo de alteração ou novação, certamente se recusariam a concedê-los, e, sem crédito, torna-se praticamente impossível a superação da crise econômica.

O legislador considera esses créditos posteriores, decorrentes de obrigações contraídas pelo devedor durante a recuperação judicial, inclusive aqueles relativos a despesas com fornecedores de bens ou serviços e contratos de mútuo, **como créditos extraconcursais, em caso de decretação da falência,** e, como tais, serão pagos, com precedência, sobre todos os demais créditos mencionados no **art. 83 (Concurso de Credores).**

Como se não bastasse, para assegurar condições favoráveis à manutenção do fornecimento à empresa em crise, **os créditos quirografários sujeitos (anteriores ao pedido) à recuperação judicial** pertencentes a fornecedores de bens ou serviços que continuarem a provê-los regularmente, após o pedido do benefício, **terão privilégio geral de recebimento, em caso de decretação da falência,** no limite do valor do fornecimento do período da recuperação.

Decretada a falência do devedor, haverá prestígio para os créditos de mútuo e fornecimento decorrentes de obrigações contraídas pelo devedor durante a recuperação judicial.

O parágrafo anterior vem elucidar que tais credores receberão seus créditos antes mesmo dos credores trabalhistas. Os créditos derivados de obrigações contraídas antes do pedido de recuperação judicial concorrerão com os de privilégio geral.

1.5.1. O crédito fiscal está sujeito à recuperação judicial?

R: O crédito fiscal fazendários não participam do processo de recuperação judicial, já que há limites à celebração de acordos no que tange aos créditos públicos.

A negociação do crédito fazendário se dá nos termos da lei 10.522/02, o que o indisponibiliza para negociação na esfera da própria recuperação judicial.

Outrora, ainda que não haja a suspensão das execuções fiscais, e, nem sequer as medidas constritivas em tais execuções, o juiz da recuperação poderá determinar a substituição de tais medidas em vista de preservar os bens essenciais à atividade do devedor e a própria empresa.

No mesmo sentido, os juristas integrantes da II Jornada de Direito Comercial:

> "Embora a execução fiscal não se suspenda em virtude do deferimento do processamento da recuperação judicial, os atos que importem em constrição do patrimônio do devedor devem ser analisados pelo Juízo recuperacional, a fim de garantir o princípio da preservação da empresa." **(Enunciado nº 74 da II Jornada de Direito Comercial)**

1.6. Legitimidade

De acordo com o art. 48 da Lei nº 11.101/05, além do **próprio empresário** (pessoa física ou jurídica), **a recuperação judicial também poderá ser requerida pelo cônjuge sobrevivente, herdeiros do devedor, inventariante ou sócio remanescente.**

1.7. Constatação prévia

O artigo 51-A, lei 11.101/05 passou a prever a possibilidade de constatação da veracidade dos documentos apresentados para o deferimento do processamento da recuperação de empresas, assim como as reais condições de funcionamento da empresa, tudo com o condão de evitar fraudes acerca das informações apresentadas. Trata-se de um mecanismo de suporte do juízo.

O juiz poderá habilitar um profissional e nomeá-lo para o procedimento. O juiz não indeferirá o processamento com base na viabilidade econômico-financeira da empresa. A remuneração do profissional será um custo do devedor. O devedor será intimado do resultado da constatação e o modo de impugnar a decisão acerca do que se constatou deve ser pela via recursal.

1.8. Consolidação processual e substancial

1.8.1. Consolidação processual

Em vista de critérios de organização societária, é comum os grupos de sociedades ou empresariais. Tais grupos possuem relações de direção comum ou até mesmo de dependência econômica. Em vista disso, o legislador disponibilizou ferramentas de tratamento da crise em grupo, o que pode ser mais econômico no campo processual.

Os artigos 69-G a 69-I, lei 11.101/05 trouxeram para o nosso ordenamento jurídico, o instituto da consolidação processual. Nesse caso, duas ou mais empresas em crise que integrem determinado grupo econômico podem ajuizar ação em litisconsórcio.

O instituto da consolidação processual prevê que que as ações sejam ajuizadas em conjunto, mas a documentação será apresentada separadamente por cada uma das empresas. É muito importante destacar que o juiz analisará e julgará cada caso separadamente. Assim, conforme o art. 69-I, §4º, lei 11.101/05, fica claro que uma ou mais empresas pode alcançar o benefício da recuperação, enquanto outras, a decretação da falência.

A consolidação processual poderá ser convolada em consolidação substancial, tudo em vista do grau de dependência apresentado entre os sujeitos do grupo, mas isso nós veremos em seguida.

1.8.2. *Consolidação substancial*

A consolidação substancial vem com uma tratativa muito própria e excepcional. O art. 69-J, lei 11.101/05, estabelece a competência para que o juiz análise critérios de dependência entre as empresas do grupo para decidir sobre a convolação em consolidação substancial ou não.

O instituto exige relação de dependência entre as empresas por intermédio da existência dos seguintes elementos de conexão entre os sujeitos:

> ***I - Confusão patrimonial;***
> *II - garantias cruzadas;*
> *III - Identidade parcial de sócios;*
> *IV - Dependência econômica.*

A consolidação substancial trará como principal efeito a junção dos ativos e passivos para que todos os sujeitos recebam o mesmo tratamento, o que significa o benefício da recuperação para todos do grupo, assim como a decretação da falência para todos os envolvidos.

2. RECUPERAÇÃO JUDICIAL

2.1. Competência para as ações de recuperação de empresas e falências

A competência para a propositura das ações de recuperação judicial e falência, bem como para a homologação da recuperação extrajudicial, é do juízo do principal estabelecimento do devedor, que deve ser entendido como aquele em que se encontra centralizado o maior volume de negócios da empresa, mesmo que se tenha estabelecido de outra forma, consensual ou contratualmente.

> **Art. 3º** É competente para homologar o plano de recuperação extrajudicial, deferir a recuperação judicial ou decretar a falência o juízo do local do principal estabelecimento do devedor ou da filial de empresa que tenha sede fora do Brasil.

2.2. Petição inicial de recuperação de empresas

O juiz, **ao constatar que a petição inicial está devidamente instruída, deferirá o processamento da recuperação judicial.** Abaixo, os requisitos que deverão constar na peça inaugural:

> **Art. 51.** A petição inicial de recuperação judicial será instruída com:
>
> I – a exposição das causas concretas da situação patrimonial do devedor e das razões da crise econômico-financeira;

II – as demonstrações contábeis relativas aos 3 (três) últimos exercícios sociais e as levantadas especialmente para instruir o pedido, confeccionadas com estrita observância da legislação societária aplicável e compostas obrigatoriamente de:

a) balanço patrimonial;

b) demonstração de resultados acumulados;

c) demonstração do resultado desde o último exercício social;

d) relatório gerencial de fluxo de caixa e de sua projeção;

e) descrição das sociedades de grupo societário, de fato ou de direito;

III – a relação nominal completa dos credores, sujeitos ou não à recuperação judicial, inclusive aqueles por obrigação de fazer ou de dar, com a indicação do endereço físico e eletrônico de cada um, a natureza, conforme estabelecido nos arts. 83 e 84 desta Lei, e o valor atualizado do crédito, com a discriminação de sua origem, e o regime dos vencimentos;

IV – a relação integral dos empregados, em que constem as respectivas funções, salários, indenizações e outras parcelas a que têm direito, com o correspondente mês de competência, e a discriminação dos valores pendentes de pagamento;

V – certidão de regularidade do devedor no Registro Público de Empresas, o ato constitutivo atualizado e as atas de nomeação dos atuais administradores;

VI – a relação dos bens particulares dos sócios controladores e dos administradores do devedor;

VII – os extratos atualizados das contas bancárias do devedor e de suas eventuais aplicações financeiras de qualquer modalidade, inclusive em fundos de investimento ou em bolsas de valores, emitidos pelas respectivas instituições financeiras;

VIII – certidões dos cartórios de protestos situados na comarca do domicílio ou sede do devedor e naquelas onde possui filial;

IX – a relação, subscrita pelo devedor, de todas as ações judiciais e procedimentos arbitrais em que este figure como parte, inclusive as de natureza trabalhista, com a estimativa dos respectivos valores demandados;

X – o relatório detalhado do passivo fiscal; e

XI – a relação de bens e direitos integrantes do ativo não circulante, incluídos aqueles não sujeitos à recuperação judicial, acompanhada dos negócios jurídicos celebrados com os credores de que trata o § 3º do art. 49 desta Lei.

Além disso, o pedido de recuperação judicial deverá estar acompanhado de certos documentos, cuja ausência poderá acarretar o indeferimento de seu processamento, de sorte que são, portanto, indispensáveis à instrução da petição inicial:

a) a exposição de causas;
b) as demonstrações contábeis (podendo ser simplificadas, na hipótese de o devedor ser microempresa ou empresa de pequeno porte);
c) o relatório da situação econômica; a relação dos credores;

d) a relação dos empregados;
e) a certidão de regularidade da Junta Comercial; o contrato social ou estatuto atualizado e atas de nomeação dos atuais administradores;
f) a relação dos bens particulares dos sócios controladores e administradores;
g) os extratos bancários do devedor; certidões de protesto;
h) a relação das ações judiciais em andamento.

A Petição inicial de recuperação de empresas busca demonstrar requisitos e juntar certos documentos para que haja o **despacho de processamento da recuperação de empresas,** mas vale considerar que ainda há um longo caminho pela frente até a concessão da própria recuperação.

2.3. Despacho deferitório do processamento da recuperação de empresas

Convém explicar que o despacho de processamento não tem o **condão de conceder o benefício da recuperação judicial,** até porque o plano de recuperação sequer foi apresentado, uma vez que seu momento de apresentação é posterior ao despacho de processamento.

O mencionado despacho **simplesmente dá início ao procedimento de verificação da viabilidade da preservação da empresa e do seu plano de recuperação**, com a eventual aprovação, alteração ou rejeição e consequente falência.

No despacho de processamento, o magistrado deverá:

a) nomear o administrador judicial;

b) determinar a dispensa da apresentação de certidões negativas para que o devedor exerça suas atividades, exceto para contratação com o Poder Público ou para recebimento de benefícios, ou incentivos fiscais, ou creditícios;

c) suspender todas as ações ou execuções contra o devedor, ressalvadas as ações que demandarem quantia ilíquida; as ações de natureza trabalhista; execuções fiscais; execuções cujo objeto sejam créditos que não se submetem à recuperação judicial, já examinados no item, tais como proprietário fiduciário, arrendador mercantil etc., que prosseguirão no juízo de origem;

d) ordenar ao devedor a apresentação mensal de contas demonstrativas;

e) intimar o Ministério Público na forma eletrônica e comunicar por cartas às Fazendas Públicas Federais e de todos os Estados e Municípios em que o devedor tiver estabelecimento.

2.4. Processamento da recuperação de empresas

Após a análise do **preenchimento dos requisitos dos arts. 48 e 51 da Lei em estudo**, o juiz deverá, ao exarar seu despacho deferitório, se for o caso, além de deferir o processamento da recuperação, **nomear o administrador judicial**, ordenando também a suspensão temporária de todas as ações e execuções pelo prazo de 180 dias, prorrogáveis por igual período, tudo em vista de recente inovação legislativa.

Determinará ao devedor a apresentação de contas demonstrativas mensais enquanto perdurar a recuperação judicial e ordenará a intimação do Ministério Público e a comunicação por carta às Fazendas Públicas Federal e de todos os estados e municípios em que o devedor tiver estabelecimento.

Deferido o processamento da recuperação, o empresário ou a sociedade empresária não poderá mais desistir dela, salvo se obtiver aprovação de sua desistência na assembleia geral de credores.

2.5. Suspensão das ações e execuções

Ao ser decretada a falência ou o deferimento da recuperação judicial o prazo prescricional será suspenso, bem como todas as ações e execuções em face do devedor. Ou seja, **o prazo prescricional parará e, quando voltar a correr, seguirá de onde parou.**

Ainda, em se tratando de créditos que não são de competência da justiça do trabalho decidir, seja elas de natureza salarial ou não, **poderão ser pleiteados diante o administrador judicial.**

> **Art. 6º** A decretação da falência ou o deferimento do processamento da recuperação judicial implica:
>
> I – Suspensão do curso da prescrição das obrigações do devedor sujeitas ao regime desta Lei;
>
> II – Suspensão das execuções ajuizadas contra o devedor, inclusive daquelas dos credores particulares do sócio solidário, relativas a créditos ou obrigações sujeitos à recuperação judicial ou à falência;

Na recuperação judicial, as suspensões e a proibição de que tratam os incisos I, II e III do **caput** deste artigo perdurarão pelo **prazo de 180 (cento e oitenta) dias**, contado do deferimento do processamento da recuperação, prorrogável por igual período, uma única vez, em caráter excepcional, desde que o devedor não haja concorrido com a superação do lapso temporal.

2.6. Apresentação do plano de recuperação de empresas

O empresário, ou a sociedade empresária, deverá apresentar o plano de recuperação no **prazo improrrogável de sessenta dias** da publicação da decisão que deferir o processamento de recuperação judicial, sob pena de convolação em falência.

O plano **apresentará a discriminação pormenorizada dos meios de recuperação a serem empregados para superar a crise;** demonstração de sua viabilidade econômica; e laudo econômico-financeiro e de avaliação dos bens e ativos do devedor.

> **Art. 53.** O plano de recuperação será apresentado pelo devedor em juízo no prazo improrrogável de **60 (sessenta) dias** da publicação da decisão que deferir o processamento da recuperação judicial, sob pena de convolação em falência, e deverá conter:

I – discriminação pormenorizada dos meios de recuperação a ser empregados, conforme o art. 50 desta Lei, e seu resumo;

II – demonstração de sua viabilidade econômica; e

III – laudo econômico-financeiro e de avaliação dos bens e ativos do devedor, subscrito por profissional legalmente habilitado ou empresa especializada.

§ 1º A recuperação judicial também poderá ser requerida pelo cônjuge sobrevivente, herdeiros do devedor, inventariante ou sócio remanescente.

§ 2º Tratando-se de exercício de atividade rural por pessoa jurídica, admite-se a comprovação do prazo estabelecido no caput deste artigo por meio da Declaração de Informações Econômico-fiscais da Pessoa Jurídica – DIPJ que tenha sido entregue tempestivamente.

2.7. Meios de recuperação

O art. 50 da referida Lei de Recuperação e Falências prevê os meios pelos quais o empresário poderá restaurar a normalidade de sua atividade econômica.

Contudo, **o rol abaixo apresentado na lei é apenas exemplificativo,** podendo o empresário, por meio de outras possibilidades, recuperar sua empresa.

Art. 50. Constituem meios de recuperação judicial, observada a legislação pertinente a cada caso, dentre outros:

I – concessão de prazos e condições especiais para pagamento das obrigações vencidas ou vincendas;

II – cisão, incorporação, fusão ou transformação de sociedade, constituição de subsidiária integral, ou cessão de cotas ou ações, respeitados os direitos dos sócios, nos termos da legislação vigente;

III – alteração do controle societário;

IV – substituição total ou parcial dos administradores do devedor ou modificação de seus órgãos administrativos;

V – concessão aos credores de direito de eleição em separado de administradores e de poder de veto em relação às matérias que o plano especificar;

VI – aumento de capital social;

VII – trespasse ou arrendamento de estabelecimento, inclusive à sociedade constituída pelos próprios empregados;

VIII – redução salarial, compensação de horários e redução da jornada, mediante acordo ou convenção coletiva;

IX – dação em pagamento ou novação de dívidas do passivo, com ou sem constituição de garantia própria ou de terceiro;

X – constituição de sociedade de credores;

XI – venda parcial dos bens;

XII – equalização de encargos financeiros relativos a débitos de qualquer natureza, tendo como termo inicial a data da distribuição do pedido de recuperação judicial, aplicando-se inclusive aos contratos de crédito rural, sem prejuízo do disposto em legislação específica;

XIII – usufruto da empresa;

XIV – administração compartilhada;

XV – emissão de valores mobiliários;

XVI – constituição de sociedade de propósito específico para adjudicar, em pagamento dos créditos, os ativos do devedor.

XVII – conversão de dívida em capital social;

XVIII – venda integral da devedora, desde que garantidas aos credores não submetidos ou não aderentes condições, no mínimo, equivalentes àquelas que teriam na falência, hipótese em que será, para todos os fins, considerada unidade produtiva isolada.

Art. 53. O plano de recuperação será apresentado pelo devedor em juízo no prazo improrrogável de 60 (sessenta) dias da publicação da decisão que deferir o processamento da recuperação judicial, sob pena de convolação em falência, e deverá conter:

I – discriminação pormenorizada dos meios de recuperação a ser empregados, conforme o art. 50 desta Lei, e seu resumo;

II – demonstração de sua viabilidade econômica; e

III – laudo econômico-financeiro e de avaliação dos bens e ativos do devedor, subscrito por profissional legalmente habilitado ou empresa especializada.

Ainda, ressalte-se que o legislador estabeleceu algumas restrições em vista dos **créditos de natureza trabalhista,** a seguir:

Art. 54. O plano de recuperação judicial não poderá prever prazo superior a 1 (um) ano para pagamento dos créditos derivados da legislação do trabalho ou decorrentes de acidentes de trabalho vencidos até a data do pedido de recuperação judicial.

§ 1º. O plano não poderá, ainda, prever prazo superior a 30 (trinta) dias para o pagamento, até o limite de 5 (cinco) salários-mínimos por trabalhador, dos créditos de natureza estritamente salarial vencidos nos 3 (três) meses anteriores ao pedido de recuperação judicial.

O juiz ordenará a publicação de edital contendo aviso aos credores sobre o recebimento do plano de recuperação e **fixando o prazo para a manifestação de eventuais objeções.**

Art. 55. Qualquer credor poderá manifestar ao juiz sua objeção ao plano de recuperação judicial no prazo de 30 (trinta) dias contado da publicação da relação de credores de que trata o § 2º do art. 7º desta Lei.

2.8. Conciliações e mediações na recuperação de empresas

Os artigos 20-A a 20-D, lei 11.101/05, vem para oferecer previsão específica para a conciliação e mediação no processo de recuperação empresarial, o que pode se dar antes ou durante o processo recuperacional.

O destaque fica para o art. 20-B, que trata da possibilidade de o devedor obter uma tutela antecipada antecedente para suspender por 60 dias, as execuções dos credores. Ressalte-se, o período de 60 (sessenta) dias fará reflexo no "stay period" (suspensão das execuções por 180 dias renováveis). Assim, em vista da tutela de urgência, o novo prazo de suspensão das execuções seria de 120 (cento e vinte) dias. A hipótese de renovação se manteria intacta, já que os 60 (sessenta) dias já teria sofrido o desconto.

O juízo recuperacional e falimentar será competente para a homologação dos acordos e conciliações, seja de forma antecedente ou incidental, conforme art. 20-C, lei 11.101/05. Por fim, se for ajuizada a ação de recuperação de empresas em até 360 (trezentos e sessenta) dias após a autocomposição, o credor voltará a seus direitos e garantias originalmente contratados.

2.9. Parcerias para financiamento da recuperação

Inicialmente, vamos ressaltar o parágrafo único do art. 67, lei 11.101/05, na busca de trazer um tratamento diferenciado para os credores que continuar a prover matéria-prima para a empresa em recuperação, incentivando a participação dos credores no processo de soerguimento da empresa. O tratamento favorecido poderá ser apresentado no plano e terá a aprovação ou não dos credores. Além disso, passará por controle de legalidade acerca de adequação e razoabilidade.

Os artigos 69-A a 69, F, lei 11.101/05, vem para oferecer um outro mecanismo de soerguimento da empresa. Dessa vez, estamos tratando dos financiadores da empresa em recuperação.

O financiamento de que tratamos no presente momento deve atender a algumas bases, como a seguir:

> *I - A concessão deve se dar durante a recuperação;*
>
> *II - A destinação deve ter relação com a reestruturação ou preservação do valor de ativos;*
>
> *III - As garantias devem contar com bens pertencentes ao ativo não circulante;*

Por fim, vale considerar que o crédito dos credores financiadores contam com a proteção dos créditos classificados como extraconcursais, de acordo com as prioridades dos artigos 84, 150 e 151, Lei 11.101/05.

2.10. Alienação de estabelecimentos

Um dos meios de recuperação judicial é o **trespasse de estabelecimento empresarial** (art. 50, VII, Lei nº 11.101/05), cujas regras gerais estão nos arts. 1.143/1.149 do Código Civil.

Ocorre que a aplicação pura do art. 1.146 do Código Civil ao procedimento de recuperação judicial, certamente, desencorajaria a aquisição de qualquer estabelecimento empresarial.

Por conta disso, o art. 60, parágrafo único, da Lei nº 11.101/05 prevê que, havendo alienação judicial de filiais ou de unidades produtivas isoladas do empresário ou sociedade empresária em recuperação judicial, o objeto da alienação estará livre de qualquer ônus e não haverá sucessão do arrematante nas obrigações do devedor, inclusive as de natureza tributária.

> "**Art. 60 da Lei nº 11.101/05.** Se o plano de recuperação judicial aprovado envolver alienação judicial de filiais ou de unidades produtivas isoladas do devedor, o juiz ordenará a sua realização, observado o disposto no art. 142 desta Lei.
>
> Parágrafo único. O objeto da alienação estará livre de qualquer ônus e não haverá sucessão do arrematante nas obrigações do devedor de qualquer natureza, incluídas, mas não exclusivamente, as de natureza ambiental, regulatória, administrativa, penal, anticorrupção, tributária e trabalhista, observado o disposto no § 1º do art. 141 desta Lei.
>
> Na alienação conjunta ou separada de ativos, inclusive da empresa ou de suas filiais, promovida sob qualquer das modalidades de que trata o art. 142:
>
> Art. 142. A alienação de bens dar-se-á por uma das seguintes modalidades:
>
> I – leilão eletrônico, presencial ou híbrido;
>
> IV – processo competitivo organizado promovido por agente especializado e de reputação ilibada, cujo procedimento deverá ser detalhado em relatório anexo ao plano de realização do ativo ou ao plano de recuperação judicial, conforme o caso;
>
> V – qualquer outra modalidade, desde que aprovada nos termos desta Lei.

Certamente, essa desoneração, por ser situação jurídica muito atraente, pode ser utilizada para comportamentos fraudatórios. Desse modo, a própria Lei nº 11.101/05 em seu art. 141 prevê hipóteses de afastamento desse benefício:

> "**Art. 141, § 1º, da Lei nº 11.101/05.** O disposto no inciso II do caput deste artigo não se aplica quando o arrematante for: **I** – sócio da sociedade falida, ou sociedade controlada pelo falido; **II** – parente, em linha reta ou colateral até o 4º (quarto) grau, consangüíneo ou afim, do falido ou de sócio da sociedade falida; ou **III** – identificado como agente do falido com o objetivo de fraudar a sucessão."

2.11. Aprovação do plano

Apresentado o plano e não havendo nenhuma objeção é natural que haverá a **simples aprovação,** porém, sabemos que isso é bastante raro.

Art. 58. Cumpridas as exigências desta Lei, o juiz concederá a recuperação judicial do devedor cujo plano não tenha sofrido objeção de credor nos termos do art. 55 desta Lei ou tenha sido aprovado pela assembleia-geral de credores na forma dos arts. 45 ou 56-A desta Lei.

2.11.1. Assembleia-geral de credores

Apresentando-se **objeção por parte de algum credor, o juiz deverá convocar a assembleia geral de credores,** para que esta delibere sobre o plano de recuperação, aprovando-o, rejeitando-o ou modificando-o.

Art. 56. Havendo objeção de qualquer credor ao plano de recuperação judicial, o juiz convocará a assembleia-geral de credores para deliberar sobre o plano de recuperação.

A realização da assembleia não poderá exceder 150 dias contados do deferimento do processamento da recuperação judicial.

§ 1º A data designada para a realização da assembleia-geral não excederá 150 (cento e cinquenta) dias contados do deferimento do processamento da recuperação judicial.

Art. 41. A assembleia-geral será composta pelas seguintes classes de credores:

I – titulares de créditos derivados da legislação do trabalho ou decorrentes de acidentes de trabalho;

II – titulares de créditos com garantia real;

III – titulares de créditos quirografários, com privilégio especial, com privilégio geral ou subordinados.

IV – titulares de créditos enquadrados como microempresa ou empresa de pequeno porte

2.11.2. Aprovação na Assembleia-geral de credores

O juiz poderá conceder a recuperação judicial com base em plano que não obteve aprovação na assembleia geral de credores, desde que, na mesma **assembleia, tenha o plano obtido, de forma cumulativa:**

a) o voto favorável de credores que representem mais da metade do valor de todos os créditos presentes à assembleia, independentemente de classes;
b) aprovação em cada uma das classes de credores.

Caso o plano seja aprovado, para que o empresário possa executá-lo **é necessária, ainda, a apresentação de certidões negativas de débitos tributários.** Se tais certidões não forem apresentadas, o juiz indeferirá desde logo o pedido de recuperação.

2.11.3. Aprovação forçada

O juiz poderá conceder a recuperação judicial com base em aprovação forçada do plano que não obteve aprovação na assembleia geral de credores, desde que havendo

o voto favorável de credores que representem mais da metade do valor de todos os créditos presentes à assembleia, independentemente de classes;

na classe que houver rejeitado o plano, tiver obtido o voto favorável de mais de 1/3 dos credores, computados de acordo com as regras já estudadas no tópico referente ao "quórum de deliberação".

Na hipótese de o **plano de recuperação de empresa não ter sido aprovado**, o juiz decretará a falência do empresário.

> **Art. 56.** [...]
>
> **§ 4º** Rejeitado o plano de recuperação judicial, o administrador judicial submeterá, no ato, à votação da assembleia-geral de credores a concessão de prazo de 30 (trinta) dias para que seja apresentado plano de recuperação judicial pelos credores.

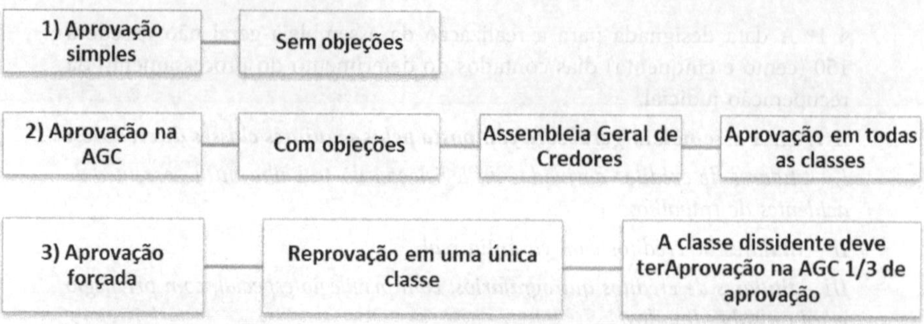

Da decisão que concede a recuperação judicial cabe agravo de instrumento, que poderá ser interposto por qualquer credor ou pelo representante do Ministério Público.

O plano de recuperação judicial **implica novação dos créditos anteriores ao pedido,** e obriga o devedor e todos os credores a ele sujeitos, perfazendo título executivo judicila, sem prejuízo das garantias, salvo mediante aprovação expressa do credor titular da respectiva garantia

A novação nada mais é do que um instituto civil que esclarece que as obrigações anteriores já não existem mais, para que, a partir de então, **haja a formação de uma outra obrigação, portanto, novada.**

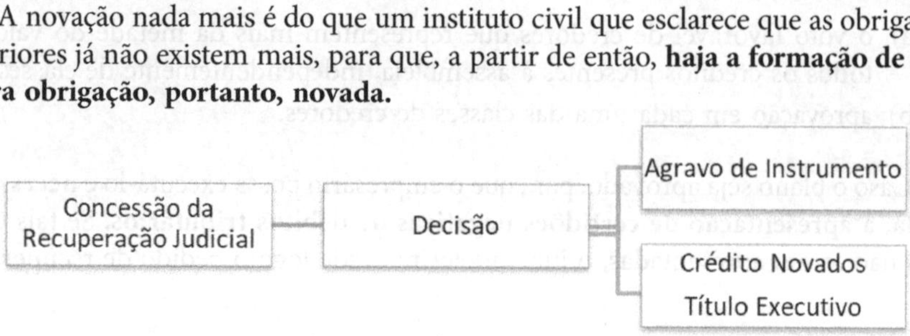

2.12. Procedimento

O procedimento de recuperação judicial é um pouco confuso em razão de termos, na verdade, 2 (dois) procedimento paralelos (**A** e **B**). No primeiro (**A**), busca-se formar o Quadro Geral de Credores (**QGC**), ao passo que no segundo (**B**) tem-se como objetivo a aprovação do Plano de Recuperação Judicial (**PRJ**). No entanto, ambos são essenciais e se interligam, principalmente, quando da votação do PRJ na Assembleia Geral de Credores (**AGC**), pois terão direito a voto na AGC justamente aqueles credores do **QGC** (entre outros).

Pensando nisso e sabendo o significado das siglas (**LRF** Lei de Recuperação e Falência; **PI** petição inicial; **AJ** administrador judicial; **AI** agravo de instrumento; **CND** certidão negativa de dívida tributária; **TEJ** título executivo judicial).

Recebido o plano de recuperação, o juiz ordenará a publicação de um **edital**, contendo **aviso aos credores** sobre tal recebimento e fixando prazo para a manifestação de eventuais objeções contra a proposta:

> "A determinação de edital contendo aviso aos credores sequer caracteriza intimação; os credores não são tomados como partes de um processo judicial, mesmo se estiverem representados por advogado. Aliás, sequer precisam ser representados por advogados para participar da assembleia de credores. Portanto, do edital não será necessário constar, como destinatários, os nomes dos credores e de seus advogados, não lhes beneficiando, neste particular, o Código de Processo Civil. Cria-se para todos os credores, portanto, um dever de acompanhamento constante do Diário Oficial como forma de tomar conhecimento do recebimento do plano de recuperação judicial."

2.13. Formas de habilitação de créditos

Habilitação é o **instrumento do credor para incluir seu crédito na lista credores** (relação nominal de credores) da recuperação judicial ou da falência, quando não tiver sido inserido pelo administrador judicial.

Perdido o prazo para habilitação de crédito (arts. 7º, § 1º, e 9º, da Lei nº 11.10/05), o credor não incluído na relação elaborada pelo administrador judicial poderá apresentar pedido de habilitação retardatária (art. 10 Lei nº 11.101/05):

> "**Art. 10, caput, Lei nº 11.101/05.** Não observado o prazo estipulado no art. 7º, § 1º, desta Lei, as habilitações de crédito serão recebidas como retardatárias."

Se o requerimento de habilitação retardatária for protocolado antes da homologação do quadro geral de credores, será processado na forma dos arts. 13 a 15 da Lei nº 11.101/05:

> "**Art. 13 Lei nº 11.101/05.** A impugnação será dirigida ao juiz por meio de petição, instruída com os documentos que tiver o impugnante, o qual indicará as provas consideradas necessárias. Parágrafo único. Cada impugnação será

autuada em separado, com os documentos a ela relativos, mas terão uma só autuação as diversas impugnações versando sobre o mesmo crédito."

"**Art. 15 Lei nº 11.101/05**. Transcorridos os prazos previstos nos arts. 11 e 12 desta Lei, os autos de impugnação serão conclusos ao juiz, que: I – determinará a inclusão no quadro-geral de credores das habilitações de créditos não impugnadas, no valor constante da relação referida no § 2º do art. 7º desta Lei; II – julgará as impugnações que entender suficientemente esclarecidas pelas alegações e provas apresentadas pelas partes, mencionando, de cada crédito, o valor e a classificação; III – fixará, em cada uma das restantes impugnações, os aspectos controvertidos e decidirá as questões processuais pendentes; IV – determinará as provas a serem produzidas, designando audiência de instrução e julgamento, se necessário."

Caso contrário, o procedimento a ser seguido será o ordinário, previsto no NCPC (arts. 10, §§ 5º e 6º, da Lei nº 11.101/05):

"Art. 10 Lei nº 11.101/05. (...).

§ 5º As habilitações de crédito retardatárias, se apresentadas antes da homologação do quadro-geral de credores, serão recebidas como impugnação e processadas na forma dos arts. 13 a 15 desta Lei.

§ 6º Após a homologação do quadro-geral de credores, aqueles que não habilitaram seu crédito poderão, observado, no que couber, o procedimento ordinário previsto no Código de Processo Civil, requerer ao juízo da falência ou da recuperação judicial a retificação do quadro-geral para inclusão do respectivo crédito."

2.14. Assembleia Geral deliberativa sobre o plano de recuperação judicial

Como destacado, havendo objeção de qualquer credor ao plano de recuperação judicial, o juiz convocará a assembleia geral de credores (AGC) para deliberar sobre o plano de recuperação judicial objetado (art. 56 da Lei 11.101/05).

"**Art. 56 da Lei nº 11.101/05**. Havendo objeção de qualquer credor ao plano de recuperação judicial, o juiz convocará a assembleia-geral de credores para deliberar sobre o plano de recuperação. (...)."

Ao **administrador judicial cumpre a organização da assembleia geral de credores, além de competir-lhe a presidência dos trabalhos** (art. 37 da Lei nº 11.101/05).

Em relação ao quórum de instalação, a assembleia será instalada, em **1ª convocação**, com a presença de credores titulares de mais da metade dos créditos de cada classe, computados pelo valor, e, em **2ª convocação**, com qualquer número:

Convocação	Quórum de instalação
1ª Convocação	**Credores titulares de mais da metade dos créditos de cada classe.**
2ª Convocação	**Qualquer número.**

Durante a assembleia geral de credores (AGC), o plano de recuperação judicial poderá sofrer alterações, desde que o devedor, por si ou por seu representante ou representantes, expressamente concorde (art. 56, § 3º, da Lei nº 11.101/05).

> "É um direito do devedor recusar a alteração (qualquer alteração ou, especificamente, aquela alteração) e, até, preferir a falência a uma recuperação judicial que não atenda a seus interesses; (...)."

Rejeitado o plano de recuperação judicial, o administrador judicial submeterá, no ato, à votação da assembleia-geral de credores a concessão de prazo de 30 (trinta) dias para que seja apresentado plano de recuperação judicial pelos credores. (Redação dada pela Lei nº 14.112, de 2020)

2.15. *Cram down* ou "goela abaixo"

Por força do art. 58, § 1º, da Lei nº 11.101/05, o juiz poderá conceder a recuperação judicial com base em plano que não obteve aprovação pela AGC, desde que, na mesma assembleia, tenha obtido, de forma cumulativa:

a) o voto favorável de credores que representem **mais da metade** do valor de todos os créditos presentes à assembleia, independentemente de classes (art. 58, § 1º, inciso I, da lei nº 11.101/05);

b) a aprovação de 3 (três) das classes de credores ou, caso haja somente 3 (três) classes com credores votantes, a aprovação de pelo menos 2 (duas) das classes ou, caso haja somente 2 (duas) classes com credores votantes, a aprovação de pelo menos 1 (uma) delas, sempre nos termos do art. 45 desta Lei;

c) na classe que o houver rejeitado, o voto favorável de **mais de um terço** dos credores (art. 58, § 1º, inciso III, da lei nº 11.101/05):

c.1) computado o voto favorável por cabeça, na classe dos créditos advindos da legislação do trabalho e de acidentes do trabalho ou de créditos de titularidade de EPP ou ME, e;

c.2) computado o voto favorável cumulativamente, por cabeça **e** pelo valor do crédito, nas classes de credores quirografários e de credores com garantia real.

> "Como terceiro requisito, exige-se da classe que tenha rejeitado o plano de recuperação judicial o voto favorável de ao menos um terço dos credores. Esse voto favorável de ao menos um terço dos credores será contado por cabeça, se credores trabalhistas ou EPP e ME, ou cabeça e crédito, se credores com garantia real ou pertencentes à classe dos credores quirografários."

d) ademais, a recuperação judicial somente poderá ser concedida com base neste quórum especial se o plano **não implicar tratamento diferenciado entre os credores da classe que o houver rejeitado** (art. 58, § 2º, da Lei nº 11.101/05).

2.16. Plano alternativo dos credores

A legislação recuperacional e falimentar traz novos ares para o soerguimento da empresa, tudo em vista do princípio da preservação da fonte produtora, e, da manutenção do emprego dos trabalhadores. A possibilidade de os credores apresentarem um plano alternativo é realmente interessante, ainda que pareça contrária a cultura jurídica demandista de nossa país.

O devedor apresenta uma proposta recuperacional, o que não indica necessariamente a sua aprovação. Nesse ínterim, caso não tenha havido uma deliberação da assembleia no "stay period" (180 dias renováveis), surge a possibilidade de apresentação de um plano pelos próprios credores. Além disso, em vista da não aprovação do plano do devedor, temos uma boa ferramenta contra a automática convolação da recuperação de empresas em falência.

Assim, em caso de não aprovação do plano recuperacional, o administrador judicial abrirá votação para a aprovação ou não da apresentação de um plano alternativo pelos próprios credores. Nesse caso, a votação ocorrerá na mesma assembleia em que o plano foi rejeitado. Em caso de aprovação, o plano deverá ser apresentado em um prazo de 30 (trinta) dias.

O quórum de aprovação para a apresentação do plano será de mais da metade dos presentes, independente da classe de credores. A aprovação do próprio plano alternativo deverá contar com a adesão de mais de 25% dos créditos totais submetidos à assembleia, ou, 35% dos presentes.

2.17. Duração da recuperação judicial

De acordo com o art. 61 da Lei nº 11.101/05, proferida a decisão concessiva da recuperação judicial, o devedor permanecerá em recuperação judicial até que se cumpram todas as obrigações previstas no plano **QUE** se vencerem até 2 (dois) anos depois da concessão da recuperação judicial:

> "**Art. 61 Lei nº 11.101/05.** Proferida a decisão prevista no art. 58 desta Lei, o juiz poderá determinar a manutenção do devedor em recuperação judicial até que sejam cumpridas todas as obrigações previstas no plano que vencerem até, no máximo, 2 (dois) anos depois da concessão da recuperação judicial, independentemente do eventual período de carência.
>
> **§ 1º** Durante o período estabelecido no caput deste artigo, o descumprimento de qualquer obrigação prevista no plano **acarretará** a convolação da recuperação em falência, nos termos do art. 73 desta Lei.
>
> **§ 2º** Decretada a falência, os credores terão reconstituídos seus direitos e garantias nas condições originalmente contratadas, deduzidos os valores eventualmente pagos e ressalvados os atos validamente praticados no âmbito da recuperação judicial."

Nesse período de 2 anos, o recuperando permanece sob **fiscalização judicial (supervisão judicial)**, mas, encerrado esse intervalo e cumpridas as obrigações vencidas no prazo de 2 (dois) anos, o juiz decretará por sentença o **encerramento da recuperação judicial** (art. 63 da Lei nº 11.101/05).

Contudo, nesse período de **2 (dois) anos**, durante a supervisão judicial, os efeitos do descumprimento de obrigações constantes do plano de recuperação judicial implicam conversão em falência. Por outro lado, superado esse prazo, qualquer credor poderá requerer a execução específica ou a falência:

Momento do descumprimento	Efeitos
Descumprimento durante os 2 (dois) anos	**O descumprimento de qualquer obrigação prevista no plano acarretará a convolação da recuperação em falência (art. 61, § 1º, da Lei nº 11.101/05).**
Descumprimento após os 2 (dois) anos	**No caso de descumprimento de qualquer obrigação prevista no plano de recuperação judicial, qualquer credor poderá requerer a execução específica ou a falência (art. 62 da Lei nº 11.101/05)**

Por fim, decretada a falência no procedimento de recuperação judicial, os credores terão reconstituídos seus direitos e garantias nas condições originalmente contratadas, deduzidos os valores eventualmente pagos e ressalvados os atos validamente praticados no âmbito da recuperação judicial (art. 61, § 2º, da Lei nº 11.101/05).

2.17.1. A interposição de recurso contra a decisão concessiva de recuperação judicial prolonga o período de 2 (dois) anos?

R: Não.

"Quando o artigo 61 refere-se à concessão da recuperação judicial como marco inicial para a contagem do prazo dos dois anos do processo recuperatório, indica a decisão concessiva em si, emanada do juiz singular, e não o seu trânsito em julgado. A eventual interposição de recurso não prolonga a duração do processo recuperatório, lembrando-se caber agravo contra a decisão concessiva, que poderá ser interposto por qualquer credor e pelo Ministério Público (artigo 59, § 2º). Se o legislador assim o desejasse, teria explicitado esta particularidade, como, aliás, fê-lo nos artigos 48, I, 64, I, 82, § 1º, 90, parágrafo único, 91, entre outros, todos a referir-se expressamente ao trânsito em julgado do decisum."

2.18. Condução da atividade empresária

Conforme art. 64 da Lei nº 11.101/05, durante o procedimento de recuperação judicial, o devedor ou seus administradores serão mantidos na condução da atividade empresarial, sob fiscalização do Comitê, se houver, e do administrador judicial, salvo se qualquer deles (**devedor ou seus administradores**):

A) houver sido condenado em sentença penal transitada em julgado por crime cometido em recuperação judicial ou falência anteriores ou por crime contra o patrimônio, a economia popular ou a ordem econômica previstos na legislação vigente;

B) houver indícios veementes de ter cometido crime previsto na Lei nº 11.101/05;

C) houver agido com dolo, simulação ou fraude contra os interesses de seus credores;

D) houver praticado qualquer das seguintes condutas: i) efetuar gastos pessoais manifestamente excessivos em relação a sua situação patrimonial; ii) efetuar despesas injustificáveis por sua natureza ou vulto, em relação ao capital ou gênero do negócio, ao movimento das operações e a outras circunstâncias análogas; iii) descapitalizar injustificadamente a empresa ou realizar operações prejudiciais ao seu funcionamento regular; iv) simular ou omitir créditos ao apresentar a relação nominal completa dos credores (art. 51, inciso III, da Lei nº 11.101/05), sem relevante razão de direito ou amparo de decisão judicial;

E) negar-se a prestar informações solicitadas pelo administrador judicial ou pelos demais membros do Comitê ou;

F) tiver seu afastamento previsto no plano de recuperação judicial.

Por sua vez, verificada qualquer uma dessas hipóteses, o juiz destituirá o administrador da recuperanda (**não é o administrador judicial**), que será substituído na forma prevista nos atos constitutivos do devedor ou do plano de recuperação judicial (art. 64, parágrafo único, da Lei nº 11.101/05).

Por outro lado, afastando-se o devedor nas hipóteses acima mencionadas, o juiz convocará a assembleia geral de credores para deliberar sobre o nome do gestor judicial que assumirá a administração das atividades do devedor, aplicando-se-lhe, no que couber, todas as normas sobre deveres, impedimentos e remuneração do administrador judicial (art. 65 da Lei nº 11.101/05).

2.19. Convolação da recuperação judicial em falência

O procedimento de recuperação judicial da empresa poderá ser convolado em falência, ou seja, é possível ao juiz decretar a falência durante o processo de recuperação judicial (art. 73 Lei nº 11.101/05).

> "**Art. 73 Lei nº 11.101/05**. O juiz decretará a falência durante o processo de recuperação judicial:
>
> **I** – por deliberação da assembleia geral de credores, na forma do art. 42 desta Lei;
>
> **II** – pela não apresentação, pelo devedor, do plano de recuperação no prazo do art. 53 desta Lei;
>
> **III** – quando não aplicado o disposto nos §§ 4º, 5º e 6º do art. 56 desta Lei, ou rejeitado o plano de recuperação judicial proposto pelos credores, nos termos do § 7º do art. 56 e do art. 58-A desta Lei;
>
> **IV** – por descumprimento de qualquer obrigação assumida no plano de recuperação, na forma do § 1º do art. 61 desta Lei.
>
> **V** – por descumprimento dos parcelamentos referidos no art. 68 desta Lei ou da transação prevista no art. 10-C da Lei nº 10.522, de 19 de julho de 2002; e

> **VI** – quando identificado o esvaziamento patrimonial da devedora que implique liquidação substancial da empresa, em prejuízo de credores não sujeitos à recuperação judicial, inclusive as Fazendas Públicas. (Incluído pela Lei nº 14.112, de 2020)
>
> **§1º.** O disposto neste artigo não impede a decretação da falência por inadimplemento de obrigação não sujeita à recuperação judicial, nos termos dos incisos I ou II do caput do art. 94 desta Lei, ou por prática de ato previsto no inciso III do caput do art. 94 desta Lei.
>
> **§2º** A hipótese prevista no inciso VI do caput deste artigo não implicará a invalidade ou a ineficácia dos atos, e o juiz determinará o bloqueio do produto de eventuais alienações e a devolução ao devedor dos valores já distribuídos, os quais ficarão à disposição do juízo.
>
> **§3º** Considera-se substancial a liquidação quando não forem reservados bens, direitos ou projeção de fluxo de caixa futuro suficientes à manutenção da atividade econômica para fins de cumprimento de suas obrigações, facultada a realização de perícia específica para essa finalidade.

Em qualquer hipótese (decretação da falência por fato externo à recuperação judicial ou convolação da recuperação em falência), **os atos de administração, endividamento, oneração ou alienação praticados durante a recuperação judicial presumem-se válidos** (art. 74 da Lei nº 11.101/05).

Ademais, **os créditos** decorrentes de obrigações contraídas pelo devedor durante a recuperação judicial, inclusive aqueles relativos a despesas com fornecedores de bens ou serviços e contratos de mútuo, **serão considerados extraconcursais, em caso de decretação de falência, devendo destacar que o seu pagamento respeitará, no que couber, a ordem de preferência dos credores que será estudada na sequência** (art. 67 da Lei nº 11.101/05).

2.20. Insolvência transnacional

A temática da aplicação da legislação recuperacional e falimentar em vista da atuação de agentes transnacionais, nos exigindo acerca dos debates sobre territorialismo e universalismo.

A aplicação da teoria territorialista pensa a competência de acordo o local onde os bens estão localizados, teoria aplicada em nosso país antes do advento da lei 14.112/20.

Atualmente, os artigos 167-A a 167-Y, lei 11.101/05, já revista e atualizada, repensa a questão para propor uma teoria universalista em que se estabeleça mecanismos de cooperação entre as cortes.

2.20.1. Insolvência transnacional e processo estrangeiro de insolvência

A insolvência transnacional se dá em situações que o devedor também possua estabelecimentos em países alienígenas ao processo principal. O processo estrangeiro é aquele iniciado em país diverso, nada além, mas a sua tratativa nos exige mais. A maior exigência estará em estabelecer critérios para considerar um dos processos como principal. Vamos seguir para solucionar essa questão já no próximo parágrafo.

O processo principal será assim considerado de acordo com o processo que se inicia no principal centro de interesses do devedor. O art. 167-I, lei 11.101/05, estabelece o domicílio da pessoa física e a sede estatutária da pessoa jurídica, presumidamente, como o principal ou principais centros de interesses do devedor.

2.20.2. *Cooperação transnacional e reconhecimento formal do processo estrangeiro*

A cooperação que comumente se dá na esfera das informações sobre a andamento do processo, localização de bens do devedor, confirmação de créditos a habilitar, entre mais, pode ocorrer de forma direta, sem a presença de representantes diplomáticos, conforme art. 167-P e 167-Q, lei 11.101/05.

É importante destacar que os atos de cooperação espontânea apontam para a modernização do processo. Ainda assim, a legislação de alguns países aponta para a necessidade de reconhecimento formal do processo estrangeiro por intermédio de ação própria.

O art. 167-H, §1º, lei 11.101/05, exige petição inicial apontada de determinados documentos considerados essenciais ao ato de reconhecimento, como segue:

Documentos essenciais	
1. Cópia apostilada da decisão que determina a abertura do processo estrangeiro;	**Documento emitido por autoridade estrangeira que permita ao juiz plena convicção da existência do processo estrangeiro.**
2. Certidão apostilada expedida pela autoridade estrangeira que ateste a existência do processo estrangeiro e a nomeação do representante;	**Relação de todos os processos envolvendo o devedor estrangeiro.**

Ressalte-se, todos os documentos precisam de tradução oficial, ainda que haja possibilidade de dispensa por decisão judicial. Verificada a existência do processo e legitimidade do representante e documentação juntada, haverá o reconhecimento do processo.

3. ENCERRAMENTO DA RECUPERAÇÃO JUDICIAL

Cumpridas as obrigações vencidas no prazo da recuperação judicial, o juiz decretará por sentença o encerramento da recuperação judicial.

> **Art. 61.** Proferida a decisão prevista no art. 58 desta Lei, o juiz poderá determinar a manutenção do devedor em recuperação judicial até que sejam cumpridas todas as obrigações previstas no plano que vencerem até, no máximo, 2 (dois) anos depois da concessão da recuperação judicial, independentemente do eventual período de carência.
>
> **§ 1º** Durante o período estabelecido no caput deste artigo, o descumprimento de qualquer obrigação prevista no plano acarretará a convolação da recuperação em falência, nos termos do art. 73 desta Lei.

Art. 62. Após o período previsto no art. 61 desta Lei, no caso de descumprimento de qualquer obrigação prevista no plano de recuperação judicial, qualquer credor poderá requerer a execução específica ou a falência com base no art. 94 desta Lei.

Da sentença que denega o pedido de encerramento da recuperação judicial, cabe recurso de agravo, enquanto a **sentença que encerra a recuperação enfrenta o recurso de apelação.**

Ressalte-se, que também provoca o encerramento do processo de recuperação judicial o pedido de**desistência formulado pelo devedor, desde que aprovado pelos credores em assembleia geral.**

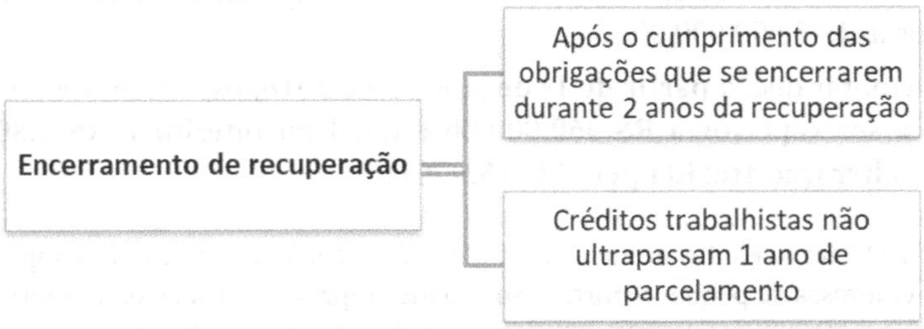

Art. 63. Cumpridas as obrigações vencidas no prazo previsto no caput do art. 61 desta Lei, o juiz decretará por sentença o encerramento da recuperação judicial e determinará:

I - o pagamento do saldo de honorários ao administrador judicial, somente podendo efetuar a quitação dessas obrigações mediante prestação de contas, no prazo de 30 (trinta) dias, e aprovação do relatório previsto no inciso III do caput deste artigo;

II - a apuração do saldo das custas judiciais a serem recolhidas;

III - a apresentação de relatório circunstanciado do administrador judicial, no prazo máximo de 15 (quinze) dias, versando sobre a execução do plano de recuperação pelo devedor;

IV - a dissolução do Comitê de Credores e a exoneração do administrador judicial;

V - a comunicação ao Registro Público de Empresas e à Secretaria Especial da Receita Federal do Brasil do Ministério da Economia para as providências cabíveis.

4. RECUPERAÇÃO ESPECIAL

A **Lei Complementar 123/2006 determina que será considerada microempresa aquela que atingir,** em cada ano-calendário, receita bruta igual ou inferior a R$ 360.000,00.

Art. 70. As pessoas de que trata o art. 1º desta Lei e que se incluam nos conceitos de microempresa ou empresa de pequeno porte, nos termos da legislação vigente, sujeitam-se às normas deste Capítulo.

§ 1º As microempresas e as empresas de pequeno porte, conforme definidas em lei, poderão apresentar plano especial de recuperação judicial, desde que afirmem sua intenção de fazê-lo na petição inicial de que trata o art. 51 desta Lei.

§ 2º Os credores não atingidos pelo plano especial não terão seus créditos habilitados na recuperação judicial.

Art. 70-A. O produtor rural de que trata o § 3º do art. 48 desta Lei poderá apresentar plano especial de recuperação judicial, nos termos desta Seção, desde que o valor da causa não exceda a R$ 4.800.000,00 (quatro milhões e oitocentos mil reais).

Considera, ainda, empresa de pequeno porte o empresário ou a pessoa jurídica que aufira, em cada ano-calendário, receita bruta superior a R$ 360.000,01 e igual ou inferior a R$ 3.600.000,00.

Vale lembrar que, **a partir de 1º de janeiro de 2018, os valores de receita bruta passarão a ser superior a R$ 360.000,00 e igual ou inferior a R$ 4.800.000,00, conforme alteração trazida pela LC 155/2016.**

Art. 3º Para os efeitos desta Lei Complementar, consideram-se microempresas ou empresas de pequeno porte, a sociedade empresária, a sociedade simples e o empresário a que se refere o art. 966 da Lei no 10.406, de 10 de janeiro de 2002 (Código Civil), devidamente registrados no Registro de Empresas Mercantis ou no Registro Civil de Pessoas Jurídicas, conforme o caso, desde que:

I – no caso da microempresa, aufira, em cada ano-calendário, receita bruta igual ou inferior a R$ 360.000,00 (trezentos e sessenta mil reais);

II – no caso de empresa de pequeno porte, aufira, em cada ano-calendário, receita bruta superior a R$ 360.000,00 (trezentos e sessenta mil reais) e igual ou inferior a R$ 4.800.000,00 (quatro milhões e oitocentos mil reais).

O plano de recuperação judicial de microempresas e empresas de pequeno porte será limitado às seguintes condições:

a) abrangerá todos os créditos existentes na data do pedido, ainda que não vencidos, excetuados os decorrentes de repasse de recursos oficiais, os fiscais e os previstos nos §§ 3º e 4º do art. 49;

b) preverá parcelamento em até 36 parcelas mensais, iguais e sucessivas, corrigidas monetariamente e acrescidas de juros equivalentes à taxa Sistema Especial de Liquidação e de Custódia – SELIC, podendo conter, ainda, a proposta de abatimento do valor das dívidas;

c) preverá o pagamento da primeira parcela no prazo máximo de 180 dias, contado da distribuição do pedido de recuperação judicial; e

d) estabelecerá a necessidade de autorização do juiz, depois de ouvidos o administrador judicial e o comitê de credores, para o devedor aumentar despesas ou contratar empregados.

O juiz poderá autorizar a recuperação especial sem a convocação de assembleia geral.

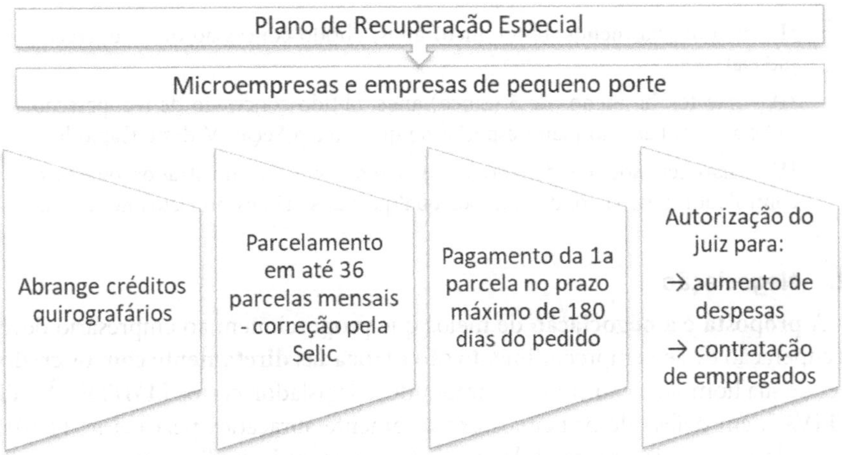

5. RECUPERAÇÃO EXTRAJUDICIAL

O devedor que preencher os requisitos previstos na Lei de Recuperação e Falência para a recuperação judicial poderá se valer da prerrogativa de não necessitar recorrer ao Judiciário para negociar um plano de recuperação com seus credores. **A esse procedimento dá-se o nome de recuperação extrajudicial.**

> **Art. 161.** O devedor que preencher os requisitos do art. 48 desta Lei poderá propor e negociar com credores plano de recuperação extrajudicial.
>
> **§1º** Estão sujeitos à recuperação extrajudicial todos os créditos existentes na data do pedido, exceto os créditos de natureza tributária e aqueles previstos no § 3º do art. 49 e no inciso II do **caput** do art. 86 desta Lei, e a sujeição dos créditos de natureza trabalhista e por acidentes de trabalho exige negociação coletiva com o sindicato da respectiva categoria profissional.

5.1. Requisitos

Em razão da disposição do art. 161, *caput*, da Lei nº 11.101/05, o empresário devedor que pretende obter a recuperação extrajudicial deve preencher os **requisitos** apresentados no art. 48 da Lei de Recuperação e Falência:

> "**Art. 161, caput, Lei nº 11.101/05.** O devedor que preencher os requisitos do art. 48 desta Lei poderá propor e negociar com credores plano de recuperação extrajudicial."
>
> "**Art. 48, *caput*, Lei nº 11.101/05.** Poderá requerer recuperação judicial o devedor que, no momento do pedido, exerça regularmente suas atividades há mais de 2 (dois) anos e que atenda aos seguintes requisitos, cumulativamente:
>
> I - não ser falido e, se o foi, estejam declaradas extintas, por sentença transitada em julgado, as responsabilidades daí decorrentes;

II – não ter, há menos de 5 (cinco) anos, obtido concessão de recuperação judicial;

III – não ter, há menos de 5 (cinco) anos, obtido concessão de recuperação judicial com base no plano especial de que trata a Seção V deste Capítulo;

IV – não ter sido condenado ou não ter, como administrador ou sócio controlador, pessoa condenada por qualquer dos crimes previstos nesta Lei."

5.2. Negociação

A **proposta e a negociação** de meios que proporcionem ao empresário devedor a recuperação de seu empreendimento **são realizadas diretamente com os credores**, antes de sua homologação em Juízo, impondo, o legislador, certos **LIMITES ÀS TRATATIVAS**, em defesa de princípios expressamente abraçados pela Lei nº 11.101/05, principalmente os da universalidade e o da *par conditio creditorum*:

a) não pode englobar titulares de créditos de natureza tributária, derivados da legislação do trabalho ou decorrentes de acidente de trabalho, assim como àqueles previstos nos arts. 49, § 3º, e 86, inciso II do caput, da Lei nº 11.101/05 (art. 161, § 1º, Lei nº 11.101/05);

b) o plano extrajudicial não pode contemplar o pagamento antecipado de dívidas, nem tratamento desfavorável aos credores que a ele não estejam sujeitos (art. 161, § 2º, Lei nº 11.101/05);

c) a recuperação extrajudicial não acarreta suspensão de direitos, ações ou execuções, nem a impossibilidade de pedido de decretação de falência pelos credores que não lhe são sujeitos (art. 161, § 4º, Lei nº 11.101/05);

d) impossibilidade de pedido contemporâneo a outro de recuperação judicial pendente ou, ainda, sucessivo a outro de recuperação em Juízo, obtido ou homologado há menos de dois anos (art. 161, § 3º, Lei nº 11.101/05);

e) não se permite aos credores, após a distribuição do pedido em Juízo, desistir da adesão, salvo com a anuência expressa de todos os demais signatários (art. 161, § 5º, Lei nº 11.101/05)

5.3. Modalidades de plano de recuperação extrajudicial

Duas são as modalidades de plano de recuperação extrajudicial: o plano individualizado e por classe de credores.

PLANO INDIVIDUALIZADO	CLASSE DE CREDORES
Recuperação meramente homologatória ou homologação facultativa (art. 162 Lei nº 11.101/05)	**Recuperação extrajudicial por classe de credores, recuperação impositiva ou homologação obrigatória (art. 163 Lei nº 11.101/05)**

De cunho mais restrito, o devedor reduz suas negociações a certos credores em particular (art. 162 da Lei nº 11.101/05). Como o próprio nome denuncia, o procedimento de homologação extrajudicial facultativa pode (ou não) ser submetido ao Poder Judiciário para homologação. Se não for apresentado, teremos, aí sim, uma recuperação extrajudicial pura.	**O devedor obtém a assinatura de credores que representem mais de 1/2 (metade) de todos os créditos constituídos até a data do pedido, de uma ou mais classes entre as previstas nos incisos II, IV, V, VI e VIII do art. 83 da Lei nº 11.101/05, obrigando a totalidade dos credores da espécie consignada no documento de adesão.**

O devedor, cumpre mencionar, não poderá requerer a homologação de plano extrajudicial se tiver pendente pedido de recuperação judicial ou se tiver obtido recuperação, em qualquer de suas modalidades, há menos de dois anos.

> § 3º O devedor não poderá requerer a homologação de plano extrajudicial, se estiver pendente pedido de recuperação judicial ou se houver obtido recuperação judicial ou homologação de outro plano de recuperação extrajudicial há menos de 2 (dois) anos.

O pedido de homologação do plano de recuperação extrajudicial **não acarretará suspensão de direitos, ações ou execuções,** nem a impossibilidade do pedido de decretação de falência pelos credores não sujeitos ao plano de recuperação extrajudicial.

O procedimento poderá requerer a homologação em juízo do plano de recuperação extrajudicial, juntando sua justificativa e o documento que contenha seus termos e condições com as assinaturas dos credores que a ele aderiram.

> **Art. 162.** O devedor poderá requerer a homologação em juízo do plano de recuperação extrajudicial, juntando sua justificativa e o documento que contenha seus termos e condições, com as assinaturas dos credores que a ele aderiram.

No caso de plano que obrigue a todos os credores, com as assinaturas de credores que representem mais de 3/5 de todos os créditos de cada espécie por ele abrangidos.

> **Art. 163.** O devedor poderá também requerer a homologação de plano de recuperação extrajudicial que obriga todos os credores por ele abrangidos, desde que assinado por credores que representem mais da metade dos créditos de cada espécie abrangidos pelo plano de recuperação extrajudicial.
>
> Art. 161 [...]
>
> § 6º A sentença de homologação do plano de recuperação extrajudicial constituirá título executivo judicial, nos termos do art. 584, inciso III do caput, da Lei nº 5.869, de 11 de janeiro de 1973 – Código de Processo Civil.

Recebido o pedido de homologação do plano de recuperação extrajudicial, o juiz ordenará a publicação de edital no órgão oficial e em jornal de grande circulação nacional ou das localidades da sede e das filiais do devedor, convocando todos os credores do devedor para apresentação de suas impugnações ao plano de recuperação extrajudicial.

> Art. 164. [...]
>
> §2º Os credores terão prazo de 30 (trinta) dias, contado da publicação do edital, para impugnarem o plano, juntando a prova de seu crédito.
>
> §3º Para opor-se, em sua manifestação, à homologação do plano, os credores somente poderão alegar:
>
> ***I – não preenchimento do percentual mínimo previsto no caput do art. 163 desta Lei;***
>
> *II – prática de qualquer dos atos previstos no inciso III do art. 94 ou do art. 130 desta Lei, ou descumprimento de requisito previsto nesta Lei;*
>
> *III – descumprimento de qualquer outra exigência legal.*

Os **credores terão um prazo de 30 dias, contado da publicação do edital, para impugnar o plano,** juntando a prova de seu crédito.

Sendo **apresentada impugnação, será aberto prazo de cinco dias para que o devedor sobre ela se manifeste.**

Posteriormente, os autos serão conclusos imediatamente ao juiz para apreciação de eventuais impugnações, decidindo no prazo de cinco dias acerca do plano de recuperação extrajudicial, homologando-o por sentença, se entender que não implica prática de atos que visem a lesar seus credores e que não há outras irregularidades que recomendem sua rejeição.

Da sentença cabe apelação, sem efeito suspensivo.

O plano de recuperação extrajudicial produz efeitos após sua homologação judicial.

Da sentença que defere ou denega o pedido de recuperação extrajudicial, cabe o recurso de apelação sem efeito suspensivo, conforme a redação do art. 164, § 7º.

5.4. Procedimento da recuperação extrajudicial

Ao **receber o pedido de recuperação extrajudicial,** o **juiz determina a publicação** de edital em órgão oficial e, conforme a expressão nacional ou regional da empresa, em jornal de grande circulação nacional ou das localidades da sede e filiais do devedor, **convocando todos os credores a apresentarem eventuais impugnações no prazo de 30 (trinta) dias.**

Apresentada impugnação o devedor terá vista nos autos por 5 (cinco) dias, voltando os autos conclusos ao juiz para decidir no quinquídio subsequente, homologando ou indeferindo o pedido, cabendo apelação, sem efeito suspensivo.

Se o pedido for indeferido, devolve-se aos credores o direito de exigir o valor original sem alterações, deduzindo-se eventuais valores pagos aos credores (art. 165, § 2º, da Lei nº 11.101/05).

5.5. Efeitos da sentença homologatória

Por outro lado, **homologado por sentença**, o **plano de recuperação extrajudicial gera efeitos imediatos** (art. 165 da Lei nº 11.101/05), **independentemente da interposição de recursos** (art. 164, § 7º, da Lei nº 11.101/05), de natureza similar aos que ocorrem a partir da sentença concessiva de recuperação judicial:

a) passa a constituir-se título executivo judicial (art. 161, § 6º, Lei nº 11.101/05);

b) impede a alienação de bem objeto de garantia real, a supressão da garantia ou sua substituição sem a aprovação expressa do credor titular da respectiva garantia (art. 163, § 4º, Lei nº 11.101/05);

c) mantém a variação cambial dos créditos em moeda estrangeira, salvo se o credor titular aprovar mudança, inserindo-a no plano de recuperação extrajudicial (art. 163, § 5º, Lei nº 11.101/05);

d) se houver previsão, o plano pode alcançar efeitos anteriores à homologação, limitadamente à modificação do valor ou da forma de pagamento dos credores signatários (art. 165, § 1º, Lei nº 11.101/05);

e) se o plano estabelecer a alienação judicial de filiais ou unidades produtivas do devedor, a forma de venda obedecerá ao que dispõe o art. 142, que é regra geral para a mesma ocorrência em todas as modalidades de recuperação em Juízo e no processo de falência (art. 166 Lei nº 11.101/05).

5.6. Recurso

Por fim, prevê a Lei nº 11.101/2005 a interposição de recurso de apelação, sem efeito suspensivo, para a decisão que homologar ou julgar improcedente o pedido de recuperação extrajudicial (art. 164, § 8º, da Lei nº 11.101/05).

RESUMO. RECUPERAÇÃO DE EMPRESAS

A recuperação judicial é um meio de auxiliar o empresário ou sociedade empresária que estejam em crise financeira. Os requisitos a serem preenchidos são: a) exercício regular da atividade empresária há mais de 2 (dois) anos; não ser falido e, se faliu, estejam declaradas extintas, por sentença transitada em julgado, as responsabilidades daí decorrentes; não ter, há menos de 5 (cinco) anos, obtido concessão de recuperação judicial; não ter, há menos de 5 (cinco) anos, obtido concessão de recuperação judicial com base no plano especial para Microempresas e Empresas de Pequeno Porte e; não ter sido condenado (empresário individual) ou, no caso de sociedade empresária, não ter, como administrador ou sócio controlador, pessoa condenada por qualquer dos crimes previstos na Lei 11.101/05.

DESPACHO DEFERITÓRIO DO PROCESSAMENTO DA RECUPERAÇÃO

O mencionado despacho de processamento não tem o objetivo de conceder o benefício da recuperação judicial, até porque o plano de recuperação sequer foi apresentado, e, ainda não é o momento para a apresentação, diga-se. Nesse momento, temos a análise dos requisitos básicos para participar do processo.

O deferimento traz para o empresário ou a sociedade empresária a abertura do prazo para apresentar o plano de recuperação com os meios possíveis de acordo com a legislação, no prazo improrrogável de sessenta dias da publicação da decisão que deferir o processamento de recuperação judicial, sob pena de convolação em falência.

ASSEMBLEIA-GERAL DE CREDORES

Após o prazo para apresentação do plano, qualquer credor poderá oferecer objeção. E, caso haja tal hipótese, o juiz deverá convocar a assembleia geral de credores, para que esta delibere sobre o plano de recuperação, aprovando-o, rejeitando-o ou modificando-o.

O juiz poderá conceder a recuperação judicial com base em plano que não obteve aprovação na assembleia geral de credores, desde que, na mesma assembleia, tenha o plano obtido, de forma cumulativa: a) o voto favorável de credores que representem mais da metade do valor de todos os créditos presentes à assembleia, independentemente de classes; b) aprovação em cada uma das classes de credores.

Ainda poderá conceder a **aprovação forçada "*cram down*"** com base em aprovação forçada do plano que não obteve aprovação na assembleia geral de credores, desde que havendo: 1) o voto favorável de credores que representem mais da metade do valor de todos os créditos presentes à assembleia, independentemente de classes; 2) Na classe que houver rejeitado o plano, tiver obtido o voto favorável de mais de 1/3 dos credores, computados de acordo com as regras já estudadas no tópico referente ao "quórum de deliberação". Na hipótese de o plano de recuperação de empresa não ter sido aprovado, o juiz decretará a falência do empresário.

24

ASPECTOS GERAIS DA RECUPERAÇÃO DE EMPRESAS E FALÊNCIA

1. INCIDÊNCIA DA LEI 11.101/05

Ainda que a **crise empresarial decorrente de situação de insolvência, que pode ser econômica, financeira ou patrimonial seja um dos fatores que permitem a abertura de falência,** o que nos interessa, por agora, são os efeitos dessa crise e seus reflexos no mundo jurídico.

A **Lei 11.101/2005** rege a empresa em crise e oferece, para uma primeira classificação, três distintos institutos: **a recuperação judicial de empresas, a recuperação extrajudicial e a falência, como segue:**

> "CAPÍTULO I
>
> DISPOSIÇÕES PRELIMINARES
>
> **Art. 1º** Esta Lei disciplina a recuperação judicial, a recuperação extrajudicial e a falência do empresário e da sociedade empresária, doravante referidos simplesmente como devedor."

Vale iniciar nossos estudos esclarecendo que a **Insolvência** é a condição de quem não pode saldar suas dívidas. **Diz-se do devedor que possui um passivo sensivelmente maior que o ativo.** Vamos colocar o assunto de modo didático.

Por outras palavras, **significa dizer que a pessoa (física ou jurídica) deve em proporção maior do que pode pagar,** isto é, tem **compromissos superiores aos seus rendimentos ou ao seu patrimônio.**

O questionamento que se faz em seguida é sobre qual instituto utilizar e em que momento?. A resposta vem da análise de viabilidade da empresa que perfaz a capacidade de oferecimento de alguma resposta positiva para sua salvação.

Caso a empresa tenha condições de ser reerguida, a solução é o instituto da recuperação de empresas; já na inviabilidade, a falência é o único caminho a seguir.

2. SUJEITOS EXCLUÍDOS DA LEI 11.101/05

A Lei de Recuperação e Falência é aplicável basicamente aos empresários e às sociedades empresárias. Estão excluídas em absoluto as sociedades simples, pois não são empresárias; as empresas públicas e sociedades de economia mista; as cooperativas de crédito; consórcios; entidades de previdência privada e outras entidades legalmente equiparadas.

> **Art. 2º** Esta Lei não se aplica a:
>
> I – empresa pública e sociedade de economia mista;
>
> II – instituição financeira pública ou privada, cooperativa de crédito, consórcio, entidade de previdência complementar, sociedade operadora de plano de assistência à saúde, sociedade seguradora, sociedade de capitalização e outras entidades legalmente equiparadas às anteriores. (destaque nosso).

2.1. Sujeitos relativamente excluídos

As **instituições financeiras, sociedades operadoras de planos de saúde, sociedades seguradoras e de capitalização estão relativamente excluídas,** pois, muito embora tenham previsão de processo de liquidação na forma extrajudicial, há possibilidade de processo de falência nas leis especiais que as regem.

O melhor exemplo está nas instituições financeiras, pois, em regra, não há o que se falar em processo de falências para as suas situações de crise, mas o Banco Central poderá pedir a sua falência. **Qual a razão? Vamos explicar já nesse texto e aprofundar em capítulo específico.**

Vamos lá! A legislação de liquidação não trata dos crimes que podem ocorrer em decorrência de uma crise, como as diversas situações de fraude, já a legislação de falências tem uma parte apenas para cuidar de crimes falimentares. A resposta está aí!

Exato! O Banco Central poderá pedir a falência de um banco para participá-lo do processo de persecução penal existente entre os **artigos 168 e seguintes da Lei 11.101/05.** Os primeiros dispositivos da legislação falimentar estão para isso mesmo:

> **Art. 2º** Esta Lei não se aplica a:
>
> I – empresa pública e sociedade de economia mista;
>
> II – instituição financeira pública ou privada, cooperativa de crédito, consórcio, entidade de previdência complementar, sociedade operadora de plano de assistência à saúde, sociedade seguradora, sociedade de capitalização e outras entidades legalmente equiparadas às anteriores. (destaque nosso).

As obrigações a título gratuito e as despesas que os credores fizerem para tomar parte na recuperação judicial ou na falência não são exigíveis do devedor, salvo as custas judiciais decorrentes de litígio com o devedor.

> **Art. 5º** Não são exigíveis do devedor, na recuperação judicial ou na falência:
>
> **I** - as obrigações a título gratuito;
>
> **II** - as despesas que os credores fizerem para tomar parte na recuperação judicial ou na falência, salvo as custas judiciais decorrentes de litígio com o devedor.

Importante considerar o disposto no **art. 6º, da Lei 11.101/2005**, de que a decretação da falência ou o deferimento do processamento da recuperação judicial suspende o curso da prescrição e de todas as ações e execuções perante o devedor, inclusive aquelas decorrentes de credores particulares do sócio solidário. *O lapso prescricional voltará a fluir do trânsito em julgado da sentença de encerramento da falência ou da recuperação judicial.* As ações que demandem quantias ilíquidas, aquelas de natureza trabalhista e as execuções de natureza fiscal não são atingidas. **Vamos aprofundar? Bora, bora lá!**

3. SUSPENSÃO DAS AÇÕES E EXECUÇÕES

Ao ser decretada a falência ou o deferimento da recuperação judicial, o prazo prescricional será suspenso, bem como todas as ações e execuções em face do devedor, ou seja, **o prazo prescricional para e volta a correr de onde parou (e não recomeça!)**

Destaque-se que, em se tratando de créditos que não são de competência da justiça do trabalho decidir, seja elas de natureza salarial ou não, **é possível que sejam pleiteados diante o administrador judicial.**

> **Art. 6.º** A decretação da falência ou o deferimento do processamento da recuperação judicial implica:
>
> I – suspensão do curso da prescrição das obrigações do devedor sujeitas ao regime desta Lei;
>
> II – suspensão das execuções ajuizadas contra o devedor, inclusive daquelas dos credores particulares do sócio solidário, relativas a créditos ou obrigações sujeitos à recuperação judicial ou à falência;
>
> III – proibição de qualquer forma de retenção, arresto, penhora, sequestro, busca e apreensão e constrição judicial ou extrajudicial sobre os bens do devedor, oriunda de demandas judiciais ou extrajudiciais cujos créditos ou obrigações sujeitem-se à recuperação judicial ou à falência.

Destaque-se que, em se tratando de créditos que não são de competência da justiça do trabalho decidir, seja elas de natureza salarial ou não, **é possível que sejam pleiteados diante o administrador judicial.**

4. COMPETÊNCIA PARA AS AÇÕES DE RECUPERAÇÃO DE EMPRESAS E FALÊNCIAS

A competência para a propositura das ações de recuperação judicial e falência, bem como para a homologação da recuperação extrajudicial, é do juízo do principal estabelecimento do devedor.

> **Art. 3º** É competente para homologar o plano de recuperação extrajudicial, deferir a recuperação judicial ou decretar a falência o juízo do local do principal estabelecimento do devedor ou da filial de empresa que tenha sede fora do Brasil.

O principal estabelecimento deve ser entendido como aquele em que se encontra centralizado o maior volume de negócios da empresa, mesmo que se tenha estabelecido de outra forma, consensual ou contratualmente.

5. ÓRGÃOS FALIMENTARES

São **órgãos da falência as instituições designadas na lei para atuarem diretamente no Processo Falimentar**, cada uma dentro de suas respectivas competências.

5.1. O Juiz de Direito

É a autoridade judiciária designada para presidir o processo de falência, exercendo **função judicante e administrativa, responsabilizando-se por atos de interesses da massa,** tais como:

a) nomeação e destituição do administrador judicial, assim como a fixação de sua remuneração e de seus auxiliares, conforme **art. 24, caput, e art. 22, III, § 1º, Lei 11.101/05;**

b) escolha da modalidade de alienação do ativo, na forma estipulada pelos **arts. 142 a 148, LFR;**

c) julgamento das contas do administrador judicial e encerramento da falência, de acordo com os **arts. 154 a 156, LFR.**

5.2. O Ministério Público

É **denominado curador de massas:** atua no processo como fiscal da lei, buscando sempre o cumprimento de seu papel constitucional na defesa do interesse público.

A sentença que decretar a Falência ordenará a intimação do Ministério Público, **que terá atuação obrigatória no processo,** conforme dispõe o **art. 99, XIII, LFR.**

Deve ser intimado do Relatório do Administrador Judicial que:

- apontar a responsabilidade penal de qualquer dos envolvidos no processo, art. 22, § 4º;
- na sua falta, na relação de credores apresentada pelo administrador, na fase administrativa de verificação de créditos, art. 7º, §§ 1º e 2º, LFR;
- na falta desta, na relação apresentada pelo próprio devedor.
- da designação da hasta pública para a venda ordinária dos bens do falido, art. 142, LFR;
- deve ser informado pelo Juiz de qualquer indício da prática de crime falimentar, art. 187, §2º, LFR. Outras prerrogativas possui o MP, destacando-se a possibilidade de apresentar ao juiz impugnação contra a relação de credores a que se refere o art. 7º, § 2º, LFR, constante do art. 8º, LFR, ou contra o processo de alienação de ativo na massa, na disposição do art. 143, LFR.
- Deve pedir a substituição do Administrador Judicial ou de membro do Comitê de credores (art. 30, LFR) e propor a ação revocatória, art. 132, LFR.

Pode pedir explicações ao falido (art. 104, VI, LFR) e deve manifestar-se na prestação de contas do Administrador Judicial, art. 154, LFR.

5.3. O Administrador Judicial

É responsável pela **condução do processo de falência ou de recuperação judicial**, e que, cumpre destacar, não poderá ser substituído sem autorização do juiz.

Não é administrador societário (**arts. 1.060 e 46, CC**), com quem não se confunde, razão pela qual fiscal ou responsável não pode ser considerado sucessor tributário, relativamente a débitos fiscais ou responsável por atos públicos realizados sob o fundamento da despersonalização da pessoa jurídica.

Pode ser pessoa:

- **Física** – será escolhido alguém idôneo, preferencialmente advogado, economista, administrador de empresas ou contador, **art. 21, LFR;**
- **Jurídica** – obrigatória indicação do profissional responsável pela condução do processo, que não poderá ser substituído sem autorização do juiz, **art. 21, parágrafo único, LFR.**

Art. 21. O administrador judicial será profissional idôneo, preferencialmente advogado, economista, administrador de empresas ou contador, ou pessoa jurídica especializada.

Parágrafo único. Se o administrador judicial nomeado for pessoa jurídica, declarar-se-á, no termo de que trata o art. 33 desta Lei, o nome de profissional responsável pela condução do processo de falência ou de recuperação judicial, que não poderá ser substituído sem autorização do juiz.

A função de Administrador é **indelegável.** Depois de nomeado, no prazo de 48 horas, assina o termo de compromisso de bem e fielmente desempenhar o cargo, **art. 33, LFR.**

Em seguida, providenciará a arrecadação dos livros, documentos e bens do falido, a fim de proceder ao inventário da massa.

No **inventário constarão, art. 110, § 2º, LFR:**

- livros obrigatórios e auxiliares do falido;
- dinheiro, papéis, documentos e demais bens da massa;
- bens da massa em poder de terceiros, a título de depósito, guarda, penhor ou retenção;
- bens de terceiros em poder do falido.

Dispõem, ainda, os **arts. 111 e 113, LFR** que **o Juiz poderá autorizar a alienação antecipada de bens**, precedida de avaliação, seja para os próprios credores ou, em se tratando de bens perecíveis, até para terceiros, objetivando o melhor resultado para a massa.

A lei contém extensa relação de deveres e atribuições do Administrador, enumerados no **art. 22, III, LFR** e alíneas.

Merece destaque a alínea do mesmo dispositivo legal, que enfoca na **obrigatoriedade da entrega de um relatório em juízo**, onde constarão os atos necessários à administração da massa, valores do passivo e ativo, assim como possíveis ações judiciais de interesse da massa e atos suscetíveis de revogação.

Quanto aos seus atos processuais, têm-se:

- Verificação dos Créditos (**arts. 7º a 20 da LFR**), em que cabe ao juiz apenas decidir as impugnações dos credores ou interessados;
- Relatório Inicial (**art. 22, III, e, LFR**): examinar as causas/fatos que acarretam a falência e apresentar análise das atitudes do devedor falido, em que se pode constar possível crime falimentar por ele ou outro, antes ou depois da decretação da quebra. Esse relatório deve ser apresentado em 40 dias seguintes após a assinatura do termo de compromisso;
- Deve até o 10º dia de cada mês apresentar a Prestação de Contas do período mensal anterior, **art. 22, III, p, LFR**;
- Apresentação de Relatório Final no prazo de 10 dias do término da liquidação e do julgamento de suas contas. Deve conter o valor do ativo e do produto de sua realização, o passivo, pagamentos feitos, e, se não foram totalmente extintas as obrigações do falido, o saldo cabível a cada credor (responsabilidade do falido). É documento necessário para a extração das certidões

judiciais do crédito remanescente perante o empresário falido, **art. 155, LFR.**
Remuneração

O juiz fixará o valor da remuneração do Administrador Judicial de acordo com:

- a capacidade de pagamento do devedor,
- o grau de complexidade de pagamento do devedor,
- o grau de complexidade do trabalho,
- os valores praticados no mercado para o desempenho de atividades semelhantes, sem exceder 5% do valor devido aos credores submetidos à recuperação judicial ou do valor de venda dos bens na falência, **art. 24, LFR.**

Quem deve pagar a verba honorária do administrador é o devedor, conforme preconiza o **art. 25, LFR.**

5.4. Destituição do Administrador Judicial

O devedor, qualquer credor ou o Ministério Público, poderão requerer ao Juiz a substituição do Administrador Judicial ou dos membros do Comitê de Credores nomeados em desobediência aos preceitos da lei.

São impedidos de serem nomeados como Administrador Judicial:

- Quem foi destituído no cargo nos últimos 5 anos;
- Se deixou de prestar contas em outro processo;
- Tenha relação de parentesco, amigo ou inimigo do devedor.

5.5. Assembleia Geral de Credores

Compõe-se dos **titulares de créditos derivados da relação de trabalho ou decorrentes de acidentes de trabalho, dos titulares de crédito com garantia real, titulares de créditos quirografários, com privilégio especial, com privilégio geral e subordinados, art. 41, LFR.**

Ficam de fora apenas a Fazenda Pública, titular dos créditos fiscais, assim como os credores por multas contratuais e penas pecuniárias decorrentes de infração as leis penais ou administrativas, a que se refere o **art. 83, VII, LFR.**

> A Assembleia é **órgão deliberativo de decisão colegiada**, responsável por tomar decisões que influenciam diretamente o resultado da falência, a exemplo da aprovação de outra modalidade para alienação do ativo.

- **Assembleias Gerais Ordinárias:**

São **convocadas para deliberação de matérias que se inserem na regularidade do desenvolvimento de certo mister**, como por exemplo, a publicação de edital, na falência, para que os credores possam habilitar ou opor divergências a respeito de seus créditos, **art. 99, III e respectivo parágrafo único e § 1º do art. 7º, LFR.**

A assembleia-geral de credores será convocada pelo juiz por meio de edital publicado no diário oficial eletrônico e disponibilizado no sítio eletrônico do administrador judicial, com antecedência mínima de 15 (quinze) dias, **art. 36, LFR.**

Também pode convocar obedecendo ao **art. 99, XII, LFR.**

Podem requerer ao juiz a convocação de Assembleia Geral os credores que representem, no mínimo, 25% do valor total dos créditos de uma determinada classe, **art. 36, § 2º,** LFR.

- **Assembleias Gerais Extraordinárias:**

As Assembleias Gerais são convocadas porque alguma matéria, questão ou circunstância especial exige conhecimento, deliberação e aprovação.

Nesse caso, encontram-se na lei expressões como assuntos de interesse dos credores ou questões de interesse da massa, por exemplo, **art. 35, II, LFR.**

O **art. 27, I, e, LFR**, estabelece que, dentre suas atribuições, o Comitê de Credores está legitimado, na Falência e na Recuperação Judicial, a requerer ao juiz a convocação da Assembleia Geral de credores.

O **Quórum poderá ser exigido para instalação ou para votação de determinada matéria**, em Assembleia Geral, **art. 37, § 2º, LFR.**

Instalar-se-á:

- em 1ª convocação, com a presença de credores titulares de mais da metade dos créditos de cada classe, computados pelo valor,
- em 2ª convocação, com qualquer número, **art. 42, LFR.**

A **aferição é coletiva na respectiva classe**, seja a classe dos créditos trabalhistas, dos quirografários ou mesmo dos credores com garantia real.

Terão direito a voto, nas Assembleias Gerais:

- as pessoas arroladas no Quadro Geral de Credores, art. 39, LFR,
- na sua falta, na relação de credores apresentada pelo administrador, na fase administrativa de verificação de créditos, art. 7º, §§ 1º e 2º, LFR,
- na falta desta, na relação apresentada pelo próprio devedor.

O voto do credor, na Assembleia, **será proporcional ao valor de seu crédito**, ressalvado, nas deliberações sobre o Plano de Recuperação Judicial, o caso dos credores trabalhistas; que votarão referido plano (que afete seus créditos), através de voto democrático, onde cada trabalhador terá direito a um voto, independentemente do valor de seu crédito.

O credor poderá ser representado na Assembleia Geral por mandatário ou representante legal, desde que entregue ao Administrador Judicial, até 24 horas antes da data prevista no aviso de convocação, documento hábil que comprove seus poderes ou a indicação das folhas dos autos do processo em que se encontre o documento.

Art. 41. A assembléia-geral será composta pelas seguintes classes de credores:

I – Titulares de créditos derivados da legislação do trabalho ou decorrentes de acidentes de trabalho;

II – Titulares de créditos com garantia real;

III – titulares de créditos quirografários, com privilégio especial, com privilégio geral ou subordinados.

IV – Titulares de créditos enquadrados como microempresa ou empresa de pequeno porte

5.6. O Comitê Geral de Credores

É uma comissão fiscalizadora, que integra os órgãos da falência e da recuperação judicial, não necessário. **Será constituído por deliberação de qualquer das classes de credores na Assembléia Geral e será composto de:**

a) 1 representante indicado pela classe de credores trabalhistas (com 2 suplentes);
b) 1 indicado pela classe de credores com direitos reais de garantia ou privilégios especiais (com 2 suplentes);
c) 1 indicado pela classe de credores quirografários e com privilégios gerais (com 2 suplentes).

Art. 27. O Comitê de Credores terá as seguintes atribuições, além de outras previstas nesta Lei:

I – na recuperação judicial e na falência:

a) fiscalizar as atividades e examinar as contas do administrador judicial;

b) zelar pelo bom andamento do processo e pelo cumprimento da lei;

c) comunicar ao juiz, caso detecte violação dos direitos ou prejuízo aos interesses dos credores;

d) apurar e emitir parecer sobre quaisquer reclamações dos interessados;

e) requerer ao juiz a convocação da assembleia-geral de credores;

f) manifestar-se nas hipóteses previstas nesta Lei;

II – na recuperação judicial:

a) fiscalizar a administração das atividades do devedor, apresentando, a cada 30 (trinta) dias, relatório de sua situação;

b) fiscalizar a execução do plano de recuperação judicial;

c) submeter à autorização do juiz, quando ocorrer o afastamento do devedor nas hipóteses previstas nesta Lei, a alienação de bens do ativo permanente, a constituição de ônus reais e outras garantias, bem como atos de endividamento necessários à continuação da atividade empresarial durante o período que antecede a aprovação do plano de recuperação judicial.

5.7. Órgão de existência facultativa, tanto na falência como na recuperação judicial

Sua existência somente se justifica nas empresas com grande complexidade organizacional. Assim, **caberá aos credores decidir pela conveniência ou não de sua instalação.**

Possui as seguintes atribuições, art. 27, LFR:

1. fiscalizar as atividades e examinar as contas do administrador judicial;
2. zelar pelo bom andamento do processo e pelo cumprimento da lei;
3. comunicar ao juiz, caso detecte violação dos direitos ou prejuízo aos interesses dos credores;
4. apurar e emitir parecer sobre quaisquer reclamações dos interessados;
5. requerer ao juiz a convocação da assembleia-geral de credores;
6. manifestar-se nas hipóteses previstas na LFR.

As decisões do Comitê de Credores são tomadas por maioria e, no caso de impasse, será resolvido pelo Administrador Judicial, ou, na incompatibilidade, pelo Juiz.

Na possibilidade de não existir Comitê de Credores, suas atribuições passam ao Administrador Judicial, ou até o Juiz, em caso de incompatibilidade daquele, **art. 28, LFR.**

Cabe ao juiz da falência, de ofício ou mediante requerimento fundamentado, destituir o membro do Comitê de Credores, quando:

1. verificar desobediência aos preceitos da LFR,
2. descumprimento de deveres,
3. omissão, negligência ou prática de ato lesivo às atividades do devedor ou a terceiros.

O **membro que não concorde com determinada decisão do Comitê de Credores,** que possa causar prejuízos a terceiros, **deve consignar sua discordância em ata** para eximir-se de responsabilidade, **art. 32, LFR.**

RESUMO. ASPECTOS GERAIS DA RECUPERAÇÃO DE EMPRESAS E FALÊNCIA

INCIDÊNCIA DA LEI 11.101/05

Ainda que a **crise empresarial decorrente de situação de insolvência, que pode ser econômica, financeira ou patrimonial seja um dos fatores que permitem a abertura de falência,** o que nos interessa, por agora, são os efeitos dessa crise e seus reflexos no mundo jurídico.

A **Lei 11.101/2005** rege a empresa em crise e oferece, para uma primeira classificação, três distintos institutos: **a recuperação judicial de empresas, a recuperação extrajudicial e a falência.**

SUJEITOS EXCLUÍDOS DA LEI 11.101/05

A Lei de Recuperação e Falência é aplicável basicamente aos empresários e às sociedades empresárias. Estão excluídas em absoluto as sociedades simples, pois não são empresárias; as empresas públicas e sociedades de economia mista; as cooperativas de crédito; consórcios; entidades de previdência privada e outras entidades legalmente equiparadas.

Sujeitos relativamente excluídos

As **instituições financeiras, sociedades operadoras de planos de saúde, sociedades seguradoras e de capitalização estão relativamente excluídas,** pois, muito embora tenham previsão de processo de liquidação na forma extrajudicial, há possibilidade de processo de falência nas leis especiais que as regem.

SUSPENSÃO DAS AÇÕES E EXECUÇÕES

Ao ser decretada a falência ou o deferimento da recuperação judicial, o prazo prescricional será suspenso, bem como todas as ações e execuções em face do devedor, ou seja, **o prazo prescricional para e volta a correr de onde parou (e não recomeça!)**

Destaque-se que, em se tratando de créditos que não são de competência da justiça do trabalho decidir, seja elas de natureza salarial ou não, **é possível que sejam pleiteados diante o administrador judicial.**

Destaque-se que, em se tratando de créditos que não são de competência da justiça do trabalho decidir, seja elas de natureza salarial ou não, **é possível que sejam pleiteados diante o administrador judicial.**

COMPETÊNCIA PARA AS AÇÕES DE RECUPERAÇÃO DE EMPRESAS E FALÊNCIAS

A competência para a propositura das ações de recuperação judicial e falência, bem como para a homologação da recuperação extrajudicial, é do juízo do principal estabelecimento do devedor.

O principal estabelecimento deve ser entendido como aquele em que se encontra centralizado o maior volume de negócios da empresa, mesmo que se tenha estabelecido de outra forma, consensual ou contratualmente.

ASPECTOS GERAIS DA RECUPERAÇÃO E FALÊNCIA

A legislação cuida com prioridade da recuperação de empresas, mas não deixa de lado a falência. Algumas regras servem às recuperações, bem como as falências, como é o caso do foco no empresário e na sociedade empresária, assim como as regras de competência para se estabelecer o juízo competente.

Além disso, em relação aos órgãos falimentares, seja a assembleia-geral de credores, comitê de credores e as regras sobre o administrador judicial, temos a parte inicial da legislação que é comum à recuperação e falência.

25

FASE PRÉ-FALIMENTAR

1. PROCESSO DE FALÊNCIA

Considerando que o patrimônio é a garantia dos credores, quando o empresário ou sociedade empresária se encontra em crise financeira, e seu patrimônio já não é mais suficiente para saldar as dívidas contraídas, inevitavelmente deixará de honrar pagamentos de dívidas assumidas.

Assim, **os credores com créditos já vencidos ou prestes a vencer terão maior chance de escapar da inadimplência do devedor,** uma vez que os outros credores estão impedidos de cobrá-lo antes do vencimento da obrigação.

Consubstanciado no intento de evitar inconcebível injustiça, afinal, os primeiros cobradores receberiam a integralidade de seus créditos, desfavorecendo os demais credores que muito pouco ou talvez nada receberiam, o instituto da falência foi criado **para assegurar a igualdade de oportunidades aos credores de um empresário ou sociedade empresária insolvente e insuscetível de recuperação judicial.**

A igualdade de condição aos credores é representada pelo princípio denominado par *conditio creditorum*.

Por esse princípio, excetuadas as preferências impostas por lei, todos os credores, de forma igualitária, concorrem à distribuição proporcional do ativo do devedor, decorrente da venda judicial dos bens verificados e arrecadados.

Trata-se de um processo de **execução coletiva ou concursal,** pelo qual o devedor empresário é afastado de suas atividades para preservar e otimizar a utilização produtiva dos bens, ativos e recursos produtivos, inclusive os intangíveis, da empresa.

> **Art. 77.** A decretação da falência determina o vencimento antecipado das dívidas do devedor e dos sócios ilimitada e solidariamente responsáveis, com o abatimento proporcional dos juros, e converte todos os créditos em moeda estrangeira para a moeda do País, pelo câmbio do dia da decisão judicial, para todos os efeitos desta Lei.

Por meio da **falência dá-se o encerramento da atividade econômica desenvolvida pela empresa em crise financeira,** de forma a minimizar os prejuízos de seus empregados e credores.

> **Art. 146.** Em qualquer modalidade de realização do ativo adotada, fica a massa falida dispensada da apresentação de certidões negativas.

Trata-se de um **regime jurídico de execução concursal** que coloca os credores em condição de paridade, ainda que apenas um deles tenha fundamentado o pedido na ação que decretou a falência do devedor.

2. JUÍZO UNIVERSAL

Decretada a falência, estabelece-se um **Juízo indivisível e competente para conhecer todas as ações sobre bens, interesses e negócios do falido, ressalvadas** as *(i)* causas trabalhistas, *(ii)* fiscais e *(iii)* aquelas não reguladas na Lei nº 11.101/05 em que o falido figurar como autor ou litisconsorte ativo:

> "**Art. 76 da Lei nº 11.101/05.** O juízo da falência é indivisível e competente para conhecer todas as ações sobre bens, interesses e negócios do falido, **ressalvadas as causas trabalhistas, fiscais e aquelas não reguladas nesta Lei em que o falido figurar como autor ou litisconsorte ativo.**
>
> **Parágrafo único.** Todas as ações, inclusive as excetuadas no caput deste artigo, terão prosseguimento com o administrador judicial, que deverá ser intimado para representar a massa falida, sob pena de nulidade do processo."

Essa universalidade e indivisibilidade é exigida para se garantir:

> "(...) (1) a ordem de preferência nas formas de alienação do ativo (artigo 140), a privilegiar a preservação da empresa, por meio de sua venda em bloco ou de unidades produtivas autônomas, e (2) a ordem de preferência no pagamento dos credores concursais e extraconcursais (artigos 83 e 84)."

Contudo, há que se analisar 5 (cinco) desfechos das ações contra o falido:

a) as ações de ilíquidas (de conhecimento e monitória, por exemplo) que já estavam em andamento quando da decretação de falência serão suspensas pelo decreto de falência, até que o administrador judicial substitua o falido no respectivo polo, voltando a tramitar no mesmo Juízo onde se iniciara, até final sentença, ocasião em que deverá ser providenciada a habilitação do crédito na falência (art. 6º, § 1º, e 76, parágrafo único, da Lei nº 11.101/05, e art. 75, inciso V, do CPC);

b) as execuções que estavam em andamento quando da decretação da falência serão suspensas com a decretação da falência e assim ficarão até o trânsito em julgado da sentença que encerrá-la (a falência), devendo o exequente habilitar-se nos autos da falência;

c) novas demandas ilíquidas (de conhecimento e monitória, por exemplo) propostas contra o falido após a decretação da falência não serão atraídas pelo Juízo falimentar (art. 6º, § 1º, Lei nº 11.101/05). Neste caso, há divergência:

> **O juízo da falência é indivisível e competente para conhecer todas as ações sobre bens**, interesses e negócios do falido. Dessa forma, as essas ações irão convergir, após a instauração da execução consensual do devedor, para o juízo falimentar. **Em virtude dessa característica, diz-se que o juízo da falência é universal.**
>
> **Art. 76.** O juízo da falência é indivisível e competente para conhecer todas as ações sobre bens, interesses e negócios do falido, ressalvadas as causas trabalhistas, fiscais e aquelas não reguladas nesta Lei em que o falido figurar como autor ou litisconsorte ativo.

É competente para homologar o plano de recuperação extrajudicial, deferir a recuperação judicial ou decretar a falência **o juízo do local do principal estabelecimento do devedor ou da filial de empresa que tenha sede fora do Brasil.**

Em cada um deles busca regras, preceitos e ensinamentos, tendo muitas vezes de modificá-los a fim de adaptá-los ao grande meio de execução coletiva que é a falência.

Será no juízo da falência que a responsabilidade pessoal dos sócios, controladores e administradores será definido, nos termos do **art. 82 da Lei 11.101:**

> **Art. 82.** A responsabilidade pessoal dos sócios de responsabilidade limitada, dos controladores e dos administradores da sociedade falida, estabelecida nas respectivas leis, será apurada no próprio juízo da falência, independentemente da realização do ativo e da prova da sua insuficiência para cobrir o passivo, observado o procedimento ordinário previsto no Código de Processo Civil.
>
> **§ 1º** Prescreverá em 2 (dois) anos, contados do trânsito em julgado da sentença de encerramento da falência, a ação de responsabilização prevista no caput deste artigo.
>
> **Art. 82-A.** É vedada a extensão da falência ou de seus efeitos, no todo ou em parte, aos sócios de responsabilidade limitada, aos controladores e aos administradores da sociedade falida, admitida, contudo, a desconsideração da personalidade jurídica.

3. CAUSAS DE FALÊNCIA

Como pacificado pela jurisprudência e doutrina, as hipóteses que autorizam a falência (art. 94 da Lei nº 11.101/05) **não** compreendem, necessariamente, situações de insolvência econômica, mas sim de **insolvência jurídica**, que é presumida nos cenários dos incisos do art. 94 da Lei nº 11.101/05:

> "**Art. 94, *caput*, da Lei nº 11.101/05.** Será decretada a falência do devedor que: I – sem relevante razão de direito, não paga, no vencimento, obrigação

líquida materializada em título ou títulos executivos protestados cuja soma ultrapasse o equivalente a 40 (quarenta) salários-mínimos na data do pedido de falência; II - executado por qualquer quantia líquida, não paga, não deposita e não nomeia à penhora bens suficientes dentro do prazo legal; III - pratica qualquer dos seguintes atos, exceto se fizer parte de plano de recuperação judicial: (...)."

Art. 94. Será decretada a falência do devedor que:

I - sem relevante razão de direito, não paga, no vencimento, obrigação líquida materializada em título ou títulos executivos protestados cuja soma ultrapasse o equivalente a 40 (quarenta) salários-mínimos na data do pedido de falência;

II - executado por qualquer quantia líquida, não paga, não deposita e não nomeia à penhora bens suficientes dentro do prazo legal;

III - pratica qualquer dos seguintes atos, exceto se fizer parte de plano de recuperação judicial:

a) procede à liquidação precipitada de seus ativos ou lança mão de meio ruinoso ou fraudulento para realizar pagamentos;

b) realiza ou, por atos inequívocos, tenta realizar, com o objetivo de retardar pagamentos ou fraudar credores, negócio simulado ou alienação de parte ou da totalidade de seu ativo a terceiro, credor ou não;

c) transfere estabelecimento a terceiro, credor ou não, sem o consentimento de todos os credores e sem ficar com bens suficientes para solver seu passivo;

d) simula a transferência de seu principal estabelecimento com o objetivo de burlar a legislação ou a fiscalização ou para prejudicar credor;

e) dá ou reforça garantia a credor por dívida contraída anteriormente sem ficar com bens livres e desembaraçados suficientes para saldar seu passivo;

f) ausenta-se sem deixar representante habilitado e com recursos suficientes para pagar os credores, abandona estabelecimento ou tenta ocultar-se de seu domicílio, do local de sua sede ou de seu principal estabelecimento;

g) deixa de cumprir, no prazo estabelecido, obrigação assumida no plano de recuperação judicial.

A situação de insolvência, que é o déficit entre o ativo ou patrimônio e o passivo ou as obrigações da empresa, pode ser presumida observando-se os direcionamentos dados pelo **art. 94 da Lei de Recuperação e Falência,** tais como:

3.1. Impontualidade injustificada

Aquele que, sem relevante razão de direito, não paga, no vencimento, obrigação líquida, materializada em título ou títulos executivos protestados, cuja soma ultrapasse o equivalente a 40 salários mínimos na data do pedido de falência.

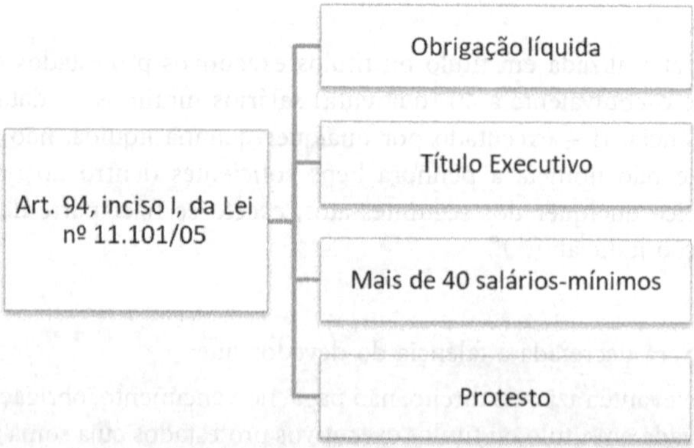

O não pagamento deve estar correlacionado a uma ou mais obrigações líquidas, ou seja, certas quanto à existência e determinação de seus objetos, aqui entendidas como aquelas representadas pelos títulos executivos judiciais ou extrajudiciais, como aqueles expressamente previstos no **art. 784 do Código de Processo Civil.**

> ***Art. 784. São títulos executivos extrajudiciais:***
>
> *I – a letra de câmbio, a nota promissória, a duplicata, a debênture e o cheque;*
>
> *II – a escritura pública ou outro documento público assinado pelo devedor;*
>
> *III – o documento particular assinado pelo devedor e por 2 (duas) testemunhas;*
>
> *IV – o instrumento de transação referendado pelo Ministério Público, pela Defensoria Pública, pela Advocacia Pública, pelos advogados dos transatores ou por conciliador ou mediador credenciado por tribunal;*
>
> *V – o contrato garantido por hipoteca, penhor, anticrese ou outro direito real de garantia e aquele garantido por caução;*
>
> *VI – o contrato de seguro de vida em caso de morte;*
>
> *VII – o crédito decorrente de foro e laudêmio;*
>
> *VIII – o crédito, documentalmente comprovado, decorrente de aluguel de imóvel, bem como de encargos acessórios, tais como taxas e despesas de condomínio;*
>
> *IX – a certidão de dívida ativa da Fazenda Pública da União, dos Estados, do Distrito Federal e dos Municípios, correspondente aos créditos inscritos na forma da lei;*
>
> *X – o crédito referente às contribuições ordinárias ou extraordinárias de condomínio edilício, previstas na respectiva convenção ou aprovadas em assembleia geral, desde que documentalmente comprovadas;*
>
> *XI – a certidão expedida por serventia notarial ou de registro relativa a valores de emolumentos e demais despesas devidas pelos atos por ela praticados, fixados nas tabelas estabelecidas em lei;*
>
> *XII – todos os demais títulos aos quais, por disposição expressa, a lei atribuir força executiva.*

É indispensável que a impontualidade seja injustificada, isto é, não haja por parte do devedor um justo motivo ou relevante razão de direito para a alegada inadimplência.

Nesse sentido, **o art. 96 da Lei de Falências e Recuperações** indica alguns motivos que configuram uma justa causa para a ausência de pagamento, tais como a falsidade do título e a nulidade da obrigação, a prescrição do título, e que deverão ser arguidos na oportunidade da contestação inviabilizando a decretação da falência.

> **Art. 96**. A falência requerida com base no art. 94, inciso I do caput, desta Lei, não será decretada se o requerido provar:
>
> I – falsidade de título;
>
> II – prescrição;
>
> III – nulidade de obrigação ou de título;
>
> IV – pagamento da dívida;
>
> V – Qualquer outro fato que extinga ou suspenda obrigação ou não legitime a cobrança de título;
>
> VI – Vício em protesto ou em seu instrumento;
>
> VII – apresentação de pedido de recuperação judicial no prazo da contestação, observados os requisitos do art. 51 desta Lei;
>
> VIII – cessação das atividades empresariais mais de 2 (dois) anos antes do pedido de falência, comprovada por documento hábil do Registro Público de Empresas, o qual não prevalecerá contra prova de exercício posterior ao ato registrado.

Ademais, a impontualidade deve ser provada por meio do protesto do título, que servirá para constituir o devedor em mora. Todo título estará sujeito a protesto, inclusive a sentença judicial, que é um título executivo judicial.

3.2. Execução frustrada

Da mesma forma, será decretada a falência **quando o devedor executado por qualquer quantia líquida não paga, não deposita e não nomeia bens suficientes para solver os débitos dentro do prazo legal.**

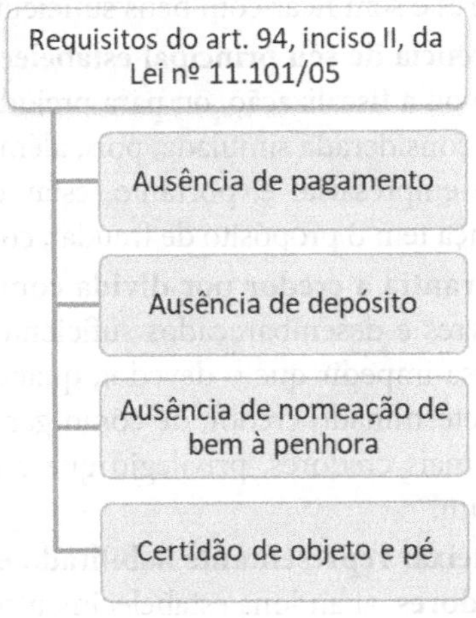

Nessa hipótese, presume-se que é insolvente o devedor, pois não tem condições e patrimônio suficientes para saldar a obrigação exigida, frustrando, por conseguinte, a execução singular movida contra ele.

Entende-se que, caso contrário, ainda que não reunisse o dinheiro necessário para pagar a dívida, poderia lançar mão de um de seus bens e nomeá-lo à penhora. Porém, se nem isso fez, tudo indica que esteja em crise econômico-financeira e, portanto, em situação de risco para os credores.

Conclui-se que nesta hipótese não há necessidade de o crédito ser superior a 40 salários mínimos, pois o legislador permite o pedido de falência por qualquer quantia líquida.

3.3. Atos de falência

Será decretada a falência daquele que pratica qualquer dos seguintes atos:

a) **Procede à liquidação precipitada** de seus ativos ou lança mão de meio ruinoso ou fraudulento para realizar pagamentos; quando o empresário, de forma repentina, promove a venda de seus bens por qualquer preço, ou desvia os recursos obtidos, reduzindo sua capacidade patrimonial e, consequentemente, diminuindo a garantia de recebimento dos credores. Os meios ruinosos são traduzidos na prática de negócios arriscados ou de azar, bem como empréstimos a juros elevadíssimos e extorsivos. Os meios fraudulentos consistem nos artifícios e expedientes utilizados pelo devedor para conseguir dinheiro ou matéria-prima. Podemos citar como exemplo de meio fraudulento a emissão de duplicatas simuladas no mercado.

b) **Realiza ou, por atos inequívocos, tenta realizar, com o objetivo de retardar pagamentos ou fraudar credores**, negócio simulado ou alienação de parte ou da totalidade de seu ativo a terceiro, credor ou não; trata-se da transferência aparente de bens ou do patrimônio para outrem furtando-se da garantia aos credores.

c) **Transfere estabelecimento a terceiro**, credor ou não, sem o consentimento de todos os credores e sem ficar com bens suficientes para solver seu passivo.

d) **Simula a transferência de seu principal estabelecimento** com o objetivo de burlar a legislação ou a fiscalização, ou para prejudicar credor; nestes casos, a transferência será considerada simulada, pois, além de não atender a nenhum motivo de gestão empresarial e, portanto, estar desprovida de justificativa plausível, a mudança tem o propósito de fraudar, configurando ato de falência.

e) **Dá ou reforça garantia a credor por dívida contraída anteriormente** sem ficar com bens livres e desembaraçados suficientes para saldar seu passivo; este dispositivo visa impedir que o devedor, quando da renegociação de sua dívida com um determinado credor, dê como garantia bens que constituem a garantia dos demais credores, privilégio que afronta o princípio do pars conditio creditorum.

f) **Ausenta-se sem deixar representante habilitado e com recursos suficientes para pagar os credores,** abandona estabelecimento ou tenta ocultar-se de seu domicílio, do local de sua sede ou de seu principal estabelecimento; ademais, não basta deixar representante para a condução dos negócios, é indispensável que o abasteça com recursos suficientes para pagamento dos credores.

g) **Deixa de cumprir, no prazo estabelecido, obrigação assumida no plano de recuperação judicial.** O empresário que obtém o benefício da recuperação judicial deverá cumprir à risca o plano. O descumprimento de qualquer obrigação assumida no plano, dentro do prazo de dois anos contados da concessão, provocará a convolação da recuperação judicial em falência. Agora, o descumprimento ocorrido após o referido prazo será considerado ato de falência (**art. 94, III, g, c/c art. 73, IV**).

Os atos que acabamos de mencionar **são conhecidos como atos de falência e não acarretarão decretação da falência se fizerem parte do plano de recuperação judicial.**

4. LEGITIMIDADE ATIVA

De acordo com o art. 97 da Lei nº 11.101/05, podem requerer a falência do devedor: o próprio devedor (autofalência); o cônjuge sobrevivente, qualquer herdeiro do devedor ou o inventariante; o quotista ou o acionista do devedor na forma da lei ou do ato constitutivo da sociedade; e qualquer credor.

> **Art. 97.** Podem requerer a falência do devedor:
>
> I – o próprio devedor, na forma do disposto nos arts. 105 a 107 desta Lei;
>
> II – o cônjuge sobrevivente, qualquer herdeiro do devedor ou o inventariante;
>
> III – o cotista ou o acionista do devedor na forma da lei ou do ato constitutivo da sociedade;
>
> IV – qualquer credor.

5. PETIÇÃO INICIAL DE FALÊNCIA

A petição inicial para o requerimento de falência deve atender aos requisitos genéricos previstos no Código de Processo Civil e aos requisitos específicos previstos na **Lei de Recuperação e Falência**.

- Para falência requerida com base na impontualidade de pagamento, o pedido deve ser instruído com título executivo cujo valor ultrapasse 40 salários mínimos e com o devido instrumento de protesto.
- Em caso de falência requerida com base em execução frustrada, o pedido deve ser instruído com a certidão expedida pelo juízo em que se processa a execução.
- Já em caso de pedido de falência baseado na prática de ato falimentar, o requerente deverá descrever os fatos que caracterizam o ato, juntando as provas que possui e especificando as que pretende produzir.

O requerente poderá desistir do pedido de falência antes da apresentação da contestação por parte do devedor.

Súmula 248 do STJ: Comprovada a prestação dos serviços, a duplicata não aceita, mas protestada, é título hábil para instruir pedido de falência. **Súmula 361 do STJ**: A notificação do protesto, para requerimento de falência da empresa devedora, exige a identificação da pessoa que a recebeu.

6. RITOS DE FALÊNCIA

O rito aplicado pedido de falência dependerá da função que exerce seu autor. Vejamos:

- **Quando o pedido for realizado pelo próprio devedor:** O rito a ser seguido é o previsto nos **arts. 105 a 107 da Lei de Recuperação e Falência**, nos demais casos, segue-se o rito do **art. 98 da mesma Lei.**

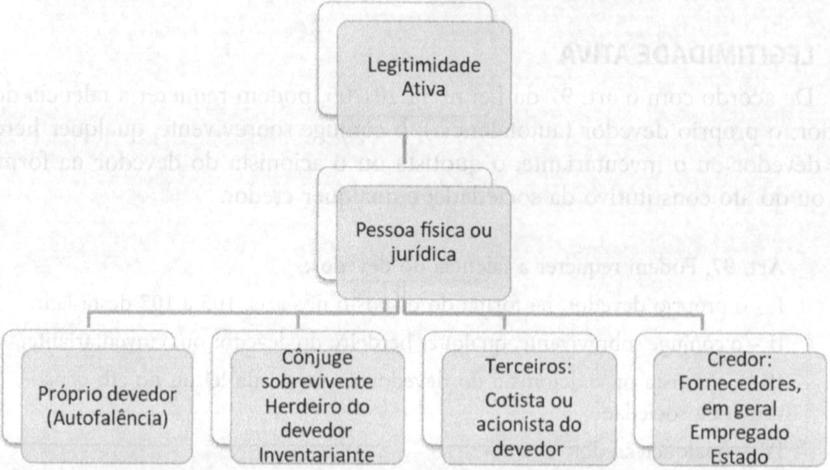

6.1. Autofalência

O pedido de autofalência, como somente será admitido para o devedor em crise econômico-financeira que julgue não atender aos requisitos para pleitear sua recuperação judicial, deverá conter:

> **Art. 105.** O devedor em crise econômico-financeira que julgue não atender aos requisitos para pleitear sua recuperação judicial deverá requerer ao juízo sua falência, expondo as razões da impossibilidade de prosseguimento da atividade empresarial, acompanhadas dos seguintes documentos:
>
> I – demonstrações contábeis referentes aos 3 (três) últimos exercícios sociais e as levantadas especialmente para instruir o pedido, confeccionadas com estrita observância da legislação societária aplicável e compostas obrigatoriamente de:
>
> a) balanço patrimonial;
>
> b) demonstração de resultados acumulados;
>
> c) demonstração do resultado desde o último exercício social;
>
> d) relatório do fluxo de caixa;

> II – relação nominal dos credores, indicando endereço, importância, natureza e classificação dos respectivos créditos;
>
> III – relação dos bens e direitos que compõem o ativo, com a respectiva estimativa de valor e documentos comprobatórios de propriedade;
>
> IV – prova da condição de empresário, contrato social ou estatuto em vigor ou, se não houver, a indicação de todos os sócios, seus endereços e a relação de seus bens pessoais;
>
> V – os livros obrigatórios e documentos contábeis que lhe forem exigidos por lei;
>
> VI – relação de seus administradores nos últimos 5 (cinco) anos, com os respectivos endereços, suas funções e participação societária.

6.2. Falência requerida por credores e terceiros

Quando requerida a falência por terceiros, credor, sócio, cônjuge, herdeiro ou inventariante, a lei prevê a citação do empresário para que este se manifeste dentro de dez dias.

Se o pedido da falência se baseia em impontualidade injustificada ou execução frustrada, **o devedor pode elidi-lo depositando em juízo, no prazo de resposta, o valor correspondente ao total de crédito em atraso,** acrescido de correção monetária, juros e honorários advocatícios.

Essa é a determinação do **art. 98 da Lei de Recuperação e Falência.**

> **Art. 98.** Citado, o devedor poderá apresentar contestação no prazo de 10 (dez) dias.
>
> **Parágrafo único.** Nos pedidos baseados nos incisos I e II do **caput** do art. 94 desta Lei, o devedor poderá, no prazo da contestação, depositar o valor correspondente ao total do crédito, acrescido de correção monetária, juros e honorários advocatícios, hipótese em que a falência não será decretada e, caso julgado procedente o pedido de falência, o juiz ordenará o levantamento do valor pelo autor.

O devedor pode, no entanto, apenas contestar o pedido de falência, caso em que o juiz, acolhendo as razões de defesa, deverá proferir sentença denegatória de falência, condenando o requerente nas verbas de sucumbência e, eventualmente, em perdas e danos, se a falência tiver sido requerida com dolo.

Caso o juiz não acolha as razões de defesa, proferirá sentença de falência.

Denomina-se **depósito elisivo** aquele realizado pelo devedor empresário com a finalidade de impedir a declaração de sua falência, de forma a demonstrar a capacidade de adimplemento do crédito exigido.

> **Súmula 29 do STJ:** No pagamento em juízo para elidir falência, são devidos correção monetária, juros e honorários de advogado.

7. FALÊNCIA DOS SÓCIOS COM RESPONSABILIDADE ILIMITADA E RESPONSABILIDADE DOS SÓCIOS DE RESPONSABILIDADE LIMITADA

Enquanto o art. 81 da Lei nº 11.101/05 **equipara** os sócios de responsabilidade ILIMITADA ao falido; o art. 82 da Lei nº 11.101/05 destaca que a responsabilidade dos sócios de responsabilidade **LIMITADA** será **apurada** no próprio juízo da falência (ação de responsabilidade):

E, lembre-se, que eventual incidente de desconsideração da personalidade jurídica no processo falimentar não o suspende o processo, ou seja, **não** se aplica o § 3º do art. 134 do CPC:

> "O incidente de desconsideração da personalidade jurídica deve ser observado no processo falimentar, sem a suspensão do processo." **(Enunciado nº 101 da III Jornada de Direito Comercial)**

A **decisão que decreta a falência da sociedade com sócios ilimitadamente responsáveis também acarreta a falência destes**, que ficam sujeitos aos mesmos efeitos jurídicos produzidos em relação à sociedade falida e, por isso, deverão ser citados para apresentar contestação, se assim o desejarem.

Essa disposição **atingirá, da mesma forma, o sócio que tenha se retirado voluntariamente ou que tenha sido excluído da sociedade há menos de dois anos,** quanto às dívidas existentes na data do arquivamento da alteração do contrato, no caso de não terem sido solvidas até a data da decretação da falência.

> **Art. 81.** A decisão que decreta a falência da sociedade com sócios ilimitadamente responsáveis também acarreta a falência destes, que ficam sujeitos aos mesmos efeitos jurídicos produzidos em relação à sociedade falida e, por isso, deverão ser citados para apresentar contestação, se assim o desejarem. **§ 1º** O disposto no caput deste artigo aplica-se ao sócio que tenha se retirado voluntariamente ou que tenha sido excluído da sociedade, há menos de 2 (dois) anos, quanto às dívidas existentes na data do arquivamento da alteração do contrato, no caso de não terem sido solvidas até a data da decretação da falência.
>
> **Art. 82-A.** É vedada a extensão da falência ou de seus efeitos, no todo ou em parte, aos sócios de responsabilidade limitada, aos controladores e aos administradores da sociedade falida, admitida, contudo, a desconsideração da personalidade jurídica.
>
> Parágrafo único. A desconsideração da personalidade jurídica da sociedade falida, para fins de responsabilização de terceiros, grupo, sócio ou administrador por obrigação desta, somente pode ser decretada pelo juízo falimentar com a observância do art. 50 da Lei nº 10.406, de 10 de janeiro de 2002 (Código Civil) e dos arts. 133, 134, 135, 136 e 137 da Lei nº 13.105, de 16 de março de 2015 (Código de Processo Civil), não aplicada a suspensão de que trata o § 3º do art. 134 da Lei nº 13.105, de 16 de março de 2015 (Código de Processo Civil).

É importante recordar que a prova para a insolvência advém do protesto da obrigação descumprida. Até mesmo aqueles títulos que não estão sujeitos a protesto obrigatório deverão ser levados a cartório para sua efetivação.

O **autor do pedido de falência, antes do oferecimento de contestação pelo devedor, poderá deste desistir da ação, sem o consentimento deste (art. 485, § 4º do Código de Processo Civil).**

> § 4º Oferecida a contestação, o autor não poderá, sem o consentimento do réu, desistir da ação.

8. DECISÕES NO PROCESSO DE FALÊNCIA

A decisão no processo de falência poderá ser denegatória ou declaratória. Vejamos cada uma delas:

Denegatória: quando o juiz da falência julga improcedente o pedido do credor, o afastamento da hipótese de falência desafia o recurso de apelação, nos termos do **art. 100 da Lei de Recuperação e Falência.**

> **Art. 100.** Da decisão que decreta a falência cabe agravo, e da sentença que julga a improcedência do pedido cabe apelação.

Não havendo julgamento do mérito, o pedido poderá ser realizado em novo processo, inclusive com fundamento no mesmo título.

Desnecessário dizer que, em muitos casos, **o réu da ação de falência fica com seu crédito abalado e com sua imagem maculada por ter sofrido um pedido de falência.**

Por tal motivo, quando do julgamento do mérito, se o magistrado verificar que o autor da ação de falência agiu com dolo (como, por exemplo, com o intuito de prejudicar um concorrente), deverá, na própria sentença denegatória, condená-lo a indenizar o devedor, apurando-se as perdas e os danos em liquidação de sentença.

> **Art. 101.** Quem por dolo requerer a falência de outrem será condenado, na sentença que julgar improcedente o pedido, a indenizar o devedor, apurando-se as perdas e danos em liquidação de sentença.
>
> **§ 1º** Havendo mais de 1 (um) autor do pedido de falência, serão solidariamente responsáveis aqueles que se conduziram na forma prevista no **caput** deste artigo.
>
> **§ 2º** Por ação própria, o terceiro prejudicado também pode reclamar indenização dos responsáveis.

Declaratória: a sentença declaratória da falência tem natureza constitutiva, posto que insere o devedor e seus credores no regime jurídico da falência.

Na sentença que declaratória, já pode ser fixado o termo legal da falência, ou seja, **"o lapso temporal anterior à decretação da quebra que tem importância para a ineficácia de determinados atos do falido perante a massa".**

O termo da falência não poderá retroagir por mais de 90 dias do primeiro protesto por falta de pagamento; na falta de protesto, não poderá retroagir mais de 90 dias da petição inicial ou convolação da recuperação judicial em falência.

> **Art. 99.** A sentença que decretar a falência do devedor, dentre outras determinações:
>
> I – Conterá a síntese do pedido, a identificação do falido e os nomes dos que forem a esse tempo seus administradores;
>
> II – Fixará o termo legal da falência, sem poder retrotraí-lo por mais de 90 (noventa) dias contados do pedido de falência, do pedido de recuperação judicial ou do 1º (primeiro) protesto por falta de pagamento, excluindo-se, para esta finalidade, os protestos que tenham sido cancelados;
>
> III – ordenará ao falido que apresente, no prazo máximo de 5 (cinco) dias, relação nominal dos credores, indicando endereço, importância, natureza e classificação dos respectivos créditos, se esta já não se encontrar nos autos, sob pena de desobediência;
>
> IV – Explicitará o prazo para as habilitações de crédito, observado o disposto no § 1º do art. 7º desta Lei;
>
> V – Ordenará a suspensão de todas as ações ou execuções contra o falido, ressalvadas as hipóteses previstas nos §§ 1º e 2º do art. 6º desta Lei;
>
> VI – Proibirá a prática de qualquer ato de disposição ou oneração de bens do falido, submetendo-os preliminarmente à autorização judicial e do Comitê, se houver, ressalvados os bens cuja venda faça parte das atividades normais do devedor se autorizada a continuação provisória nos termos do inciso XI do caput deste artigo;
>
> VII – determinará as diligências necessárias para salvaguardar os interesses das partes envolvidas, podendo ordenar a prisão preventiva do falido ou de seus administradores quando requerida com fundamento em provas da prática de crime definido nesta Lei;
>
> VIII – ordenará ao Registro Público de Empresas e à Secretaria Especial da Receita Federal do Brasil que procedam à anotação da falência no registro do devedor, para que dele constem a expressão "falido", a data da decretação da falência e a inabilitação de que trata o art. 102 desta Lei;
>
> IX – Nomeará o administrador judicial, que desempenhará suas funções na forma do inciso III do caput do art. 22 desta Lei sem prejuízo do disposto na alínea a do inciso II do caput do art. 35 desta Lei;
>
> X – Determinará a expedição de ofícios aos órgãos e repartições públicas e outras entidades para que informem a existência de bens e direitos do falido;
>
> XI – pronunciar-se-á a respeito da continuação provisória das atividades do falido com o administrador judicial ou da lacração dos estabelecimentos, observado o disposto no art. 109 desta Lei;
>
> XII – determinará, quando entender conveniente, a convocação da assembléia-geral de credores para a constituição de Comitê de Credores, podendo ainda autorizar a manutenção do Comitê eventualmente em funcionamento na recuperação judicial quando da decretação da falência;

XIII – ordenará a intimação eletrônica, nos termos da legislação vigente e respeitadas as prerrogativas funcionais, respectivamente, do Ministério Público e das Fazendas Públicas federal e de todos os Estados, Distrito Federal e Municípios em que o devedor tiver estabelecimento, para que tomem conhecimento da falência.

Ainda que sejam **identificados resquícios de declaração**, como, por exemplo, a declaração da insolvência, ao confirmar sua existência, a constituição de um novo regime jurídico aplicável ao devedor se destaca como aspecto prevalecente, daí se dizer que a sentença é preponderantemente constitutiva, sendo dotada também de efeitos declaratórios e condenatórios.

Da decisão que decreta a falência cabe agravo, e da sentença que julga a improcedência do pedido cabe apelação.

De acordo com a **Súmula 25 do STJ**: Nas ações da lei de falências o prazo para a interposição de recurso conta-se da intimação da parte.

9. TERMO LEGAL DA FALÊNCIA

O termo legal é, portanto, o marco inicial do estado (ainda que presumido) de insolvência do devedor, dando a sentença falimentar a sua natureza retroativa (efeitos *ex tunc*).

Segundo o próprio art. 99, inciso II, da Lei nº 11.101/05, o termo legal será fixado em um dos 90 (noventa) dias anteriores *(a)* ao pedido de falência, *(b)* ao pedido de recuperação judicial ou *(c)* ao primeiro protesto por falta de pagamento, excluindo-se, para esta finalidade, os protestos que tenham sido cancelados.

No entanto, não se trata de escolha do juiz, devendo o termo legal da falência ser fixado na situação que ocorrer primeiro:

"A opção por fixar o termo legal a partir (1) do pedido de falência, (2) do pedido de recuperação judicial ou (3) do primeiro protesto por falta de pagamento não se faz segundo a avaliação do magistrado: será aquele que primeiro se verificou, já que são demonstrações objetivas de crise econômico-financeira."

RESUMO. FASE PRÉ-FALIMENTAR

A primeira coisa que devemos estudar é a legitimidade, já que estamos diante de um processo. Podem requerer a falência: O próprio devedor (autofalência); o cônjuge sobrevivente, qualquer herdeiro do devedor ou o inventariante; o quotista ou o acionista do devedor na forma da lei ou do ato constitutivo da sociedade; e qualquer credor. No caso da falência requerida por terceiros, a legislação prevê o prazo de 10 (dez) dias para a contestação.

CAUSAS DE FALÊNCIA

As hipóteses que autorizam a falência são a da impontualidade injustificada, situação em que o credor devedor possui um título executivo ou títulos executivos que superem 40 salários-mínimos, devidamente protestados para fins falimentares; a execução frustrada e os atos de falência.

26

FASE FALIMENTAR

A fase falimentar tem **início com a sentença decretatória da falência.** Nesse momento, e de forma simultânea, operam diversos efeitos.

O falido torna-se inabilitado para a atividade empresarial, mas, cumpre destacar, que não é apenas sobre ela que recairá a falência.

Em seguida, é importante mencionar que **existem efeitos sobre específicos para os bens, contratos e inclusive os créditos** dos respectivos credores.

1. PRINCIPAIS EFEITOS DA FALÊNCIA

Os principais efeitos são:

a) suspensão do exercício do direito de retenção sobre os bens sujeitos à arrecadação, os quais deverão ser entregues ao administrador judicial, além da suspensão do exercício do direito de retirada ou de recebimento do valor de suas quotas ou ações pelos sócios da sociedade falida;

b) os contratos bilaterais não se resolvem pela falência e podem ser cumpridos pelo administrador judicial, se o cumprimento reduzir ou evitar o aumento do passivo da massa falida ou for necessário à manutenção e preservação de seus ativos, mediante autorização do Comitê;

c) o contrato unilateral poderá ser cumprido pelo administrador judicial, se esse fato reduzir ou evitar o aumento do passivo da massa falida ou for necessário à manutenção e preservação de seus ativos, realizando o pagamento da prestação pela qual está obrigada;

d) o mandato conferido pelo devedor, antes da falência, para a realização de negócios, cessará seus efeitos com a decretação da falência, cabendo ao mandatário prestar contas de sua gestão;

e) as contas-correntes do devedor consideram-se encerradas no momento da decretação da falência, cabendo ao mandatário prestar contas de sua gestão;

f) contra a massa falida, não são exigíveis juros vencidos após a decretação da falência, previstos em lei ou em contrato, se o ativo apurado não bastar para o pagamento dos credores subordinados.

2. DOS EFEITOS DA FALÊNCIA QUANTO AO FALIDO

Desde a decretação da falência ou do sequestro, **o devedor perde o direito de administrar os seus bens ou deles dispor.**

O **falido poderá, contudo, fiscalizar a administração da falência**, requerer as providências necessárias para a conservação de seus direitos ou dos bens arrecadados e intervir nos processos em que a massa falida seja parte ou interessada, requerendo o que for de direito e interpondo os recursos cabíveis.

> Seção V
>
> Da Inabilitação Empresarial, dos Direitos e Deveres do Falido
>
> **Art. 102.** O falido fica inabilitado para exercer qualquer atividade empresarial a partir da decretação da falência e até a sentença que extingue suas obrigações, respeitado o disposto no § 1º do art. 181 desta Lei.
>
> Parágrafo único. Findo o período de inabilitação, o falido poderá requerer ao juiz da falência que proceda à respectiva anotação em seu registro.

3. DOS EFEITOS DA FALÊNCIA QUANTO AOS BENS DO FALIDO

A **decretação da falência gera uma série de efeitos sobre as obrigações do devedor,** disciplinados nos **arts. 115 e seguintes da Lei 11.101/2005**, sujeitando todos os credores, que somente poderão exercer seus direitos sobre os bens do falido e do sócio ilimitadamente responsável na forma que a mencionada lei prescrever.

> **Art. 115.** A decretação da falência sujeita todos os credores, que somente poderão exercer os seus direitos sobre os bens do falido e do sócio ilimitadamente responsável na forma que esta Lei prescrever.

Havendo riscos para a etapa de arrecadação ou visando a preservação dos bens da massa falida ou, ainda, dos interesses dos credores, **é possível falar na lacração do estabelecimento empresarial.**

A decretação da falência sujeita todos os credores, que somente poderão exercer os seus direitos sobre os bens do falido e do sócio ilimitadamente responsável na forma que esta Lei prescrever.

A decretação da falência suspende:

- o exercício do direito de retenção sobre os bens sujeitos à arrecadação, os quais deverão ser entregues ao administrador judicial;
- o exercício do direito de retirada ou de recebimento do valor de suas quotas ou ações, por parte dos sócios da sociedade falida.

4. DOS EFEITOS DA FALÊNCIA QUANTO AOS CONTRATOS DO FALIDO

Os contratos bilaterais não se resolvem pela falência e podem ser cumpridos pelo administrador judicial se o cumprimento reduzir ou evitar o aumento do passivo da massa falida ou for necessário à manutenção e preservação de seus ativos, mediante autorização do Comitê.

> **Art. 117.** Os contratos bilaterais não se resolvem pela falência e podem ser cumpridos pelo administrador judicial se o cumprimento reduzir ou evitar o aumento do passivo da massa falida ou for necessário à manutenção e preservação de seus ativos, mediante autorização do Comitê.

RESUMO. FASE FALIMENTAR

DECISÕES NO PROCESSO DE FALÊNCIA

A decisão que decreta a falência tem natureza de decisão interlocutória. Por essa razão, na hipótese recursal, deve ser atacada pelo agravo de instrumento. Já quando o juiz da falência julga improcedente o pedido do credor, o afastamento da hipótese de falência desafia o recurso de apelação.

PRINCIPAIS EFEITOS DA FALÊNCIA

Os principais efeitos são:

a) **Suspensão do exercício do direito de retenção**: A guarda dos bens será do administrador judicial. Ocorre também a suspensão do exercício do direito de retirada ou de recebimento do valor de suas quotas ou ações pelos sócios da sociedade falida;

b) **Contratos unilaterais ou bilaterais**: Não se resolvem pela falência e podem ser cumpridos pelo administrador judicial, se o cumprimento reduzir ou evitar o aumento do passivo da massa falida ou for necessário à manutenção e preservação de seus ativos, mediante autorização do Comitê;

d) **Mandatos conferidos pelo devedor**: Cessará seus efeitos com a decretação da falência, cabendo ao mandatário prestar contas de sua gestão;

e) **Contas-correntes do devedor**: consideram-se encerradas no momento da decretação da falência, cabendo ao mandatário prestar contas de sua gestão;

27

PRINCIPAIS ETAPAS DO PROCESSO FALIMENTAR

1. PROCEDIMENTO

Assim como na recuperação judicial, o procedimento da falência é um pouco confuso. Isso porque, da mesma forma, há, na verdade, 2 (dois) procedimento paralelos (**A** e **B**). No primeiro (**A**), busca-se formar o Quadro Geral de Credores (**QGC**), ao passo que no segundo (**B**) tem-se como objetivo o encerramento da falência. No entanto, ambos são essenciais e se interligam, principalmente, do pagamento dos credores, que são apurados no Quadro Geral de Credores (**QGC**), segundo ordem legal disposta nos arts. 83 e 84 da Lei nº 11.101/05.

Caso seja realizado o depósito elisivo, o processo se converte em ação de cobrança e segue pela via executiva comum, ou seja, o mencionado depósito não encerra o processo:

Por outro lado, após a citação, no prazo de contestação, o réu de pedido falimentar também poderá pleitear sua recuperação judicial (art. 95 da Lei nº 11.101/05).

Esse pedido de recuperação será distribuído por dependência ao mesmo juízo em que se processa o pedido de falência (art. 3º, c/c o art. 6º, § 8º, ambos da Lei nº 11.101/05). Simultaneamente, o réu do pedido falimentar protocolizará petição nos autos da ação falimentar, comunicando o ajuizamento da ação de recuperação judicial e pedindo a extinção do processo falimentar, sem o julgamento do mérito.

Deferido o processamento da recuperação judicial, extingue-se a ação falimentar.

Por outro lado, caso o pedido de falência fundamente-se em impontualidade injustificada ou execução frustrada (art. 94, incisos I e II, da Lei nº 11.101/05):

Apresentada ou não a contestação, aplica-se as regras do procedimento ordinário até a sentença.

2. VERIFICAÇÃO E HABILITAÇÃO DE CRÉDITOS

Compete ao **administrador judicial a verificação dos créditos, que a realizará com base nos livros contábeis e documentos** comerciais e fiscais do devedor e nos documentos que lhe forem apresentados pelos credores, podendo contar com o auxílio de profissionais ou empresas especializadas.

Os procedimentos de verificação e habilitação de créditos na recuperação de empresas e na falência são comuns.

A verificação de créditos será realizada pelo administrador judicial, tomando por base as escriturações do devedor e os documentos apresentados pelos credores.

> **Art. 7º** A verificação dos créditos será realizada pelo administrador judicial, com base nos livros contábeis e documentos comerciais e fiscais do devedor e nos documentos que lhe forem apresentados pelos credores, podendo contar com o auxílio de profissionais ou empresas especializadas.
>
> **§1º** Publicado o edital previsto no art. 52, § 1º, ou no parágrafo único do art. 99 desta Lei, os credores terão o prazo de 15 (quinze) dias para apresentar ao administrador judicial suas habilitações ou suas divergências quanto aos créditos relacionados.

Confeccionada a relação inicial de credores, ocorrerá a publicação de tal relação na imprensa oficial, iniciando-se um **prazo de 15 dias para que os credores verifiquem seus nomes na lista** e, na falta, requeiram sua habilitação ou apresentem, se for o caso, suas impugnações.

O administrador judicial, nos 45 dias seguintes, fará publicar novo edital contendo a nova relação de credores.

A contar dessa publicação, os credores, o devedor, seus sócios ou o representante do Ministério Público têm um **prazo de dez dias para apresentar impugnações aos créditos apresentados**, quanto à classificação ou à falta de legitimidade, por exemplo.

> Art. 9º A habilitação de crédito realizada pelo credor nos termos do art. 7º, § 1º, desta Lei deverá conter:
>
> I – o nome, o endereço do credor e o endereço em que receberá comunicação de qualquer ato do processo;
>
> II – o valor do crédito, atualizado até a data da decretação da falência ou do pedido de recuperação judicial, sua origem e classificação;
>
> III – os documentos comprobatórios do crédito e a indicação das demais provas a serem produzidas;

IV – a indicação da garantia prestada pelo devedor, se houver, e o respectivo instrumento;

V – a especificação do objeto da garantia que estiver na posse do credor.

Parágrafo único. Os títulos e documentos que legitimam os créditos deverão ser exibidos no original ou por cópias autenticadas se estiverem juntados em outro processo.

O administrador judicial, por sua vez, analisará cada uma das habilitações e divergências apresentadas e fará publicar novo edital contendo a segunda relação de credores no prazo de 45 dias contados do fim do prazo dos credores.

Caso a relação de credores sofra impugnações, cada uma delas será autuada em separado, mas terão uma só autuação as diversas impugnações, versando sobre o mesmo crédito.

Não havendo impugnações, a relação de credores constante do edital de que trata o **art. 7º, § 2º**, será homologada pelo juiz transformando-se no quadro geral de credores.

Os **credores cujos créditos foram impugnados serão intimados para, no prazo de cinco dias, contestar respectivas impugnações.**

Caso o credor não tenha se atentado ao prazo acima, **a habilitação será retardatária**, como a seguir:

Art. 10. Não observado o prazo estipulado no art. 7º, § 1º, desta Lei, as habilitações de crédito serão recebidas como retardatárias.

§ 5º As habilitações de crédito retardatárias, se apresentadas antes da homologação do quadro-geral de credores, serão recebidas como impugnação e processadas na forma dos arts. 13 a 15 desta Lei.

§ 6º Após a homologação do quadro-geral de credores, aqueles que não habilitaram seu crédito poderão, observado, no que couber, o procedimento ordinário previsto no Código de Processo Civil, requerer ao juízo da falência ou da recuperação judicial a retificação do quadro-geral para inclusão do respectivo crédito.

Da decisão judicial sobre a impugnação caberá o recurso de agravo de instrumento.

Art. 17. Da decisão judicial sobre a impugnação caberá agravo.

Alertamos que o **parágrafo único do art. 17 da Lei de Falências e Recuperações** prevê expressamente a possibilidade de o relator conceder efeito suspensivo à decisão que reconhece o crédito ou determinar a inscrição ou modificação do seu valor ou classificação no quadro geral de credores, para fins de exercício de direito de voto em assembleia geral.

> **Parágrafo único.** Recebido o agravo, o relator poderá conceder efeito suspensivo à decisão que reconhece o crédito ou determinar a inscrição ou modificação do seu valor ou classificação no quadro-geral de credores, para fins de exercício de direito de voto em assembleia-geral.

3. ARRECADAÇÃO

Em ato contínuo à assinatura do termo de compromisso, **o administrador judicial efetuará a arrecadação dos bens e documentos e a avaliação dos bens**, separadamente ou em bloco, no local em que se encontrem, requerendo ao juiz, para esses fins, as medidas necessárias.

Os bens arrecadados ficarão sob a guarda do administrador judicial ou de pessoa por ele escolhida, sob responsabilidade daquele, podendo o falido ou qualquer de seus representantes ser nomeado depositário dos bens. **O falido poderá acompanhar a arrecadação e a avaliação.**

O produto dos bens penhorados ou por outra forma apreendidos entrará para a massa, cumprindo ao juiz deprecar, a requerimento do administrador judicial, às autoridades competentes, determinando sua entrega. **Não serão arrecadados os bens absolutamente impenhoráveis.**

O estabelecimento será lacrado sempre que houver risco para a execução da etapa de arrecadação ou para a preservação dos bens da massa falida ou dos interesses dos credores.

> **Art. 112.** Os bens arrecadados poderão ser removidos, desde que haja necessidade de sua melhor guarda e conservação, hipótese em que permanecerão em depósito sob responsabilidade do administrador judicial, mediante compromisso.

O auto de arrecadação, composto pelo inventário e pelo respectivo laudo de avaliação dos bens, será assinado pelo administrador judicial, pelo falido ou seus representantes e por outras pessoas que auxiliarem ou presenciarem o ato.

Serão referidos no inventário:

I – os livros obrigatórios e os auxiliares ou facultativos do devedor, designando-se o estado em que se acham, número e denominação de cada um, páginas escrituradas, data do início da escrituração e do último lançamento, e se os livros obrigatórios estão revestidos das formalidades legais;

II – dinheiro, papéis, títulos de crédito, documentos e outros bens da massa falida;

III – os bens da massa falida em poder de terceiro, a título de guarda, depósito, penhor ou retenção;

IV – os bens indicados como propriedade de terceiros ou reclamados por estes, mencionando-se essa circunstância.

Quando possível, os bens referidos acima serão individualizados.

Em relação aos bens imóveis, o administrador judicial, no prazo de 15 (quinze) dias após a sua arrecadação, exibirá as certidões de registro, extraídas posteriormente à decretação da falência, com todas as indicações que nele constarem.

O juiz poderá **autorizar os credores, de forma individual ou coletiva, em razão dos custos e no interesse da massa falida, a adquirir ou adjudicar, de imediato, os bens arrecadados**, pelo valor da avaliação, atendida a regra de classificação e preferência entre eles, ouvido o Comitê.

Os bens perecíveis, deterioráveis, sujeitos à considerável desvalorização ou que sejam de conservação arriscada ou dispendiosa, poderão ser vendidos antecipadamente, após a arrecadação e a avaliação, mediante autorização judicial, ouvidos o Comitê e o falido no prazo de 48 (quarenta e oito) horas.

4. INEFICÁCIA E REVOGAÇÃO DE ATOS DURANTE O PROCESSO DE FALÊNCIA

Os atos considerados no **artigo 129, da Lei 11.101/05,** são elencados na lei com o objetivo de evitar que no momento de crise o devedor comece a onerar os seus bens ou tentar se evadir dos pagamentos.

Os atos abaixo enumerados serão considerados ineficazes se realizados em um período que se denomina: **"Período suspeito".**

Esse período é determinado pelo juiz em sua sentença. Assim, caso o ato esteja no rol abaixo e dentro do período citado, a ineficácia do ato fará com que o bem retorne para a massa falida para o pagamento dos credores de acordo com o concurso falimentar.

São ineficazes em relação à massa falida, tenha ou não o contratante conhecimento do estado de crise econômico-financeira do devedor, seja ou não intenção deste fraudar credores:

a) o pagamento de dívidas não vencidas realizado pelo devedor dentro do termo legal, por qualquer meio extintivo do direito de crédito, ainda que pelo desconto do próprio título;

b) o pagamento de dívidas vencidas e exigíveis, realizado dentro do termo legal, por qualquer forma que não esteja prevista em contrato;

c) a constituição de direito real de garantia, inclusive a retenção, dentro do termo legal, tratando-se de dívida contraída anteriormente; se os bens dados em hipoteca forem objeto de outras posteriores, a massa falida receberá a parte que caberá ao credor da hipoteca revogada;

d) a prática de atos a título gratuito, desde dois anos antes da decretação da falência;

e) a renúncia à herança ou legado, até dois anos antes da decretação da falência;

f) a venda ou transferência de estabelecimento feita sem o consentimento expresso ou o pagamento de todos os credores, a esse tempo existentes, não tendo restado ao devedor bens suficientes para solver seu passivo, salvo se, no prazo de 30 dias, não houver oposição dos credores, após serem devidamente notificados, judicialmente ou pelo oficial do registro de títulos e documentos; e os registros de direitos reais e de transferência de propriedade entre vivos, por título oneroso ou gratuito, ou a averbação relativa a imóveis realizados após a decretação da falência, salvo se tiver havido prenotação anterior.

Saliente-se que **são revogáveis os atos praticados com a intenção de prejudicar credores,** provando-se o conluio fraudulento entre o devedor e o terceiro que com ele contratar e o efetivo prejuízo sofrido pela massa falida.

O dispositivo abaixo é para as hipóteses fraudulentas, e, eventualmente, não previstas no **artigo 129 da lei 11.101/05.**

> **Art. 130.** São revogáveis os atos praticados com a intenção de prejudicar credores, provando-se o conluio fraudulento entre o devedor e o terceiro que com ele contratar e o efetivo prejuízo sofrido pela massa falida.

A ineficácia poderá ser declarada de ofício pelo juiz, alegada em defesa ou pleiteada mediante ação própria ou incidentalmente no curso do processo.

5. RESTITUIÇÃO DE BENS

> "**Art. 85 da Lei nº 11.101/05.** O proprietário de bem arrecadado no processo de falência ou que se encontre em poder do devedor na data da decretação da falência poderá pedir sua restituição.
> **Parágrafo único.** Também pode ser pedida a restituição de coisa vendida a crédito e entregue ao devedor nos 15 (quinze) dias anteriores ao requerimento de sua falência, se ainda não alienada."

Por meio da ação de restituição (arts. 87/90 da Lei nº 11.101/05), o proprietário de bem (inclusive dinheiro[1]) arrecadado no processo de falência ou que se encontre em poder do devedor na data da decretação da falência poderá pedir sua restituição (art. 85 da Lei nº 11.101/05).

Ademais, o parágrafo único do art. 85 da Lei nº 11.101/05 ainda permite que o alienante peça a restituição de coisa vendida a crédito e entregue ao devedor nos 15 (quinze) dias anteriores ao requerimento de sua falência, se ainda não alienada.

Importante lembrar também do art. 51, parágrafo único, da Lei nº 8.212/91, que prevê hipótese especial de restituição em dinheiro:

> "**Art. 51 da Lei nº 8.212/91.** O crédito relativo a contribuições, cotas e respectivos adicionais ou acréscimos de qualquer natureza arrecadados pelos órgãos competentes, bem como a atualização monetária e os juros de mora, estão sujeitos, nos processos de falência, concordata ou concurso de credores, às disposições atinentes aos créditos da União, aos quais são equiparados.
> **Parágrafo único.** O Instituto Nacional do Seguro Social-INSS reivindicará os valores descontados pela empresa de seus empregados e ainda não recolhidos."

1. "Pode ser objeto de restituição, na falência, dinheiro em poder do falido, recebido em nome de outrem, ou do qual, por lei ou contrato, não tivesse êle a disponibilidade." **(Súmula nº 417/STF)**

Por fim, conforme art. 93 da Lei nº 11.101/05, nos casos em que não couber pedido de restituição, fica resguardado o direito dos credores de propor embargos de terceiros, observada a legislação processual civil.

6. AÇÃO REVOCATÓRIA

A ação revocatória, de que trata o **art. 130 da lei de falências, deverá ser proposta pelo administrador judicial, por qualquer credor ou pelo Ministério Público, no prazo de 3 (três) anos contado da decretação da falência.**

> **Art. 132.** A ação revocatória, de que trata o art. 130 desta Lei, deverá ser proposta pelo administrador judicial, por qualquer credor ou pelo Ministério Público no prazo de 3 (três) anos contado da decretação da falência.

> ***Art. 133. A ação revocatória pode ser promovida:***
>
> *I – contra todos os que figuraram no ato ou que por efeito dele foram pagos, garantidos ou beneficiados;*
>
> *II – contra os terceiros adquirentes, se tiveram conhecimento, ao se criar o direito, da intenção do devedor de prejudicar os credores;*
>
> *III – contra os herdeiros ou legatários das pessoas indicadas nos incisos I e II do caput deste artigo.*

7. CLASSIFICAÇÃO DOS CRÉDITOS

Fundamentado no princípio par *conditio creditorum*, **o processo falimentar deve promover condições paritárias de recebimento aos credores.**

Para tanto, é necessário buscar equilíbrio das relações com providências desiguais à medida das desigualdades existentes entre os credores. Sob esse prisma, a lei estabeleceu uma **classificação para a ordem de pagamento dos créditos na falência.**

Mencionamos antes que, diferentemente do que ocorre na recuperação judicial, a classificação dos créditos na falência segue uma ordem bastante rigorosa, que **não pode ser modificada por acordos entre as partes.**

> ***Art. 83. A classificação dos créditos na falência obedece à seguinte ordem:***
>
> *I – os créditos derivados da legislação trabalhista, limitados a 150 (cento e cinquenta) salários-mínimos por credor, e aqueles decorrentes de acidentes de trabalho;*
>
> *II – os créditos gravados com direito real de garantia até o limite do valor do bem gravado;*
>
> *III – os créditos tributários, independentemente da sua natureza e do tempo de constituição, exceto os créditos extraconcursais e as multas tributárias;*
>
> *VI – créditos quirografários, a saber:*
>
> *VII – as multas contratuais e as penas pecuniárias por infração das leis penais ou administrativas, incluídas as multas tributárias;*

> *VIII – os créditos subordinados, a saber:*
>
> *a) os previstos em lei ou em contrato;*
>
> *b) os créditos dos sócios e dos administradores sem vínculo empregatício cuja contratação não tenha observado as condições estritamente comutativas e as práticas de mercado;*
>
> *IX – os juros vencidos após a decretação da falência, conforme previsto no art. 124 desta Lei.*

No tocante ao **1) crédito trabalhista,** a prioridade do pagamento encontra limite no teto de 150 salários mínimos, no valor original, sendo que o valor que exceder ao teto será considerado crédito quirografário.

Verifica-se que a limitação de 150 salários mínimos por credor é tão somente para os créditos trabalhistas, **não sofrendo a mesma limitação os créditos acidentários.**

2) **Credores com garantia real são os credores hipotecários, anticréticos e pignoratícios.**

Assim, para compreendermos melhor, o credor que tiver seu crédito garantido pela hipoteca de um imóvel, ou pelo penhor (e não penhora) de um bem móvel, terá a satisfação de seu crédito até o limite do valor do bem gravado.

Por exemplo, imaginemos que o valor do crédito é de R$ 180.000,00 e o valor do bem imóvel hipotecado é de R$ 150.000,00, mas no leilão recebe o lance maior de R$ 130.000,00.

Com esse valor acima mencionado, serão pagos, assim que efetuado o pagamento dos créditos trabalhistas e acidentários, os credores com direito real de garantia, mas a diferença de R$ 50.000,00 integrará a categoria dos créditos quirografários.

3) **Os créditos tributários, fiscais ou parafiscais, sem a necessidade de habilitação, podem ser de ordem federal, estadual ou municipal?**

Os artigos 29, lei 6.830/80 e art. 187, CTN, que estabelecem hierarquia para o recebimento dos créditos fazendários, e, consideram o crédito da União privilegiado em relação aos Estados e Distrito Federal, passou a ser interpretado com reserva pelo Supremo Tribunal Federal.

Assim, o verbete da Súmula 563, STF fora cancelado, já que não recepcionado pela Constituição Federal, na ADPF 357, com voto de relatoria da Ministra Carmen Lúcia.

Finalmente, **os quirografários são reconhecidos em vista de comportar, residualmente**, todos os créditos que não estejam incluídos nos **artigos 83, incisos I a III, Lei 11.101/05.**

Há créditos que devem ser pagos mesmo antes dos credores em concurso, por lhes serem prejudiciais. São, portanto, créditos **fora do concurso ou extraconcursais** tais créditos extraconcursais estão previstos no art. 84 da Lei nº 11.101/05:

Art. 84. Serão considerados créditos extraconcursais e serão pagos com precedência sobre os mencionados no art. 83 desta Lei, na ordem a seguir, aqueles relativos:

I – revogado;

I-A – às quantias referidas nos arts. 150 e 151 desta Lei;

I-B – ao valor efetivamente entregue ao devedor em recuperação judicial pelo financiador, em conformidade com o disposto na Seção IV-A do Capítulo III desta Lei;

I-C – aos créditos em dinheiro objeto de restituição, conforme previsto no art. 86 desta Lei;

I-D – às remunerações devidas ao administrador judicial e aos seus auxiliares, aos reembolsos devidos a membros do Comitê de Credores, e aos créditos derivados da legislação trabalhista ou decorrentes de acidentes de trabalho relativos a serviços prestados após a decretação da falência;

I-E – às obrigações resultantes de atos jurídicos válidos praticados durante a recuperação judicial, nos termos do art. 67 desta Lei, ou após a decretação da falência;

II – às quantias fornecidas à massa pelos credores;

III – às despesas com arrecadação, administração, realização do ativo, distribuição do seu produto e custas do processo de falência;

IV – às custas judiciais relativas às ações e às execuções em que a massa falida tenha sido vencida;

V – aos tributos relativos a fatos geradores ocorridos após a decretação da falência, respeitada a ordem estabelecida no art. 83 desta Lei.

7.1. Créditos considerados tributários

"**Art. 3º CTN**. Tributo é toda prestação pecuniária compulsória, em moeda ou cujo valor nela se possa exprimir, **que não constitua sanção de ato ilícito**, instituída em lei e cobrada mediante atividade administrativa plenamente vinculada."

"**Art. 83 da Lei nº 11.101/05**. A classificação dos créditos na falência obedece à seguinte ordem:

(...). **III** – os créditos tributários, independentemente da sua natureza e do tempo de constituição, exceto os créditos extraconcursais e as multas tributárias;"

Ressalte-se que, os artigos 29, lei 6.830/80 e art. 187, CTN, que estabelecem hierarquia para o recebimento dos créditos fazendários, e, consideram o crédito da União privilegiado em relação aos Estados e Distrito Federal, passou a ser interpretado com reserva pelo Supremo Tribunal Federal.

Assim, o verbete da Súmula 563, STF fora cancelado, já que não recepcionado pela Constituição Federal, na ADPF 357, com voto de relatoria da Ministra Carmen Lúcia.

8. REALIZAÇÃO DO ATIVO

As formas de realização do ativo da falida estão previstas no art. 140 da Lei nº 11.101/05, de onde se extrai evidente preocupação com a preservação da atividade empresarial, pois em lugar de valorizar a venda de bens isolados, o legislador preferiu prestigiar a venda de bens coletivos:

"**Art. 140 da Lei nº 11.101/05.** A alienação dos bens será realizada de uma das seguintes **formas**, observada a seguinte ordem de preferência:

I – alienação da empresa, com a venda de seus estabelecimentos em bloco;

II – alienação da empresa, com a venda de suas filiais ou unidades produtivas isoladamente;

III – alienação em bloco dos bens que integram cada um dos estabelecimentos do devedor;

IV – alienação dos bens individualmente considerados.

§ 1º Se convier à realização do ativo, ou em razão de oportunidade, podem ser adotadas mais de uma forma de alienação.

§ 2º A realização do ativo terá início independentemente da formação do quadro-geral de credores.

§ 3º A alienação da empresa terá por objeto o conjunto de determinados bens necessários à operação rentável da unidade de produção, que poderá compreender a transferência de contratos específicos.

§ 4º Nas transmissões de bens alienados na forma deste artigo que dependam de registro público, a este servirá como título aquisitivo suficiente o mandado judicial respectivo."

Para memorizar:

Além das formas de alienação previstas no art. 140 da Lei nº 11.101/05, o mesmo diploma também dispõe, em seu art. 142, sobre as modalidades de alienação do ativo, permitindo o art. 144 ainda que o juiz autorize modalidades de alienação judicial diversas das previstas ali.

"**Art. 142 da Lei nº 11.101/05.** Art. 142. A alienação de bens dar-se-á por uma das seguintes modalidades: I – leilão eletrônico, presencial ou híbrido; II – revogado; III – revogado; IV – processo competitivo organizado promovido por agente especializado e de reputação ilibada, cujo procedimento deverá ser detalhado em relatório anexo ao plano de realização do ativo ou ao plano de recuperação judicial, conforme o caso; V – qualquer outra modalidade, desde que aprovada nos termos desta Lei.

> "**Art. 144 da Lei nº 11.101/05.** Havendo motivos justificados, o juiz poderá autorizar, mediante requerimento fundamentado do administrador judicial ou do Comitê, **modalidades** de alienação judicial diversas das previstas no art. 142 desta Lei."

Em contrapartida, o art. 143 da Lei nº 11.101/05 prevê que, em qualquer das modalidades de alienação referidas no art. 142, poderão ser apresentadas impugnações por quaisquer credores, pelo devedor ou pelo Ministério Público, no prazo de 48 (quarenta e oito) horas da arrematação, hipótese em que os autos serão conclusos ao juiz, que, no prazo de 5 (cinco) dias, decidirá sobre as impugnações e, julgando-as improcedentes, ordenará a entrega dos bens ao arrematante, respeitadas as condições estabelecidas no edital.

Por fim, os efeitos da realização do ativo estão dispostos no art. 141 da Lei nº 11.101/05, tendo o referido dispositivo, sem perder de vista as hipóteses fraudulentas (art. 141, § 1º, da Lei nº 11.101/05), previsto como grande atrativo a desvinculação do objeto da alienação de qualquer dívida, inclusive os de natureza tributária, as derivadas da legislação do trabalho e as decorrentes de acidentes de trabalho:

> **Art. 141**. Na alienação conjunta ou separada de ativos, inclusive da empresa ou de suas filiais, promovida sob qualquer das modalidades de que trata o art. 142:
>
> I – todos os credores, observada a ordem de preferência definida no art. 83 desta Lei, sub-rogam-se no produto da realização do ativo;
>
> II – o objeto da alienação estará livre de qualquer ônus e não haverá sucessão do arrematante nas obrigações do devedor, inclusive as de natureza tributária, as derivadas da legislação do trabalho e as decorrentes de acidentes de trabalho.
>
> **§ 1º** O disposto no inciso II do caput deste artigo não se aplica quando o arrematante for: I – sócio da sociedade falida, ou sociedade controlada pelo falido; II – parente, em linha reta ou colateral até o 4º (quarto) grau, consanguíneo ou afim, do falido ou de sócio da sociedade falida; ou III – identificado como agente do falido com o objetivo de fraudar a sucessão.
>
> **§ 2º** Empregados do devedor contratados pelo arrematante serão admitidos mediante novos contratos de trabalho e o arrematante não responde por obrigações decorrentes do contrato anterior."

9. PAGAMENTO DOS CREDORES

Realizadas as **restituições, pagos os créditos extraconcursais** e consolidado o quadro geral de credores, as importâncias recebidas com a realização do ativo serão destinadas ao pagamento dos credores, atendendo à classificação prevista na lei específica, respeitados seus demais dispositivos e as decisões judiciais que determinam reserva de importâncias.

Havendo **reserva de importâncias**, os valores a ela relativos ficarão depositados até o julgamento definitivo do crédito e, no caso de não ser este finalmente reconhecido, no todo ou em parte, os recursos depositados serão objeto de rateio suplementar entre os credores remanescentes.

Art. 150. As despesas cujo pagamento antecipado seja indispensável à administração da falência, inclusive na hipótese de continuação provisória das atividades previstas no inciso XI do **caput** do art. 99 desta Lei, serão pagas pelo administrador judicial com os recursos disponíveis em caixa.

Os **créditos trabalhistas de natureza estritamente salarial, vencidos nos três meses anteriores à decretação da falência**, até o limite de cinco salários mínimos por trabalhador, serão pagos tão logo haja disponibilidade em caixa.

Se no processo falimentar ficar evidenciado que agiu com dolo ou má-fé na constituição do crédito ou da garantia, o credor que se enriqueceu ilicitamente deverá restituir em dobro as quantias recebidas.

Art. 153. Pagos todos os credores, o saldo, se houver, será entregue ao falido.

Súmula 417 do STF: Pode ser objeto de restituição, na falência, dinheiro em poder do falido, recebido em nome de outrem, ou do qual, por lei ou contrato, não tivesse ele a disponibilidade.

Súmula 495 do STF: A restituição em dinheiro da coisa vendida a crédito, entregue nos quinze dias anteriores ao pedido de falência ou de concordata, cabe, quando, ainda que consumada ou transformada, não faça o devedor prova de haver sido alienada a terceiro.

RESUMO. PRINCIPAIS ETAPAS DO PROCESSO FALIMENTAR

VERIFICAÇÃO E HABILITAÇÃO DE CRÉDITOS

Compete ao administrador judicial a verificação dos créditos, que a realizará com base nos livros contábeis e documentos comerciais e fiscais do devedor e nos documentos que lhe forem apresentados pelos credores, podendo contar com o auxílio de profissionais ou empresas especializadas.

Confeccionada a relação inicial de credores, ocorrerá a publicação de tal relação na imprensa oficial, iniciando-se um prazo de 15 dias para que os credores verifiquem seus nomes na lista e, na falta, requeiram sua habilitação ou apresentem, se for o caso, suas impugnações.

O administrador judicial, nos 45 dias seguintes, fará publicar novo edital contendo a nova relação de credores.

A contar dessa publicação, os credores, o devedor, seus sócios ou o representante do Ministério Público têm um prazo de dez dias para apresentar impugnações aos créditos apresentados, quanto à classificação ou à falta de legitimidade, por exemplo.

ARRECADAÇÃO

Em ato contínuo à assinatura do termo de compromisso, o administrador judicial efetuará a arrecadação dos bens e documentos e a avaliação dos bens, separadamente ou em bloco, no local em que se encontrem, requerendo ao juiz, para esses fins, as medidas necessárias.

Os bens arrecadados ficarão sob a guarda do administrador judicial ou de pessoa por ele escolhida, sob responsabilidade daquele, podendo o falido ou qualquer de seus representantes ser nomeado depositário dos bens. O falido poderá acompanhar a arrecadação e a avaliação.

CLASSIFICAÇÃO DOS CRÉDITOS

Fundamentado no princípio *par conditio creditorum*, o processo falimentar deve promover condições paritárias de recebimento aos credores.

Há créditos que devem ser pagos mesmo antes dos credores em concurso, por lhes serem prejudiciais. São, portanto, créditos fora do concurso ou extraconcursais. Na sequência, o pagamento dos créditos concursais.

28

FASE PÓS-FALIMENTAR – ENCERRAMENTO DA FALÊNCIA

Concluída a realização de todo o ativo e distribuído o produto entre os credores, o administrador judicial apresentará suas contas ao juiz no prazo de 30 dias.

> **§4º [primeira parte]** o juiz julgará as contas por sentença.

A sentença que **rejeitar as contas do administrador judicial fixará suas responsabilidades**, poderá determinar a indisponibilidade ou o sequestro de bens e servirá como título executivo para indenização da massa.

> **§ 5º** A sentença que rejeitar as contas do administrador judicial fixará suas responsabilidades, poderá determinar a indisponibilidade ou o sequestro de bens e servirá como título executivo para indenização da massa.

O juiz decidirá, por sentença, se aprova ou não as contas apresentadas pelo administrador judicial. Dessa decisão cabe apelação.

> **§ 6º** Da sentença cabe apelação.

Ultrapassado o prazo legal, e não havendo impugnação das contas e sendo o parecer do representante do parquet favorável, o juiz as julgará.

Se qualquer impugnação for apresentada, ou se o Ministério Público emitir parecer contrário, o administrador judicial será ouvido novamente, após o que suas contas serão julgadas.

> **Art. 155.** Julgadas as contas do administrador judicial, ele apresentará o relatório final da falência no prazo de 10 (dez) dias, indicando o valor do ativo e o do produto de sua realização, o valor do passivo e o dos pagamentos feitos aos credores, e especificará justificadamente as responsabilidades com que continuará o falido.

"Apresentado o relatório final, o juiz encerrará a falência por sentença."

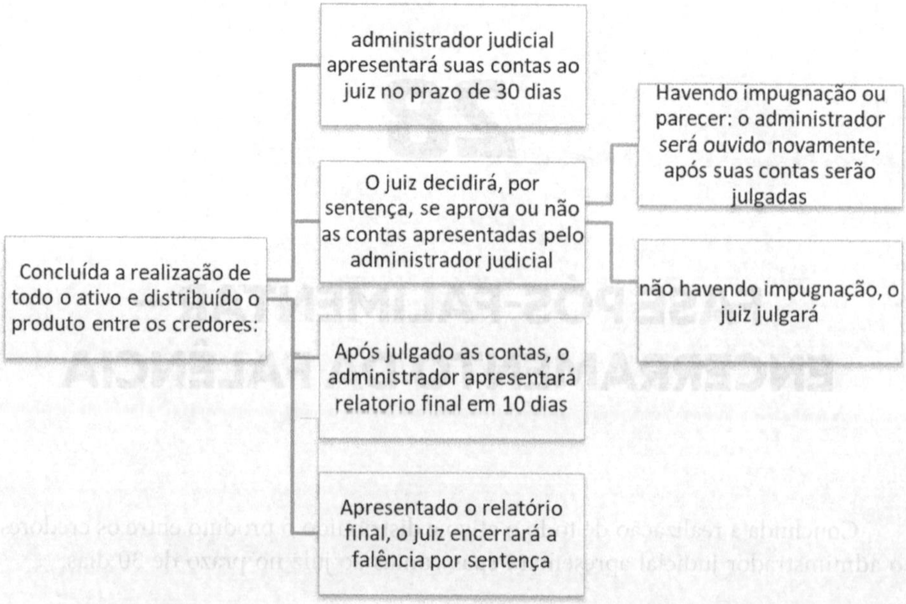

Imediatamente após o trânsito em julgado da sentença de encerramento, os prazos prescricionais referentes às obrigações do falido que estavam suspensos em razão da sentença declaratória da falência começam a fluir novamente.

Como já vimos, a sentença de encerramento finda o processo falimentar.

Assim, após isso, pode o falido retornar à condição anterior à decretação, reabilitado para novamente exercer a atividade empresarial.

Para isto, deverá postular judicialmente a **extinção de todas as suas obrigações por sentença,** da qual também cabe o recurso de apelação.

1. EXTINÇÃO DAS OBRIGAÇÕES DO FALIDO

Art. 158. Extingue as obrigações do falido:

I – o pagamento de todos os créditos;

II – o pagamento, após realizado todo o ativo, de mais de 25% (vinte e cinco por cento) dos créditos quirografários, facultado ao falido o depósito da quantia necessária para atingir a referida porcentagem se para isso não tiver sido suficiente a integral liquidação do ativo;

III – revogado;

IV – revogado;

V – o decurso do prazo de 3 (três) anos, contado da decretação da falência, ressalvada a utilização dos bens arrecadados anteriormente, que serão destinados à liquidação para a satisfação dos credores habilitados ou com pedido de reserva realizado;

VI – o encerramento da falência nos termos dos arts. 114-A ou 156 desta Lei.

Cumpridas as obrigações de acordo com as hipóteses mencionadas, **o falido poderá requerer ao juízo da falência que suas obrigações sejam declaradas extintas por sentença**, podendo opor-se a esse pedido qualquer credor.

Com a extinção de suas obrigações, o falido estará autorizado a novamente exercer a atividade empresarial.

> **Art. 160.** Verificada a prescrição ou extintas as obrigações nos termos desta Lei, o sócio de responsabilidade ilimitada também poderá requerer que seja declarada por sentença a extinção de suas obrigações na falência.

RESUMO. FASE PÓS-FALIMENTAR – ENCERRAMENTO DA FALÊNCIA

Concluída a realização de todo o ativo e distribuído o produto entre os credores, o administrador judicial apresentará suas contas ao juiz no prazo de 30 dias.

O juiz decidirá, por sentença, se aprova ou não as contas apresentadas pelo administrador judicial. Dessa decisão cabe apelação.

EXTINÇÃO DAS OBRIGAÇÕES DO FALIDO

Cumpridas as obrigações de acordo com as hipóteses mencionadas, o falido poderá requerer ao juízo da falência que suas obrigações sejam declaradas extintas por sentença, podendo opor-se a esse pedido qualquer credor. Com a extinção de suas obrigações, o falido estará autorizado a novamente exercer a atividade empresarial.

29

CONTRATOS EMPRESARIAIS

1. ALIENAÇÃO FIDUCIÁRIA EM GARANTIA

1.1. Aspectos conceituais

O termo **alienação significa a transferência, já o termo fidúcia significa confiança.** Esse contrato nasce da compra e venda financiada de determinado bem dado em garantia, como na explicação que segre.

Na **alienação fiduciária, o caráter transitório se evidencia de maneira que a propriedade do bem dado em garantia seja transferida ao credor fiduciário** até o momento em que o devedor fiduciante satisfaça todas as prestações assumidas na aquisição do bem alienado fiduciariamente.

Assim, **o devedor-fiduciante, transfere ao credor-mutuante o domínio resolúvel e a posse indireta do bem,** independentemente de tradição. O devedor fica na posse direta do bem como um depositário.

> Imagine que determinada pessoa siga até uma concessionária para a aquisição de um automóvel, mas precisa financiar o veículo, o que é bastante comum. Nesse caso, a instituição financeira paga o valor integral do veículo para a concessionária, o que resulta de um empréstimo para o financiado.

Desse modo, o **banco empresta o dinheiro (mútuo), e a pessoa que escolheu o veículo transfere a propriedade do bem para o banco mediante fidúcia (confiança), como forma de garantir o pagamento.** Assim, o contrato de alienação fiduciária se dá entre o banco que empresta o dinheiro para o financiado, ora devedor. Esse último, transfere a propriedade do bem para o banco até o pagamento de todas as parcelas.

O mutuário-fiduciante: *Aquele que recebe o empréstimo. O sufixo "ário" quer significar que o sujeito está recebendo algo. No caso, o devedor que recebe o empréstio para comprar o automóvel. Trata-se do mutuário-fiduciante. Nesse última caso, o sufixo "ante" quer significar que o sujeito está oferecendo algo.*

O mutuante-fiduciário: Aquele que empresta o dinheiro e recebe o bem em confiança, como abaixo:

Essa alienação se faz em fidúcia, sendo **que o credor tem apenas o domínio resolúvel e a posse indireta da coisa alienada e o devedor fica como seu depositário e possuidor direto.** Vamos explicar os termos acima.

O domínio decorre da propriedade do bem. Nesse caso, **o domínio é da instituição financeira, mas de forma "resolúvel", o que significa que após o pagamento, o domínio se transfere para o financiado.** No próximo parágrafo, vamos para as tratativas sobre posse indireta e posse direta do bem.

Note que a instituição financeira tem a propriedade do veículo, mas não tem o bem consigo, o que se denomina posse indireta. **A posse direta do bem é do financiado que se utiliza do veículo quotidianamente.** Enfim, com o pagamento da dívida temos a devolução do dinheiro emprestado e o fiduciante volta a titularizar a plena propriedade do bem dado em garantia.

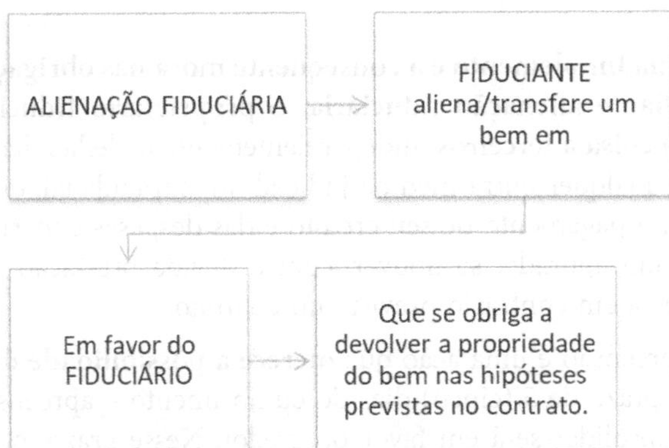

E a alienação fiduciária, na sua forma mais usual, tem **natureza instrumental**, pois é um negócio-meio vocacionado a criar condição para a realização do negócio-fim pretendido pelas partes:

Em se tratando de **bens móveis, a alienação fiduciária em garantia é regida pela Lei nº. 4.728/1965, atualizada pelo decreto-lei 911/69.**

A alienação fiduciária em garantia pode ser utilizada também naqueles casos em que a pessoa já titulariza o bem e pretende utilizá-lo como garantia para o que vulgarmente denominamos de "refinanciamento de dívidas". **A Súmula 28 do STJ confirma:**

> O contrato de alienação fiduciária em garantia pode ter por objeto bem que já integrava o patrimônio do devedor.

A **alienação fiduciária de bem imóvel é regulamentada pela Lei nº. 9.514/1997.** O seu estudo não pertence ao Direito Empresarial, já que os contratos imobiliários são estudados pelo Direito Civil.

1.2. Inadimplemento contratual

A alienação fiduciária de **bem móvel é regulamentada pelo artigo 66-B da Lei nº. 4.728/1965 e pelo Decreto-lei nº. 911/1969.** A propriedade fiduciária do bem móvel é resolvida com o pagamento da dívida e seus encargos por parte do devedor-fiduciante, de maneira que a propriedade do bem é passada definitivamente ao devedor.

Do contrário, **uma vez vencida e não paga, no todo ou em parte, a dívida, terá o devedor, ainda, a chance de satisfazê-la no prazo de quinze dias** após a intimação pelo oficial do competente Registro de Imóveis.

Não ocorrendo a satisfação da dívida, será **o fiduciante constituído em mora e a propriedade do imóvel será consolidada em nome do credor-fiduciário que**, no prazo de trinta dias, contados da data do registro da averbação de consolidação da propriedade, promoverá público leilão para a alienação do imóvel.

O montante arrecadado com a venda do bem no leilão servirá para satisfação da dívida em relação ao credor fiduciário, e o restante será devolvido ao devedor-fiduciante.

Ocorrendo **inadimplemento e a consequente mora nas obrigações contratuais garantidas mediante alienação fiduciária, o proprietário fiduciário ou credor poderá vender a coisa a terceiros,** independentemente de leilão, hasta pública, avaliação prévia ou qualquer outra medida judicial ou extrajudicial, devendo aplicar o preço da venda no pagamento de seu crédito e das despesas decorrentes e entregar ao devedor o saldo apurado, se houver, com a devida prestação de contas, salvo disposição expressa em contrário prevista no contrato.

A busca e apreensão é uma ação que **oferece a possibilidade de cumprimento liminar**. Após o prazo de 5 (cinco) dias do cumprimento – apreensão do veículo – a propriedade consolidar-se-á em favor do credor. Nesse prazo, o devedor poderá pagar a integralidade da dívida. Ainda assim, o processo continua e o devedor tem o direito de apresentar contestação (defesa) no prazo de 15 (quinze) dias. Ao final, caso a busca e apreensão seja considerada improcedente, o credor deverá ressarcir o devedor pelos danos e prejuízos sofridos, assim como multa na forma da lei.

Caso o credor, no caso de inadimplemento e a consequente mora nas obrigações contratuais, preferir pela busca e apreensão, não pode depois vir à via executiva cobrar quantia do devedor remanescente, isso porque não existe mais título para fundamentar tal intento.

Ainda assim, cabe ação monitória conforme **o enunciado sumular 384 do Superior Tribunal de Justiça:**

> "Cabe ação monitória para haver saldo remanescente oriundo de venda extrajudicial de bem alienado fiduciariamente em garantia".

De acordo com **o artigo 4º do Decreto-lei nº. 911/1969,**

> "se o bem alienado fiduciariamente não for encontrado ou não se achar na posse do devedor, fica facultado ao credor requerer, nos mesmos autos, a conversão do pedido de busca e apreensão em ação executiva".

Aliás, o atual posicionamento do STF se dá pela inconstitucionalidade da prisão civil do devedor-fiduciante nos contratos de alienação fiduciária em garantia, assim como em qualquer hipótese de depositário infiel, tendo em vista que os tratados internacionais que versam sobre direitos humanos ingressam em nosso ordenamento com status de norma supralegal, ou seja, abaixo da Constituição e acima das Leis, uma vez que o Pacto de São José da Costa Rica restringe a prisão civil por dívidas aos casos de descumprimento inescusável de pensão alimentícia.

Assim destaca a **Súmula Vinculante 25:**

> "É ilícita a prisão civil de depositário infiel, qualquer que seja a modalidade do depósito".

2. ARRENDAMENTO MERCANTIL

2.1. Finalidade e legislação aplicável

O contrato de arrendamento mercantil assemelha-se a um contrato de locação, podendo o arrendatário, entretanto, no término do contrato, comprar o bem locado. O contrato de leasing encontra-se regulado pela **Lei nº. 6.099/1974 e pela Resolução do Banco Central 2.309/1996, que define:**

> Considera-se, para os efeitos desta lei, arrendamento mercantil o negócio jurídico realizado entre pessoa jurídica, na qualidade de arrendadora, e pessoa física ou jurídica, na qualidade de arrendatária e que tenha por objeto o arrendamento de bens adquiridos pela arrendadora, segundo especificações da arrendatária e para uso próprio desta.

O arrendatário, no final do contrato, poderá escolher entre adquirir o bem, prorrogar o contrato ou devolvê-lo.

Ao final do *leasing*, cabe ao arrendatário as seguintes opções:

a) prorrogar o contrato;

b) pagar o valor residual, adquirindo a propriedade do bem;

c) não renovar o contrato, encerrando a posse sobre o bem.

Assim como na alienação fiduciária em garantia, no *leasing* (arrendamento mercantil), há uma divisão da posse. O arrendatário fica com a posse direta, ao passo que o arrendador/arrendante (pessoa jurídica arrendadora), com a posse indireta.

2.2. Valor Residual Garantido

O valor residual garantido – VRG, define a opção de compra ao final do contrato. Vale considerar que, inclusive, é possível antecipar o valor residual garantido sem descaracterizar o contrato de arrendamento mercantil.

A **Súmula 293 do STJ** é no sentido de que, inclusive, é possível antecipar o valor residual garantido sem descaracterizar o contrato de arrendamento mercantil.

> A cobrança antecipada do valor residual garantido (VRG) não descaracteriza o contrato de arrendamento mercantil.

Aliás, enquanto o valor residual garantido (VRG) pode ser pago em qualquer momento durante a vigência do contrato (de forma antecipada ou diluída em parcelas), o valor residual estabelecido para a opção de compra do bem só pode ser pago ao final:

> "A cobrança antecipada do valor residual garantido (VRG) não descaracteriza o contrato de arrendamento mercantil." **(Súmula nº 293/STJ)**

"E como se dá essa cobrança antecipada do VRG?" No caso de cobrança antecipada, o arrendador/arrendante dilui o VRG nas próprias parcelas mensais, de modo que o montante mensal de cada parcela englobaria:

i) parcela do valor que desembolsou para aquisição do bem;
ii) parcela do valor de depreciação do bem em razão do período do contrato e;
iii) parcela do VRG.

Por fim, segundo a Súmula nº 564 do **STJ**:

> "No caso de reintegração de posse em arrendamento mercantil financeiro, quando a soma da importância antecipada a título de valor residual garantido (VRG) com o valor da venda do bem ultrapassar o total do VRG previsto contratualmente, o arrendatário terá direito de receber a respectiva diferença, cabendo, porém, se estipulado no contrato, o prévio desconto de outras despesas ou encargos pactuados." **(Súmula nº 564/STJ)**

Ou seja, se o arrendatário se tornar inadimplente e não devolver o bem, o arrendador irá ajuizar uma ação de reintegração de posse com a posterior alienação do bem para quitar o débito. *"O arrendador é obrigado a vender o bem?"* Sim, em razão do disposto no art. 14 da Resolução nº 2.309/96:

> "**Art. 14 da Resolução nº 2.309/96**. É permitido à entidade arrendadora, nas hipóteses de devolução ou recuperação dos bens arrendados:
>
> I – conservar os bens em seu ativo imobilizado, pelo prazo máximo de 2 (dois) anos;
>
> II – alienar ou arrendar a terceiros os referidos bens.
>
> **Parágrafo único.** O disposto neste artigo aplica-se também aos bens recebidos em dação em pagamento."

Nesse caso, se o montante (soma) das parcelas do valor residual garantido (VRG) já pagas pelo arrendatário somado ao valor da venda do bem ultrapassar o *quantum* total do valor residual garantido (VRG), o arrendatário terá direito de receber a respectiva diferença, cabendo, porém, se estipulado no contrato, o prévio desconto de outras despesas ou encargos pactuados.

2.3. Modalidades

O **arrendamento mercantil puro ou financeiro se caracteriza pela inexistência de resíduo expressivo,** e, para o exercício da opção de compra, o arrendatário desembolsa uma importância de pequeno valor, devendo a soma das prestações correspondentes à locação ser suficiente para a recuperação do custo do bem e o retorno do investimento da arrendadora.

O tempo de duração do leasing financeiro não pode ser inferior a dois anos, caso a vida útil do bem atinja até cinco anos; e **não pode ser inferior a três anos, se a vida útil for de maior prazo, segundo a resolução 2.309/96.**

É importante ressaltar a matéria da **Súmula 369 do STJ:**

> "No contrato de arrendamento mercantil (leasing), ainda que haja cláusula resolutiva expressa, é necessária a notificação prévia do arrendatário para constituí-lo em mora".

Outra modalidade é o arrendamento mercantil operacional, em que o arrendatário dá assistência técnica, propondo até mesmo a substituição dos bens arrendados. **A soma do valor das prestações não pode ultrapassar 75% do custo do bem arrendado.** O tempo de duração mínimo do contrato de leasing operacional não pode ser inferior a 90 dias, **segundo a resolução 2.309/96.**

Ainda temos o **lease-back,** contrato pelo qual a pessoa proprietária de um bem o vende para, em seguida, recebê-lo do comprador em arrendamento; e o self leasing, operação realizada entre empresas coligadas, uma arrendadora e outra arrendatária.

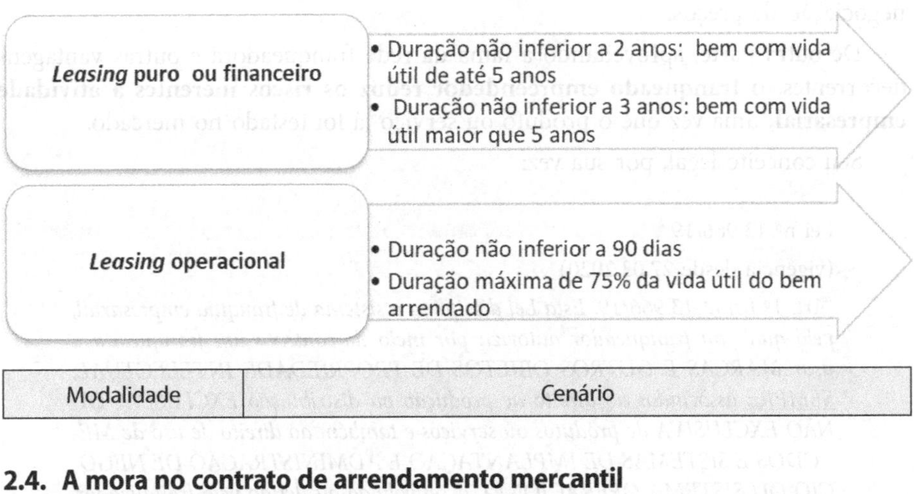

Modalidade	Cenário

2.4. A mora no contrato de arrendamento mercantil

No arrendamento mercantil, a mora verifica-se quando o devedor não efetua pagamento no tempo ou lugar convencionados. E a mora constitui-se *ex re*, isto é, decorre automaticamente do vencimento do prazo para pagamento, motivo pelo qual não cabe nenhuma inquirição a respeito do montante ou origem da dívida, para a aferição da configuração da mora.

A notificação prévia se justifica para demonstração do esbulho, autorizando a purga da mora antes do ajuizamento da ação de reintegração de posse:

Para o registro que com a vigência da Lei nº 13.043/14, que incluiu o § 4º no art. 2º do Decreto-Lei nº 911/69, a mora, em contrato de arrendamento mercantil, poderá ser comprovada por carta registrada com aviso de recebimento no domicílio do devedor, também não se exigindo que a assinatura seja do próprio destinatário.

Sobre a purgação da mora, com o advento da Lei 13.043/14, cujo art. 101 estabeleceu que as disposições do art. 3º do Decreto-Lei nº 911/69 seriam, a partir de então, aplicáveis à reintegração de posse de veículos objeto de arrendamento mercantil, passou-se a coibir a purgação da mora nesta espécie contratual, permitindo-se, por sua vez, a quitação integral do débito para obter a restituição do bem:

3. FRANQUIA

A **franquia ou franchising surgiu em 1860 nos Estados Unidos,** por iniciativa da sociedade empresária *Singer Sewing Machine*, que resolveu expandir seus negócios por diversos pontos do território de seu país, por meio de credenciamento de agentes cedendo a eles a utilização de sua marca, publicidade, técnicas de vendas, know-how e produtos.

Porém, em **escala mundial, foi a rede de lanchonetes McDonald's, criada em 1955, que evidenciou a franquia.**

A franquia é uma **opção de o franqueador expandir os negócios de forma mais econômica,** pois não terá despesas com estruturação de filiais, além do que, com o aumento das compras com seus fornecedores, possibilitará uma melhor negociação de preços.

De outra parte, aproveitando a fama da rede franqueadora e outras vantagens decorrentes, **o franqueado empreendedor reduz os riscos inerentes à atividade empresarial,** uma vez que o produto ou serviço já foi testado no mercado.

Seu conceito legal, por sua vez:

> Lei nº 13.966/19
> (vigência desde 27.03.2020)
>
> *"Art. 1º Lei nº 13.966/19. Esta Lei disciplina o sistema de franquia empresarial, pelo qual um franqueador autoriza por meio de contrato um franqueado a usar MARCAS E OUTROS OBJETOS DE PROPRIEDADE INTELECTUAL, SEMPRE associados ao direito de produção ou distribuição EXCLUSIVA OU NÃO EXCLUSIVA de produtos ou serviços e também ao direito de uso de MÉTODOS E SISTEMAS DE IMPLANTAÇÃO E ADMINISTRAÇÃO DE NEGÓCIO OU SISTEMA OPERACIONAL desenvolvido ou detido pelo franqueador, mediante remuneração direta ou indireta, SEM CARACTERIZAR RELAÇÃO*

> <u>*DE CONSUMO*</u> *ou vínculo empregatício em relação ao franqueado ou a seus empregados, ainda que durante o período de treinamento."*

Com a Lei nº 13.966/19, agora temos autorização expressa para que o contrato integre a administração pública. Aliás, esse foi, basicamente, o motivo de sua aprovação:

> "**Art. 1º, § 2º, Lei nº 13.966/19.** A franquia pode ser adotada por empresa privada, empresa estatal ou entidade sem fins lucrativos, independentemente do segmento em que desenvolva as atividades."

Contudo, permanece a obrigatoriedade de observância do procedimento licitatório para formalização do contrato de franquia, vide razões do veto ao art. 6º da Lei nº 13.966/19:

> "Art. 6º Lei nº 13.966/19 [**<u>VETADO</u>**]. As empresas públicas, as sociedades de economia mista e as entidades controladas direta ou indiretamente pela União, Estados, Distrito Federal e Municípios poderão adotar o sistema de franquia, observado o disposto nesta Lei e na Lei nº 8.666, de 21 de junho de 1993 (Lei de Licitações e Contratos)[1], no que couber ao procedimento licitatório. § 1º A adoção do sistema de franquia pelas empresas públicas, sociedades de economia mista e entidades referidas no caput deverá ser precedida de Oferta Pública de Franquia, mediante publicação, pelo menos anualmente, em 1 (um) jornal diário de grande circulação no Estado onde será oferecida a franquia. § 2º A Circular de Oferta de Franquia adotada pelas empresas públicas, sociedades de economia mista e entidades referidas no caput deverá indicar, além dos requisitos previstos no art. 2º desta Lei, os critérios objetivos de seleção do franqueado definidos pelo franqueador. § 3º Os critérios objetivos de seleção do franqueado referidos no § 2º sempre deverão ser publicados juntamente à Oferta Pública de Franquia de que trata o § 1º."
>
> "**RAZÕES DO VETO**: A propositura legislativa, ao autorizar as empresas públicas, as sociedades de economia mista e as entidades controladas direta ou indiretamente pela União, Estados, Distrito Federal e Municípios, a adotar o sistema de franquia, com obediência à Lei nº 8.666, de 21 de junho de 1993 (Lei de Licitações), no que couber ao procedimento licitatório, gera insegurança jurídica ao estar em descompasso e incongruente com a Lei das Estatais (Lei nº 13.303/2016), a qual dispõe que as empresas estatais realizam procedimentos licitatórios com base neste marco regulatório."

3.1. Organização empresarial

A organização empresarial fornecida pelo franqueador, em regra, desdobra-se em 3 (três) contratos: (a) *management*; (b) *engineering* (contrato de engenharia); (c) *marketing*.

---

1. De acordo com as alterações promovidas pela Lei Complementar nº 198, de 2023, a Lei nº 8.666, de 1993, será inteiramente revogada em 30 de dezembro de 2023.

Management	• Relacionado com os sistemas de controle de estoque, de custos e treinamento de pessoal.
Engineering (contrato de engenharia)	• Pertinente à organização do espaço (layout) do estabelecimento do franqueado.
Marketing	• Conteúdo diz respeito às técnicas de colocação do produto ou serviço junto ao consumidor, incluindo a publicidade.

3.2. Circular de Oferta de Franquia (COF)

A Circular de Oferta de Franquia (COF) está prevista no art. 2º Lei nº 13.966/19, sendo indispensável ao empresário que tiver interesse na implantação de sistema de franquia empresarial, devendo ser fornecida ao interessado em tornar-se franqueado no mínimo 10 (dez) dias antes:

- **i)** da assinatura do contrato ou pré-contrato de franquia;
- **ii)** ou ainda do pagamento de qualquer tipo de taxa pelo franqueado ao franqueador ou à empresa ou pessoa ligada ao franqueador.

Na hipótese do não cumprimento desse prazo, o franqueado poderá arguir a anulabilidade do contrato e exigir devolução de todas as quantias que já houver pagado ao franqueador ou a terceiros por ele indicados, a título de taxa de filiação e royalties,

> Lei nº 13.966/19
> (vigência desde 27.03.2020)
>
> *Art. 2º, caput. Para a implantação da franquia, o franqueador DEVERÁ fornecer ao interessado Circular de Oferta de Franquia, escrita em língua portuguesa, de forma objetiva e acessível, contendo OBRIGATORIAMENTE: (...).*
>
> *I – histórico resumido do negócio franqueado;*
>
> *II – qualificação completa do franqueador e das empresas a que esteja ligado, identificando-as com os respectivos números de inscrição no Cadastro Nacional da Pessoa Jurídica (CNPJ);*
>
> *III – balanços e demonstrações financeiras da empresa franqueadora, relativos aos 2 (dois) últimos exercícios;*
>
> *IV – indicação das ações judiciais relativas à franquia que questionem o sistema ou que possam comprometer a operação da franquia no País, nas quais sejam parte o franqueador, as empresas controladoras, o subfranqueador e os titulares de marcas e demais direitos de propriedade intelectual;*

V – descrição detalhada da franquia e descrição geral do negócio e das atividades que serão desempenhadas pelo franqueado;

VI – perfil do franqueado ideal no que se refere a experiência anterior, escolaridade e outras características que deve ter, obrigatória ou preferencialmente;

VII – requisitos quanto ao envolvimento direto do franqueado na operação e na administração do negócio;

VIII – especificações quanto ao:

a) total estimado do investimento inicial necessário à aquisição, à implantação e à entrada em operação da franquia;

b) valor da taxa inicial de filiação ou taxa de franquia;

c) valor estimado das instalações, dos equipamentos e do estoque inicial e suas condições de pagamento;

IX – informações claras quanto a taxas periódicas e outros valores a serem pagos pelo franqueado ao franqueador ou a terceiros por este indicados, detalhando as respectivas bases de cálculo e o que elas remuneram ou o fim a que se destinam, indicando, especificamente, o seguinte:

a) remuneração periódica pelo uso do sistema, DA MARCA, DE OUTROS OBJETOS DE PROPRIEDADE INTELECTUAL DO FRANQUEADOR OU SOBRE OS QUAIS ESTE DETÉM DIREITOS ou, ainda, pelos serviços prestados pelo franqueador ao franqueado;

b) aluguel de equipamentos ou ponto comercial;

c) taxa de publicidade ou semelhante;

d) seguro mínimo;

X – relação completa de todos os franqueados, subfranqueados ou subfranqueadores da rede e, também, dos que se desligaram nos últimos 24 (vinte quatro) meses, com os respectivos nomes, endereços e telefones;

XI – informações relativas à política de atuação territorial, devendo ser especificado:

a) se é garantida ao franqueado a exclusividade ou a preferência sobre determinado território de atuação e, neste caso, sob que condições;

b) se há possibilidade de o franqueado realizar vendas ou prestar serviços fora de seu território ou realizar exportações;

c) SE HÁ E QUAIS SÃO AS REGRAS DE CONCORRÊNCIA TERRITORIAL ENTRE UNIDADES PRÓPRIAS E FRANQUEADAS;

XII – informações claras e detalhadas quanto à obrigação do franqueado de adquirir quaisquer bens, serviços ou insumos necessários à implantação, operação ou administração de sua franquia apenas de fornecedores indicados e aprovados pelo franqueador, incluindo relação completa desses fornecedores;

XIII – indicação do que é oferecido ao franqueado pelo franqueador e em quais condições, no que se refere a:

a) suporte;

b) supervisão de rede;

c) serviços;

d) INCORPORAÇÃO DE INOVAÇÕES TECNOLÓGICAS ÀS FRANQUIAS;

e) treinamento do franqueado e de seus funcionários, especificando duração, conteúdo e custos;

f) manuais de franquia;

g) auxílio na análise e na escolha do ponto onde será instalada a franquia; e

h) leiaute e padrões arquitetônicos das instalações do franqueado, incluindo arranjo físico de equipamentos e instrumentos, memorial descritivo, composição e croqui;

XIV – informações sobre a situação da marca franqueada e outros direitos de propriedade intelectual relacionados à franquia, cujo uso será autorizado em contrato pelo franqueador, incluindo a caracterização completa, com o número do registro ou do pedido protocolizado, com a classe e subclasse, nos órgãos competentes, E, NO CASO DE CULTIVARES, INFORMAÇÕES SOBRE A SITUAÇÃO PERANTE O SERVIÇO NACIONAL DE PROTEÇÃO DE CULTIVARES (SNPC);

XV – situação do franqueado, após a expiração do contrato de franquia, em relação a:

a) know-how da tecnologia de produto, de processo ou de gestão, informações confidenciais e segredos de indústria, comércio, finanças e negócios a que venha a ter acesso em função da franquia;

b) implantação de atividade concorrente à da franquia;

XVI – modelo do contrato-padrão e, se for o caso, também do pré-contrato-padrão de franquia adotado pelo franqueador, com texto completo, inclusive dos respectivos anexos, condições e prazos de validade;

XVII – indicação da existência ou não de regras de transferência ou sucessão e, caso positivo, quais são elas;

XVIII – indicação das situações em que são aplicadas penalidades, multas ou indenizações e dos respectivos valores, estabelecidos no contrato de franquia;

XIX – informações sobre a existência de cotas mínimas de compra pelo franqueado junto ao franqueador, ou a terceiros por este designados, e sobre a possibilidade e as condições para a recusa dos produtos ou serviços exigidos pelo franqueador;

XX – indicação de existência de conselho ou associação de franqueados, com as atribuições, os poderes e os mecanismos de representação perante o franqueador, e detalhamento das competências para gestão e fiscalização da aplicação dos recursos de fundos existentes;

XXI – indicação das regras de limitação à concorrência entre o franqueador e os franqueados, e entre os franqueados, durante a vigência do contrato de franquia, e detalhamento da abrangência territorial, do prazo de vigência da restrição e das penalidades em caso de descumprimento;

XXII – especificação precisa do prazo contratual e das condições de renovação, se houver;

XXIII – local, dia e hora para recebimento da documentação proposta, bem como para início da abertura dos envelopes, quando se tratar de órgão ou entidade pública.

§ 1º A Circular de Oferta de Franquia DEVERÁ ser entregue ao candidato a franqueado, no mínimo, 10 (dez) dias antes da assinatura do contrato ou pré-contrato de franquia ou, ainda, do pagamento de qualquer tipo de taxa pelo franqueado ao franqueador ou a empresa ou a pessoa ligada a este, SALVO NO CASO DE LICITAÇÃO OU PRÉ-QUALIFICAÇÃO PROMOVIDA POR ÓRGÃO OU ENTIDADE PÚBLICA, CASO EM QUE A CIRCULAR DE OFERTA DE FRANQUIA SERÁ DIVULGADA LOGO NO INÍCIO DO PROCESSO DE SELEÇÃO.

§ 2º Na hipótese de não cumprimento do disposto no § 1º, o franqueado poderá arguir anulabilidade OU NULIDADE, conforme o caso, e exigir a devolução de todas e quaisquer quantias já pagas ao franqueador, ou a terceiros por este indicados, a título de filiação ou de royalties, CORRIGIDAS MONETARIAMENTE.

3. REPRESENTAÇÃO COMERCIAL

O contrato de representação comercial, em nosso sistema, é regido **pela Lei nº. 4.886/1965** e alterada pelas **Leis nº. 8.420/1992 e 12.246/2010.**

Se o contrato de agência versar sobre negócios jurídicos empresariais voltados ao agenciamento de propostas, está-se diante da representação empresarial autônoma.

Exerce **representação comercial autônoma a pessoa jurídica ou a pessoa natural**, sem relação de emprego, que desempenha em caráter não eventual, por conta de uma ou mais pessoas, a mediação para a realização de negócios mercantis, agenciando propostas ou pedidos, para transmiti-los aos representados, praticando ou não atos relacionados com a execução dos negócios. Para que alguém possa exercer a representação comercial, é obrigatório que se proceda ao registro no Conselho Regional competente.

Tal **contrato terá prazo certo ou determinado**, na medida em que a renovação o transforma automaticamente em contrato por prazo indeterminado.

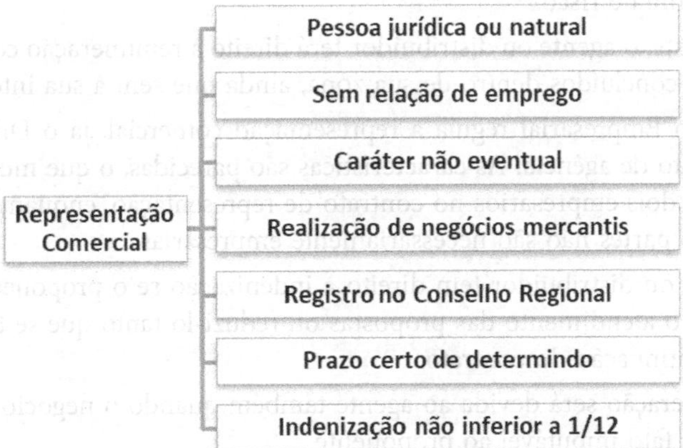

Caso ocorra inadimplemento de compradores, ou se o negócio for desfeito por estes, ou, ainda, se for sustada a entrega das mercadorias em razão da situação comercial do comprador, não será devida nenhuma retribuição ao representante comercial.

As regras dos contratos de agência e distribuição no Código Civil são aplicadas subsidiariamente aos contratos de representação comercial.

O contrato de representação é uma espécie do gênero de agência-distribuição.

3.1. Agência e distribuição

O contrato de distribuição diferencia-se do contrato de agência pelo fato de o distribuidor ter à sua disposição a coisa a ser negociada.

O **artigo 710 do Código Civil** entende **agência como o acordo pelo qual uma pessoa assume de forma permanente,** mas sem vínculo de dependência, a obrigação de promover negócios em determinada região a conta da outra parte, mediante remuneração.

> **Artigo 710.** Pelo contrato de agência, uma pessoa assume, em caráter não eventual e sem vínculos de dependência, a obrigação de promover, à conta de outra, mediante retribuição, a realização de certos negócios, em zona determinada, caracterizando-se a distribuição quando o agente tiver à sua disposição a coisa a ser negociada.

O contrato de distribuição é uma modalidade de agência em que o agente atua como mediador ou mandatário do proponente e faz jus à remuneração devida por este, correspondente aos negócios concluídos em sua zona.

> **Artigo 710.** [...]
>
> **Parágrafo único.** O proponente pode conferir poderes ao agente para que este o represente na conclusão dos contratos.

No contrato de distribuição autêntico, o distribuidor comercializa diretamente o produto recebido do fabricante ou fornecedor, e seu lucro resulta das vendas que faz por sua conta e risco.

Salvo ajuste, o agente ou distribuidor terá direito à remuneração correspondente aos negócios concluídos dentro de sua zona, ainda que sem a sua interferência.

O Direito Empresarial regula a representação comercial, já o Direito Civil regula o contrato de agência. As características são parecidas, o que muda de fato é a relação entre dois empresários no contrato de representação, enquanto no contrato de agência as partes não são necessariamente empresárias.

O agente ou distribuidor tem direito à indenização se o proponente, sem justa causa, cessar o atendimento das propostas ou reduzi-lo tanto que se torna antieconômica a continuação do contrato.

A remuneração será devida ao agente também quando o negócio deixar de ser realizado por fato imputável ao proponente.

3.2. Elementos essenciais

São elementos essenciais ao contrato de agência e de distribuição:

a) Definição do objeto contratual;
b) Profissionalidade do agente;
c) Determinação de uma zona de atividade;
d) Retribuição pelos serviços prestados.

4. COMISSÃO E MANDATO MERCANTIL

4.1. Comissão mercantil

Comissão mercantil é o contrato em que o **comissário se obriga a praticar atos de compra ou venda por conta do comitente empresário, porém em nome próprio, segundo o artigo 693 do Código Civil.**

No contrato de comissão com **cláusula del credere**, responderá solidariamente com o terceiro contratante o comissário que tiver cedido seus direitos ao comitente, nos termos da parte final do **artigo 694 do Código Civil. A cláusula del credere pode ser parcial.**

Na comissão del credere, o comissário é obrigado a indenizar o comitente, na hipótese de inadimplência ou insolvência do terceiro com quem contratou (CC, art. 698). Por essa razão, costuma ser mais elevada a comissão cobrada pelo comissário nessa modalidade de contrato, na medida em que embute também a garantia contra-parte dos riscos do negócio. É claro que, mesmo na comissão del credere, os riscos não relacionados ao cumprimento da obrigação pelo comprador ainda permanecem sob a conta do comitente. Se a mercadoria apresentar vícios e, por esse motivo, o comprador rescindir a compra e venda ou exigir redução proporcional do preço, arcará o comitente com os encargos correspondentes, inclusive o pagamento integral da comissão convencionada com seu colaborador."

4.2. Mandato mercantil

No mandato mercantil, o mandatário recebe poderes para praticar atos em nome do mandante empresário, porém em nome próprio, praticando atos ou administrando interesses, e obrigando o mandante perante terceiros, conforme o disposto no **artigo 653 do Código Civil**.

> **Artigo 653.** Opera-se o mandato quando alguém recebe de outrem poderes para, em seu nome, praticar atos ou administrar interesses. A procuração é o instrumento do mandato.

Mandato	Procuração
Trata-se da relação contratual.	**Instrumento do ato jurídico praticado pelo representado ao conceder poderes a seu representante.**

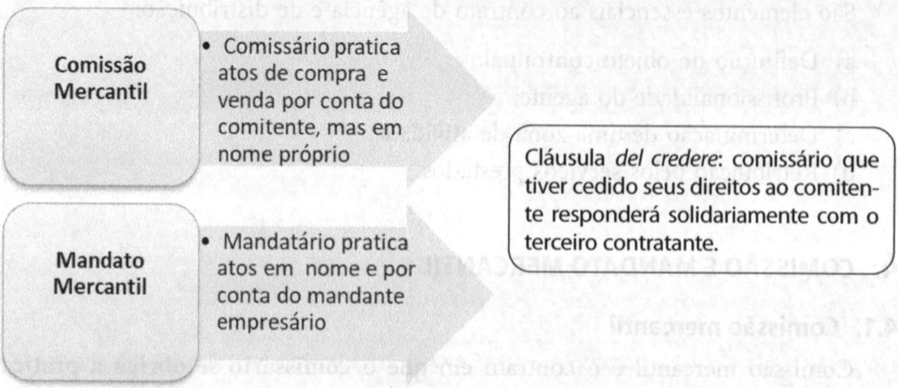

5. CORRETAGEM

Acordo pelo qual o **corretor se compromete a conseguir negócios em favor da parte contrária,** sem que se mantenha ligação por mandato, prestação de serviços ou qualquer tipo de dependência, mediante remuneração, conforme o **artigo 722 do Código Civil.**

> **Artigo 722.** Pelo contrato de corretagem, uma pessoa, não ligada a outra em virtude de mandato, de prestação de serviços ou por qualquer relação de dependência, obriga-se a obter para a segunda um ou mais negócios, conforme as instruções recebidas.

O corretor é obrigado a executar a mediação com diligência e prudência, e a prestar ao cliente, espontaneamente, todas as informações sobre o andamento do negócio, sob pena de responder por perdas e danos, o corretor prestará ao cliente todos os esclarecimentos acerca da segurança ou do risco do negócio, das alterações de valores e de outros fatores que possam influir nos resultados da incumbência.

Artigo 725. A remuneração é devida ao corretor uma vez que tenha conseguido o resultado previsto no contrato de mediação, ou ainda que este não se efetive em virtude de arrependimento das partes.

O **pagamento da comissão,** no contrato de corretagem celebrado entre empresários, pode ser condicionado à celebração do negócio previsto no contrato ou à mediação útil ao cliente, conforme os entendimentos prévios entre as partes.

Artigo 726. Iniciado e concluído o negócio diretamente entre as partes, nenhuma remuneração será devida ao corretor; mas se, por escrito, for ajustada a corretagem com exclusividade, terá o corretor direito à remuneração integral, ainda que realizado o negócio sem a sua mediação, salvo se comprovada sua inércia ou ociosidade.

Na **ausência de ajuste ou previsão contratual, o cabimento da comissão deve ser analisado no caso concreto**, à luz da boa-fé objetiva e da vedação ao enriquecimento sem causa, sendo devida se o negócio não vier a se concretizar por fato atribuível exclusivamente a uma das partes.

Artigo 727. Se, por não haver prazo determinado, o dono do negócio dispensar o corretor, e o negócio se realizar posteriormente, como fruto da sua mediação, a corretagem lhe será devida; igual solução se adotará se o negócio se realizar após a decorrência do prazo contratual, mas por efeito dos trabalhos do corretor.

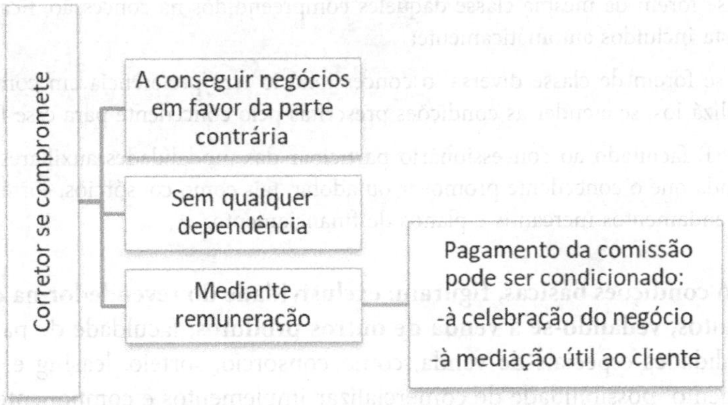

6. CONCESSÃO MERCANTIL

A **Lei nº. 6.729/1979** regula a concessão, estruturada de forma que o concessionário age em nome próprio e por conta própria.

> **Art. 1º** A distribuição de veículos automotores, de via terrestre, efetivar-se-á através de concessão comercial entre produtores e distribuidores disciplinada por esta Lei e, no que não a contrariem, pelas convenções nela previstas e disposições contratuais.

O concedente se obriga à manutenção do fornecimento de produtos acabados, em consonância com as cotas que lhe cabem pelo contrato, compreendidos os veículos automotores, implementos e complementos, estendendo-se por analogia a outros sistemas de vendas.

No **objeto do contrato, compreendem-se:** comercialização desses bens; fabricação e fornecimento pelo produtor; prestação de assistência técnica aos produtos, incluindo garantia ou revisão; e uso gratuito de marca.

> **Art. 3º** Constitui objeto de concessão:
>
> I – a comercialização de veículos automotores, implementos e componentes fabricados ou fornecidos pelo produtor
>
> II – a prestação de assistência técnica a esses produtos, inclusive quanto ao seu atendimento ou revisão;
>
> III – o uso gratuito de marca do concedente, como identificação.
>
> §1º A concessão poderá, em cada caso:
>
> a) ser estabelecida para uma ou mais classes de veículos automotores;
>
> b) vedar a comercialização de veículos automotores novos fabricados ou fornecidos por outro produtor.
>
> §2º Quanto aos produtos lançados pelo concedente:
>
> a) se forem da mesma classe daqueles compreendidos na concessão, ficarão nesta incluídos automaticamente;
>
> b) se forem de classe diversa, o concessionário terá preferência em comercializá-los, se atender às condições prescritas pelo concedente para esse fim.
>
> §3º É facultado ao concessionário participar das modalidades auxiliares de venda que o concedente promover ou adotar, tais como consórcios, sorteios, arrendamentos mercantis e planos de financiamento.

Como **condições básicas, figuram: exclusividade do revendedor na colocação dos produtos, vedando-se a venda de outros produtos;** faculdade de participação em modalidades especiais de venda, como consórcio, sorteio, leasing e planos de financiamento; possibilidade de comercializar implementos e componentes; mercadorias destinadas aos veículos; veículos usados de qualquer marca; e outros bens ou serviços compatíveis com a concessão.

Partes	Concedente: se obriga à manutenção do fornecimento de produtos acabados
	Concessionário: age em nome próprio e por conta própria
Objeto	Comercialização de bens
	Fabricação e fornecimento pelo produtor
	Prestação de assistência técnica
	Uso gratuito de marca
Condições básicas	Exclusividade do revendedor na colocação dos produtos
	Faculdade de participação em modalidades especiais de venda
	Possibilidade de comercializar implementos e componentes
	Mercadorias destinadas aos veículos
	Veículos usados de qualquer marca
	Outros bens ou serviços compatíveis com a concessão

RESUMO. CONTRATOS EMPRESARIAIS

ALIENAÇÃO FIDUCIÁRIA EM GARANTIA

Na alienação fiduciária, temos algumas relações jurídicas. Iniciando pela pessoa que pretende a propriedade do bem, qual seja o devedor-fiduciante e que o dá em garantia ao banco para que seja transferida ao credor fiduciário até o momento em que o devedor fiduciante satisfaça todas as prestações assumidas na aquisição do bem alienado.

O devedor-fiduciante, transfere ao credor-mutuante o domínio resolúvel e a posse indireta do bem, independentemente de tradição. O devedor fica na posse direta do bem como um depositário.

Enfim, o banco empresta o dinheiro (mútuo), e a pessoa que escolheu o veículo transfere a propriedade do bem para o banco mediante fidúcia (confiança), como forma de garantir o pagamento. Assim, o contrato de alienação fiduciária se dá entre o banco que empresta o dinheiro para o financiado, ora devedor. Esse último, transfere a propriedade do bem para o banco até o pagamento de todas as parcelas.

ARRENDAMENTO MERCANTIL

O contrato de arrendamento mercantil assemelha-se a um contrato de locação, podendo o arrendatário, entretanto, no término do contrato, comprar o bem locado. O arrendatário, no final do contrato, poderá escolher entre adquirir o bem, prorrogar o contrato ou devolvê-lo.

FRANQUIA

A franquia é uma opção de o franqueador expandir os negócios de forma mais econômica, pois não terá despesas com estruturação de filiais, além do que, com o aumento das compras com seus fornecedores, possibilitará uma melhor negociação de preços.

De outra parte, aproveitando a fama da rede franqueadora e outras vantagens decorrentes, o franqueado empreendedor reduz os riscos inerentes à atividade empresarial, uma vez que o produto ou serviço já foi testado no mercado.

REPRESENTAÇÃO COMERCIAL

Exerce representação comercial autônoma a pessoa jurídica ou a pessoa natural, sem relação de emprego, que desempenha em caráter não eventual, por conta de uma ou mais pessoas, a mediação para a realização de negócios mercantis, agenciando propostas ou pedidos, para transmiti-los aos representados, praticando ou não atos relacionados com a execução dos negócios.

Para que alguém possa exercer a representação comercial, é obrigatório que se proceda ao registro no Conselho Regional competente. Tal contrato terá prazo certo ou determinado, na medida em que a renovação o transforma automaticamente em contrato por prazo indeterminado. As regras dos contratos de agência e distribuição no Código Civil são aplicadas subsidiariamente aos contratos de representação comercial. O contrato de representação é uma espécie do gênero de agência-distribuição.

COMISSÃO MERCANTIL

Trata-se do contrato em que o comissário se obriga a praticar atos de compra ou venda por conta do comitente empresário, porém em nome próprio.

No contrato de comissão com cláusula *del credere*, responderá solidariamente com o terceiro contratante o comissário que tiver cedido seus direitos ao comitente, nos termos da parte final do artigo 694 do Código Civil. A cláusula *del credere* poderá ser parcial.

MANDATO MERCANTIL

No mandato mercantil, o mandatário recebe poderes para praticar atos em nome do mandante empresário, porém em nome próprio, praticando atos ou administrando interesses, e obrigando o mandante perante terceiros.

CORRETAGEM

Acordo pelo qual o corretor se compromete a conseguir negócios em favor da parte contrária, sem que se mantenha ligação por mandato, prestação de serviços ou qualquer tipo de dependência, mediante remuneração.

CONCESSÃO MERCANTIL

A concessão é estruturada de forma que o concessionário age em nome próprio e por conta própria. A concedente se obriga à manutenção do fornecimento de produtos acabados, em consonância com as cotas que lhe cabem pelo contrato, compreendidos os veículos automotores, implementos e complementos, estendendo-se por analogia a outros sistemas de vendas. No objeto do contrato, compreendem-se: comercialização desses bens; fabricação e fornecimento pelo produtor; prestação de assistência técnica aos produtos, incluindo garantia ou revisão; e uso gratuito de marca.

30

PROPRIEDADE INDUSTRIAL

1. PATENTES

1.1. Instituto Nacional de Propriedade Industrial – INPI

O Instituto Nacional de Propriedade Industrial é uma **autarquia federal,** vinculada ao Ministério do Desenvolvimento, Indústria e Comércio Exterior, responsável pela concessão dos direitos de propriedade industrial, privilégios e garantias aos inventores e criadores no território nacional.

As **decisões administrativas do INPI podem sempre ser revistas pelo Poder Judiciário** em atendimento à inafastabilidade do controle judicial dos atos do Poder Público, estampado no **art. 5º, XXXV, da Constituição Federal**:

> "A lei não excluirá da apreciação do Poder Judiciário lesão ou ameaça a direito".

No que concerne às **ações intentadas contra o INPI, a competência é da Justiça Federal** e devem ser ajuizadas na seção judiciária do Rio de Janeiro, local da sede do instituto.

Contudo, quando houver pluralidade de réus, segundo **entendimento do Superior Tribunal de Justiça**, as ações podem ser ajuizadas tanto na seção judiciária do Rio de Janeiro quanto no foro de domicílio do outro réu.

O patrimônio do Instituto, por seu turno, será constituído dos bens, direitos e valores pertencentes à União e atualmente vinculados ao Departamento Nacional da Propriedade Industrial, ou sob sua responsabilidade, e transferidos àquele Instituto por esta lei, bem como da receita resultante da execução dos seus serviços e dos recursos orçamentários da União que lhe forem proporcionados.

Nos termos da lei especial que dispõe sobre a proteção da propriedade intelectual e comercialização de programas de computador no Brasil, as derivações autorizadas pelo titular dos direitos de programa de computador pertencerão à pessoa autorizada que as fizer, salvo estipulação contratual em contrário.

O Poder Executivo promoverá as medidas para redistribuição do pessoal lotado no Departamento Nacional da Propriedade Industrial, podendo o Instituto permitir o ingresso, nos seus quadros, de servidores do extinto Departamento, desde que possuam as qualificações exigidas para ocupar cargo ou exercer funções constantes de seus quadros ou tabelas.

1.2. Da titularidade

Ao autor de invenção ou modelo de utilidade será assegurado o direito de obter a patente que lhe garanta a propriedade, nas condições estabelecidas na lei 9.279/96. Salvo prova em contrário, presume-se o requerente legitimado a obter a patente.

A patente poderá ser requerida em nome próprio, pelos herdeiros ou sucessores do autor, pelo cessionário ou por aquele a quem a lei ou o contrato de trabalho ou de prestação de serviços determinar que pertença a titularidade.

Quando se tratar de invenção ou de modelo de utilidade realizado conjuntamente por duas ou mais pessoas, a patente poderá ser requerida por todas ou qualquer delas, mediante nomeação e qualificação das demais, para ressalva dos respectivos direitos.

O **inventor será nomeado e qualificado, podendo requerer a não divulgação de sua nomeação.**

> **Art. 7º** Se dois ou mais autores tiverem realizado a mesma invenção ou modelo de utilidade, de forma independente, o direito de obter patente será assegurado àquele que provar o depósito mais antigo, independentemente das datas de invenção ou criação.

1.3. Invenção

A conceituação daquilo que vem a ser invenção não é nada fácil. Trata-se de um bem incorpóreo, resultado da **atividade humana e intelectual do inventor** que define técnica até então desconhecida de todos. De acordo com a **Lei 9.279/1996:**

> **Art. 8º** É patenteável a invenção que atenda aos requisitos de novidade, atividade inventiva e aplicação industrial.

O homem toma uma série de procedimentos para chegar à invenção de um determinado objeto, e esse conjunto de atos é que deve ser compreendido como invenção. O direcionamento cultural para a invenção tem critério econômico para a produção em escala. É a criação original do espírito humano. Os **requisitos para que a invenção possa ter proteção jurídica, além da atividade inventiva, são a novidade e a aplicação industrial.**

> **Art. 10.** Não se considera invenção nem modelo de utilidade:
> I – descobertas, teorias científicas e métodos matemáticos;
> II – concepções puramente abstratas;

> III – esquemas, planos, princípios ou métodos comerciais, contábeis, financeiros, educativos, publicitários, de sorteio e de fiscalização;
>
> IV – as obras literárias, arquitetônicas, artísticas e científicas ou qualquer criação estética;
>
> V – programas de computador em si;
>
> VI – apresentação de informações;
>
> VII – regras de jogo;
>
> VIII – técnicas e métodos operatórios ou cirúrgicos, bem como métodos terapêuticos ou de diagnóstico, para aplicação no corpo humano ou animal; e
>
> IX – o todo ou parte de seres vivos naturais e materiais biológicos encontrados na natureza, ou ainda que dela isolados, inclusive o genoma ou germoplasma de qualquer ser vivo natural e os processos biológicos naturais.

A patente dar-se-á no Instituto Nacional da Propriedade Industrial (INPI) e se faz pelo depósito. A patente dar-se-á no Instituto Nacional da Propriedade Industrial (INPI) e se faz pelo depósito.

A invenção é compreendida pela criação do ser humano. Enquanto mera descoberta, não tem proteção. **Ex.:** O descobrimento de uma planta medicinal não confere ao descobridor proteção, pois este não empenhou nenhum procedimento para a sua criação, que envolve um processo natural. Em contrapartida, com a planta e uma série de outros procedimentos, o homem pode inventar uma droga para a cura de determinada doença.

A **novidade vem do fato de determinado produto não ser conhecido no estado da técnica**, assim, é importante salientar que a nossa lei é no sentido da divulgação ocorrida nos 12 meses precedentes à data do depósito ou da prioridade do pedido de patente, se promovida pelo inventor, pelo INPI ou por terceiros.

> **Art. 11.** A invenção e o modelo de utilidade são considerados novos quando não compreendidos no estado da técnica.
>
> **§ 1º** O estado da técnica é constituído por tudo aquilo tornado acessível ao público antes da data de depósito do pedido de patente, por descrição escrita ou oral, por uso ou qualquer outro meio, no Brasil ou no exterior, ressalvado o disposto nos artigos 12, 16 e 17.

A concessão de patentes é desautorizada para situações contrárias à moral, aos costumes e à segurança, à ordem e à saúde pública; cuida-se da proteção a bens considerados superiores a quaisquer outros interesses privados, dentro do ordenamento nacional e internacional.

> Em conclusão, atendidos os requisitos básicos daquilo que se considera invenção segundo a originalidade, novidade, atividade inventiva, aplicação industrial e licitude, com o devido afastamento das proibições e o atendimento ao pagamento da retribuição devida ao INPI, a patente será concedida para conferir proteção à invenção e modelos de utilidade.

Art. 12 Não será considerada como estado da técnica a divulgação de invenção ou modelo de utilidade, quando ocorrida durante os 12 (doze) meses que precederem a data de depósito ou a da prioridade do pedido de patente, se promovida:

I – pelo inventor;

II – pelo Instituto Nacional da Propriedade Industrial – INPI, através de publicação oficial do pedido de patente depositado sem o consentimento do inventor, baseado em informações deste obtidas ou em decorrência de atos por ele realizados; ou

III – por terceiros, com base em informações obtidas direta ou indiretamente do inventor ou em decorrência de atos por este realizados.

Parágrafo único. O INPI poderá exigir do inventor declaração relativa à divulgação, acompanhada ou não de provas, nas condições estabelecidas em regulamento.

Requisitos da Patente

- **Novidade**: o bem não é conhecido no estado da técnica
- **Atividade inventiva**: relacionada aos procedimentos
- **Aplicação industrial**: relacionada à fabricação

É patenteável a invenção que atenda aos requisitos de novidade, atividade inventiva e aplicação industrial.

1.3.1. Modelo de utilidade

É a melhoria introduzida na forma de objetos conhecidos, a fim de aumentar sua utilidade. Não se trata de uma invenção, mas, sim, de **um acréscimo na utilidade**. Pode-se dizer que uma novidade parcial é agregada.

Art. 14. O modelo de utilidade é dotado de ato inventivo sempre que, para um técnico no assunto, não decorra de maneira comum ou vulgar do estado da técnica.

A patente é o único instrumento de prova admissível pelo direito para a demonstração de concessão do direito de exploração exclusiva de uma invenção ou modelo de utilidade. Para que a patente possa ser concedida, devem ser observados **determinados requisitos: a) novidade; b) aplicação industrial; e c) atividade inventiva.**

a) **Novidade:** é necessário que a criação seja desconhecida pela comunidade. Uma invenção e modelos de utilidade são considerados novos quando não compreendidos no "estado da técnica".
O estado da técnica constitui tudo aquilo que se torna acessível ao público antes da data do depósito de patente. Dessa forma, uma **invenção compreendida**

no estado da técnica significa que ela já era de domínio público e, portanto, não patenteável.

Se determinada pessoa inventou algo (sempre utilizável na indústria), e a invenção caiu em domínio público, o inventor não terá mais direito à proteção jurídica de seu invento, pois falta o requisito da novidade.

b) **Aplicação industrial:** poderá ser patenteada somente a **criação suscetível de aproveitamento industrial** (por exemplo, invenção de máquina inútil, ou que dependa de combustível inexistente para funcionar, não poderá ser privilegiada).

c) **Atividade inventiva:** a invenção e o modelo de utilidade são dotados de atividade inventiva sempre que, para um técnico no assunto, **não decorram, óbvia e evidentemente, do estado da técnica,** e, não havendo atividade inventiva, estamos diante de mera descoberta não patenteável.

Invenção ≠ Modelo de utilidade

- A distinção está na novidade parcial para os modelos de utilidade (mini-invenção), que se estabelece em mera melhoria funcional

É patenteável como modelo de utilidade o objeto de uso prático, ou parte deste, suscetível de aplicação industrial, que apresente nova forma ou disposição, envolvendo ato inventivo, que resulte em melhoria funcional no seu uso ou em sua fabricação.

A patente confere ao seu titular o direito de impedir que terceiro, sem o seu consentimento, utilize de qualquer forma a invenção ou modelo de utilidade.

Caso o titular de uma patente opte por **autorizar terceiros a utilizarem sua criação, poderá fazê-lo por meio de um contrato de licença de exploração,** que deverá ser averbado no Instituto Nacional de Propriedade Industrial.

Os direitos de **exploração da patente serão compulsoriamente licenciados a terceiros** basicamente quando:

- o titular exerce os direitos dela decorrentes de forma abusiva ou pratica atos que configurem abuso de poder econômico;
- **pela não disponibilização da invenção ou do modelo de utilidade diante das necessidades do mercado.**

1.3.2. Da prioridade

Art. 16. Ao pedido de patente depositado em país que mantenha acordo com o Brasil, ou em organização internacional, que produza efeito de depósito nacional, será assegurado direito de prioridade, nos prazos estabelecidos no acordo, não sendo o depósito invalidado nem prejudicado por fatos ocorridos nesses prazos.

> § 1º A reivindicação de prioridade será feita no ato de depósito, podendo ser suplementada dentro de 60 (sessenta) dias por outras prioridades anteriores à data do depósito no Brasil.

O pedido de patente de invenção ou de modelo de utilidade depositado originalmente no Brasil, sem reivindicação de prioridade e não publicado, assegurará o direito de prioridade ao pedido posterior sobre a mesma matéria depositado no Brasil pelo mesmo requerente ou sucessores, dentro do prazo de 1 (um) ano.

A prioridade será admitida apenas para a matéria revelada no pedido anterior, não se estendendo a matéria nova introduzida.

O pedido anterior ainda pendente será considerado definitivamente arquivado.

Ademais, o pedido de patente originário de divisão de pedido anterior não poderá servir de base a reivindicação de prioridade.

1.3.3. Das invenções e dos modelos de utilidade não patenteáveis

> Não são patenteáveis, nos termos do art. 18 da Lei nº 9.279, de 14/5/1996:
>
> **I – o que for contrário à moral, aos bons costumes e à segurança, à ordem e à saúde públicas;**
>
> **II – as substâncias, matérias, misturas, elementos ou produtos de qualquer espécie, bem como a modificação de suas propriedades físico-químicas e os respectivos processos de obtenção ou modificação, quando resultantes de transformação do núcleo atômico; e**
>
> **III – o todo ou parte dos seres vivos, exceto os microrganismos transgênicos que atendam aos três requisitos de patenteabilidade – novidade, atividade inventiva e aplicação industrial – previstos no artigo 8º e que não sejam mera descoberta.**

Microrganismos transgênicos são organismos, exceto o todo ou parte de plantas ou de animais, que expressem, mediante intervenção humana direta em sua composição genética, uma característica normalmente não alcançável pela espécie em condições naturais.

1.3.4. Procedimento do pedido de patente

O pedido de proteção de direitos de propriedade industrial por meio da patente se dá junto ao INPI pelo autor da invenção ou do modelo de utilidade, também pelos herdeiros ou sucessores do autor, cessionário ou por aquele a quem a lei ou o contrato de trabalho ou de prestação de serviços determinar que pertença a titularidade.

Em se tratando de invenção ou de modelo de utilidade realizado conjuntamente por duas ou mais pessoas, de acordo com o **art. 6º, § 3º, da LPI:**

> "a patente poderá ser requerida por todas ou qualquer delas, mediante nomeação e qualificação das demais, para ressalva dos respectivos direitos".

No caso de **invenção ou modelo de utilidade realizados por dois ou mais inventores**, de forma independente, "o direito de obter patente será assegurado àquele que provar o depósito mais antigo, independentemente das datas de invenção ou criação" (art. 7º da LPI).

1.3.4.1. Invenção ou modelo de utilidade realizada pelo empregado

A invenção ou modelo de utilidade **realizado por empregado ou prestador de serviço pertencem exclusivamente ao empregador quando decorrerem de contrato de trabalho cuja execução ocorra no Brasil** e que tenha por objeto a pesquisa ou a atividade inventiva, ou resulte da natureza dos serviços para os quais foi o empregado contratado, pois a retribuição pelo trabalho limita-se ao salário ajustado, incluído nesse contrato de trabalho a invenção ou o modelo de utilidade, cuja patente seja requerida pelo empregado até um ano após a extinção do vínculo empregatício.

Nada impede o empregador de conceder ao empregado, autor de invento ou aperfeiçoamento, participação nos ganhos econômicos resultantes da exploração da patente, mediante negociação com o interessado ou conforme disposto em norma da empresa, não se incorporando, a qualquer título, ao salário do empregado.

De outra parte, **pertencerá exclusivamente ao empregado a invenção ou o modelo de utilidade por ele desenvolvido, desde que desvinculado do contrato de trabalho** e não decorrente da utilização de recursos, meios, dados, materiais, instalações ou equipamentos do empregador.

Ademais, a propriedade de invenção ou de modelo de utilidade será **titularidade comum quando resultar da contribuição pessoal do empregado e de recursos,** dados, meios, materiais, instalações ou equipamentos do empregador.

A exploração do objeto da patente, na falta de acordo, deverá ser iniciada pelo empregador dentro do prazo de um ano, contado da data de sua concessão, sob pena de passar à exclusiva propriedade do empregado a titularidade da patente, salvo se por razões legítimas.

Por fim, no caso de cessão, qualquer dos cotitulares, em igualdade de condições, poderá exercer o direito de preferência.

1.3.5. Requisitos de patenteabilidade

A análise dos requisitos de patenteabilidade, art. 19, se inicia com o depósito do respectivo pedido perante o INPI, que deverá apresentar:

1. requerimento;
2. **relatório descritivo;**
3. **reivindicações;**
4. **desenhos, se for o caso;**
5. **resumo;**
6. **comprovante do pagamento da retribuição relativa ao depósito.**

Logo na **apresentação do pedido será feito um exame preliminar** e, se devidamente instruído, será protocolizado, considerando-se como data de depósito a da sua apresentação.

> **Art. 20.** Apresentado o pedido, será ele submetido a exame formal preliminar e, se devidamente instruído, será protocolizado, considerada a data de depósito a da sua apresentação.

Do contrário, se o pedido não atender requisitos apresentados, mas contiver dados relativos ao objeto, ao depositante e ao inventor, poderá ser entregue, mediante recibo datado, que estabelecerá as exigências a serem cumpridas, no prazo de 30 dias, sob pena de devolução ou arquivamento da documentação. **Cumpridas as exigências, o depósito será considerado como efetuado na data do recibo.**

> **Art. 21.** O pedido que não atender formalmente ao disposto no artigo 19, mas que contiver dados relativos ao objeto, ao depositante e ao inventor, poderá ser entregue, mediante recibo datado, ao INPI, que estabelecerá as exigências a serem cumpridas, no prazo de 30 (trinta) dias, sob pena de devolução ou arquivamento da documentação.
>
> Parágrafo único. Cumpridas as exigências, o depósito será considerado como efetuado na data do recibo.

Estando o pedido devidamente formalizado, a próxima etapa será analisar suas condições.

O pedido de patente de invenção terá de se referir a uma única invenção ou a um grupo de invenções inter-relacionadas de maneira a compreenderem um único conceito inventivo.

No mesmo sentido, **o pedido de patente de modelo de utilidade terá de se referir a um único modelo principal,** que poderá incluir uma pluralidade de elementos distintos, desde que mantida a unidade técnico-funcional e corporal do objeto.

O relatório deverá conter uma apresentação descritiva clara e suficiente do objeto, possibilitando sua realização por técnico no assunto, e indicar, quando for o caso, a melhor forma de execução.

> **Art. 22.** O pedido de patente de invenção terá de se referir a uma única invenção ou a um grupo de invenções inter-relacionadas de maneira a compreenderem um único conceito inventivo.

Aqui há uma clara preocupação em identificar a aplicação industrial, requisito da patenteabilidade de invenções e modelos de utilidade. Havendo material biológico essencial à realização prática do objeto do pedido, e sendo impossível ou inviável apresentação descritiva clara e suficiente, o relatório será suplementado por depósito do material em instituição autorizada pelo INPI ou indicada em acordo internacional.

Havendo **reivindicações, estas deverão ser fundamentadas no relatório descritivo,** caracterizando as particularidades do pedido e definindo, de modo claro e preciso, a matéria objeto da proteção.

É possível que o **pedido de patente seja dividido em dois ou mais requerimentos**, mediante ofício ou a requerimento do depositante, até o final da análise das condições, desde que o pedido dividido faça referência específica ao pedido original e não exceda à matéria revelada no pedido original. O requerimento de divisão que não atender a essas condições será arquivado.

Os pedidos divididos terão a data de depósito do pedido original e o benefício de prioridade do original, se for o caso. Cada pedido dividido estará sujeito ao pagamento das retribuições correspondentes. O pedido de patente retirado ou abandonado será obrigatoriamente publicado. O pedido de retirada deverá ser apresentado em até 16 meses, contados da data do depósito ou da prioridade mais antiga.

A retirada de um depósito anterior sem produção de qualquer efeito dará prioridade ao depósito imediatamente posterior, evitando-se, assim, depósitos de patentes sucessivos com o intuito de prorrogar o período de proteção.

A próxima fase é do processo de análise do pedido. **O INPI guardará o pedido em sigilo pelo prazo de 18 meses, ocorrendo a publicação após esse prazo.** Há de se fazer ressalva quanto à patente de interesse da defesa nacional na qual o pedido será processado em caráter sigiloso e não estará sujeito às publicações, devendo o Poder Executivo, no prazo de 60 dias, manifestar-se sobre o caráter sigiloso, o que, não fazendo dentro do prazo, será processado regularmente.

> **Art. 30.** O pedido de patente será mantido em sigilo durante 18 (dezoito) meses contados da data de depósito ou da prioridade mais antiga, quando houver, após o que será publicado, à exceção do caso previsto no artigo 75.

A publicação de pedido ao INPI poderá ser antecipada por requerimento do depositante que não precise do tempo de sigilo para organizar-se melhor no desenvolvimento de sua criação.

A publicação deverá trazer dados identificadores do pedido de patente, ficando uma cópia do relatório descritivo, das reivindicações, do resumo e dos desenhos à disposição do público no INPI. **A publicação é feita na Revista da Propriedade Industrial,** publicação oficial do Instituto Nacional de Propriedade Industrial.

Note-se que, **a partir da publicação, todas as pessoas podem ter acesso ao invento** e a todos os detalhes de sua criação, isso porque alguns empresários preferem explorar o seu invento em segredo de empresa, sob o risco de outra pessoa chegar ao mesmo invento e requerer a proteção posteriormente, sendo que a proteção é assegurada àquele que primeiro requerê-la.

Mesmo com a publicação do invento junto ao INPI, as pessoas continuam tendo acesso a ele, por isso, **cabe ao empresário que busca a proteção de seu invento diligenciar no sentido de fiscalizar seu uso indevido por terceiros**, assim como requerer as medidas judiciais cabíveis para tanto.

Enfim, depois de publicado o pedido de patente, e até o final do exame, será facultada a apresentação, pelos interessados, de documentos e informações para subsidiarem o exame.

O exame não será iniciado antes de decorridos 60 dias da publicação do pedido. **O exame do pedido de patente deverá ser requerido pelo depositante ou por qualquer interessado, no prazo de 36 meses contados da data do depósito,** sob pena do arquivamento do pedido. Esse requerimento se faz necessário por conta da velocidade tecnológica que torna os inventos obsoletos em curto prazo, assim, o INPI somente irá analisar o pedido de patente que realmente continua sendo interessante ao inventor.

> **Art. 31.** Publicado o pedido de patente e até o final do exame, será facultada a apresentação, pelos interessados, de documentos e informações para subsidiarem o exame.

De outra parte, **o pedido de patente poderá ser desarquivado se o depositante assim o requerer, dentro de 60 dias contados do arquivamento,** mediante pagamento de uma retribuição específica, sob pena de arquivamento definitivo.

Uma vez requerido o exame, deverão ser apresentados, no prazo de 60 dias, sempre que solicitado, sob pena de arquivamento do pedido, nos termos do art. 34:

1. objeções, buscas de anterioridade e resultados de exame para concessão de pedido correspondente em outros países, quando houver reivindicação de prioridade;
2. **documentos necessários à regularização do processo e exame do pedido;**
3. **tradução simples do documento hábil servido de comprovação de reivindicação de prioridade, caso esta tenha sido substituída pela declaração do depositante.**

Do **exame técnico** será elaborado o relatório de busca e parecer (art. 35) relativo a:

1. **patenteabilidade do pedido;**
2. **adaptação do pedido à natureza reivindicada;**
3. **reformulação do pedido ou divisão; ou**
4. **exigências técnicas.**

Se o **parecer entender pela não patenteabilidade ou pelo não enquadramento do pedido na natureza reivindicada ou formular qualquer exigência**, o depositante será intimado para manifestar-se no prazo de 90 dias.

Se o **depositante não responder à exigência, o pedido será definitivamente arquivado.** Agora, se o depositante responder à exigência, ainda que não cumprida, ou contestada sua formulação, e havendo ou não manifestação sobre a patenteabilidade ou o enquadramento, dar-se-á prosseguimento ao exame.

Findo o exame, será proferida decisão pelo INPI, deferindo ou indeferindo o pedido de patente. Dessa decisão não cabe recurso, contudo, o terceiro interessado poderá requerer a nulidade administrativa da patente, assim como o autor poderá acionar o Poder Judiciário.

Sendo o **pedido de patente deferido e paga a retribuição correspondente, será concedida a patente e expedida a carta-patente**, de acordo com o **art. 38 da LPI:**

> "A patente será concedida depois de deferido o pedido, e comprovado o pagamento da retribuição correspondente, expedindo-se a respectiva carta-patente.

O pagamento da retribuição e respectiva comprovação deverão ser efetuados no prazo de 60 (sessenta) dias contados do deferimento. A retribuição prevista neste artigo poderá ainda ser paga e comprovada dentro de 30 (trinta) dias após o prazo previsto no parágrafo anterior, independentemente de notificação, mediante pagamento de retribuição específica, sob pena de arquivamento definitivo do pedido. Reputa-se concedida a patente na data de publicação do respectivo ato".

A carta-patente deverá apresentar o número, o título e a natureza do invento, o nome do inventor, exceto se este requerer a não divulgação de sua nomeação, a qualificação e o domicílio do titular, o prazo de vigência, o relatório descritivo, as reivindicações e os desenhos, bem como os dados relativos à prioridade.

A proteção conferida pela patente tem caráter temporário, sendo certo que os prazos em nossa legislação seguem a linha prevista no Acordo TRIPS, quais sejam:

1. a patente de invenção vigorará pelo prazo de 20 anos, contados da data de depósito;
2. **a patente do modelo de utilidade vigorará pelo prazo 15 anos, contados da data de depósito.**

O teor das reivindicações, interpretado com base no relatório descritivo e nos desenhos, determina a abrangência da proteção conferida pela patente.

Dessa forma, **a patente confere ao seu titular o direito de impedir terceiro, sem o seu consentimento, de produzir, usar, colocar à venda, vender ou importar com esses propósitos o produto objeto de patente**, o processo ou produto obtido diretamente por processo patenteado, que ocorre quando o possuidor ou proprietário não comprovar, mediante determinação judicial específica, que o seu produto foi obtido por processo de fabricação diverso daquele protegido pela patente.

> **Art. 42.** A patente confere ao seu titular o direito de impedir terceiro, sem o seu consentimento, de produzir, usar, colocar à venda, vender ou importar com estes propósitos:
>
> I – produto objeto de patente;
>
> II – processo ou produto obtido diretamente por processo patenteado.
>
> **§ 1º** Ao titular da patente é assegurado ainda o direito de impedir que terceiros contribuam para que outros pratiquem os atos referidos neste artigo.

Tem direito à indenização o titular da patente que estiver diante de exploração indevida de seu objeto, inclusive em relação à exploração ocorrida entre a data da publicação do pedido e a da concessão da patente.

Se o infrator obteve, por qualquer meio, conhecimento do conteúdo do pedido depositado, anteriormente à publicação, contar-se-á o período da exploração indevida para efeito da indenização a partir da data de início da exploração.

> **Art. 44.** Ao titular da patente é assegurado o direito de obter indenização pela exploração indevida de seu objeto, inclusive em relação à exploração ocorrida entre a data da publicação do pedido e a da concessão da patente.

Quando o objeto do pedido de patente se referir a material biológico, o direito à indenização será somente conferido quando o material biológico tiver se tornado acessível ao público. É certo que o direito de obter indenização por exploração indevida, inclusive com relação ao período anterior à concessão da patente, está limitado ao conteúdo do seu objeto.

O **art. 43 da LPI** estabelece os casos em que é permitida a exploração do objeto patenteado, nestes termos:

> a) em caráter privado e sem finalidade comercial, desde que não acarretem prejuízo ao interesse econômico do titular da patente;
>
> b) com finalidade experimental, relacionados a estudos ou pesquisas científicas ou tecnológicas;
>
> c) para preparação de medicamento de acordo com prescrição médica para casos individuais, executada por profissional habilitado, bem como ao medicamento assim preparado;
>
> d) o produto fabricado de acordo com patente de processo ou de produto que tiver sido colocado no mercado interno diretamente pelo titular da patente ou com seu consentimento;
>
> e) a terceiros que, no caso de patentes relacionadas com matéria viva, utilizem, sem finalidade econômica, o produto patenteado como fonte inicial de variação ou propagação para obter outros produtos;
>
> f) a terceiros que, no caso de patentes relacionadas com matéria viva, utilizem, ponham em circulação ou comercializem um produto patenteado que haja sido introduzido licitamente no comércio pelo detentor da patente ou por detentor de licença, desde que o produto patenteado não seja utilizado para multiplicação ou propagação comercial da matéria viva em causa;
>
> g) atos relacionados à invenção protegida por patente, destinados exclusivamente à produção de informações, dados e resultados de testes, visando à obtenção do registro de comercialização, no Brasil ou em outro país, para a exploração e comercialização do produto objeto da patente, após a expiração dos prazos estipulados de vigência da patente.

Quando se trata de usuário anterior à concessão da patente, ou seja, a pessoa de boa-fé que, antes da data de depósito ou de prioridade de pedido de patente, explorava seu objeto em território nacional, terá seu direito assegurado de continuar a exploração, sem ônus, certo de que o direito somente poderá ser cedido juntamente com o negócio ou empresa, ou parte desta que tenha direta relação com a exploração do objeto da patente, por alienação ou arrendamento.

Esse direito não faz jus a pessoa que tenha tido conhecimento do objeto da patente por meio de divulgação, desde que o pedido tenha sido depositado no prazo de um ano, contado da divulgação.

A vigência da patente de invenção se dá pelo prazo de 20 anos, e a do modelo de utilidade, por 15 anos, a contar da data do depósito no instituto nacional da Propriedade industrial. **Atualização conforme lei 14.195/21**

1.4. Da extinção da patente

A patente será extinta, nos termos do art. 78:

I – pela expiração do prazo de vigência;

II – pela renúncia de seu titular, ressalvado o direito de terceiros;

III – pela caducidade;

IV – pela falta de pagamento da retribuição anual, nos prazos previstos no § 2º do artigo 84 e no artigo 87; e

V – pela inobservância do disposto no artigo 217.

Extinta a patente, o seu objeto cai em domínio público. A renúncia só será admitida se não prejudicar direitos de terceiros.

Caducará a patente, de ofício ou a requerimento de qualquer pessoa com legítimo interesse, se, decorridos 2 (dois) anos da concessão da primeira licença compulsória, esse prazo não tiver sido suficiente para prevenir ou sanar o abuso ou desuso, salvo motivos justificáveis.

A patente caducará quando, na data do requerimento da caducidade ou da instauração de ofício do respectivo processo, não tiver sido iniciada a exploração.

No processo de caducidade instaurado a requerimento, o INPI poderá prosseguir se houver desistência do requerente.

O titular será intimado mediante publicação para se manifestar, no prazo de 60 (sessenta) dias, cabendo-lhe o ônus da prova quanto à exploração.

Art. 82. A decisão será proferida dentro de 60 (sessenta) dias, contados do término do prazo mencionado no artigo anterior.

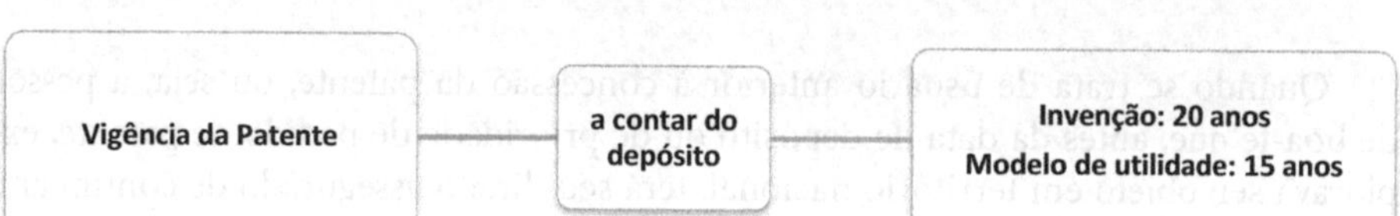

1.5. Licença compulsória

A medida visa permitir, em casos excepcionais, que o Poder Público determine o licenciamento compulsório de patentes, para fazer frente a situações de emergência de saúde pública. Essa medida poderia ser utilizada, por exemplo, para se quebrar a patente de vacinas e medicamentos no caso de uma pandemia.

Cabe ressaltar, ainda, que a atual Lei de Propriedade Industrial já prevê o licenciamento compulsório nos casos de emergência nacional ou interesse público (art. 71 da Lei 9.279). O que a presente alteração faz é ampliar as hipóteses legais do licenciamento compulsório, prevendo que também poderá ser adotado nos casos de calamidade pública de âmbito nacional.

> **Art. 71.** Nos casos de emergência nacional ou internacional ou de interesse público declarados em lei ou em ato do Poder Executivo federal, ou de reconhecimento de estado de calamidade pública de âmbito nacional pelo Congresso Nacional, poderá ser concedida licença compulsória, de ofício, temporária e não exclusiva, para a exploração da patente ou do pedido de patente, sem prejuízo dos direitos do respectivo titular, desde que seu titular ou seu licenciado não atenda a essa necessidade. **(Redação dada pela Lei nº 14.200, de 2021)**
>
> § 2º Nos casos previstos no caput deste artigo, o Poder Executivo federal publicará lista de patentes ou de pedidos de patente, não aplicável o prazo de sigilo previsto no art. 30 desta Lei, potencialmente úteis ao enfrentamento das situações previstas no caput deste artigo, no prazo de até 30 (trinta) dias após a data de publicação da declaração de emergência ou de interesse público, ou do reconhecimento de estado de calamidade pública, excluídos as patentes e os pedidos de patente que forem objetos de acordos de transferência da tecnologia de produção ou de licenciamento voluntário capazes de assegurar o atendimento da demanda interna, nos termos previstos em regulamento.
>
> § 3º Entes públicos, instituições de ensino e pesquisa e outras entidades representativas da sociedade e do setor produtivo deverão ser consultados no processo de elaboração da lista de patentes ou de pedidos de patente que poderão ser objeto de licença compulsória, nos termos previstos em regulamento.
>
> § 4º Qualquer instituição pública ou privada poderá apresentar pedido para inclusão de patente ou de pedido de patente na lista referida no § 2º deste artigo.

Além disso, a nova Lei trouxe inovações relativas ao procedimento, como a fixação da remuneração do proprietário da patente, que será de 1,5% sobre o preço líquido de venda, podendo o valor ser ajustado caso a caso. A mudança também torna o procedimento mais transparente, determinando, por exemplo, que o Poder Executivo apresente previamente uma lista de patentes que poderão ser objeto de licença compulsória.

Contudo, por motivos de interesse público, o presidente da República vetou os dispositivos que obrigavam ao proprietário da patente efetuar a transferência de know-how e a fornecer os insumos de medicamentos e vacinas. Embora meritórias, essas medidas seriam de difícil implementação e poderiam criar insegurança jurídica no âmbito do comércio internacional, além de poder desestimular investimentos em tecnologia e a formação de parcerias comerciais estratégicas, havendo meios menos gravosos para se assegurar o enfrentamento desse tipo de crise.

2. DESENHO INDUSTRIAL

O **desenho industrial** é considerado **novo quando não compreendido no estado da técnica.**

> **Art. 7º** São obras intelectuais protegidas as criações do espírito, expressas por qualquer meio ou fixadas em qualquer suporte, tangível ou intangível, conhecido ou que se invente no futuro, tais como:
>
> **VIII** – as obras de desenho, pintura, gravura, escultura, litografia e arte cinética;

A proteção jurídica concedida ao desenho industrial decorre de registro no Instituto Nacional de Propriedade Industrial. O **registro será concedido apenas se o desenho tiver uma aplicação na indústria.** As obras de cunho meramente artístico são protegidas pela Lei de Propriedade Intelectual (Lei 9.610/1998).

O **registro vigorará pelo prazo de dez anos contados a partir da data do depósito**, prorrogável por três períodos sucessivos de cinco anos cada. Registre-se que não há caducidade do registro de um desenho industrial.

3. MARCAS

A marca surgiu como **indicação de procedência do produto ou artigo.** Adquire **forma nominativa, figurativa ou mista.**

> **Art. 122** São suscetíveis de registro como marca os sinais distintivos visualmente perceptíveis, não compreendidos nas proibições legais.

Para que uma marca possa ser registrada, é indispensável o atendimento de três condições:

1) novidade relativa;

2) não colidência com marca notória;

3) não impedimento.

Quanto à novidade relativa, a expressão linguística ou signo utilizado não precisa ser necessariamente criado pelo empresário; o que deve ser nova é a utilização daquele signo na identificação de produtos industrializados ou comercializados, ou de serviços prestados.

O princípio da **novidade relativa atende a dois subprincípios**: *a) subprincípio da anterioridade*; e *b) subprincípio da especialidade* ou *especificidade de uma atividade*.

O primeiro subprincípio não será relevante se não atendido o segundo. Assim, quando se referir ao mesmo ramo de atividade, privilegia-se aquele que primeiro fez o registro do signo ou expressão linguística.

Tratando-se de **atividades distintas, pode coexistir o mesmo nome marcário, desde que não se confundam as atividades** e que não gere dúvidas para o consumidor.

Quanto à não colidência com marca notória, **se alguém pretender apropriar-se de marca que evidentemente não lhe pertence, seu pedido poderá ser indeferido pelo INPI**, mesmo que não exista registro anterior da marca no Brasil.

Essa prática consiste em requerer o registro de marcas ainda não exploradas, mas já utilizadas por outro empresário, responsável pela criação e consolidação da marca no exterior.

Caso esse empresário de marca exterior intencione expandir seus negócios para o mercado brasileiro, encontrando-a já registrada em nome de outra pessoa, em princípio, **o titular do direito de exclusividade poderá requerer ao INPI a nulidade do registro anterior**, bem como a concessão do direito industrial em seu nome, desde que demonstre a notoriedade de sua marca.

Quanto ao não impedimento, é importante considerar que a lei impede o registro, como marca, de determinados signos.

> **Art. 124** Não são registráveis como marca:
>
> I – brasão, armas, medalha, bandeira, emblema, distintivo e monumento oficiais, públicos, nacionais, estrangeiros ou internacionais, bem como a respectiva designação, figura ou imitação;
>
> II – letra, algarismo e data, isoladamente, salvo quando revestidos de suficiente forma distintiva;
>
> III – expressão, figura, desenho ou qualquer outro sinal contrário à moral e aos bons costumes ou que ofenda a honra ou imagem de pessoas ou atente contra liberdade de consciência, crença, culto religioso ou ideia e sentimento dignos de respeito e veneração;
>
> IV – designação ou sigla de entidade ou órgão público, quando não requerido o registro pela própria entidade ou órgão público;
>
> V – reprodução ou imitação de elemento característico ou diferenciador de título de estabelecimento ou nome de empresa de terceiros, suscetível de causar confusão ou associação com estes sinais distintivos;
>
> VI – sinal de caráter genérico, necessário, comum, vulgar ou simplesmente descritivo, quando tiver relação com o produto ou serviço a distinguir, ou aquele empregado comumente para designar uma característica do produto ou serviço, quanto à natureza, nacionalidade, peso, valor, qualidade e época de produção ou de prestação do serviço, salvo quando revestidos de suficiente forma distintiva;
>
> VII – sinal ou expressão empregada apenas como meio de propaganda;
>
> VIII – cores e suas denominações, salvo se dispostas ou combinadas de modo peculiar e distintivo;
>
> IX – indicação geográfica, sua imitação suscetível de causar confusão ou sinal que possa falsamente induzir indicação geográfica;
>
> X – sinal que induza a falsa indicação quanto à origem, procedência, natureza, qualidade ou utilidade do produto ou serviço a que a marca se destina;

XI – reprodução ou imitação de cunho oficial, regularmente adotada para garantia de padrão de qualquer gênero ou natureza;

XII – reprodução ou imitação de sinal que tenha sido registrado como marca coletiva ou de certificação por terceiro, observado o disposto no artigo 154;

XIII – nome, prêmio ou símbolo de evento esportivo, artístico, cultural, social, político, econômico ou técnico, oficial ou oficialmente reconhecido, bem como a imitação suscetível de criar confusão, salvo quando autorizados pela autoridade competente ou entidade promotora do evento;

XIV – reprodução ou imitação de título, apólice, moeda e cédula da União, dos Estados, do Distrito Federal, dos Territórios, dos Municípios, ou de país;

XV – nome civil ou sua assinatura, nome de família ou patronímico e imagem de terceiros, salvo com consentimento do titular, herdeiros ou sucessores;

XVI – pseudônimo ou apelido notoriamente conhecidos, nome artístico singular ou coletivo, salvo com consentimento do titular, herdeiros ou sucessores;

XVII – obra literária, artística ou científica, assim como os títulos que estejam protegidos pelo direito autoral e sejam suscetíveis de causar confusão ou associação, salvo com consentimento do autor ou titular;

XVIII – termo técnico usado na indústria, na ciência e na arte, que tenha relação com o produto ou serviço a distinguir;

XIX – reprodução ou imitação, no todo ou em parte, ainda que com acréscimo, de marca alheia registrada, para distinguir ou certificar produto ou serviço idêntico, semelhante ou afim, suscetível de causar confusão ou associação com marca alheia;

XX – dualidade de marcas de um só titular para o mesmo produto ou serviço, salvo quando, no caso de marcas de mesma natureza, se revestirem de suficiente forma distintiva;

XXI – a forma necessária, comum ou vulgar do produto ou de acondicionamento, ou, ainda, aquela que não possa ser dissociada de efeito técnico;

XXII – objeto que estiver protegido por registro de desenho industrial de terceiro; e

XXIII – sinal que imite ou reproduza, no todo ou em parte, marca que o requerente evidentemente não poderia desconhecer em razão de sua atividade, cujo titular seja sediado ou domiciliado em território nacional ou em país com o qual o Brasil mantenha acordo ou que assegure reciprocidade de tratamento, se a marca se destinar a distinguir produto ou serviço idêntico, semelhante ou afim, suscetível de causar confusão ou associação com aquela marca alheia.

O impedimento legal obsta o registro do signo como marca, como é o caso da proibição de utilização da bandeira e do brasão das Forças Armadas, mas não a sua utilização na identificação de produtos ou serviços.

A proteção da marca se restringe à classe a que pertence, salvo quando o INPI a declara "marca de alto renome". Nessa hipótese, a proteção é ampliada a todas as classes.

Súmula 143 do STJ: Prescreve em cinco anos a ação de perdas e danos pelo uso de marca comercial.

O registro da marca estende-se por dez anos a partir da sua concessão. Ao contrário do prazo da patente, é prorrogável por períodos iguais e sucessivos, devendo o interessado pleitear a prorrogação sempre no último ano de vigência do registro.

Art. 133 O registro da marca vigorará pelo prazo de 10 (dez) anos, contados da data da concessão do registro, prorrogável por períodos iguais e sucessivos.

A **ação de nulidade de marca pode ser proposta pelo INPI, ou qualquer pessoa com legítimo interesse**, nos autos da ação. Segundo o disposto no **art. 173 da Lei 9.279/1996**, o juiz poderá determinar a suspensão dos efeitos do registro e do uso da marca.

À marca registrada no Brasil, considerada de alto renome, será assegurada proteção especial, em todos os ramos de atividade.

Art. 126 A marca notoriamente conhecida em seu ramo de atividade nos termos do artigo 6º bis (I), da Convenção da União de Paris para Proteção da Propriedade Industrial, goza de proteção especial, independentemente de estar previamente depositada ou registrada no Brasil.

§ 1º A proteção de que trata este artigo aplica-se também às marcas de serviço.

3.1. Prioridade

Ao **pedido de registro de marca depositado em país que mantenha acordo com o Brasil ou em organização internacional**, que produza efeito de depósito nacional, será assegurado direito de prioridade, nos prazos estabelecidos no acordo, não sendo o depósito invalidado nem prejudicado por fatos ocorridos nesses prazos.

A reivindicação da prioridade será feita no ato de depósito, podendo ser suplementada dentro de 60 (sessenta) dias, por outras prioridades anteriores à data do depósito no Brasil. Sua comprovação se dará por documento hábil da origem, contendo o número, a data e a reprodução do pedido ou do registro, acompanhado de tradução simples, cujo teor será de inteira responsabilidade do depositante.

Se não efetuada por ocasião do depósito, a comprovação deverá ocorrer em até 4 (quatro) meses, contados do depósito, sob pena de perda da prioridade.

Tratando-se de prioridade obtida por cessão, o documento correspondente deverá ser apresentado junto com o próprio documento de prioridade.

3.2. Dos requerentes de registro

Podem requerer registro de marca as pessoas físicas ou jurídicas de direito público ou de direito privado.

As **pessoas de direito privado só podem requerer registro de marca relativo à atividade que exerçam efetiva e licitamente**, de modo direto ou através de empresas que controlem direta ou indiretamente, declarando, no próprio requerimento, esta condição, sob as penas da lei.

O registro de marca coletiva só poderá ser requerido por pessoa jurídica representativa de coletividade, a qual poderá exercer atividade distinta da de seus membros.

O **registro da marca de certificação** só poderá ser requerido por pessoa sem interesse comercial ou industrial direto no produto ou serviço atestado.

3.3. Dos direitos sobre a marca

A propriedade da marca adquire-se pelo registro validamente expedido, sendo **assegurado ao titular seu uso exclusivo em todo o território nacional, observado quanto às marcas coletivas e de certificação o disposto nos artigos 147 e 148.**

Toda pessoa que, de boa-fé, na data da prioridade ou depósito, usava no País, há pelo menos 6 (seis) meses, marca idêntica ou semelhante, para distinguir ou certificar produto ou serviço idêntico, semelhante ou afim, terá direito de precedência ao registro.

O direito de precedência somente poderá ser cedido juntamente com o negócio da empresa, ou parte deste, que tenha **direta relação com o uso da marca, por alienação ou arrendamento.**

> **Art. 131.** A proteção de que trata esta Lei abrange o uso da marca em papéis, impressos, propaganda e documentos relativos à atividade do titular.
>
> **Art. 132.** O titular da marca não poderá:
>
> I – impedir que comerciantes ou distribuidores utilizem sinais distintivos que lhes são próprios, juntamente com a marca do produto, na sua promoção e comercialização;
>
> II – impedir que fabricantes de acessórios utilizem a marca para indicar a destinação do produto, desde que obedecidas as práticas leais de concorrência;
>
> III – impedir a livre circulação de produto colocado no mercado interno, por si ou por outrem com seu consentimento, ressalvado o disposto nos §§ 3º e 4º do art. 68; e
>
> IV – impedir a citação da marca em discurso, obra científica ou literária ou qualquer outra publicação, desde que sem conotação comercial e sem prejuízo para seu caráter distintivo.

4. NULIDADE E PATENTE, DESENHO INDUSTRIAL OU MARCA

O **art. 6º da Lei de Propriedade Industrial** traz em seu texto que:

> **Art. 6º** Ao autor de invenção ou modelo de utilidade será assegurado o direito de obter a patente que lhe garanta a propriedade, nas condições estabelecidas nesta Lei.
>
> **§ 2º** A patente poderá ser requerida em nome próprio, pelos herdeiros ou sucessores do autor, pelo cessionário ou por aquele a quem a lei ou o contrato de trabalho ou de prestação de serviços determinar que pertença a titularidade.

> § 3º Quando se tratar de invenção ou de modelo de utilidade realizado conjuntamente por duas ou mais pessoas, a patente poderá ser requerida por todas ou qualquer delas, mediante nomeação e qualificação das demais, para ressalva dos respectivos direitos.

A **nulidade encontra guarida na patente, que é concedida fora das condições estabelecidas na Lei de Propriedade Industrial,** conforme o seu artigo 46. Vale ressaltar o contido no artigo 48:

> **Art. 48** A nulidade da patente produzirá efeitos a partir da data do depósito do pedido.

A **ação de nulidade de patente poderá ter como pedido alternativo a adjudicação.**

> **Art. 49.** No caso de inobservância do disposto no artigo 6º, o inventor poderá, alternativamente, reivindicar, em ação judicial, a adjudicação da patente.

A ação de nulidade da patente de invenção ou modelo de utilidade tem base no princípio da inafastabilidade do Poder Judiciário. No sentir do artigo 56 da Lei de Propriedade Industrial, "a ação de nulidade de patente poderá ser proposta a qualquer tempo da vigência da patente, pelo INPI ou por qualquer pessoa com legítimo interesse".

Os ***§§ 1º e 2º dispõem*** que "a nulidade da patente poderá ser arguida, a qualquer tempo, como matéria de defesa", assim como o juiz poderá, preventiva ou incidentalmente, suspender os efeitos da patente (poder geral de cautela). O INPI sempre intervirá no feito, quando não for autor da ação que será intentada no foro da justiça federal, segundo o ***artigo 57:*** O prazo para resposta é de 60 dias. O STJ entende que tal ação também pode ser promovida no domicílio do réu.

A nulidade do registro de desenho industrial vem prevista no artigo 94, de forma muito próxima ao que já se comentou sobre patente, aliás, o próprio dispositivo faz essa referência. Acrescente-se o artigo 112 e parágrafos da Lei de Propriedade Industrial, que **conferem a proteção a partir do depósito do pedido, além do pedido alternativo de adjudicação**[1].

RESUMO. PROPRIEDADE INDUSTRIAL

A legislação de Propriedade industrial protege os bens patenteáveis, sejam a invenção e o modelo de utilidade, bem como os registráveis, sejam o desenho industrial

1. **Ação de nulidade do registro no INPI só é imprescritível quando há notoriedade da marca e má-fé do registrador:** A Quarta Turma do Superior Tribunal de Justiça (STJ) reafirmou a jurisprudência segundo a qual a **ação de nulidade do registro somente é imprescritível nos casos em que ficam demonstradas a notoriedade da marca e a má-fé do registrador – o que torna importante a análise do comportamento das partes.**

e as marcas. O instituto Nacional de Propriedade Industrial – INPI é uma autarquia federal. A patente dar-se-á no Instituto Nacional da Propriedade Industrial (INPI) e se faz pelo depósito, como melhor trataremos adiante.

INVENÇÃO E MODELO DE UTILIDADE

A conceituação daquilo que vem a ser **invenção** não é nada fácil. Trata-se de um bem incorpóreo, resultado da atividade humana e intelectual do inventor que define técnica até então desconhecida de todos. A patente de invenção vigorará pelo prazo de 20 anos, contados da data de depósito.

O modelo de utilidade é a melhoria introduzida na forma de objetos conhecidos, a fim de aumentar sua utilidade. Alguns chamam de mini-invenção. Pode-se dizer que uma novidade parcial é agregada. A patente do modelo de utilidade vigorará pelo prazo 15 anos, contados da data de depósito.

A **patente** é o instrumento probatório adequado para a demonstração de concessão do direito de exploração exclusiva de uma invenção ou modelo de utilidade. Para que a patente possa ser concedida, devem ser observados determinados requisitos: a) novidade; b) aplicação industrial; e c) atividade inventiva.

DESENHO INDUSTRIAL

O desenho industrial é considerado novo quando não compreendido no estado da técnica. A proteção jurídica concedida ao desenho industrial decorre de registro no Instituto Nacional de Propriedade Industrial.

O registro será concedido apenas se o desenho tiver uma aplicação na indústria. O registro vigorará pelo prazo de dez anos contados a partir da data do depósito, prorrogável por três períodos sucessivos de cinco anos cada. Registre-se que não há caducidade do registro de um desenho industrial.

MARCAS

A marca surgiu como indicação de procedência do produto ou artigo. Adquire forma nominativa, figurativa ou mista. Para que uma marca possa ser registrada, é indispensável o atendimento de três condições: 1) novidade relativa; 2) não colidência com marca notória; 3) não impedimento.

Quanto à novidade relativa, a expressão linguística ou signo utilizado não precisa ser necessariamente criado pelo empresário; o que deve ser nova é a utilização daquele signo naquele ramo de especialidade.

Tratando-se de atividades distintas, pode coexistir o mesmo nome marcário, desde que não se confundam as atividades e que não gere dúvidas para o consumidor.

31

EMPRESAS ESTATAIS

Nem toda empresa que o Estado tenha participação ou que o Estado é dono, configura empresa pública ou sociedade de economia mista, para adquirir essa característica tem que ter tratamento próprio, regime próprio.

Regime Jurídico é o mesmo para empresas públicas e para as sociedades de economia mista.

Em 30 de junho de 2016, foi publicada a lei 13.303/16 que dispõe sobre o estatuto das empresas públicas e sociedades de economia mista e suas subsidiárias, mantendo as regras anteriormente aplicáveis a essas entidades, no que tange à formação societária, organização do capital e finalidades precípuas e criando novas disposições detalhadas.

1. EMPRESA PÚBLICA

A empresa pública tem natureza jurídica de pessoa jurídica de direito privado, pois o nome "pública" diz respeito ao capital.

Este regime não é totalmente privado, ele será parte pública e parte privada, conheci como sendo um "regime híbrido, mas é pessoa de direito privado.

Capital exclusivamente público. isso não significa ser de um único ente, posso ter em uma empresa pública a união e o estado, autarquia e estado, município e autarquia.

O art. 3º da Lei 13.303/2016 afirma que as empresas **públicas são criadas com capital 100% do Estado**, admitindo-se a participação societária de qualquer entidade da Administração Pública Direta ou Indireta, mas vedando a participação de particulares.

> **Art. 3º** Empresa pública é a entidade dotada de personalidade jurídica de direito privado, com criação autorizada por lei e com patrimônio próprio, cujo capital social é integralmente detido pela União, pelos Estados, pelo Distrito Federal ou pelos Municípios.
>
> Parágrafo único. Desde que a maioria do capital votante permaneça em propriedade da União, do Estado, do Distrito Federal ou do Município, será admitida, no capital da empresa pública, a participação de outras pessoas

> jurídicas de direito público interno, bem como de entidades da administração indireta da União, dos Estados, do Distrito Federal e dos Municípios.

Empresa pública pode ter duas finalidades:

- Pode prestar serviço público;
- Pode explorar atividade econômica.

Pode ser constituída de **qualquer modalidade empresarial.** Poderia aqui uma Limitada, uma S.A. (de capital fechado).

2. SOCIEDADE DE ECONOMIA MISTA

A sociedade de economia mista tem sua criação dependente de prévia autorização legislativa, que definirá o seu objeto, sendo que sua constituição obedecerá aos trâmites de organização sob a forma de sociedade anônima, integrante da Administração Pública indireta com personalidade jurídica de Direito Privado com patrimônio próprio e capital misto (público e privado), sendo sua maioria com direito a voto pertencente ao Estado ou a entidades da Administração Pública in- direta, com a finalidade de atividade econômica ou de prestação de serviço público.

> Art. 4º Sociedade de economia mista é a entidade dotada de personalidade jurídica de direito privado, com criação autorizada por lei, sob a forma de sociedade anônima, cujas ações com direito a voto pertençam em sua maioria à União, aos Estados, ao Distrito Federal, aos Municípios ou a entidade da administração indireta.
>
> § 1º A pessoa jurídica que controla a sociedade de economia mista tem os deveres e as responsabilidades do acionista controlador, estabelecidos na Lei nº 6.404, de 15 de dezembro de 1976, e deverá exercer o poder de controle no interesse da companhia, respeitado o interesse público que justificou sua criação.
>
> § 2º Além das normas previstas nesta Lei, a sociedade de economia mista com registro na Comissão de Valores Mobiliários sujeita-se às disposições da Lei nº 6.385, de 7 de dezembro de 1976 .

A companhia de economia mista somente poderá participar de outras sociedades quando autorizada por lei no exercício de opção legal para aplicar Imposto sobre a Renda ou investimentos para o desenvolvimento regional ou setorial. Já as instituições financeiras de economia mista poderão participar de outras sociedades, observadas as normas estabelecidas pelo Banco Central do Brasil.

No caso de a pessoa jurídica de direito público adquirir, por desapropriação, o controle de companhia em funcionamento, os acionistas privados terão direito de retirada, dentro de 60 dias da publicação da primeira ata da assembleia geral realizada após a aquisição do controle, e de pedir o reembolso das suas ações. O que não ocorre quando a companhia já se encontra sob o controle, direto ou indireto, de outra pessoa jurídica de direito público, ou no caso de concessionária de serviço público, ou seja, não há direito de retirada nessas hipóteses.

A pessoa jurídica que controla a companhia de economia mista tem os deveres e responsabilidades do acionista controlador, mas poderá orientar as atividades da companhia de modo a atender ao interesse público que justificou a sua criação. Os deveres e responsabilidades dos administradores das companhias de economia mista são os mesmos dos administradores das companhias abertas.

Nas sociedades de economia mista, é obrigatório o Conselho de Administração, assegurado aos acionistas minoritários o direito de eleger pelo menos um dos conselheiros, se maior número não lhes couber pelo processo de votação múltipla.

O conselho fiscal tem funcionamento permanente com o intuito de conciliar interesses públicos e privados dentro das companhias de economia mista. Um dos membros do conselho fiscal, e respectivo suplente, será eleito pelas ações ordinárias minoritárias e outro membro será eleito pelas ações preferenciais, se houver. Os demais membros serão eleitos pelo controlador.

Os bens que compõem o patrimônio da sociedade de economia mista não são bens públicos, pois, quando de sua criação, os bens que a originaram deixam o domínio do Estado e passam à respectiva pessoa jurídica de Direito Privado, tornando-os bens particulares.

Nessa esteira, antes se afirmava que os bens da sociedade de economia mista eram penhoráveis, contudo, determinados bens indispensáveis à prestação de serviço público podem se tornar impenhoráveis. Portanto, com a finalidade de prevalência do interesse público, são penhoráveis somente os bens que não comprometam a prestação de serviços públicos.

RESUMO. EMPRESAS ESTATAIS

Nem toda empresa que o Estado tenha participação ou que o Estado é titular, configura empresa pública ou sociedade de economia mista, já que para adquirir essa característica tem que ter tratamento e regime próprios. Regime Jurídico é o mesmo para empresas públicas e para as sociedades de economia mista.

EMPRESA PÚBLICA

A empresa pública tem natureza jurídica de pessoa jurídica de direito privado, pois a expressão “pública” busca relacioná-la com o estado no que tange ao capital.

O regime é híbrido. A personalidade jurídica é de direito privado, mas o capital exclusivamente público. A empresa pública pode ter duas finalidades: a) Pode prestar serviço público; b) Pode explorar atividade econômica.

SOCIEDADE DE ECONOMIA MISTA

A sociedade de economia mista tem sua criação dependente de prévia autorização legislativa, que definirá o seu objeto, sendo que sua constituição obedecerá aos trâmites de organização sob a forma de sociedade anônima.

A espécie integra a Administração Pública indireta com personalidade jurídica de Direito Privado com patrimônio próprio e capital misto (público e privado), sendo sua maioria com direito a voto pertencente ao Estado ou a entidades da

Administração Pública indireta, com a finalidade de atividade econômica ou de prestação de serviço público.

A pessoa jurídica que controla a companhia de economia mista tem os deveres e responsabilidades do acionista controlador, mas poderá orientar as atividades da companhia de modo a atender ao interesse público que justificou a sua criação. Os deveres e responsabilidades dos administradores das companhias de economia mista são os mesmos dos administradores das companhias abertas.

Nas sociedades de economia mista, é obrigatório o Conselho de Administração, assegurado aos acionistas minoritários o direito de eleger pelo menos um dos conselheiros, se maior número não lhes couber pelo processo de votação múltipla.

32

TÍTULOS IMPRÓPRIOS

1. CONHECIMENTO DE DEPÓSITO OU "WARRANT"

De acordo com o Decreto 1.102/1.903, os armazéns gerais poderão emitir, a pedido do depositante, dois títulos unidos, mas separáveis à vontade, denominados "conhecimento de depósito" e "*warrant*".

O "conhecimento de depósito" transfere a titularidade dos bens depositados, enquanto que o "warrant" representa a existência de tais bens para permitir que sejam objetos de penhor, ou seja, utilizados como garantia real, por meio do endosso do título, conforme dispõe o artigo 18:

> § 2º O endosso dos títulos unidos confere ao cessionário o direito de livre disposição da mercadoria depositada; o do "warrant" separado do conhecimento de depósito o direito de penhor sobre a mesma mercadoria e do conhecimento de depósito a faculdade de dispor da mercadoria, salvo os direitos do credor, portador do "warrant".

O **"conhecimento de depósito" e o "warrant" devem ser emitidos à ordem e conter:** sua designação; a denominação da empresa do armazém geral e sua sede; nome, profissão e domicílio do depositante ou de terceiro por este indicado; o lugar e prazo de depósito.

Ainda devem constar do título: a natureza e a quantidade das mercadorias em depósito, designadas pelos nomes mais usados no comércio; seu peso; o estado dos envoltórios e todas as marcas e indicações próprias para estabelecerem a sua identidade, ressalvadas as peculiaridades das mercadorias depositadas a granel.

Em se tratando de mercadorias de mesma natureza e qualidade e de donos diferentes, deve ser especificada a sua qualidade.

O **título deve indicar o segurador da mercadoria e o valor do seguro,** a declaração dos impostos e direitos fiscais, dos encargos e despesas a que a mercadoria está sujeita, a data da emissão dos títulos e assinatura do empresário ou pessoa devidamente habilitada por este.

Os títulos serão extraídos de um livro de talão, que conterá todas as declarações exigidas e o número de ordem correspondente.

No verso do respectivo talão, o depositante, ou terceiro por este autorizado, passará o recibo dos títulos e as ocorrências que se derem com os títulos dele extraídos, como, por exemplo, substituição, restituição, perda, roubo.

Os armazéns gerais são responsáveis para com terceiros pelas irregularidades e inexatidões encontradas nos títulos que emitirem relativamente a quantidade, natureza e peso da mercadoria.

O "conhecimento de depósito" e o "*warrant*" **podem ser penhorados,** arrestados por dívidas do portador e transferidos, unidos ou separados, por endosso, e, se for em branco, o portador do título terá direitos de cessionário.

O primeiro endosso do "warrant" declarará a importância do crédito garantido pelo penhor da mercadoria, a taxa de juros e a data do vencimento, as quais serão transcritas no "conhecimento de depósito" com assinatura do(s) endossatário(s) do título.

A mercadoria depositada será retirada do armazém geral contra a entrega do conhecimento de depósito ou do "*warrant*" correspondente, liberta pelo pagamento principal e juros da dívida, se foi negociado.

O **portador do "conhecimento de depósito" poderá retirar a mercadoria antes do vencimento da dívida** constante do "*warrant*", consignando o armazém geral o principal e os juros até o vencimento e pagando os impostos fiscais, armazenagens vencidas e mais despesas.

Se o "*warrant*" não for apresentado ao armazém geral até oito dias depois do vencimento da dívida, a quantia consignada será levada a depósito judicial por conta de quem pertencer. A perda, o roubo, o extravio do "*warrant*" não prejudicarão o exercício do direito do portador do conhecimento de depósito.

O portador do "warrant", que no dia do vencimento não for pago, e que não achar consignada no armazém geral a importância de seu crédito e juros, deverá interpor o respectivo protesto nos prazos e pela forma aplicáveis ao protesto das letras de câmbio no caso de não pagamento.

O oficial dos protestos entregará ao protestante o respectivo instrumento, dentro do prazo de três dias, sob pena de responsabilidade e de satisfazer perdas e danos.

O portador do *warrant* venderá em leilão, por intermédio do corretor ou leiloeiro que escolher, as mercadorias especificadas no título, independentes de formalidades judiciais.

O corretor ou leiloeiro, encarregado da venda depois de avisar o administrador do armazém geral, ou o chefe da competente repartição federal, anunciará pela imprensa o leilão, com antecedência de quatro dias, especificando as mercadorias conforme as declarações do *warrant* e declarando o dia e a hora da venda, as condições desta e o lugar onde podem ser examinadas aquelas mercadorias.

Efetuada a venda, o corretor ou leiloeiro dará a nota do contrato ou conta de venda ao armazém geral, que receberá o preço e entregará ao comprador a mercadoria.

O armazém geral, imediatamente após o recebimento do produto da venda, fará deduções de créditos preferenciais, e com o líquido pagará o portador do *warrant*.

O portador do warrant que ficar integralmente pago entregará, ao armazém geral, o título com a quitação; caso contrário, o armazém geral mencionará no warrant o pagamento parcial feito e o restituirá ao portador. Pago o credor, o excedente do preço da venda será entregue ao portador do "conhecimento de depósito" contra a restituição desse título.

As quantias reservadas ao portador do warrant ou do "conhecimento de depósito", quando não reclamadas no prazo de 30 dias depois da venda da mercadoria, serão depositadas judicialmente por conta de quem pertencer.

Se o portador do warrant não ficar integralmente pago, em virtude da insuficiência do produto líquido da venda da mercadoria ou da indenização do seguro no caso de sinistro, poderá, por meio de ação, haver o saldo contra os endossadores anteriores solidariamente. O prazo para prescrição de ação regressiva corre do dia da venda.

Aquele que perder o título avisará ao armazém geral e anunciará o fato durante três dias pelo jornal de maior circulação da sede daquele armazém. Se se tratar do conhecimento de depósito e correspondente *warrant*, ou só do primeiro, o interessado poderá obter duplicata ou a entrega das mercadorias, garantindo o direito do portador do warrant, se este foi negociado, ou do saldo à sua disposição, se a mercadoria foi vendida.

2. CÉDULAS DE CRÉDITO BANCÁRIO

A **cédula de crédito bancário, regida pela Lei nº. 10.931/2004, é título de crédito causal emitido em operação no sistema financeiro, com ou sem garantia, real ou fidejussória, por pessoa física ou jurídica, em favor de instituição financeira ou de entidade a ela equiparada, que representa promessa de pagamento em dinheiro, decorrente de operação de crédito, de qualquer modalidade, quais sejam, rural, comercial, industrial e para exportação.**

A instituição credora deve integrar o Sistema Financeiro Nacional, sendo admitida a emissão da cédula de crédito bancário em favor de instituição domiciliada no exterior, inclusive permitida em moeda estrangeira, desde que a obrigação esteja sujeita exclusivamente à lei e ao foro brasileiro.

A cédula de crédito bancário deve apresentar os **requisitos essenciais**: a denominação específica; a promessa do emitente de pagar a dívida em dinheiro, certa, líquida e exigível no seu vencimento ou, no caso de dívida oriunda de contrato de abertura de crédito bancário, a promessa do emitente de pagar a dívida em dinheiro, certa, líquida e exigível, correspondente ao crédito utilizado; a data e o lugar do pagamento da dívida e, no caso de pagamento parcelado, as datas e os valores de cada prestação, ou os critérios para essa determinação; o nome da instituição credora, podendo conter cláusula à ordem; a data e o lugar de sua emissão; a assinatura do emitente e, se for o caso, do terceiro garantidor da obrigação, ou de seus respectivos mandatários.

Sendo a cédula de crédito bancário **título executivo extrajudicial** que representa dívida em dinheiro, certa, líquida e exigível, tanto pelo valor nela indicado, quanto pelo eventual saldo devedor demonstrado em planilha de cálculo, ou nos extratos da conta corrente, é que em suas cláusulas poderão ser pactuados:

a) os juros sobre a dívida, capitalizados ou não, os critérios de sua incidência e, se for o caso, a periodicidade de sua capitalização, bem como as despesas e os demais encargos decorrentes da obrigação;
b) os critérios de atualização monetária ou de variação cambial como permitido em lei;
c) os casos de ocorrência de mora e de incidência das multas e penalidades contratuais, bem como as hipóteses de vencimento antecipado da dívida (se relação de consumo, a multa não poderá ultrapassar 2%);
d) os critérios de apuração e de ressarcimento, pelo emitente ou por terceiro garantidor, das despesas de cobrança da dívida e dos honorários advocatícios, judiciais ou extrajudiciais, sendo que os honorários advocatícios extrajudiciais não poderão superar o limite de dez por cento do valor total devido;
e) quando for o caso, a modalidade de garantia da dívida, sua extensão e as hipóteses de substituição de tal garantia;
f) as obrigações a serem cumpridas pelo credor;
g) a obrigação do credor de emitir extratos da conta corrente ou planilhas de cálculo da dívida, ou de seu saldo devedor, de acordo com os critérios estabelecidos na própria cédula de crédito bancário, observado o disposto no § 2º do artigo 28;
h) outras condições de concessão do crédito, suas garantias ou liquidação, obrigações adicionais do emitente ou do terceiro garantidor da obrigação, desde que não contrariem as disposições legais.

A **cédula de crédito bancário será transferível mediante endosso em preto**, ao qual se aplicarão, no que couberem, as normas do direito cambiário, caso em que o endossatário, mesmo não sendo instituição financeira ou entidade a ela equiparada, poderá exercer todos os direitos por ela conferidos, inclusive cobrar os juros e demais encargos na forma pactuada na cédula.

Deverá ser emitida por **escrito**, em tantas vias quantas forem as partes que nela intervierem, **assinadas pelo emitente e pelo terceiro garantidor, se houver**, ou por seus respectivos mandatários, devendo cada parte receber uma via. *Somente a via do credor será negociável, devendo constar nas demais vias a expressão "não negociável".*

A cédula de crédito bancário pode ser aditada, retificada e ratificada mediante documento escrito, datado, com os requisitos já apresentados, passando esse documento a integrar a cédula para todos os fins.

A **garantia** nela prestada poderá ser fidejussória ou real, neste último caso constituída por bem patrimonial de qualquer espécie, disponível e alienável, móvel ou imóvel, material ou imaterial, presente ou futuro, fungível ou infungível, consumível ou não, cuja titularidade pertença ao próprio emitente ou a terceiro garantidor da obrigação principal. **A constituição da garantia poderá ser feita na própria cédula ou em documento separado,** mencionando tal fato no título. O bem constitutivo da garantia deverá ser descrito e individualizado de modo que permita sua fácil identificação, sendo permitida sua substituição pela remissão a documento ou certidão expedida por entidade competente, que integrará a cédula para todos os fins.

A garantia da obrigação abrangerá, além do bem principal constitutivo da garantia, todos os seus acessórios, benfeitorias de qualquer espécie, valorizações a qualquer título, frutos e qualquer bem vinculado ao bem principal por acessão física, intelectual, industrial ou natural.

Assim, o credor poderá averbar, no órgão competente para o registro do bem constitutivo da garantia, a existência de qual- quer outro bem por ela abrangido.

Até a efetiva liquidação da obrigação garantida, os bens abrangidos pela garantia não poderão, sem prévia autorização escrita do credor, ser alterados, retirados, deslocados ou destruídos, nem poderão ter sua destinação modificada, exceto quando a garantia for constituída por semoventes ou por veículos, automotores ou não, e a remoção ou o deslocamento desses bens for inerente à atividade do emitente da cédula de crédito bancário, ou do terceiro prestador da garantia.

Os bens constitutivos de garantia pignoratícia ou objeto de alienação fiduciária poderão, a critério do credor, permanecer sob a posse direta do emitente ou do terceiro prestador da garantia, nos termos da cláusula de constituo possessório, caso em que as partes deverão especificar o local em que o bem será guardado e conservado até a efetiva liquidação da obrigação garantida. **O emitente e, se for o caso, o terceiro prestador da garantia responderão solidariamente pela guarda e conservação do bem constitutivo da garantia e,** se for prestada por pessoa jurídica, esta indicará representantes para responder pela guarda e conservação.

Ainda, poderá o credor exigir que o bem constitutivo da garantia seja coberto por seguro até a efetiva liquidação da obrigação garantida, em que o credor será indicado como exclusivo beneficiário da apólice securitária e estará autorizado a receber a indenização para liquidar ou amortizar a obrigação garantida, vedado o enriquecimento indevido do credor.

Da mesma forma, se o bem constitutivo da garantia for desapropriado, ou se for danificado ou perecer por fato imputável a terceiro, o credor sub-rogar-se-á no direito à indenização devida pelo expropriante ou pelo terceiro causador do dano, até o montante necessário para liquidar ou amortizar a obrigação garantida, facultando-lhe exigir a substituição da garantia, ou o seu reforço, renunciando ao direito à percepção do valor.

Também poderá fazê-la em caso de perda, deterioração ou diminuição de seu valor, caso em que notificará por escrito o emitente e, se for o caso, o terceiro garantidor, para que substituam ou reforcem a garantia no prazo de quinze dias, sob pena de vencimento antecipado da dívida garantida.

A **validade e a eficácia da cédula de crédito bancário não dependem de registro,** mas as garantias reais, por ela constituídas, ficam sujeitas, para valer contra terceiros, aos registros ou averbações previstas na legislação aplicável, com as alterações introduzidas pela própria lei.

Nas operações de crédito rotativo, o limite de crédito concedido será recomposto, automaticamente e durante o prazo de vigência da cédula de crédito bancário, sempre que o devedor, não estando em mora ou inadimplente, amortizar ou liquidar a dívida.

Nos contratos que tenham por objeto crédito fixo não há recomposição como a explicitada.

A **cédula de crédito bancário poderá ser protestada por indicação, desde que o credor apresente declaração de posse da sua única via negociável, inclusive no caso de protesto parcial.** Ficando dispensado o protesto para garantir o direito de cobrança contra endossantes, seus avalistas e terceiros garantidores

RESUMO. TÍTULOS DE CRÉDITO IMPRÓPRIOS

1. CONHECIMENTO DE DEPÓSITO E *WARRANT*

Os armazéns gerais poderão emitir, a pedido do depositante, dois títulos unidos, mas separáveis à vontade, denominados "conhecimento de depósito" e "warrant".

O "**conhecimento de depósito**" transfere a titularidade dos bens depositados, enquanto que o "**warrant**" representa a existência de tais bens para permitir que sejam objetos de penhor, ou utilizados como garantia real, por meio do endosso do título.

A mercadoria depositada será retirada do armazém geral contra a entrega do conhecimento de depósito ou do "warrant" correspondente, liberta pelo pagamento principal e juros da dívida, se foi negociado.

2. CÉDULAS DE CRÉDITO BANCÁRIO

A cédula de crédito bancário é título de crédito causal emitido em operação no sistema financeiro, com ou sem garantia, real ou fidejussória, por pessoa física ou jurídica, em favor de instituição financeira ou de entidade a ela equiparada, que representa promessa de pagamento em dinheiro, decorrente de operação de crédito, de qualquer modalidade, quais sejam, rural, comercial, industrial e para exportação.

Sendo a cédula de crédito bancário título executivo extrajudicial que representa dívida em dinheiro, certa, líquida e exigível, tanto pelo valor nela indicado, quanto pelo eventual saldo devedor demonstrado em planilha de cálculo, ou nos extratos da conta corrente.

REFERÊNCIAS BIBLIOGRÁFICAS

ADAMEK, Marcelo Vieira von. Abuso de minoria no direito societário. São Paulo: Malheiros, 2014.

AGUIAR DIAS, José de. *Da responsabilidade civil*. Rio de Janeiro: Forense, 1987.

ALMEIDA, Amador Paes de. *Curso de direito comercial*. São Paulo: Saraiva, 2006.

______. *Curso de falência e recuperação de empresa*. São Paulo: Saraiva, 2013.

______. *Execução dos bens dos sócios*. São Paulo: Saraiva, 2010.

______. *Teoria e prática dos títulos de crédito*. São Paulo: Saraiva, 2006.

ARRUDA ALVIM, José Manoel de. *Manual de direito processual civil*. São Paulo: Revista dos Tribunais, 2013.

ASCARELLI, Tulio. O empresário. Revista de direito mercantil, industrial, econômico e financeiro. São Paulo, n. 109, jan/mar 1998. Tradução de Fabio Konder Comparato. Corso di Diritto Commerciale - Introduzione e teoria dell'impresa. 3ª ed. Milano: Giuffrè, 1962.

ASSIS, Olney Queiroz Assis. *Direito societário*. São Paulo: Damásio de Jesus, 2004.

______. *Manual da microempresa*: teoria e prática. São Paulo: Lumen Juris, 1993. BARROS, Flávio Augusto Monteiro de. *Curso de direito civil*. São Paulo: Método, 2007.

BARRETO FILHO, Oscar. Teoria do estabelecimento comercial. 2ª ed. São Paulo: Saraiva, 1988.

______. *Falências e recuperações*. São Paulo: MB, 2008.

BERTOLDI, Marcelo; RIBEIRO, Márcia Carla Pereira. *Curso avançado de direito comercial*. São Paulo: Revista dos Tribunais, 2007.

BEZERRA FILHO, Manoel Justino. *Nova Lei de Recuperação e Falências comenta- da*. São Paulo: Revista dos Tribunais, 2005.

BORBA, P. R. Tavares. *Propriedade industrial*. Rio de Janeiro: Forense, 2000.

BORGES, João Eunápio. Títulos de Credito. Rio: Forense, 28. ed., 1983.

BRUSCHI, Gilberto G. *Aspectos processuais da desconsideração da personalidade jurídica*. São Paulo: Saraiva, 2009.

BUENO, Cassio Scarpinella. *Manual de direito processual civil* - Lei nº 13.105, de 16.03.2015 - vol. único. São Paulo: Saraiva, 2016.

______. *Novo Código de Processo Civil anotado*. São Paulo: Saraiva, 2016.

BULGARELLI, Waldirio. *Sociedades comerciais, empresa e estabelecimento*. São Paulo: Atlas, 1996.

CAMPINHO, Sérgio. *O direito de empresa*. Rio de Janeiro: Renovar, 2005.

COELHO, Fábio Ulhôa. *Curso de direito civil*. São Paulo: Saraiva, 2016.

______. *Curso de direito comercial.* São Paulo: Saraiva, 2016.

______. *Manual de direito comercial.* São Paulo: Saraiva, 2016.

COMPARATO, Fábio Konder. Controle conjunto, abuso no exercício do voto acionário e alienação indireta de controle empresarial, Direito empresarial. Estudos e pareceres. 1ª. ed., São Paulo, Saraiva, 1995.

COMPARATO, Fabio Konder. Estado, empresa e função social. Revista dos Tribunais. São Paulo. O poder de controle na sociedade anônima. 3ª ed. Rio de Janeiro: Forense, 1983.

DINIZ, Maria Helena. *Direito de empresa.* São Paulo: Saraiva, 2008. DORIA, Dylson. *Curso de direito comercial.* São Paulo: Saraiva, 2000.

ESTRELA, Hernani. *Curso de direito comercial.* Rio de Janeiro: Konfino, 1973. FAZZIO JUNIOR, Waldo. Manual de direito comercial. São Paulo: Atlas, 2016.

______. *Nova Lei de Falência e Recuperação de Empresas.* São Paulo: Atlas, 2015. FERREIRA, Waldemar. *Instituições de direito comercial.* São Paulo: Saraiva, 1961.

FONSECA, Priscila M. P. Correa. Dissolução parcial, retirada e exclusão de sócio no novo código civil. 2ª ed. São Paulo: Atlas, 2003.

GAJARDONI, Fernando da Fonseca; DELLORE, Luiz; ROQUE, André Vascon- celos; OLIVEIRA JR., Zulmar Duarte de. *Processo de conhecimento e cumpri- mento de sentença* – comentários ao CPC de 2015. São Paulo: Método, 2016.

______; ______; ______; ______. *Teoria geral do processo* – comentários ao CPC de 2015. Parte geral. São Paulo: Método, 2015.

MAMEDE, Gladston. *Direito empresarial brasileiro.* São Paulo: Atlas, 2016.

MARINONI, Luiz Guilherme; ARENHART, Sérgio Cruz; MITIDIERO, Daniel. *O novo processo civil.* São Paulo: Revista dos Tribunais, 2016.

MARQUES, José Frederico. *Manual de direito processual civil.* São Paulo: Saraiva, 1986.

MARTINS, Fran. *Curso de direito comercial.* Rio de Janeiro: Forense, 1995.

MENDONÇA, José Xavier Carvalho de. *Tratado de direito comercial brasileiro.* Rio de Janeiro: Freitas Bastos, 1933.

MIGLIARI JUNIOR, Arthur. *Crimes de recuperação de empresas e de falências.* São Paulo: Quartier Latin, 2006.

MONTEIRO, Washington Barros. *Curso de direito civil.* São Paulo: Saraiva, 2007.

MONTENEGRO FILHO, Misael. *Curso de direito processual civil.* São Paulo: Atlas, 2016.

NEGRÃO, Ricardo. *Manual de direito comercial e de empresa.* São Paulo: Saraiva, 2015.

NERY JUNIOR, Nelson; NERY, Rosa Maria de Andrade. *Código de Processo Civil comentado.* São Paulo: Revista dos Tribunais, 2013.

NISHIYAMA, Adolfo Mamoru. *Prática de direito processual civil.* São Paulo: Atlas, 2006.

REQUIÃO, Rubens. *Comentários ao Código de Defesa do Consumidor.* São Paulo: Saraiva, 2006.

______. *Curso de direito comercial.* São Paulo: Saraiva, 2015.

ROQUE, Sebastião José. *Curso de direito empresarial.* São Paulo: Ícone, 2007.

______. *Direito contratual civil-mercantil.* São Paulo: Ícone, 2003.

ROSA JR., Luiz Emygdio F. *Títulos de crédito.* Rio de Janeiro: Renovar, 2000. SANCHEZ, Alessandro. *Prática jurídica empresarial.* São Paulo, Atlas, 2009.

SANTOS, Moacyr Amaral dos. *Tratado da prova no cível e comercial.* São Paulo: Max Limonad, 1966.

SALOMÃO FILHO, Calixto. Direito Concorrencial. São Paulo: Malheiros, 2013.

SILVA, Ivan de Oliveira. *Curso de direito do seguro*. São Paulo: Saraiva, 2008.

SILVA, Márcio Candido da. *Direito civil para concursos de juiz do trabalho*. Bauru: Edipro, 2011.

______. *Procedimentos especiais*. São Paulo: Leud, 2007.

______. *Processo cautelar*. São Paulo: Leud, 2007.

THEODORO JUNIOR, Humberto. *Curso de direito processual civil*. Rio de Janei- ro: Forense, 2016.

TOMAZETE, Marlon. *Curso de direito empresarial.* São Paulo: Atlas, 2016.

VALVERDE, Trajano de Miranda. *Força probante dos livros mercantis*. Rio de Ja- neiro: Forense, 1960.

VASCONCELOS, Ronaldo. *Direito processual falimentar*. São Paulo: Quartier La- tin, 2009.

VERÇOSA, Haroldo Malheiros Duclerc. Curso de Direito Comercial. 3ª. edição. São Paulo: Malheiros, 2011.

WAMBIER, Luiz Rodrigues; TALAMINI, Eduardo. *Curso avançado de processo civil.* São Paulo: Revista dos Tribunais, 2016.

WAMBIER, Teresa Arruda Alvim; CONCEIÇÃO, Maria Lúcia Lins; RIBEIRO, Leonardo Ferres da Silva; TORRES DE MELLO, Rogério Licastro. *Primeiros comentários ao novo Código de Processo Civil artigo por artigo.* São Paulo: Revista dos Tribunais, 2016.

______; TALAMINI, Eduardo; DANTAS, Bruno; DIDIER JR., Fredie. *Breves comentários ao Código de Processo Civil.* São Paulo: Revista dos Tribunais, 2016.

EDITORA JusPODIVM
www.editorajuspodivm.com.br

COLOR system

JUS3892